湖南科技大学学术著作出版资助

『道德的形上学』的开显历程

——牟宗三精神哲学研究

张晚林◎著

中国社会科学出版社

图书在版编目(CIP)数据

"道德的形上学"的开显历程：牟宗三精神哲学研究 / 张晚林著.
—北京：中国社会科学出版社，2014.1
ISBN 978 - 7 - 5161 - 3886 - 1

Ⅰ.①道…　Ⅱ.①张…　Ⅲ.①牟宗三(1909—1995) - 哲学思想 -
研究　Ⅳ.①B261.5

中国版本图书馆 CIP 数据核字(2014)第 011868 号

出 版 人	赵剑英
责任编辑	任　明
特约编辑	乔继堂
责任校对	王雪梅
责任印制	李　建

出　　版	中国社会科学出版社
社　　址	北京鼓楼西大街甲 158 号　(邮编 100720)
网　　址	http：//www. csspw. cn
	中文域名：中国社科网　　010 - 64070619
发 行 部	010 - 84083685
门 市 部	010 - 84029450
经　　销	新华书店及其他书店

印　　刷	北京奥隆印刷厂
装　　订	北京市兴怀印刷厂
版　　次	2014 年 1 月第 1 版
印　　次	2014 年 1 月第 1 次印刷

开　　本	710×1000　1/16
印　　张	24
插　　页	2
字　　数	402 千字
定　　价	80.00 元

运思经验是否能够获得语言的某个本质，这个本质将保证欧洲—西方的道说与东亚的道说以某种方式进入对话之中，而那源出于唯一源泉的东西就在这种对话中歌唱。

——海德格尔《从一次关于语言的对话而来》

目　录

序

李维武

　　张晚林教授经过多年苦心思考和勤奋笔耕所撰写的新著《"道德形上学"的开显历程——牟宗三精神哲学研究》，即将由中国社会科学出版社付梓。这是继《徐复观艺术诠释体系研究》一书由上海古籍出版社于2007年出版后，晚林所完成的又一部研究现代新儒学的专著。晚林给我寄来了书稿，希望我能为这本新著写一序言。作为晚林当年的博士生导师，我看到自己的学生在毕业多年后继续保持求学时的雄心与毅力，努力从事高难度的学术研究并取得可喜的成果，当然有一种发自内心的高兴和欣慰。同时，作为这本新著的第一个读者，我在读过书稿后更感到书中所提出的一些问题，确实能够引起读者作进一步的思考。这些思考对于深入了解这本新著，对于进一步推进牟宗三研究和现代新儒学研究，都有着积极的意义。因此，在这篇序言中，除了表达自己的高兴和祝贺外，还想就这本新著谈谈自己初读之后的一点体会与思考。

一　这本新著的思路与问题

　　晚林的这本新著，从书名上一看便知，是对牟宗三的精神哲学进行研究。而"精神哲学"一词，尽管牟宗三自己也用过，但这里是在黑格尔哲学的意义上使用的。在书中第一章的开篇，晚林即指出：如果我们承认以儒家文化为主体的中国文化是一种内圣之学，则必须承认其由修养工夫而来的精神发展，亦必须承认黑格尔哲学的精神发展模式在研究中国文化中的价值与意义。牟宗三在他的著作中虽然提得最多的是康德，很少提及黑格尔，但如果我们把他的哲学思想作一整体的把握，则黑格尔哲学的模式在其哲学思想中甚为显豁。

按照这一思路，晚林对牟宗三的精神哲学进行了发掘与阐释，指出牟宗三的哲学思想开展经历了一个螺旋上升的过程：由"综合的尽气之精神"以对人性的了解，进至"分解的尽理之精神"以对知性主体的确立，再归结到"综合的尽理之精神"以求得作为绝对知识的"圆教"和作为绝对道德的"圆善"。这一过程，如果借用黑格尔的精神哲学进路来看，也就是由"主观精神"而"客观精神"而"绝对精神"的过程。因此，晚林用"主观精神"、"客观精神"、"绝对精神"来说明牟宗三的精神哲学开展。他在书中以四、五、六章分论牟宗三的"主观精神"、"客观精神"、"绝对精神"，这与黑格尔在《哲学全书》第三部分《精神哲学》中以一、二、三篇分论"主观精神"、"客观精神"、"绝对精神"，显示出相似的架构。他希望通过这一进路与架构的相似性，来说明牟宗三的精神哲学开展，并进而在比较中揭示牟宗三与黑格尔在精神哲学上的同与异，从而揭示出牟宗三哲学的特质与创见。晚林的这一工作，可以说为牟宗三哲学思想研究，提供了一个新的视角，开辟出一个新的空间。

但这样一来，对牟宗三多少有些了解的读者，在阅读这本新著时，难免会提出这样的问题：牟宗三的哲学思想能够运用黑格尔的这一进路与框架来进行解读吗？因为按照人们对牟宗三的理解，他在西方哲学家中所瞩目者，是康德而非黑格尔。同时，在晚林的书中，也多处谈到了牟宗三对黑格尔的不满和批评。因此，这个问题可以说是阅读这本新著的一个关键性问题。

对于这个问题，晚林写作这本新著时就已经注意到了，并力图作出自己的思考与回答。在这本书的导论第六节"本书思路的合法性及其意义"中，即列举了三点理由来回答这一问题：一是精神现象学的方法是一种普遍的方法，并不是黑格尔哲学的独特的方法；二是牟宗三哲学由"一"而摄纳"多"，所体现的就是黑格尔精神现象学的方法；三是黑格尔哲学和康德哲学一样，也是一种主体主义哲学，这些都是牟宗三在强调道德心为唯一形上主体时最为重视的。晚林指出，基于这三点原因，依据黑格尔精神现象学的方法解析牟宗三哲学，不但可以于动态之流中全尽地展现牟宗三哲学之义理建构，而且可以更全面深入地理解当代新儒学之于中国文化的意义。

晚林在书中阐述的这些理由，着重从精神现象学的普遍意义上，说明了牟宗三与黑格尔在精神哲学上的相通性，当然有其合理性。因为在黑格尔早年的精神现象学中，已经包含了他的未来精神哲学的主要进路与框架。对于这个问题，贺麟有过具体的阐明。他认为，黑格尔的精神现象学可分为五个大阶段：一是意识，二是自我意识，三是理性，这三个阶段属于主观精神的三个环节；四是精神，即客观精神；五是绝对精神。这样一来，在精神现象学中实已提出了精神哲学中主观精神、客观精神、绝对精神三大阶段，也就是说："《精神现象学》已经包含有作为《哲学全书》的一个环节的'精神哲学'的主要轮廓。"① 因此，晚林的这些论证，言之有理，持之有故，是有合理性的。

但我感到，在这个问题上还可以作更深入一层的思考与阐发。这就在于：要说明牟宗三具有与黑格尔的精神哲学相类似或相近似的思路，还需要从牟宗三哲学思想的开展中和现代新儒学的思想谱系中找到答案。因此，在这篇序言中，我想着重谈谈这个问题，供读者诸君参考。

二 牟宗三哲学思想开展中的精神哲学转向

牟宗三哲学思想的开展，经历了一个由逻辑研究而进入知识论研究、再由知识论研究转向超越形上学研究的过程。只有在转向超越形上学研究后，牟宗三才进入了精神哲学探索，形成了自己的精神哲学。他在《五十自述》中曾谈到自己哲学思想的转向问题，说："抗战而后，国家与个人之遭遇，种种动心忍性，从'非存在的'领域打落到'存在的'领域，使我正视生命，个人的与民族的，遂能转向'精神哲学'这一方面。"② 在这里，他明确地使用了"转向'精神哲学'"的提法，尤其值得重视。换言之，在牟宗三哲学思想的开展中确实存在着一个精神哲学转向问题。

对于这一哲学思想的转向，牟宗三作了进一步的回忆，指出这是在他完成《逻辑典范》和《认识心之批判》两书之后开始的。他说："盖吾逻辑书中所想予以厘清者，惟是逻辑数学系统内部的问题，而此则纯是技术

① 贺麟：《〈精神现象学〉译者导言》，《黑格尔哲学讲演集》，上海人民出版社2011年版，第131页。

② 牟宗三：《五十自述》，鹅湖出版社1993年版，第113页。

的、形式的。由此再进而讲其主体方面的先验根据，一则弄妥此形式科学，一则建起纯形式的知性主体。此则与外界实际内容，毫无关系。即论者使之有关系，如罗素等人，吾亦提练而清之。故此单纯形式主体之建立，即是撑开知识论之锁钥。而对于超越形上学问题，则顺康德路数，予以形式的划分，惟此形式划分所分出的超越形上学问题乃都是实际人生上所要求的具体问题，亦可以说是精神生活上的问题，道德宗教上的问题，既非纯形式的名数问题，亦非顺知识对象方面而起的概念思辨问题。"①在他看来，由逻辑、知识论而转向超越形上学，这是一个由外而内、由形式主体而精神主体的过程。

牟宗三承认，自己哲学思想的这一转向，从西方哲学史上的康德和黑格尔那里获得了重要的启示。他说："关于形上学，从知识对象方面去作概念的思辨与分解，乃是西方观解的外在形上学所从事，此为希腊哲人所开启，而由早期的自然哲学开其端。顺对象或存在分解为各种概念，因存在本有各种面相故，复顺各种概念相顺相违相融相抵而展开为各种系统。这些分解与系统并非无价值，但非真实形上学所以成立之本质的关键，亦非真实形上学之所以得究竟了义而可以圆满落实之所在。这些分解与系统不过是外部的枝叶，有待于被消化之零碎知解。如柏、亚（即柏拉图、亚里士多德——引者注）而后，中世纪的神学，近代大陆的理性主义（经验主义无形上学），当代受物理、生物、数理逻辑影响而出现的各种进化论、自然哲学、宇宙论、逻辑原子论等，俱不是真实形上学之本源的义蕴，只不过是顺关于对象的若干知识或观察而来的些猜测性的知解或形式的推证。真实形上学之本质的义蕴还是康德的进路为能契入。使吾人了解这些形上学之不中肯，乃正是康德之功劳。而由康氏之路所契入的真实形上学以及其究竟了义与究竟落实，却根本是精神生活上的事。因此，由只见形式的划分，必须进入具体的精察与感受。形式的厘清与划分是康德的工作，而具体的精察与感受则是黑格尔的精神哲学之所展示。"② 在他看来，只有通过康德、黑格尔，西方哲学才由以前的"观解的外在形上学"即"非真实形上学"进入"真实形上学"，从而真正进入对人的精神生活的反思。在这里，黑格尔的精神哲学对人的精神生活的反思，达到了

---

① 牟宗三：《五十自述》，第110页。

② 同上书，第110—111页。

"具体的精察与感受"，具有十分重要的意义。

因此，牟宗三对于黑格尔的精神哲学颇为重视，他说："说到黑氏学之所以难懂，并非因其对于特殊之知解问题有若何工巧之逻辑思辨，如来布尼兹之所为，罗素之所为，甚至康德之所为，乃是因吾人精神根本不能相应故。吾人无精神生活，又不能当下收归于自己之生命而精察此精神生活之发展与实现，徒仍处于散文式的知性立场，将一切推出去视为外在的知解问题，而以知性猜测之，以习惯经验考核之，以形式逻辑衡量之，宜其对于黑氏之所说根本不能相应也。黑氏学直下是精神发展的事，直下是生命表现的事。他不是自下而上，就特殊之知解问题，一一予以工巧的形成与解决，而是直下就生命之表现而观其如何发展，如何实现。"① 在他看来，这种对人的内在的精神世界的关注与反思，正是黑格尔哲学的精彩处。他说："这不是技术的事，问题的事（如存在主义者马赛尔之所说），而是超问题方面的直下肯定而予以展现的事。此中亦有问题，亦须要有智慧之技巧而予以畅通，但此问题不是知解上的技术问题，而是'夫乾天下之至健也，德行恒易以知险'之'险'的问题，'夫坤天下之至顺也，德行恒简以知阻'之'阻'的问题。险与阻须要克服而畅通之，但此畅通不是知解思辨的畅通，而是发展实现的畅通，予以说明亦是智慧之技巧，但不是形式逻辑之技巧，而是相应其发展实现而为辩证的技巧。这点最是黑格尔之精彩，亦可说是明心见性的事。"② 他还把亚里士多德的大体系与黑格尔的大体系进行了比较，认为："亚氏是自然宇宙论的。黑氏则是精神哲学的，故顺亚氏之逻辑分解的，提升而为辩证之尽其曲，复进而益之以具体的普遍，在其自己，对其自己，以及'在而对其自己'，主观精神，客观精神，以及绝对精神，等似奇特而实如理之词义。"③ 由此来看，牟宗三对黑格尔的精神哲学主要是持肯定的态度，尽管他也说过不满和批评的话。

牟宗三对于黑格尔的精神哲学，不仅大力赞扬，而且予以了积极的吸取，使其成为自己哲学思想的有机组成部分。他把自己所建构的哲学体系称为"道德的形上学"，指出："道德的形上学不但上通本体界，亦下开

---

① 牟宗三：《五十自述》，第111—112页。

② 同上书，第112页。

③ 同上。

现象界，此方是全体大用之学。"① 而由本体界开出现象界，需要经过"知性之辩证的开显"②。对于这里的"辩证"概念，他指出：这是"黑格尔意义的辩证，非康德意义的辩证"③。这一开显包括了两方面的内容，一是外部的，一是内部的。从外部说："人既是人而圣，圣而人（人而佛，佛而人，亦然），则科学知识原则上是必要的，而且亦是可能的，否则人义有缺。"④ 从内部说："要成就那外部地说的必然，知体明觉不能永停在明觉之感应中，它必须自觉地自我否定（亦曰自我坎陷），转而为'知性'；此知性与物为对，始能使物成为'对象'，从而究知其曲折之相。它必须经由这一步自我坎陷，它始能充分实现其自己，此即所谓辩证的开显。它经由自我坎陷转为知性，它始能解决那属于人的一切特殊问题，而其道德的心愿亦始能畅达无阻。否则，险阻不能克服，其道德心愿即枯萎而退缩。"⑤ 对于克服险阻问题，他进而作了更多的说明，指出："《易传》云：'夫乾天下之至健也，德行恒易以知险。夫坤天下之至顺也，德行恒简以知阻'。良知良能至简至易，然而它未始不知有险阻。知有险阻而欲克服之，它必须转为知性。故知险知阻中即含有一种辩证的申展。故其自我坎陷以成认知的主体（知性）乃其道德心愿之所自觉地要求的。这一步曲折是必要的。经过这一曲，它始能达，此之谓'曲达'。"⑥ 这一从内部说的"辩证的开显"，就是牟宗三提出的"良知的自我坎陷"。如果把牟宗三有关"良知的自我坎陷"的论说，与他对黑格尔的精神哲学的评价相比较，就可以清楚地看出，牟宗三确实从黑格尔那里吸取了思想资源。可以说，不了解黑格尔哲学思想，也就难以理解牟宗三的"良知的自我坎陷"。时下的人们往往对"良知的自我坎陷"各有理解而又不得要领，其中一个重要原因就在于不了解"良知的自我坎陷"与黑格尔哲学思想的内在联系。

通过上述论析，可以看到牟宗三哲学思想开展中的精神哲学转向，确实是与黑格尔哲学的启发和影响有着内在的联系。牟宗三具有与黑格尔的

---

① 牟宗三：《现象与物自身》，台湾学生书局1990年版，第40页。

② 同上书，第122页。

③ 同上。

④ 同上。

⑤ 同上。

⑥ 同上书，第122—123页。

精神哲学相类似或相近似的思路，可以从这种联系中得到合理的说明。

三　现代新儒学思想谱系中的精神哲学传统

在现代新儒学开展中，精神哲学问题在牟宗三之前就已经提出。牟宗三哲学思想开展中的精神哲学转向，如果放在现代新儒学的思想谱系中，可以得到更清楚的说明。

关于这个问题，牟宗三曾经在《五十自述》的回忆中有所论及。他在谈到自己的精神哲学转向时说："吾之转向这方面，亦并不是说：吾因而就去读黑氏哲学。吾一直并未正式去仔细读他，去一句一句研究他，乃是在师友之提撕与启迪中渐渐虽未正式研究他而却能知道他，嗅到他。"[1]又说："吾对于精神哲学之契入，君毅兄启我最多，因为他自始即是黑氏的。熊师所给我的是向上开辟的文化生命之源。关于这一骨干，光宋明儒亦不够，佛学亦不够。惟康德黑格尔之建树，足以接上东方'心性之学'，亦足以补其不足。而环观海内，无有真能了解黑氏学者。惟君毅兄能之。此其对于中国学术文化之所以有大功也。"[2]在这里，他虽然指出了"师友之提撕与启迪"对他认识黑格尔哲学的重要作用，但所明确提及并特别强调的，只是其友唐君毅的影响和启发，而没有涉及其他的人。

实际上，对牟宗三的哲学思想开展产生影响和启发的，还应当有当时在北京大学—西南联合大学—北京大学哲学系任教的贺麟。在现代新儒学开展中，正是贺麟最早把黑格尔的精神哲学引入其中，而使两者相结合。贺麟是一位立足于中西古今哲学交汇点上的哲学家，既致力德国古典哲学研究，又重视儒学在现代中国的新开展。对于儒学的现代复兴问题，他有自己的独特看法，强调必须吸取西方文化及其哲学的思想资源，并使之"儒化"。他说："儒家思想是否复兴的问题，亦即儒化西洋文化是否可能，以儒家思想为体、以西洋文化为用是否可能的问题。"[3]又说："苏格拉底、柏拉图、亚里士多德、康德、黑格尔的哲学与中国孔孟、老庄、程朱、陆王的哲学会合融贯，而能产生发扬民族精神的新哲学，解除民族文

---

[1] 牟宗三：《五十自述》，第113—114页。

[2] 同上书，第111页。

[3] 贺麟：《儒家思想的新开展》，《文化与人生》，商务印书馆1988年版，第6页。

化的新危机,是即新儒家思想发展所必循的途径。"① 正是这样,贺麟在
20世纪40年代建构和阐发自己的"新心学"时,注意引入自己的黑格尔
哲学研究成果,对黑格尔的精神现象学和精神哲学予以了特别的重视和
研究。

贺麟在《中国哲学与西洋哲学》一文中,提出历史上的唯心论可以
分为两派:一派为主观唯心论,注重心灵的自由创造,及自我的刚健本
性。此派在西方以柏拉图、康德、费希特为代表,在中国以孟子、陆九
渊、王阳明为代表。另一派为客观唯心论,注重宇宙秩序("天理"、"天
道")的神圣性及自然与人生循其秩序的谐和性,认为宇宙人生都有其理
想的精神意味和灵明的秩序法则,不偏于个人主观的愿望和私智。此派在
西方以亚里士多德、斯宾诺莎、歌德、怀特海为代表,在中国以孔子、朱
熹为代表。而黑格尔哲学则似有把这两派观点结合起来的趋势。他指出:
"黑格尔尝自称其哲学为客观唯心论,但亦不免稍偏主观。"② 在这里,他
力图打破把黑格尔哲学思想归结为客观唯心论的传统看法,而复活其黑格
尔哲学思想中重视自我意识和主体精神的方面。

这方面很关键一点,是贺麟在《黑格尔理则学简述》一书中,对黑
格尔哲学体系作了重新理解和阐释。他指出,按照一般研究者的看法,黑
格尔哲学体系是由《哲学全书》的逻辑学、自然哲学、精神哲学三大部
门构成,但这样一来就不免遭遇到两个困难:一个困难是,《哲学全书》
以外的其他著作,特别是如精神现象学、法律哲学、历史哲学、宗教哲学
等,在黑格尔哲学体系中所占位置无法得到合理解释,尽管这些著作不能
包括在《哲学全书》三大部分之内,但又似不便排除在黑格尔的系统之
外。另一个困难是,如以《哲学全书》三大部分代表黑格尔哲学的全部
系统,则自然哲学失之太陋,精神哲学失之太简,均不能与逻辑学鼎立,
遂使全系统中,除逻辑学外,其余两部分都太薄弱,易受人攻击而被动
摇。这两个困难,同时带来了一个严重问题:"令人易于忽视他《哲学全
书》以外的重要著作,特别是《精神现象学》。"③ 因此,贺麟明确表示
不主张以《哲学全书》代表黑格尔哲学的真正全系统。

---

① 贺麟:《儒家思想的新开展》,《文化与人生》,第8页。

② 贺麟:《中国哲学与西洋哲学》,《哲学与哲学史论文集》,商务印书馆1990年版,第
129页。

③ 贺麟:《黑格尔理则学简述》,《黑格尔哲学讲演集》,第146页。

由此出发，贺麟提出了自己的理解和阐释，这就是统观黑格尔全部著作以求其全规模全系统的重点所在、精神所在，从而形成了一个理解和阐释黑格尔哲学的新系统，这个新系统表现为三个层层递进的环节：以"精神现象学"为全系统的导言，为第一环；以"逻辑学"（包括《大逻辑》、《小逻辑》）为全系统的中坚，为第二环；以"精神哲学"（包括《自然哲学》、《法哲学》、《历史哲学》、《艺术哲学》、《哲学史》等全部应用逻辑学）为全系统的发挥，为第三环。对于这三个环节，他作了进一步的说明："这里所说的'精神哲学'不单指《哲学全书》中的那一种著作，而且广义地指他讨论精神活动的各部分各方面的全部著作而言。在这广义的'精神哲学'之下，即自然哲学亦可说是包括在精神哲学之内，因'自然'乃代表精神之外在化，乃是顽冥化的不自觉的精神。至于心理学、道德哲学、政治哲学、法律哲学、历史哲学、艺术哲学、宗教哲学、哲学史等皆属于精神哲学之范围。照这样看来，则'精神现象学'的特点是活泼创新，代表黑格尔早年自由创进的精神。'理则学（即逻辑学——引者注）'的长处是精深谨严，代表他中期的专门艰深的纯哲学系统。'精神哲学'的长处是博大兼备，代表他晚年系统的全体大用，枝叶扶疏。"① 总之，这种理解和阐释的长处有三点："1. 在注重《精神现象学》一书在黑格尔系统中的重要地位。2. 在指给自然哲学在黑格尔系统中应得的不重要的地位。3. 在显示出黑格尔的精神哲学内容之博大丰富，且把黑格尔生平的重要著作（除了早年的几篇论文）都包括在内。"②

贺麟对黑格尔哲学体系的这一理解和阐释，不仅对黑格尔哲学研究有着重要意义，而且对现代新儒学开展也有着重要启示。这种启示性在于：现代新儒学的开展，应当注重自我意识和主体精神的生成与开展，以心学作为主要路向；在此同时，必须注意把心学与理学结合起来，使"理"通过"心"来开展，不是离开主体活动的概念推演，使"心"受到"理"的指导，不是盲目的自我意识流行。因此，在《近代唯心论简释》一书中，贺麟强调他所要建构的"新心学"，讲的是不同于"心理的心"的"逻辑的心"，这种"逻辑的心"是一种"心即理也之心"。他说："逻辑意义的心，乃一理想的超经验的精神原则，但为经验、行为、知识

① 贺麟：《黑格尔理则学简述》，《黑格尔哲学讲演集》，第146—147页。
② 同上书，第149页。

以及评价之主体。此心乃经验的统摄者，行为的主宰者，知识的组织者，价值的评判者。自然与人生之可以理解，之所以有意义、条理与价值，皆出于此心即理也之心。"① 这种"心"与"理"的统一，强调"心即理也之心"，正是贺麟的"新心学"的基本特点。

在这个意义上，贺麟认为"新心学"又可以称为"精神哲学"。他说："所谓精神哲学，即注重心与理一，心负荷真理，理自觉于心的哲学。"② 在他看来，"精神"也就是"心即理也之心"，体现着"心"与"理"的统一。他说："精神就是心灵与真理的契合。换言之，精神就是指道或理之活动于内心而言。也可以说，精神就是为真理所鼓舞着的心（Spirit is mind inspired by truth）。"③ 又说："精神也就是提高了、升华了，洋溢着意义与价值的生命。精神亦即指真理之诚于中，形于外，著于生活文教，蔚为潮流风气而言。简言之，精神是具体化、实力化、社会化的真理。"④ 这就明确地提出了现代新儒学开展中的精神哲学问题。

从"心即理也之心"出发，贺麟在《当代中国哲学》一书中对熊十力的"新唯识论"和冯友兰的"新理学"都有所批评，认为熊十力的心学缺乏理学的内涵，冯友兰的理学又无心学的精神。他说："讲程、朱而不能发展至陆、王，必失之支离；讲陆、王而不能回复到程、朱，必失之狂禅。"⑤ 贺麟与熊十力虽然都属于现代新儒学的心学路向，但严格地说，他们对于"心"的理解是有所区别的：贺麟更重视"心"的理性、理想的一面，熊十力更重视"心"的生命、创造的一面。他们从不同侧面对"心"的内涵进行了发挥。而早期唐君毅，因为重视吸取黑格尔的哲学思想，得到贺麟的相当高的评价。他说："唐君毅先生不仅唯心论色彩浓厚，而他的著作有时且富于诗意。他写成了一部巨著，叫做《人生之路》，全稿恐怕将近六十万言。就我所读到的业已发表的几篇如《自我生长的途径》、《道德自我之建立》及《辨心之求真理》诸篇，确是为中国唯心论哲学的发展增加了一股新力量。"⑥ 对于这些篇章中所呈现的黑格

① 贺麟：《近代唯心论简释》，上海人民出版社 2009 年版，第 3—4 页。

② 同上书，第 4 页。

③ 同上书，第 195 页。

④ 同上书，第 195—196 页。

⑤ 贺麟：《五十年来的中国哲学》，商务印书馆 2002 年版，第 33 页。

⑥ 同上书，第 46 页。

尔哲学因素，贺麟十分重视，作了进一步的分析予以显发，指出："他讨论自我生长之途程，多少有似黑格尔《精神现象学》的方法，将自我发展分作十大阶段。由凡人之心境起始，发展到由凡人至超凡人以上之心境。对于科学家、艺术家、道德家、尼采式的超人、印度式的神秘主义者的心境，均加以阐述描画，最后归到中国式儒者的襟怀，他称为'悲悯之情的流露与重返人间'。足见他的企向了。"① 又指出："在《道德自我之建立》里，他首先指出道德生活之本质为自觉的自己支配自己，以超越现实自我。继进而追溯道德自我在宇宙中的地位。他指出心之本体之存在及其真实至善即是道德自我的根源，且说明心之本体即现实世界之本体。最后，讨论精神或心之本体之表现于生活文化的各方面，以明人性之善及一切生活皆可含有神圣之意义。可以说是代表一种最富于玄学意味的理想主义的道德思想。"② 还指出："在《辨心之求真理》一文里，……他承认有'绝对真理'，且认'绝对真理不在心外'。但他复指出：'所谓绝对真理即存于相对真理之和谐贯通间。相对真理之融化，相对真理之彼此互为根据，即绝对真理之内容。'似亦含有黑格尔认绝对为最后、最高、圆融和谐集大成之系统之意。"③ 这些论述表明，贺麟对于早期唐君毅有相当的同调之感。20 世纪 80 年代，贺麟写了《唐君毅先生早期哲学思想》一文，对两人的哲学思想作了进一步比较，说明自己过去的思想与早期唐君毅思想的契合之处。这篇文章收在贺麟著《哲学与哲学史论文集》中。

贺麟所主张的"心即理也之心"的"精神哲学"，构成了现代新儒学开展的一个重要环节。此后，唐君毅讲"生命存在"与"心灵境界"、牟宗三讲"心体"与"性体"，都在于强调"心即理也之心"。牟宗三对此有过明确的说明。他在谈到"良知"时说："良知明觉自具有康德所说的'良心'之意义与作用，但它不只是一'感受的能力'，它同时亦是道德底客观根据。它是心，同时亦是理。这样，道德始能贞定得住，而又是挺拔有力的，而又可以具体实现的。我们可就康德的分析，再作进一步的分析，把这'心理是一'底概念作出来。"④ 又说："良心上提而与自由意

---

① 贺麟：《五十年来的中国哲学》，第 46 页。
② 同上书，第 46 页。
③ 同上书，第 46—47 页。
④ 牟宗三：《现象与物自身》，第 66 页。

志为一,它是道德底主观条件同时亦即是其客观条件。此时之良心不再是材质的,而同时亦是形式的,因为它就是理性。它同时是心,同时亦是理。因此,它不再是与超越为对的只是形而下的,只是'气之灵'的。只有这样的'心理为一',智的直觉始可能。"① 这里的"心理是一"、"心理为一",都具有"心即理也之心"的意味,明显地反映出贺麟的"新心学"所投下的深刻影响。因此,牟宗三所说的"师友之提撕与启迪",除了唐君毅,还应当有贺麟。

通过以上论析,可以看到现代新儒学思想谱系中存在着精神哲学传统,对牟宗三哲学思想开展中的精神哲学转向产生了影响。牟宗三具有与黑格尔的精神哲学相类似或相近似的思路,亦可以从这种传统及其影响中得到合理的说明。

总之,从上述这些体会与思考中可以得出结论:不论是从牟宗三哲学思想的开展中,还是从现代新儒学的思想谱系中,都能看到牟宗三具有与黑格尔的精神哲学相类似或相近似的思路。这就回答了对牟宗三的哲学思想能否运用黑格尔的这一进路与框架来进行解读的问题。我想,在了解了这一问题之后,读者就能够更好地来阅读晚林的这部新著了,并会在这部新著中读出新意、有所收获。

2013 年 8 月 21 日于武汉大学

---

①   牟宗三:《现象与物自身》,第 67 页。

导　论

牟宗三的哲学观与精神之展开

一　从中国哲学的合法性问题看哲学的
本质及精神的展开

中国哲学的合法性问题，就是一个哲学观的问题，亦即精神辩证展开的问题。在一些西方哲人——如黑格尔、文德尔班、德里达等——的眼里，中国没有哲学，至多只有思想，这是中国哲学界所共知的事实。其中以黑格尔最为代表，他在他的诸多著作中多次提到相关的主题与观点，其语气与行文亦不乏贬抑之情。常被人提起的是下面这一段话："孔子只是一个实际的世间智者，在他那里思辨的哲学是一点也没有的——只有一些善良的、老练的、道德的教训，从里面我们不能获得什么特殊的东西。……我们根据他的原著可以断言：为了保持孔子的名誉，假使他的书从来不曾有过翻译，那倒是更好的事。"① 这样一来，中国没有哲学似乎不仅仅是一个纯粹的文化事实的描述，而更涉及一个民族的文化自尊。于是，中国学人特别是研究中国哲学的学者纷纷指责这种论调，力陈中国有自家形态的哲学，而西方哲人的这种论调实是以西方哲学作为唯一合法的哲学形态来衡定一切哲学的文化霸权主义。然而，他们的观点真的是一种文化歧视与霸权吗？当德里达对中国学者说："中国没有哲学，只有思想"的时候，他诚恳地声明自己"丝毫没有文化霸权主义的意味"。② 像德里达这样纯粹的学院派的学者，他的表白应该是真诚的。即他们的观点是一种文化自性描述，不是一种文化价值判断，更不是一种民族的、文化

---

① 黑格尔：《哲学史讲演录》第一卷，贺麟、王太庆译，商务印书馆 1996 年版，第 119—120 页。

② 《是哲学，还是思想——王元化谈与德里达对话》，《中国图书商报》2001 年 12 月 13 日。

的歧视。我们再来看黑格尔何以说中国没有思辨的哲学,他究竟是站在什么立场上说的?黑格尔对于哲学,有他自己的一贯的观念。他曾说:

> 如果一个人从这种观点(即罗列材料)出发来研究哲学史,则它的全部意义只在于知道别人的特殊意见,而每一个意见又不同于另一个意见。但这些个别的特殊意见,对于我是生疏外在的,在这里面,我的思维理性是不自由的,也是没有活动于其中的:它们对于我只是一堆外在的僵死的历史材料,一堆本身空疏的内容。只有自己主观空疏的人,才会满足于这些空疏的东西。①

在黑格尔看来,偶然的思想不是哲学而是意见,如果一个研究哲学史的人,没有自由地使用理性的概念而使整个哲学史组成一个有序的完整系统,则他的研究只是意见,而不是哲学。黑格尔之所以认为西方哲学是哲学,乃因为西方哲学史是对绝对理念的表述,由此而组成了一个前后相继的有序系统。若不能如此,任何思想黑格尔都不许之以哲学。这不仅对中国文化思想是如此,对西方文化思想依然是如此。所以,尽管黑格尔对中国哲学的言辞颇不敬,但他的观点依然是一种纯学术的立场,尽管依本书的观点来看,他对哲学是有误解的。一般以为西方学者说中国没有哲学,主要指中国哲学没有组成一个概念的发展系统,因而中国哲学之表达方式与西方不同。这样一来,激进论者主张一味向西方的表达方式学习,从而失去了中国哲学自身的本性,而保守论者则强调中国哲学自身表达方式的价值,从而失去了中国哲学创新转化、调适上遂的机会。有鉴于此,我们讨论中国有没有哲学,不应该是意气地去争论或证明中国"有"还是"没有"哲学,既而以绝对二分的态度——有则自守,无则西化——应付之,而应该去讨论在这样的背景下,给了中国哲学一次怎样的机会。

2009 年 11 月,笔者应邀参加由中国哲学史学会与苏州大学哲学系联合主办的"多元价值审视下的中国哲学研讨会"。其间苏州大学蒋国保教授指出:虽然自 1979 年中国哲学史学会成立以来,中国哲学研究取得了相当的成绩,但在一些重要的问题上并没有取得突破与成绩,其中首要的问题是:如何沿着牟宗三的理路超越牟宗三?这也是未来中国哲学研究必

---

① 黑格尔:《哲学史讲演录》第一卷,贺麟、王太庆译,商务印书馆 1996 年版,第 20 页。

须正视的方向与课题。① 笔者曾多次参加诸如"中国哲学"或"现代新儒学"的学术研讨会，类似的论题总是被提出。"研究当代中国哲学，没有人可以绕过牟宗三先生，这几已成为不争的事实。"② 如果上述观点是学界的共识，即牟宗三哲学已成为中国哲学的经典范式的话，则这里希望通过对牟宗三哲学观的疏解，试图对中国有无哲学的问题的义理分际予以厘清与缕析，进而由此指明中国哲学可能的发展途径与方向，而牟宗三精神哲学的展开，正是这种发展途径的现代形态与传统形态的最好结合，所谓返本开新也。

二　哲学之所以为哲学的判准：哲学原型及其间架

我们判定中国有无哲学，就必须先弄清楚什么是哲学，而什么是哲学必须在一定的哲学观之下方为可能。哲学与思想不同，哲学是理性的概念，而思想则是经验性的概念。思想人人都有，从这个意义上讲，人人都是初步的思想家，至少是思考者。但并不能人人都有哲学，哲学因是理性的概念，实则哲学只有一个，这是黑格尔与康德都默许的。黑格尔认为："哲学应当是一种真正的科学，而且真的哲学只有一个。"③ 康德把这唯一的哲学称为哲学原型或哲学的宇宙性概念（conceptus cosmicus）。而哲学家所造的别异的哲学系统则称为哲学的学院式概念（scholastic concept）。康德说：

> 迄今以往，哲学的概念只是一个学院式的概念——一个知识系统的概念，此概念只在其为一学问的性格中被寻求，因此，它只筹划这系统的统一，即以知识体系的统一为学问的目标，因而它只不过是知识的逻辑圆满。但是，还有另一个哲学概念，即哲学的宇宙性概念，这个概念形成了"哲学"这个词的真实基础，特别是它被人格化而

---

① 详见蒋国保《近三十年中国哲学研究之我见》，蒋国保主编：《多元价值审视下的中国哲学》，安徽人民出版社 2013 年版，第 59 页。

② 林安梧：《儒学革命论——后新儒家哲学的问题向度》，台湾学生书局 1998 年版，第 29 页。

③ 黑格尔：《哲学史讲演录》第一卷，第 21 页。

其基型表象在理想的哲学家中时。①

依康德之意，哲学之所以是哲学，其基础乃在哲学的宇宙性的概念即哲学原型那里，而具体的哲学系统之所以是"哲学"系统乃是由于具体的哲学系统符合哲学原型的目的。但具体的哲学系统只是哲学的历史形态，而不是哲学的理性形态即哲学原型，也就是说，具体的哲学系统并不是哲学本身。从这个意义上说，康德也不认为西方各种殊异的哲学系统就是哲学，至少在没有关涉到理性的最高目的时，这些殊异的系统只能算是思想，而不是哲学。既然具体的哲学系统不是哲学原型，那么，制造这些具体系统的人也不能以哲学家自居。而在哲学原型出现以前，我们尚不能"学"哲学，至多只能学哲学性的思考。这样，在现实中，"每一位哲学思想家都是在别人工作的废墟上写出他自己的著作；但是没有一部作品达到了所有部分都固定不朽的境地"。② 故每个哲学家尚只是理性的历史的使用，即只是理性的技师，而不是理性的立法者。理性的技师只能产生思想，而理性的自我立法才能产生哲学。由此看来，理性的自我立法是产生哲学的必要条件，而且所产生必是那唯一的客观哲学即哲学原型。判定一种思想是不是哲学，或者探讨哲学的发展方向，哲学原型是其唯一的判准或依据。但康德一再表示，哲学原型尚未出现，只是理性的理想，故西方人在自家所构造的具体的哲学系统内判定中国无哲学，在义理上是可被质疑的。现在的问题是：我们能不能找到实在的哲学原型呢？

理性的最高立法不是思辨的立法，而是道德的立法，而圣人又是最圆满的道德立法者，故哲学原型必在圣人的道德践履中朗现，圣人是哲学原型具体而现实的决定者。故哲学原型可出现且必出现，其形态为"道德的形上学"。这就是牟宗三根据儒家的心性工夫之学所"发现"的哲学原型。这里用"发现"而不可用"建立"，因为"道德的形上学"是践履过程中必然的智慧方向，是客观而唯一者，不可由人主观地建立。"道德的形上学"的基本而又普遍的哲学间架是"一心开二门"，这个间架虽然来自《大乘起信论》，但却具有普遍的意义，是哲学的基本模型与间架。

① Immanuel Kant, translate by Norman Kemp Smith. *Critique of Pure Reason*. China Social Sciences Publishing House. 1999. p. 657.

② 康德：《逻辑学讲义》，许景行译，商务印书馆 1991 年版，第 16 页。

宗三关于哲学或者中国哲学的一切论说，都是基于这个模型与间架。在牟宗三看来，所谓哲学，就是把人性活动之所及，如科学、民主、自由、道德、美及宗教等在这样的哲学间架内予以理性的或先验的安排。"一心"就是形上的道德实体或宇宙本体，"二门"就是真如门（本体界）与生灭门（现象界）。只有在这个间架内，哲学才能真正实现古希腊——哲学作为"实践的智慧学"——的古义而去追求最高善。但因文化开发的方向不同，中西哲学都有偏至，中国哲学重在本体界，西方哲学则重在现象界。中国哲学以工夫践履之路把本体界已发挥至极致，但在现象界却鲜有发挥与成就，故中国缺乏科学知识成就与民主政治业绩。西方哲学虽然在科学知识与民主政治上斐然而有所成，但因不能以工夫之路开本体界，科学知识与民主政治亦必然会产生流弊。由此可以言中西哲学的会通而各自调适上遂。所以，若从那唯一的哲学原型来看，固然可从现象界问中国有无哲学，但亦可从本体界问西方有无哲学。这是我们分析牟宗三的哲学观而从中挖掘出的隐含之义。

三　现象界：中国没有知性形态的系统哲学

就中国哲学而言，就是要在这样的哲学间架内由生灭门开出知性主体以成就现象界的学统与政统，所以，牟宗三力主"良知坎陷"开出科学与民主。他提出由"理性的运用表现"转出"理性的架构表现"，由"综和的尽理之精神"转化为"分解的尽理之精神"就是希望在哲学原型的间架内在中国哲学中转出知性主体形态。这是一种纯理性的安排，纯哲学的言说。因此，在牟宗三那里，一种言说如果要称得上是哲学的言说，必须在哲学原型的间架内。这个哲学原型的间架对于哲学的言说来说就是"光源"，而溢出其之外的一切言说都是"磷火之源"。[1] "光源"是唯一的且永放光芒，如同太阳，而"磷火之源"则是零星而随生随灭。牟宗三认为，"五四"以来的新文化运动，其参入者所讨论的科学与民主正是在"磷火之源"的背景下讨论的，即在国家民族的现实困境之下所带出来的问题。尽管参入者多有担当与激情，但他们"本无在生命中生根的积极的思想与义理，只是一种情感的气机之鼓荡。它只要求这，要求那，

---

① 牟宗三：《哲学的用处》，见《时代与感受》，鹅湖出版社1995年版，第137页。

而并无实现这或那的真实生命，与夫本真实生命而来的真实思想与义理"。① "无在生命中生根的积极的思想与义理" 就是不是在哲学原型的间架内安排思想与义理，只着眼于现实经验地要求与呼吁，全盘西化论由是出焉。所以，牟宗三认为，新文化运动时期所讨论的问题只是哲学性的问题，而不是哲学的问题。"纯粹哲学的问题与牵涉到哲学性的问题，这两者之间距离是相差很远的。"② 前者是纯粹理性中的问题，后者是现实中的经验性的问题。因为若科学与民主只是现实中的经验性的问题，则可以需要，亦可以不需要，或者此时有必要，彼时则不必要，因为经验无绝对的必然性。若是理性自身的问题，则科学与民主有定然不可移的先验必然性。有学者批评牟宗三 "良知坎陷" 说是走出历史，"只剩下一大堆抽象概念的博弈和滑转。这样，系统架构得越精巧，就越有可能远离现实"。③ 蒋庆则认为牟宗三的这种理论是一种变相西化论。乃至作为牟宗三挚友的徐复观亦未指名地批评他的理论 "是反其道而行，要从具体生命、行为，层层向上推，推到形而上的天命天道处立足，以为不如此，便立足不稳"。④ 故与中国文化的性格毕竟隔了一层。尽管这些观点依各自的立场都言之成理，但却是对牟宗三的误解。须知，牟宗三的这种理论是一种纯哲学的创造与疏通。哲学，作为一种理性的创造，它虽然不是完全与现实无关，但它并不直指现实问题的解决。哲学之于现实问题，乃作为超越的轨约原则，而不是内在的构造原则。所以，哲学常远离历史现实问题，但却规导历史现实问题。因此，韦政通以为，牟宗三这是一种 "千回百转" 的思路，因为牟宗三 "早已充分自觉到，要为儒家建立新学统，必须畅发认知理性，并经由认知理性来显现道德理性的光辉，这是间接曲成的途径。在这条道路上，必须暂时远离传统儒家修身为本，实践优位的原来轨迹。如果我们了解这一点，就可以知道徐先生的批评并不是很相干的"。⑤

---

① 牟宗三：《五十自述》，鹅湖出版社 1989 年版，第 94 页。

② 牟宗三：《哲学的用处》，见《时代与感受》，第 129 页。

③ 景海峰：《简论牟宗三圆善论的理性主义困境》，《深圳大学学报》（社会科学版）1999 年第 1 期，第 74 页。

④ 徐复观：《向孔子的思想性格回归》，见李维武编《徐复观文集》（二），湖北人民出版社 2002 年版，第 102—103 页。

⑤ 韦政通：《孔子成德之学及其前景》，见《中国思想传统的创造转化——韦政通自选集》，云南人民出版社 2002 年版，第 158—159 页。

西方哲人说中国没有哲学，就是中国的思想常太切实于现实问题，没有形成纯形式的普遍性的"学"。因而康德说："哲学家相信历史对他来说是多余的。"① 哲学所追求的只是理性的原理，而不是原理的现实应用，这是更高远一步的问题。因为"原理中的错误，要比在原理应用中的错误更大"。② 因而，牟宗三认为，哲学并不是契合现实问题而激起的思想，现实问题对于哲学至多只是一种触发的契机，契机一旦触发，哲学便离开现实而进行理性的运思。他说：

> 　　一般人都会有一些想法，都会考虑一些问题，思考一些问题，但是在一般情形下，这些想法、考虑、思考，不一定能称得上是"思想"这个字之恰当的意义。思想有它严格的意义，一般性的思考，大体上只是观念、想法、意见，够不上是一个思想。……我们平常的意见和观念不能称为 Thought，要使它们能够转成 Thought，成为 Conceptual thought，必须以"智"来润。③

这里所说的"思想"就是哲学之意，即 Conceptual thought，依牟宗三之意，哲学就是"智润思"，即以智慧来滋润理性自身的运思。智慧发自本体界，依赖于"养"，于经验认知无关。所以，哲学就是以智慧把理性自身的运思组成一个概念系统，这是无待于外而内在自足的。故牟宗三称哲学为"无取之知"。像柏拉图的"理念"、黑格尔的"绝对精神"都是"无取之知"，因为这些都不是经验现象的知识系统，而只是智慧的洞见。但牟宗三认为，柏拉图和黑格尔的哲学系统并不是最完善的"无取之知"的哲学系统，因为他们除了洞见一个形上的概念以外，并没有超越的分解以涌现理性自我运思的概念。而这个工作在康德那里得以完成。康德从主体方面反省了科学知识得以可能的条件，以主体自发的知性范畴彰显主体之能，既而成就科学知识。这样，就把主体先验地、客观地建立了起来。主体的先验性与客观性就在于时空感性直观形式和十二范畴。哲学的运思就是时空感性直观形式和十二范畴自身的活动而对外立法。牟宗三认为，

---

① 康德：《逻辑学讲义》，第 34 页。
② 同上书，第 48 页。
③ 牟宗三：《哲学的用处》，见《时代与感受》，第 119—120 页。

这"才更恰合于哲学的'无取'之义"。① 这样，在牟宗三看来，任何哲学都脱离不了康德式的批判，他把康德式的批判称为哲学的常识。故不通过康德式的批判，则只能产生坏的哲学，因为康德"对哲学的概念，哲学的论辩，与哲学性的分析都全部提到"。② 但康德式的批判只是哲学的必要准备，批判的分解以后必须要进到黑格尔的辩证的综合，且只能由前者才能进入到后者。"要讲黑格尔式的辩证综合，必须预设康德的超越分解，有如康德在其三大《批判》中，每一《批判》的内容都分为《分解部》与《辩证部》一样。"这样，"把批判分解所分解的内容，通过一辩证的历程，综和在一起，达到一个全部的大融和，此即所谓'辩证的综和'"。③ 只有如此，才使得：不但批判的分解不只是康德哲学的方法，而是普遍的哲学方法，而且辩证的综合也不只是黑格尔哲学的方法，而是普遍的哲学方法。中国哲学在本体界有超越的分解与辩证的综和。"中国哲学谈到实践之事，必工夫、本体两面同时讲求，作工夫以呈现本体，到最后工夫、本体固可以是合一，但在实践历程中，工夫与本体的分别一定要先承认的。"④ 但中国哲学在现象界未能开出知性主体，故不能讲超越的分解以涌现概念而成系统。所以，研究中国哲学固然要重视文献的途径，但这文献的途径并不是历史的途径（historical approach），重考据与训诂，而是逻辑的途径（logical approach），涌现概念以成系统。因为中国古代的文献"写的时候亦不是很有系统，很有逻辑的，不是先经过下定义，然后推理，一步一步给你摆出来，清清楚楚的"。⑤ 只有这样才能真正进到哲学中来。因此，在现象界重视知性系统的开辟，对于中国哲学来说所关甚大。牟宗三说：

> 知识不足，则无资以运转；思辨不足，则浮泛而笼统。空谈修养，空说立志，虚馁迂陋，终立不起，亦无所修，亦无所养。纵有颖悟，亦是浮明；纵有性情，亦浸灌不深，枯萎以死。……又或以为思

---

① 牟宗三：《哲学智慧的开发》，见《生命的学问》，三民书局1997年版，第18页。

② 牟宗三：《中西哲学会通十四讲》，上海古籍出版社1997年版，第39页。

③ 牟宗三：《超越的分解与辩证的综和》，见《牟宗三先生全集》第27册，联经出版公司2003年版，第459—460页。

④ 同上书，第462页。

⑤ 牟宗三：《研究中国哲学之文献途径》，见《牟宗三先生全集》第27册，第332页。

辨只是空理论，不必有实证，遂妄托证会以自高。殊不知思理混乱，基本训练且不足，而可妄言证会乎？汝焉知思辨明澈者必无证会乎？又或以为知识只是粗迹，未可语于性德之冥契，如是，遂日夜闭目合睛，妄托冥契以蹈空。殊不知学知不够，虽即于性德亦不知其为何物，而可妄言冥契乎？汝焉知学知周至者定无性德之冥契乎？①

疏解至此，我们可知，中国哲学在"一心开二门"的哲学原型间架中，于生灭门即现象界确实未能开出知性形态以开出知识的逻辑概念系统，在这个意义上，说中国没有哲学是可以接受的，故中国哲学必须发展出知识的逻辑概念系统，这是定然而不可移易的。若哲学是精神实体的辩证开显，则亦必须通彻这逻辑概念系统。但这里有二义必须注意：

第一，说中国没有如此这般形态的哲学是历史机缘上的"没有"，而不是原则上的"没有"。因为如果承认中国人是人，且具有人类普遍的理性，则中国人亦可原则上有此一套。故中国哲学发展出这种形态的哲学从现实机缘上看好像是模仿西方，实则是在一定的契机之下，精神自身的发展。西方哲学至多只能算契机之触发。于是，中国哲学照搬或套用西方哲学的言语或范式之论可免矣！担心中国哲学由此会失去其自性之忧亦可免矣！除非只是纯外在地历史地去"学"。若能理性地去"学"，则无所谓中照搬西，或西照搬中，亦无所谓中国哲学自性之问题，因为只有一个哲学自身，这是其内部的自我完善。

第二，哲学发展出知识的逻辑概念系统，但精神并不能就定死在这个阶段。这只是庄子所说的"众人辩之以相示"的阶段，还有更高的"圣人怀之"（《庄子·齐物论》）的阶段，此所谓"转识成智"也。故哲学必须上升至宗教的意义，只有在这里才能真正使哲学成为"实践的智慧学"。"故凡哲人之言说，初虽是说其所学，而其归宿，则皆是以言说成教。故说所学非究竟，以说所学成教，方为究竟。"② 哲学即宗教，正是中国哲学超过西方哲学的地方，故西方哲学亦有向中国哲学学习者在焉。

---

① 牟宗三：《圆善论》，台湾学生书局 1985 年版，第 xv 页。

② 张祥浩编：《文化意识宇宙的探索——唐君毅新儒学论著辑要》，中国广播电视大学出版社 1992 年版，第 504 页。

四 本体界：中国有最高形态的哲学

在哲学原型中，于现象界成就知识的逻辑概念系统，只是精神开显的一个方面，这只是精神的暂时的自我"坎陷"，精神必须作进一步的辩证发展而至本体界。故牟宗三说："逻辑的真，艺术之美，皆不是最后的也。外重内轻，自己空虚。"① 本体界才是最后的真实，人生之归宿必然寄居于此。这是在现象界学知周至以后的必然冥契与体悟。牟宗三无不悲悯地说：

> 此散漫无归，飘萍无依之世界岂能一日安乎？吾人若静夜一思，但觉飘忽苍凉，悲感无已。宇宙人生固若是之茫乎？若只游荡无根，与物推移而莫知所止，则有不如无。安于知解历程以为可以自足，实非安也，乃堕性之累坠，非自足也，乃物化之顽梗。以为知解历程可以透露理型，既有理型，则物可解，是则何时不可停，而必向往其归宿？吾实告汝，此知解历程中之理型无一不是纲目层级中相对之限定。……其停非真可停，乃实其自己之物化。吾人若不物化，生命常在奋发，必觉知解中无有可停止者。讨个真止处乃生命之不容已。②

所以，哲学必须由"众人辩之以相示"的阶段，进至"圣人怀之"的阶段。正如有学者所指出的那样，"如果单顺逻辑的进路一往地走下去，最终必是'山重水复疑无路'，然而结果却是'柳暗花明又一村'。因为逻辑的进路完结与隐遁了，出现与接上来的就是道德的进路、实践的进路了。前者把我们带进一个语言的形上学世界，而后者却在道德实践的工夫之路上引领我们到一个境界的形上学世界。通过逻辑的思辨与道德涵养的实践，境界实践的形上学与语言逻辑的形上学终于在互相贯通中连接为一个整体，一个广义上的'道德的形上学'"。③ 此即哲学原型的完成，这才是真正的哲学的出现。缺乏知识的逻辑概念系统，固不能算是完善的

---

① 牟宗三：《寂寞的独体》，新星出版社 2005 年版，第 104 页。
② 牟宗三：《认识心之批判》下，（香港）友联出版社 1956 年版，第 227 页。
③ 王兴国：《牟宗三哲学思想研究——从逻辑思辨到哲学架构》，人民出版社 2007 年版，第 704 页。

哲学，但无有本体的冥契与工夫，更不能算是完善的哲学。因为从哲学最终须成"教"来看，知识的逻辑概念系统只是哲学的初级阶段。牟宗三说：

> 人之最高境界，总要归于"德润身"，而不是"智润思"。"德润身"与"智润思"这两者的关系好比孔子在论语里面所讲的"仁"与"智"。仁与智并行，必须兼具，缺一不可，光讲仁不行，光讲智也不行。可是虽然仁智并行，仁却有优先性，智一定要隶属于仁。①

"智润思"成就知识的逻辑概念系统属于外延真理，而"德润身"冥契本体则属于内容真理。外延真理依理性的概念分析对象，而内容真理则依工夫之路使自家生命与本体作存在的呼应，既而使自家生命荣登圣域。外延真理是抽象的普遍性，而内容真理则是具体的普遍性。所谓具体的普遍性就是：在自家生命的道德践履工夫中呈现本体。儒家所讲的"仁"，佛教所讲的"悲"，耶教所讲的"爱"皆不是可抽象地定义的，是在一个具体的强度里随时呈现，并且有不同程度的呈现，即是一个弹性的动态过程。故工夫践履历程无有底止，内容真理的证悟过程亦无有底止。当然，亦有一机之触发，而迹本兼得者。然无论如何，都是具体生命的开朗精诚、精通简要、温润安安、阳刚健行。在这里，概念和语言只是当机之点拨与愤发，及至生命洋溢于奋进之际，不但概念系统不必要，就是语言亦为多余。所谓"开而弗达"（《礼记·学记》）也。故孔子欲无言，子贡亦叹"性"与"天道"不可得而闻。这是在本体界冥契内容真理的必然进路。牟宗三说：

> 因孔子毕竟不是希腊式之哲人，性与天道是客观的自存潜存，一个圣哲的生命常是不在这里费其智测的，这也不是智测所能尽者。因此孔子把这方面——存有面——暂时撇开，而另开辟了一面——仁、智、圣。这是从智测而归于德行，即归于践仁行道，道德的健行。……在德性生命之朗润（仁）与朗照（智）中，生死昼夜通而为

① 牟宗三：《哲学的用处》，见《时代与感受》，第120页。

一，内外物我一体咸宁。它澈尽了超越的存有与内在的存有之全蕴而使它们不再是自存与潜存，它们一起彰显而挺立，朗现而贞定。这一切都不是智测与穿凿。故不必言性与天道，而性与天道尽在其中矣。①

在践履工夫中消解语言与概念，是中国哲学的传统与胜场。子曰："二三子以我为隐乎？吾无隐乎尔。吾无行而不与二三子者，是丘也。"（《论语·述而》）"故观于海者难为水；游于圣人之门者难为言。"（《孟子·尽心上》）"夫知者不言，言者不知，故圣人行不言之教。"（《庄子·知北游》）故朱子之师延平先生尝曰："读书者知其所言莫非吾事，而即吾身以求之，则凡圣贤所至，而吾所未至者，皆可勉而进矣。若直以文字求之，悦其词义，以资诵说，其不为玩物丧志者几希。"（《朱熹集》卷九十七《延平先生李公行状》）伊川先生更是直言"作文害道"；朱子则批评韩退之、柳子厚"只是要作好文章，令人称赏而已，究竟何预己事？却用了许多岁月，费了许多精神，甚可惜也"（《朱熹集》卷七十四《沧洲精舍谕学者》）。此皆是强调退隐语言概念以冥契本体之意。此非神秘主义，而是哲学至于"实践的智慧学"之后的必然境界。牟宗三说：

> 但须知此学本不同于一般的专学。然而当付之于践履时，则那些系统相，轨道相，格套相，专学相，便一齐消化而不见，此时除那本有而现成的知体（即本体）流行于日用之间外，便什么也没有，它能使你成为一个真人，但不能使成为一个专家。以此学为专家，如今教授之类，就此学言，乃是下乘而又下乘者。②

这就是《易传·系辞上》所说的"神而明之存乎其人，默而成之，不言而信，存乎德行"。至此，哲学而成为宗教最终得以完成。这虽为中国哲学所固有，但在哲学原型的间架中来看，必为冥契本体界的普遍的方法与进路。牟宗三说：

---

① 牟宗三：《心体与性体》上，上海古籍出版社 1999 年版，第 187—188 页。
② 牟宗三：《从陆象山到刘蕺山》，上海古籍出版社 2001 年版，第 211 页。

尽管西方人向来不大重视这方面——西方人也不是完全不讲这些，只是讲的不透、不够好——但是当这内容真理一旦呈现出来的时候，尽管你西方人没表现出来，一旦到你的生命接触到这个问题的时候，你要表现也是如此，没有其他的方式。①

冥契本体，重在工夫、妙悟与圣证，其中的语言概念亦只是应机随缘之指点，故多为语录体、对话体等诗化之言说，此种语言于此最为当行与本色。须知即便此种诗化之言说亦为不得已而用之，皆为权说，非实说也。实说乃在自家的圣证工夫中，真有笃实的圣证工夫，则权说可有而即无。故佛说："吾四十九年住世，未曾说一字。"（《五灯会元》卷一）岂妄言哉?! 若无笃实的圣证工夫，只限于此权说之语言概念中，则所得不过戏论、糟粕也。西方哲人无笃实的圣证工夫，而又陷于权说之语言概念中，复比照他们在现象界所成的知识的逻辑概念系统，由此说中国没有哲学，进而使哲学失去其为"实践的智慧学"之本性而沦落为纯粹的概念游戏，孰之过也欤?!

疏解至此，在"一心开二门"的哲学原型间架中，在真如门即本体界中，亦有二义可说：

第一，在本体界中国哲学表现出了极高的智慧与成就，哲学即为宗教。由是，中国不但有哲学，而且有形态极高的哲学，远远超过了西方。以此而衡论之，甚至可以说，西方哲学不是哲学。而西方要有哲学，则亦必须学中国哲学开工夫圣证之门径。

第二，同样，说西方没有这种形态的哲学是指历史机缘上"没有"，并非原则上"没有"。精神发展至此般境界，亦必然地"有"。故中国哲学必可有功于世界文化，亦必能有功于世界文化。因为哲学必圆满自己、完善自身。

五　从牟宗三的哲学观看精神哲学的开显方向

牟宗三为哲学开启了"一心开二门"的原型间架，尽管就其整全而言，现象界与本体界都须尽其蕴，所谓"思索义理，涵养本原"（《朱

---

① 牟宗三：《中国哲学十九讲》，上海古籍出版社1997年版，第38—39页。

子语类》卷九）者也。然若认可哲学是实践的智慧学，则就其境界而言，本体界高于现象界，即现象界只是手段，本体界才是目的。这种观念，即使在西方哲人那里也不是完全没有体悟。雅斯贝斯说："哲学思维活动就是要超越一切理想——即使仍然要通过它们并以它们为经常的据点——而指明大全这一永恒的空间。作为一个人而存在，就是要争取去意识这个至大无外的空间，因为正是大全，使我们随时清醒地察觉到我们自己的可能性。"雅氏所说的"大全"就是本体，哲学就是通过思维并超越思维而回归到大全之中。但雅氏认为有两种可能性："或许我在我自己的实质之丧失中体会到虚无，或许我在我之被赠与中体会到大全的充实。"① 显然，西方哲学究竟的常是第一种可能性，而中国哲学究竟的常是第二种可能性。

西方人斥中国没有哲学，虽无贬抑之意，然不觉中以自家之长丈别人之短，其义理分际未必清楚；若中国学人由此而故步自封，以为自家亦有所长，而不去究诘其义理分际，亦必失去中国文化调适上遂之机。在哲学原型的间架之内，中西哲学都是偏至的发展。所以，"有无哲学"的问题不只是可考问中国文化，亦可考问西方文化。因为西方哲学是哲人形态，所成乃在知识的逻辑概念系统，所差乃在向上一关之圣证；中国哲学是圣人形态，所成乃在圣证的工夫，所差乃在向下一关之知识系统。牟宗三称前者之偏至为哲人之悲剧，后者之悲剧乃圣人之悲剧。他说：

> 因此，能不落在一定形态下，而单从名理以辩之哲学家，则可拆穿圣人之浑一，而一一予以辩示，而畅通其理理无碍，事事无碍，事理无碍之途径。哲学以名理为准。名理凌空，不为生命所限。圣证以生命为资，不能不为其所限。无生命之圣证，则道不实。无名理之凌空，则道不开。哲学辩而开之，显无幽不独之朗照。圣证浑而一之，示一体平铺之实理。然哲学家智及不能仁守，此是哲学家之悲剧。圣证仁守而封之，此是圣人之悲剧。两者永远在开阖相成中，而各有其独立之本质，藉以观人之所以为人，精神之所以为精神。②

---

① 卡尔·雅斯贝斯：《生存哲学》，王玖兴译，上海译文出版社 2005 年版，第 15—16 页。

② 牟宗三：《才性与玄理》，台湾学生书局 1985 年版，第 283—284 页。

切就中国哲学的发展而言，固然要学习西方哲学以克服圣人的悲剧而开出精神的知性形态以成就知识的系统，却不可由此走向哲人之悲剧而失落圣证之工夫。现在的中国学人，似乎皆能自觉地造理论、构系统，"著书立说"，用心甚勤，唯不做工夫，不求圣证。是此，则这理论与系统，这"书"与"说"，虽言之成理，上焉者，适成戏论，于世道人心未必有补；下焉者，只不过抄袭剽窃，以满足自家之私欲。岂不悲乎?! 牟宗三曰："如果自己的生命根本未动转，于那客观的义理根本未触及。"① 良非虚言也。以知识充实圣证，以圣证规导知识，此是中国文化的大开合，亦是"知行合一"之模型的完成，哲学至此而终结。

牟宗三的精神哲学，开启了现代的知识形态，又捍卫了传统的圣证形态，并以后者统摄前者，可谓中国传统文化精神的现代转换。

六　本书思路的合法性及其意义

本书以黑格尔精神现象学的哲学间架来解析牟宗三的精神哲学，具有学理上的合法性吗？这是导论中需要探讨的最后一个问题，如果此问题不交代清楚，则可能全部论述都是自说自话的误解。

牟宗三曾多次说过，他是配合着康德的思考，依据中国文化的智慧方向来解决人类理性中的问题。这样，人们多只注意了牟宗三哲学与康德哲学的关系，相关的专著与论文不胜枚举。② 但鲜有关注牟宗三哲学与黑格尔哲学之间的关系，一二论者虽略有提及然语焉不详。如成中英在《近三十年中国哲学的发展与中国哲学智慧的挑战》一文中说："我认为牟唐

---

① 牟宗三：《现象与物自身》，台湾学生书局 1984 年版，序第 9 页。

② 根据笔者之不完全统计，近年来出版的牟宗三哲学研究专著，有如下几部：陈迎年：《感应与心物——牟宗三哲学批判》，上海三联书店 2005 年版；王兴国：《契接中西哲学之主流——牟宗三哲学思想渊源探要》，光明日报出版社 2006 年版，《牟宗三哲学思想研究——从逻辑思辨到哲学架构》，人民出版社 2007 年版；刘爱军：《"识知"与"智知"——牟宗三认识论思想研究》，人民出版社 2008 年版；程志华：《牟宗三哲学研究——道德的形上学之可能》，人民出版社 2009 年版；盛志德：《牟宗三与康德关于"智的直觉"问题的比较研究》，广西师范大学出版社 2010 年版。这些专著无一例外地依据康德哲学之名词或理路来进行研究，甚至在《契接中西哲学之主流——牟宗三哲学思想渊源探要》和《牟宗三哲学研究——道德的形上学之可能》两书中，对于康德哲学之于牟宗三的影响作了深入的探讨与研究，但很少甚至没有提到黑格尔哲学之于牟氏哲学的意义。

的哲学是基本建筑在 Hegel 辩证法的基础上。"① 王兴国在《称理而谈：牟宗三哲学方法论探要》一文中说："牟宗三借鉴与汲取了黑格尔的哲学史观与方法论，以儒家哲学历史发展之内在脉络的'大开合'—'歧出'与'开合'—'大开合'来展现中国哲学的发展历程与未来方向。显然，这与他提出和坚执的'儒学第三期发展说'密切地联系在一起。"② 这就是说，儒学第三期乃切就黑格尔的哲学方法论而开展，但牟宗三哲学到底如何开展的，却未能作深究。王广在《牟宗三"唯'道德心'辩证法"思想试论》一文中认为，牟宗三哲学乃道德心主宰下的"实践辩证法"之展开历程，其指归乃是为生活世界或科学主义开辟价值之源。③ 这虽然领会到了牟宗三哲学的开显理路，但只是方法论上的提现，并未能依此方法对牟宗三哲学作如是之疏解。但吾人若能把握牟宗三哲学的根本精神，则对其作黑格尔精神现象学式的疏解，无疑更能凸显牟宗三哲学的精神特色与价值指归。而且笔者之采取这种方法，不是唯求方法论上的创新，而是基于下列三点理由：

第一，精神现象学的方法乃是一种普遍的哲学方法。我们知道，以现象学的方式展现精神在各个历史阶段之所成首先由黑格尔在《精神现象学》一书中提出，但这却不是黑格尔哲学独特的方法，而是一种普遍的哲学方法。就如牟宗三所说的，现象与物自身区分的二重间架不只是康德哲学的方法而是一种普遍的哲学方法一样。何以如此言呢？因为所有的哲学都是以追求真理为要务，而真理，是一个科学的体系，不是一种单纯的结论。"揭露出哲学如何在时间里升高为科学体系，这将是怀有使哲学达到科学体系这一目的的那些试图的唯一真实的辩护。"④ 这虽然是由黑格尔所说出，可是我们又有什么理由反对呢？从这里可以看出，哲学是一种动态的历史过程，而不是一种静态的直观。精神现象学正是展现这一动态过程的根本方法。"灵魂在这个道路上穿过它自己的本性给它预定下来的

① 成中英：《近三十年中国哲学的发展与中国哲学智慧的挑战》，《儒家文化研究》第五辑，生活·读书·新知三联书店 2012 年版，第 30 页。
② 王兴国：《称理而谈：牟宗三哲学方法论探要》，《中山大学学报》2011 年第 6 期，第 103 页。
③ 王广：《牟宗三"唯'道德心'辩证法"思想试论》，《齐鲁文化研究》第九辑，第 75—81 页。
④ 黑格尔：《精神现象学》上卷，贺麟、王玖兴译，商务印书馆 1997 年版，第 3 页。

一联串的过站，即经历它自己的一系列的形态，从而纯化了自己，变成为精神；因为灵魂充分地或完全地经验了它自己以后，就认识到它自己的自在。"① 精神通过这一系列的过程以后，才能真正回归到自己，此时便是绝对精神的实现，这是主体与客体的完全同一。但在此之前，主体与客体总处在既统一又对立之中。之所以能统一，是因为在历史进程中主体总能找到恰当显现自己的客体；之所以又对立，乃因为主体是一活的实体，它总是向它的最高存在进发，因此它总是要解除客体的沉重的物质束缚，迈向物质束缚较少的下一站，直至最后这种客体的物质束缚完全解除，实现主客体的完全同一，这便是绝对精神的到达，人的精神在此臻于最高境界。当精神到达绝对精神时，便不再在时间中了。黑格尔说："精神必然地表现在时间中，而且只要它没有把握到它的纯粹概念，这就是说，没有把时间消灭〔扬弃〕，它就会一直表现在时间中。……在概念把握住自身时，它就扬弃它的时间形式。"② "到这个时候，精神现象学就终结了。"③精神现象学的终结，意味着精神发展的完成，哲学系统之终止与人的绝对圆满的威临。牟宗三在《圆善论》中多次提到，圆善问题的解决预示着哲学系统的终结，如果我们不在精神现象学的方法上看待这一结论，是很难理解何以会终结以及其终结之意义的。

第二，在牟宗三那里，哲学与一般的思考不同，其义理乃由一根而发，非松散地各别地言说经验性的问题。"什么是哲学？凡是对人性的活动所及，以理智及观念加以反省说明的，便是哲学。"④人性活动之所及，一般而言有情感、美、知识、道德与宗教等，这些都需要在"人性"之构架内加以合理安排，厘清分际与关系。这说明哲学固然要分说情感、美、知识、道德、宗教等问题，但其言说不是各别地无关联地言说，乃是依一形上实体而言说。经验地各别地无关联地言说只是一个思考者，但并不能由此而即成为哲学。思考者只是言说到了哲学性的问题，但并不是"哲学的"言说。基于此，牟宗三说："一切的哲学理境可分为两种：一种是分别说的理境，亦即是分解的，一般的哲学家都是用功在此方面；另

---

① 黑格尔：《精神现象学》上卷，第 54 页。
② 黑格尔：《精神现象学》下卷，第 268 页。
③ 黑格尔：《精神现象学》上卷，第 24 页。
④ 牟宗三：《中国哲学的特质》，上海古籍出版社 1997 年版，第 4 页。

一种则是辩证的理境。"①所谓"辩证的理境"就是黑格尔的辩证的综合，哲学一定最后是在辩证的综合处完成，仅有分解并不能使哲学之所以为哲学。这样，牟宗三以为，哲学研究之途径既要讲"多"，更要讲"一"。只讲"多"而无"一"，则不知"多"何以为"多"，而至"多"散漫而虚无。同样，吾人对牟宗三哲学的理解亦必须归摄到一个"一"中，由此"一"以见其系统整肃而分际森然，而决非无收煞之散论。而由"一"而摄纳"多"正是黑格尔精神现象学的方法，当然，亦是一种哲学的普遍方法。

　　第三，和康德哲学一样，黑格尔哲学也是一种主体主义哲学，而以道德心为唯一形上主体的牟宗三哲学对黑格尔主体主义哲学亦非常重视。牟宗三以为，西方哲学有三大骨干，即柏拉图、亚里士多德一骨干（下赅中世纪的正宗神学），莱布尼茨、罗素一骨干（旁及经验主义、实在论等），康德、黑格尔一骨干。在这三大骨干中，唯有至康德、黑格尔那里才彻底透出主体主义且完成。"不至主体主义，严格讲，并不真能接触道德宗教的真理。"② 这就是说，如果不至于康德、黑格尔的主体主义，则不能理解精神之所以为精神。进而，如果把哲学整体上理解为一种宽泛意义的"教"的话，则不至于此就更不能理解。在牟宗三看来，康德哲学是形式的分解，黑格尔哲学则是具体的精察与感受。③ 就哲学而言，康德的哲学是准备，而黑格尔的哲学是展示。吾人要了解牟宗三疏解中国文化之所成，固然要在康德的哲学间架内以厘清分际，更要在黑格尔的哲学方法中以尽其精察与感受。黑格尔哲学以绝对概念为唯一实体，由辩证法开显主观精神、客观精神与绝对精神，以观精神的历史世界。牟宗三哲学则以道德心（本心）为唯一实体，以辩证地开显出精神的历史形态。他说：

　　　　道德心灵道德理性不只实现于个人自己，润一己之身，而且它也要润人间一切事。所以本道德心灵道德理性之本性之不容已，它必须要客观化而为成全人间组织之超越根据，此即是历史，家，国，天下，乃至政治，法律之所由立。……由个人之践履而体悟道体，黑格

---

① 牟宗三：《哲学研究的途径》，见《牟宗三先生全集》第27册，第361页。
② 牟宗三：《中国哲学的特质》，第8页。
③ 牟宗三：《五十自述》，第111页。

尔名曰"主观精神",而由此直达宇宙心灵以为天地万物之本,则曰"绝对精神",而客观化而成全历史,家,国,天下等,则曰"客观精神"。①

精神的全幅开显必须尽主观精神、客观精神与绝对精神之全蕴,但切就中国文化传统而言——在牟宗三看来——则于客观精神即历史、家、国、天下、政治与法律等,不甚能彰著。而"我现在要藉我们的道德实践,来表示精神表现中的辩证法则(理路),把辩证发展中的基本概念(足以使之成其为辩证者),一一给确定出来"。② 这样看来,吾人要切实地了解牟宗三疏解中国文化之分际、限制及其所成,必须在黑格尔式的精神现象学中。

基于以上三点原因,吾人可知,依据黑格尔精神现象学的方法来解析牟宗三哲学,不但可以于动态之流中全尽地展现牟宗三哲学之义理建构,而且可以更全面深入地理解当代新儒家之于中国文化的意义。这种意义主要表现在两个方面:

其一,儒学第三期的使命,依据牟宗三的看法,乃是学统与政统的建立。但在哲学上,学统与政统之建立不能只是外在的形式的建立,须内在地义理地建立之,而中国文化如果能疏通义理亦可建立学统与政统,故中国文化在历史上未建立学统与政统只是历史机缘上未建立,并不是原则上不能建立。因精神之开显必含学统与政统,此为定然而必然者,若能于义理上加以疏通,则现实上的建立是迟早的事。而且这种建立是真正的理性上的建立而不是外在的模仿的建立。外在的模仿的建立不知学统与政统的分际与限度而不加检定,可能会滋生流弊,而理性地依据其义理分际安排学统与政统,固能彰显其所成,又能检定其限度,此则无流弊。牟宗三哲学正是依据中国文化传统建立道德形上学而从义理上疏通精神之开显,从而开出儒学的现代形态,既而建立学统与政统。这样,就可进而论述其意义的第二个方面。

其二,既然儒学通过义理之疏通亦可开出学统与政统,且可使之不至于生发流弊,则现代新儒家之护持中国文化就既不是为了反对西化派,亦

---

① 牟宗三:《理则学》,台湾正中书局1997年版,第279页。
② 牟宗三:《论黑格尔的辩证法》,见《生命的学问》,第221页。

不是一种文化保守主义，而是一种具世界情怀的文化价值主义。这种文化价值主义由精神自身开显出，故是存在论的或本体论的。因为中国文化固然需要向西方文化学习而开出学统与政统，但因中国文化毕竟能挺立价值之源以正学统与政统，故西方文化亦有向中国文化学习之必要。在此，可以言中西文化的会通。所以，现代新儒家之绍述中国文化，绝不是一种狭隘的文化民族主义，而是一种文化世界主义，因精神自身之开显必如此也。

　　鉴于此，本书依据黑格尔精神现象学的方法来解析牟宗三哲学，不仅有义理上的合法性，而且有现实上的意义与价值。

第一章

无限心作为牟宗三精神哲学的形上实体

如果我们承认以儒家文化为主体的中国文化是一种内圣之学（或由内圣而至外王），则必须承认此间的由修养工夫而来的精神发展，亦必须承认黑格尔哲学的精神发展模式在研究中国文化中的价值与意义。牟宗三在他的著作中虽然提得最多的是康德，很少提及黑格尔，但如果我们把他的哲学作一整体的把握，则黑格尔哲学的模式在牟宗三的哲学中甚为显豁。当然，牟宗三对中国文化的解读虽然是依精神逐渐发展与觉悟的辩证发展模式，但亦有与黑氏不同之处，即黑格尔毕竟是在西方文化传统之下的思辨哲学家，他的哲学中的精神发展是在外在的观解模式中通过思辨理性的知解而来，而牟宗三对中国文化的解读，其精神发展是在内在的证悟模式中通过实践理性的觉悟而来（当然，其中也不废弃思辨）。也就是说，黑格尔的精神发展模式是在思辨理性之下所极成的知识的逻辑圆满系统，即，此是一哲学系统。而牟宗三对中国文化的精神发展的诠释与解读，其彰显的是通过修养工夫即实践理性而来的道德实践之化境，这是一圣证之境（当然，其中亦不乏思辨理性的功用），是道德、艺术与宗教究极合一之境。

牟宗三哲学的精神历程是基于一"精神实体"的辩证发展，则此一"精神实体"是其哲学系统的拱心石。那么，如何对这一"精神实体"作一批判的形上推述，对于牟宗三的哲学体系来说具有根源性的意义。这种"精神实体"的批判的形上推述与证成即是其整个哲学系统的"体"的建立。这里包括三个方面的内容：（一）作为精神实体的"无限心"的形上推述与证成；（二）无限心、道德的形上学及哲学原型；（三）无限心与人的无限性。通过这三方面内容之论述以后，牟宗三哲学的大体规模已定，其后的内容只是其规模的展开历程而已。

一　作为精神实体的"无限心"的形上推述与证成

牟宗三通过对精神实体的形上推述（即康德意义的"批判"），建立了以无限心为终极精神实体的"道德的形上学"。在他看来，这是唯一真实的形上学。它的建立不仅整合了康德在《纯粹理性批判》中对形上学所作的四种区分，而且使康德所说的哲学原型得以可能。也就是说，人类所有的文化哲学系统均可以统摄于这唯一的精神实体之辩证发展途程中。牟宗三对此唯一的精神实体的形上推述，是通过对康德哲学的两个方面的批判而进行的。其一，康德不能在他的说统中证成"现象与物自身之超越的区分"；其二，在康德的说统中只有虚笼的"本体界"，而没有一元论的实体（本体）。然而，牟宗三认为，现象与物自身之超越的区分是康德很有价值的洞见，尽管康德自身不能证成之，但若我们依中国哲学的传统能证成之，则可显露那唯一的精神实体，进而建立起真实的形上学。在牟宗三那里，就是"道德的形上学"。

康德哲学的一个基本理念或洞见就是：现象与物自身的超越的区分，即现象可知而物自身不可知。"作为我们的感官对象而存在于我们之外的物是已有的，只是这些物自身可能是什么样子，我们一点也不知道，我们只知道它们的现象，也就是当它们作用于我们的感官时在我们之内所产生的表象。"① 所谓物自身不可知并不是一个经验知识的程度问题，而是说，我们的知性主体根本不能知，物自身之被知必系属于一无限存有即上帝之智的直觉方为可能。经验知识的程度问题是同质的前进，但显然，这里有一种异质的跳跃。这就是现象与物自身的超越的区分。超越的区分是相对于经验的区分而言。康德认为，洛克的物的第一性与第二性的区分及莱布尼茨的混暗知觉与清明知觉之区分皆是经验的区分。原夫康德作此区分之意，即在欲区分现象界的知识与本体界的价值。基于此，在牟宗三看来，既然康德把现象与物自身作为超越的区分而与经验的区别，则物自身不应是一个事实概念，而是一个价值意味的概念。这正是康德这种区分所隐含的洞见与价值所在。但牟宗三认为，在康德的说统中，这种超越的区分并不能被充分证成，由此，这种区分

---

① 康德：《未来形而上学导论》，庞景仁译，商务印书馆1997年版，第50页。

所隐含的意义与价值并未被人们充分认识到和挖掘出。这样，"这'物自身'之概念是一个事实问题底概念呢，抑还是一个价值意味底概念？这点，康德并未点明，是以读者惑焉"。①

那么，牟宗三是如何证成康德的物自身概念的价值意味的呢？在康德那里，物自身虽然不可知，但它是知识得以可能的支点，这是首先必须加以预设的。即物自身虽然在我们的认知主体之外，不受主体的感性直观与形式范畴的规定，但物自身不能不存在，否则人的认识就失去了原始的根基与支点，认识也就不可能发生。正因为如此，物自身概念很可能就是作为认识始点的逻辑预设或事实概念。② 若如此，则这样的一个概念与现象又如何是一种超越的区分呢？牟宗三认为，要证成康德所说的超越的区分，必须：（一）物自身与现象的区分不是客观与主观的区分；进而（二）物自身不是"事实上的原样"之概念。在康德那里，物自身之所以不被知，乃是因为物自身完全在人的知性主体之外，人的感性直觉与知性范畴根本达不到它。但它却可以作用于人的感官，这时再用人的感性直觉与知性范畴加以整理，即是我们所能知的现象。显然，现象之所以能被知，是因为知性主体的先天感性直观形式和知性概念规范后的结果。正是

---

① 牟宗三：《现象与物自身》，第 3 页。

② 事实上，学界对物自身概念的理解正是把它作为事实概念。杨泽波就把作为认识始点的物自身界定为"质料之源的物自身"，显然，这是一个事实概念。（见氏著《牟宗三关于康德物自身概念诠释质疑——以物自身概念是不是一个事实概念为中心》，第十五届世界中国哲学大会会议论文，2007 年）故牟宗三把康德物自身概念解读为价值意味的概念，招致了诸多学人的批评。邓晓芒认为：虽然牟宗三要弄清楚物自身概念到底是一事实概念还是一价值概念并没有什么不对的地方，因为通常人们也是这样划分康德物自身概念的各种含义的。但既然康德认为物自身不可知，则把什么意义赋予它倒是无所谓了，这里不存在证成不证成的问题。因此，在邓晓芒看来，"牟宗三对康德提出的指责是没有道理的，这种指责毋宁说反映了牟氏自己的某种诱导的意向，即把问题引向两种实指的对象，一种是事实对象，一种是价值对象；进一步就是取消事实对象而转向价值对象，从而与中国哲学的唯价值立场挂起钩来"。（见氏著《牟宗三对康德之误读举要——关于"物自身"》，《学习与探索》2006 年第 6 期）以上二位学人的理解与批评就康德自身的哲学而言未必不对，这是一种专家之学的立场。但由此来指责牟宗三则未见合理，牟氏明说他不是康德专家，他只是配合康德的思考来解决真正的哲学问题。这正如李明辉所言，牟氏的研究固然包含有某种程度的专家之学，即他的研究固是"历史的知识"，但更超越于此而进入到了"理性的知识"。（见氏著《略论牟宗三先生的康德学》，载蔡仁厚、杨祖汉主编《牟宗三先生纪念集》，东方人文学术研究基金会印行 1996 年，第 529 页）可以说，这是一种创造性的转化。

在这个意义上，康德常被认为是二元论者，即现象是主观（主体的直观形式与知性概念）与客观（主体之外的物自身）的结合。也就是说，物自身是纯客观的，但现象在某种意义上说却是主观的。牟宗三认为，这并不是康德所说的现象与物自身之超越的区分之意。康德虽然主张现象是在一定的主体之下依一定的样式（主体的直观形式与知性概念）整理而成，但乃是客观的。因此，他不是"经验的观念论"者，而是"经验的实在论"者。① 这样，"康德并不夸大感性所给的现象之主观性，亦不以此主观性来规定现象"。② 在康德那里，正是先天的感性直观形式与知性范畴的决定与整理，使现象具有了普遍性相，继而成为了客观的。尽管人们可以说知性主体范畴决定的客观性只是主观的客观性，而不是那纯粹的客观性。若主观的客观性是现象，则我们可以把纯粹的客观性称为物自身。这样，物自身便成了"事实上的原样"。但牟宗三认为，在康德那里，物自身不是一个可以接近而总不能接近的客观事实，乃是根本不可以我们的感性与知性去接近的。故它不是一个事实概念，对于我们的感性与知性来说，它根本是一个超绝的概念。由此，牟宗三说："现象与物自身必皆有其特殊的意义，而不是只以这主观性与客观性来规定。"③ 但是，现象与物自身的特殊意义若只内在于我们的感性与知性并不能作显豁的把握，须跳出我们的感性与知性之外，对感性与知性加以反省与批判，始能知之。在康德那里，人类的感性与知性都是使用概念的，这样才能获得知识。这就给了我们进一步反省我们的感性与知性的可能。牟宗三说：

> 我们反省我们人类的知性是使用概念的，并不是直觉的，正如我们的感性是在一定样式下并以时空为其形式。其他有限存有，如有知性活动，是否亦使用概念，则不得而知。但我们确知一无限存在，例如上帝，其知性便不使用概念，而是直觉的。这样，我们确知我们人

---

① 所谓"经验的观念论"者，其代表人物是贝克莱与休谟，他们除了承认一系列感觉（即观念）为经验以外，并不承认客观的经验存在，这是一种主观论。所谓"经验的实在论"者，其代表人物即康德，其理论意谓：经验地说，表象于我们之外的外部对象的实在性是直接地被觉知的，而不是间接地被推知的。而所谓"直接"是在时空形式与概念决定中被觉知。此则不同于贝克莱与休谟的理论。

② 牟宗三：《现象与物自身》，第5页。

③ 同上。

类的知性也是在一定样式下活动的，因此，它也有它的特殊性与有限性。我们即就在它的特殊性与有限性而说其所决定的对象虽是客观的，而却仍是现象。那不在一定样式下而且是"智的直觉地"为上帝所知者则是物自身。如此，我们达到了康德所说的"超越的区分"。①

这就是说，在牟宗三看来，康德的现象与物自身之超越的区分是如此：现象对应着人类这种有限的主体，其之所以有限即因其使用概念故，无智的直觉故。而物自身则对应着上帝这种无限的主体，其之所以无限乃因其不使用概念，有智的直觉故。此亦是说，同一物也，对有限主体而言为现象，对无限主体而言为物自身。这正体现了康德这样的一基本思想，即物自身之概念与现象之概念间的区别不是客观的，只是主观的。物自身不是另一对象，但只是就着同一对象而说的表象之另一面相。牟宗三认为，康德的这种区分当然非常有价值与意义。但问题是——在牟宗三看来——在康德的说统中，把物自身交于上帝这种无限存有，能证成物自身作为有价值意味的概念吗？首先，上帝创造物自身，因上帝有智的直觉，上帝对于物自身有明晰的意识与觉知，但因人无智的直觉，则物自身对人来说完全是一"密窟"，人类在此的一切认识与了悟，全凭猜测，了无定准。其次，上帝创造物自身，而因上帝是唯一的无限存有，故物自身只能是有限存有。但牟宗三认为，在康德的说统中，物自身的确义不能被稳定。之所以不能，是如此：上帝的直觉是纯智的，祂不在时空当中，亦不以时空为形式条件。其直觉之即是创造之即是实现之，物自身即由此而出现。在康德看来，既然上帝不以时空为形式条件，则其创造者物自身亦不在时空中，即不以时空为其必然的属性。因为若物自身有时空性，则必然把上帝拉入时空当中，使其为有限存有，这是不被允许的。但若物自身无时空性，则其有限性将如何界说呢？牟宗三认为，有限物之所以是有限物正因其有物质性，一现实的有限物是否能无时空性是很可疑的。"有限物似乎必然地函着时空性，以时空性为其必然的属性。……上帝创造物自身是创造了一个具有时空性有限性的物自身。一物带着时空性有限性而在其自己，这是必不可的吗？若必否定其时空性，则亦必连带着否定其有限

---

①　牟宗三：《现象与物自身》，第6页。

性。但有限物而不有限，这是自相矛盾的。"① 依牟宗三的见解，若上帝创造物自身，则物自身必是一决定的有限物，是一带时空性的有限物。上帝自身无时空性，然祂却创造了带时空性的物自身，祂何以能如此？这是上帝的奥秘，无人能知。"我们不因上帝造有限物而说上帝亦有限，当然也不能因有限物之有时空性而说上帝亦有时空性。"② 这样，在康德的说统中，因物自身为有限，而有限必有时空性。如此，则必很麻烦。这麻烦即在：有双重时空性。一是上帝所造的有限物自身的时空性；二是我们依时空形式去表象之所成的时空性。牟宗三质问道：这两者是一还是异呢？若是一，则何以有两者之分；若是异，则是否相应呢？如果相应，则何以定说时空是主观的（物自身处的时空是客观的）；如果不相应，则必成刺谬，因有在其自身的时空，复有一现象式的时空。牟宗三由此而总结说：

> 因此，说上帝造无时空性的物自身，这很难稳定得住。盖所造者定是"有限物"故也。可是如果说祂造有时空性的物自身，这亦同样有困难，且势必否决康德的基本主张。问题底关键即在这有限物之有限性。如果所造者定是有限物，则此有限物之为物自身是一个决定的事实概念，不是一个价值意味底概念。③

这样，若物自身有时空性，自不如理；若物自身无时空性，却又说它是有限物而在其自己，则此"在其自己"除了只是一个逻辑的预设（即空洞的概念）以外，不能有任何意义。所以，牟宗三说："如果真要肯定它无时空性，它之为有限物而在其自己决不是一个事实概念，而是一个价值意味底概念。"④ 其价值意味着：物自身虽有限却有无限之意义。但这种义理在上帝创造的系统下不能证成。

依牟宗三的理解，康德把现象与物自身的区分作为超越的区分而与经验的区分分开，就是要证成物自身作为价值意味的概念。但通过牟宗三的疏解，康德在其说统中并不能证成之。即把现象交予人，把物自身交予上帝，并不是真正的超越的区分，最终物自身的价值意味亦不能证成。其问

---

① 牟宗三：《现象与物自身》，第106页。
② 同上书，第109页。
③ 同上书，第110页。
④ 同上书，第111页。

题的关键即在：两主体是分属的，即有限主体（对应现象）属人，无限主体（对应物自身）属上帝。所以，要证成康德所说的超越的区分，这问题即转到了这里，即在人身上能否开显出一无限体，来对应物自身。但这在西方文化传统是不可能的，因为在此，人是有限存在。于是，牟宗三把它拿到中国文化传统中来，看是否能加以解决。在牟宗三看来，康德对于人类的感性与知性未加封限，是敞开的。若能于人自身中开显一无限体（无限心），把人类的感性与知性作一价值的封限，则人类的感性与知性不只是一定然的事实，且可予以价值的厘清。这样，物自身虽然在人类的感性与知性所成的现象（定然事实）之外，但并不在无限心这种价值主体之外。牟宗三说：

> 我们如想稳住这有价值意味的物自身，我们必须在我们身上即可展露一主体，它自身即具有智的直觉，它能使有价值意味的物自身具体地朗现在吾人的眼前，吾人能清楚而明确地把这有价值意味的物自身之具体而真实的意义表象出来。我们不要把无限心只移置于上帝那里，即在我们人类身上即可展露出。①

依牟宗三的理解，此无限心即有智的直觉，智的直觉即神感神应，亦即圆觉圆照。但无论说智的直觉、神感神应还是圆觉圆照，其下之物皆是"在其自己"之存在，无时空性，无生灭流变（此时的物即是王龙溪所说的"无物之物则用神"）。"无时空性，它们不能是有限（决定的有限）；但我们亦不能说它们就像'无限心体'那样的无限，它们是因着无限心体之在它们处著见而取得解脱与自在，因而取得一无限性之意义。"② 物取得一无限之意义，即不是一事实概念，而是一价值意味的概念。同时，此一无限心体亦可作一精神的自我坎陷，而转成"识心"，因其"执"而挑起现象。所谓"执"即是执定康德所说的感性直观形式与知性范畴而去成就现象。这样，我们于人的无限心处说物自身，于识心处说现象。这正适合康德所说的——物自身与现象是同一对象的不同面相，其区分是主观的——思想，显然，这是一种超越的区分。从这里我们可以看出，"识

---

① 牟宗三：《现象与物自身》，第16页。
② 同上书，第112页。

心"既是"执",即无限心的自我坎陷,则无限心亦可不自我坎陷而不"执"。可见,识心是无限心这种精神实体的辩证发展,无限心是第一义的,而识心是第二义的。这样,牟宗三通过对康德说统中"现象与物自身之超越的区分"之批判的考察,推述出了一形上的精神实体——无限心。此无限心在中国哲学中有种种名,在儒家为良知之明觉,在道家为道心,在佛家为智心等。此无限心是唯一的形上实体,它可以成就真正的形上学,即道德的形上学。但在康德的说统中,因有诸多的智思物(Nou-mena),也就不能成就真正的形上学。

在康德的哲学中,智思物分为两类:其一为现象超越地所对者,此处"物"为实位。这就是物自身。其一为与我们的感性绝不相关者,只是理性的理念,此处"物"为虚位。这就是上帝、灵魂不灭和自由意志。这些智思物合在一起,组成了康德的智思界或本体界。对于这样的一个"界",牟宗三说:

> 但是在智思界中,即在我们所虚笼地名之日本体界者中,以什么为本体,这在康德的系统中,未曾有决定。他在此,是取散列的态度,是批判地散列的。在他的系统内,"物自身"不能是本体;就上帝,不灭的灵魂,与自由意志,这三者而言,我们不知究竟谁是惟一的本体。因此,我们尚不能以一元论的实体(本体)观去观康德的"智思物"(本自物)。因此,只可虚笼地把它们说为是"本体界"者,而不能着实地直说为是"本体"。①

依上所述,在本体界中,除物自身为实位以外,余者如上帝、灵魂不灭、自由意志皆为虚位。物自身虽为实位,但它不能作为唯一的形上实体,此其为显然。而上帝、灵魂不灭、自由意志三者,不但不知究竟何者为唯一的本体,且既为虚位,亦自不能成为那唯一的形上实体。这样,在康德的系统中,精神实体是缺位的。在康德那里,只有求助于信仰,故他说:"因此我不得不悬置知识,以便给信仰腾出位置。"②

康德之所以在他的系统中不能出现一个唯一的形上精神实体,就

---

① 牟宗三:《现象与物自身》,第44页。
② 康德:《纯粹理性批判》第二版序,邓晓芒译,人民出版社2004年版,第22页。

是——依牟宗三的理解——他只把人视为感性的有限存在。既如此，则他便有如下两点结论，即：自由意志于人来说只是设准；进而自由意志不能与良心合而为一。但牟宗三认为，康德这样来界定自由意志未能尽其义。

康德说自由意志是实践理性的一个设准。所谓设准，即是人类对此既无经验的直觉也无智的直觉。但尽管如此，自由意志依然是实践理性的必然设准。然这里的必然只是主观的必然而不是客观的必然。即是就人实践道德法则之先验性与必然性而言的必然，而不是就所设定的对象自身而说的必然。这里实是必要的意思，即人要履行道德法则的绝对命令，则非要有自由意志的假设不可，不然则绝对的道德即不可能。至于人是否真实的有自由意志，既而绝对的道德是否真实的可能，这不是康德所关心的。显然，这是一种言说系统。康德虽然肯定自由意志与道德法则是一种相互依存的关系，而说："自由固然是道德律的 ratio essendi［存在理由］，但道德律却是自由的 ratio cognoscendi［认识理由］。"① 但这是一种理论解说的依存关系，而不是像儒家所说的"心即理"这样的真实的依存关系。正因为如此，在康德的系统中，复尚需要有上帝与灵魂不灭这两个设准。关此，康德说：

> 但上帝和不朽的理念并不是道德律的条件，而只是一个由道德律来规定的意志的必要客体的条件，亦即我们的纯粹理性的单纯实践运用的条件；所以，关于那些理念，我不仅要说对它的现实性，而且就连其可能性，我们也都不能声称是认识和看透了的。但尽管如此，它们却是在道德上被规定了的意志运用于先天地被给予它的那个客体（至善）之上的诸条件。这样，它们的可能性就能够和必须在这种实践的关系中被假定下来，但却不是在理论上认识和看透它们。②

依康德之意，上帝与灵魂不灭不是道德律的条件，但这两个设准之所以必然，乃是因为它们是由道德律来规定的意志的必要客体即至善（圆善）的必然条件，这是一种主观需要上的条件。至于事实上是否真有此

---

① 康德：《实践理性批判》序言，邓晓芒译，人民出版社 2004 年版，第 2 页。
② 同上书，第 2—3 页。

二者存在，即是否能作为一种客观的知识而被肯断下来，康德认为这是不可能的。但尽管如此，由于它们是自由意志必然客体的条件，它们就可以在实践理性的关系中被肯定下来。显然，在康德那里，上帝与灵魂不灭之所以能被肯断，不是客观存在的肯断，而是实践理性的批判的肯断，即一种道德理论解说的肯断。因此，牟宗三说："须知此'肯断'亦是就主体而说的有'主观必然性'的肯断，而不是就上帝与不朽本身而说的客观的肯断，即不是一个'有客观的，认知的必然确定性'的肯断。"① 即此二者不是当作客观存在而直觉（无论是经验的直觉还是智的直觉）地被肯断。正是在这个意义上，康德说上帝与灵魂不灭的设准不能扩充我们的客观知识，尽管它们在实践理性的范围内使我们获得了一种超感性的秩序与联结的知识，但这种知识"只能够在对于纯粹实践的意图所必须的那个范围之内扩展"。②

　　依据以上的讨论，康德的所谓本体界有两类四种智思物。一是物自身，二是自由意志、上帝与灵魂不灭。前者属一类，人对此虽无直觉（经验直觉或智的直觉），但它总是一事实上的"有"。后三者属一类，人对此亦无直觉（经验直觉或智的直觉），它们纯粹是实践理性的设准。在牟宗三看来，康德哲学中之所以出现这种情况，就是因为他不承认人有智的直觉，一旦承认，则立刻可出现那唯一的形上实体，而不是散列的四种智思物。牟宗三认为，若承认人有智的直觉，则依中国哲学的传统，自由不是一设准，而是朗现。牟宗三说：

　　　　它既是一朗现，吾人亦可说它有客观地必是定是的确定性。但此确定性不是观解知识的，因为它不是以感触直觉为支持点的，亦不是如数学知识那样以就时空单位而说的纯粹直觉为支持点；……这里无真正的能所之对偶，只是一超然的大主之朗现。因此，自由是客观地被肯断的，它有必是定是的确定性，自其本身而言的客观的必然性，它不只是对于我们为一彼岸的冥闇的"设准"。③

---

① 牟宗三：《现象与物自身》，第54页。
② 康德：《实践理性批判》，第145页。
③ 牟宗三：《现象与物自身》，第60—61页。

　　在牟宗三看来，中国传统所说的自由不是像康德所说的那样，通过道德法则意识到它而说自由在实践的目的上而可为内在的，但因无智的直觉以朗现之，故其内在实为"虚的内在"。牟宗三认为，自由是无限心的明觉作用，自由既可朗现，则不但自由可能，无限心亦必有，且无限心是唯一的形上实体，因形上实体不能有二。

　　依牟宗三之意，康德只是"一间未达，一层未透"。① 他若能以良心（即无限心）说自由意志，则不但可在他的系统中出现唯一的形上实体，亦可成就真实的形上学即道德的形上学。然而康德却不以良心说自由意志。依康德，良心是这样的实践理性，即"在每一法则之情形中，此实践理性在一个人面前执持此人之义务，即为获免或定罪而执持此人之义务"② 这样的实践理性。牟宗三曾对康德所说的良心这种实践理性作一注解，认为这是"主观意义的实践理性，而不是客观意义的实践理性"。③ 客观意义的实践理性是自由意志之法则。正是在这个意义上，康德说良心是人心中的一个内部法庭，它是生而即有的。这个内部法庭时常给人以威慑力与恐吓力，使人不得不去执持人之义务，即自由意志之法则。显然，在康德那里，良心是一种主观的道德能力，它把静态的自由意志之法则带到人面前，从而让人去执持自由意志之法则，进而视其执持的程度作出裁决。这样，良心与自由意志不是一回事，其裁决不是良心的自我裁决，其裁决必须被思议为"一个人在上帝面前为其自己的行为负责"这样一种裁决。显然，这是在一个最高存有面前的裁决。之所以如此，其原因即在：良心非理，只为一道德的感受力，其自身并不能自定自决。康德论良心只是如此。他虽然承认良心生而即有，但却是一种自然的感受力；它虽先在，但它之先在——正如牟宗三所言——"不是理性上之先在的；它亦不是超越的，它似是内在的现实的；它似是广义地说的材质的，而不是形式的；它在存有上似乎亦是属于朱子所说的'气之灵'的，因此，它是形而下的，不是形而上的"。④ 可见，良心之先在是王充所讲的"用气为性，性成命定"（《论衡·无形篇》）的先在，有即有，无有亦不能作为一种义务责成其必有，因为唯有理性的命令才能有这种责成。于是，良心

---

①　牟宗三：《心体与性体》上，第155页。

②　牟宗三译注：《康德的道德哲学》，台湾学生书局1982年版，第440页。

③　同上书，第449页。

④　牟宗三：《现象与物自身》，第65页。

便旁落为一"感受能力"。由此,牟宗三总结说:

> 这样,良心不是道德底客观条件(客观根据);它虽可以感受义
> 务,把人带在义务下,但它不能决定义务,因为它不是理性。义务底
> 决定是来自一个不能朗现而只是一设准的自由意志,而于自由意志又
> 只说理性,不说心,如是,义务底实现不能有客观必然的根据,因为
> 心始有活动性,即实现之之能力。理性必然地决定一义务给吾人,而
> 又无心之活动义以必然地实现之,则理性只是悬置的形式义的理性,
> 而非具体地呈现的理性。只作为"感受的能力"看的良心又只能感
> 受义务,既不能决定义务,亦不能必然地实现那"彼对之不知其来
> 历,对其来历为冥闇"的义务。①

　　这就是说,义务与良心为两属。义务来自只是理论上作为一设准的自
由意志,其虽云"意志",但因不是实有(即不能朗现),故义务只静态
地平列在那里,无足够的动力以实现之。所以,义务的实现须有良心的参
与,因良心有活动义。但良心——依康德的理解——只是一动力,它可感
受义务,而不是义务或自由意志本身。这种良心与自由意志之间的距离与
间隙,一方面,义务不能依良心之动力全部落实下来;另一方面,良心之
动力所实现者不一定是纯粹的义务。这样一来,道德必摇摆而软塌。

　　若依中国哲学的义理而云"心即理",则良心不只是一动力,亦是道
德的客观根据即义务本身。这种同一性不仅保证了道德的挺拔有力,而且
亦完全实现。这样,因"心即理","良心上提而与自由意志为一,它是
道德底主观条件同时亦即是其客观条件。此时之良心不再是材质的,而同
时亦是形式的,因为它就是理性。它同时是心,同时亦是理。因此,它不
再是与超越为对的只是形而下的,只是'气之灵'的"。②康德以自由意
志为理性的全部系统的"拱心石",但因人无智的直觉以朗现之,故苛察
缴绕,引生出上帝与灵魂不灭等概念来贞定道德。此种解说在理论上虽慧
眼独具,然事实上的道德行为毕竟是以良心(良心于人可有直觉)为动
力,而良心不是自由意志,故道德终究摇摆而软塌。若承认人有智的直觉

---

① 牟宗三:《现象与物自身》,第65—66页。
② 同上书,第67页。

而把良心等同于自由意志，不仅道德不如此，且亦不须苛察缴绕，引生出上帝与灵魂不灭等概念，唯一无限心（良心）此一形上实体足矣。唯如此，方可尽自由意志之义。

牟宗三通过对康德哲学的批判解析，推述出了唯一的形上精神实体——无限心，无限心不仅使牟宗三建立了唯一真实的形上学即道德的形上学，且使康德所说的哲学原型的构想成为切实的可能。

二　无限心、道德的形上学及哲学原型

康德在《纯粹理性批判》一书中专门有一章讨论"纯粹理性的建筑术"，其目的是想把人类所有的知识组成一个完整的有机系统，因为人类的知识不是一种松散的平列的外在堆积。但这个完整的有机系统不是由外在的、技术性的组织条理而得来，而是统摄于一个最高理念之下，依一种内在的建筑术而来。这个最高理念是一个理性的理念，即形上理念。康德通过这种讨论，不仅论述了形而上学的价值和意义，而且对形而上学的体系进行了划分，并进一步提出了哲学原型的构想。在牟宗三看来，康德的这一系列的讨论无疑是非常有价值和意义的思考，但因他的系统中没有唯一的形上实体，则不但康德不能证成唯一真实的形而上学，且使他的哲学原型的构想不能落实下来，仅仅是一构想而已。牟宗三则依中国哲学的义理，依据唯一的形上实体——无限心，不仅把康德的四支思辨形而上学整合为唯一真实的形而上学——道德的形上学，且使康德哲学原型的构想切实得以落实。

依康德看，人类的一切知识都是由理性自身的本性向自己提出来的，所以，"先验—哲学是一门科学的理念，对于这门科学，纯粹理性批判应当依照建筑术、即从原则出发，以构成这一建筑物的全部构件的完备性和可靠性的完全保证，来拟定出完整的计划"。[①] 正因为如此，他的《纯粹理性批判》一书就是依据理性的理念来对人类全部先天知识进行详尽的分析，企图使其成为一个完备的体系。因此，他说："在理性的统治下，我们的一般知识决不允许构成什么梦幻曲，而必须构成一个系统，惟有在系统中这些知识才能支持和促进理性的根本目的。但我所理解的系统就是

---

① 康德：《纯粹理性批判》，第20页。

杂多知识在一个理念之下的统一性。"① 也就是说，人类的知识必须是基于一个先天理念的统摄与引领，才能显示出理性自身的目的来。绝不是依据杂多东西的类似性，或知识具体地在所有各种随意的外部目的上的偶然运用所显露出来的意图（这些意图的数量我们不能预先知道，相反，理性的目的却可以由理性先天地给出）来勾画的一种技术性的统一。若如此，科学的研究就不可能有任何确定的目的和任何可靠的准绳，人们对这样制订出来的计划所必须采取的道路一无所知，甚至其研究的结果首先是在别人那里，最后是在自己那里都遭到了蔑视。因此，康德认为，"没有人会不以某个理念作自己的基础就试图去建立一门科学的"。② 理念是人类理性的先天理念即形上理念，故康德又说："人类理性自从它进行思考、或不如说进行反思以来，从来都不能缺少形而上学。"③ 由此，康德对形而上学在知识中的作用，甚至在整个人生中的意义作了总括性的说明。他说：

> 正因为如此，形而上学也是对人类理性的一切教养的完成，这种教养即使撇开形而上学作为科学对某些确定目的的影响不谈，也是不可或缺的。因为形而上学按照理性的各种要素和那些本身必须为一些科学的可能性及所有科学的运用奠定基础的至上准则来考察理性。形而上学作为单纯的思辨，更多地被用于防止错误，而不是扩展知识，这并没有使它的价值受到任何损害，而是通过它的审查职权使科学的共同事业的普遍的秩序与和睦乃至福利都得到保障，防止对这个事业的那些勇敢而富有成果的探讨远离那个主要目的，即普遍的幸福，从而反倒赋予了自身以尊严与权威。④

康德的这些构想及对形而上学的认知，充分显示出了康德理想主义的

---

① 康德：《纯粹理性批判》，第 629 页。

② 同上书，第 630 页。

③ 同上书，第 636 页。

④ 同上书，第 641 页。康德在《致莫色斯·门德尔松》的信中亦有同样的思想："一段时间以来，我相信已经认识到形而上学的本性及其在人类认识中的独特地位，在这之后，我深信，甚至人类真正持久的幸福也取决于形而上学。"收入李秋零编译《康德书信选》，经济日报出版社 2001 年版。

高致，但因在他的系统中没有唯一的精神实体，不能依此精神的辩证发展——如黑格尔——自上及下地引生出人类的各种知识系统。而是经验地自下及上地通过对人类松散平列的知识收集观察，技术性地分析，逐渐看出那个理念。他说：

> 只有当我们长时间地按照一个隐藏在我们心中的理念的指示狂乱地收集了许多与之相关的知识作为建筑材料之后，甚至只有当我们花了长时间在技术上去组合这些材料之后，我们才第一次能够更清晰地看到这个理念，并按照理性的目的从建筑技术上来构想一个整体。①

从这里可以看出，康德的理想主义不是纯理性主义的，而夹杂着许多经验主义的成分。按理说，若依康德的构想，人类的所有知识是基于一个最高的理念，则只有一种形而上学，不会有多种形而上学。但在康德那里，如前所述，只有一个虚笼的本体界，尚不能决定哪一个是最高理念。即便自由意志勉强可以，但因自由意志只是一个理性的静态的概念，而不是实体性的动态的心，故不能有精神的辩证发展，以引生出人类的知识系统来。这样，康德把形而上学分为思辨（即自然的）的形而上学与道德的形而上学。而思辨的形而上学又作了如下的区分：

（一）超越的哲学（存有论）；

（二）理性的自然学（即内在的自然学，包括理性的物理学与理性的心灵学）；

（三）理性的宇宙学（以内部连接为自己的对象，即先验的世界知识）；

（四）理性的神学（以外部连接为自己的对象，即先验的神学）②。

但康德毕竟一生都在从事人类理性的批判，他希求从人类的先天理性来思考一切问题，故对形而上学的这种松散的经验区分并不符合他的理性的理想。在他看来，人类理性有一终极目的——最高善，哲学必须为这个终极目的服务。所以，尽管人类理性有两层立法，即自然与自由，并一开

---

① 康德：《纯粹理性批判》，第631页。

② 牟宗三认为，因康德尚有灵魂不灭之观念，故在内在的理性的心灵学之外，还要有超越的理性的心灵学。前者属于现象界，后者属于本体界。即超越的理性学有三支：超越的理性的宇宙学、超越的理性的神学及超越的理性的心灵学。

始就把自然法则（关于是什么者）和道德法则（关于应是什么者）归属于两个特殊的哲学系统中，但最终必须归属于一个唯一的哲学系统中。这个唯一的哲学系统康德把它叫做哲学的世界概念（牟宗三译为哲学的宇宙性的概念），也叫做哲学原型。在康德看来，唯有哲学的世界概念才涉及每个人都必然感兴趣的东西，并被人必然地可学，从而实现哲学的终极目的，即人人为最高善服务的目标。若不然，则哲学只是被看成一种有关达到某些随意目的的技巧的科学而成为学院性的概念。这样的哲学只是少数哲学专家的事情，并不能被人人必然地可学，至多只能历史地依照哲学家的哲学式样去作哲学的思考与训练。这样的哲学思考与训练不必必然涉及人类理性的最高目的。

康德之所以提出哲学原型并讨论哲学的可学与否的问题，是希望把哲学定义为理性的教化之学，而不是知识的技巧之学。前者让人学会利用自家的理性从而得到启蒙（即"觉悟"，《白虎通·辟雍》云："学之为言觉也。"）；后者只是知识的技匠从而成为专家。那么，什么是哲学原型呢？它如何可能？为什么唯有哲学原型才是可学的？要弄清楚这些问题，先来看康德对知识的区分。康德把知识分为历史的知识和理性的知识。他说：

> 如果我把客观地视之的知识的一切内容皆抽掉，则一切知识，主观地视之，皆或是历史的，或是理性的。历史的知识是由所与而来的（cogitio ex datis）的知识；理性的知识是依原则而来（cogitio ex principiis）的知识。一种知识，不管它是如何根源地被给与，就其关联于得有之的个人来说，如果此人知此知识只如其从外面而被给与他那样地知之，此从外面给与他的，不管是通过直接的经验，或通过记述，或通过教导（像在一般知识的情况下），只要是从外面而来，则此种知识仍然只是历史的。[①]

依康德看，历史的知识是作为一经验物，外在地给予人的（通过经验、记述或教导），它在人的生命里未必有理性的根源。他以学沃尔夫的

---

① 康德：《纯粹理性批判》，第631—632页。此处引文参考了 Norman Kemp Smith 的英译本，及牟宗三的中译本。

哲学为例加以说明。他认为，尽管一个人可能对沃尔夫哲学的一切原理、界说和证明，甚至整个学说的大厦的划分都记在脑子里，并能对一切如数家珍。但如果这个人不知道一个定义是来自何处，甚至在有争论时，亦不知道到何处去取得另一定义或概念，则这个人所拥有的决不超出对沃尔夫哲学的完备历史知识。因为所拥有的是别人给予他的，是依照别人的理性而不是自己的理性去增长知识，模仿不是生产能力。这种知识既然没有内在的理性根源，而只不过是一种外在的模仿，则没有普遍的必然性。可被我模仿，不一定能被你模仿，正是在这个意义上，康德认为历史的知识不可学。在康德看来，唯有理性的知识——即唯一地从理性的普遍源泉中也就是原则中而来的知识——才是可学的。因为人人的理性中有此一套知识，故具有普遍必然性。你没有这一套知识只是你自家的理性没有豁显出（即没有觉悟），从而没有把握住这一套。在此，正显出"学"的意义来。故"学"是依于这种理性的知识来豁显自家的理性，一旦理性豁显出，则我们自家的理性中亦有此一套知识，此是定然不可移的。这就是康德所说的"学"，也就是苏格拉底所说的"精神助产术"。依此，在康德那里，所谓"学"，其切义即是：除非在人的理性中有其根源，不然知识并不必然定然地可学。这样，在一切知识中，唯有数学是可学的，因为数学是理性的知识。他说：

> 数学知识，教师能引生出它的唯一根源，除存于理性的本质的而且是真正的原则里面外，无处可以存在。因此，它不能为初学者从任何其他根源获得，而且它亦不能被争辩；而这不能被争辩转而又由于这事实，即：理性的使用在此是具体的，虽然同样亦是先验的，亦即是说，是在纯粹直觉中的使用，而且确然因其如此，所以他是不会有错误的，它排除了幻象与差错。①

数学的知识，其一，除了从各个人自家理性中获得以外，不能从其他地方获得；其二，理性的使用是具体的，即在纯粹直观中的使用。故数学的知识既不能被争辩，亦不会有错。因而这种理性知识可定然必然地

---

① 康德：《纯粹理性批判》，第632—633页。此处引文参考了 Norman Kemp Smith 的英译本，及牟宗三的中译本。

可学。

那么，哲学的知识呢？在康德看来，现存的所有哲学系统皆是主观的，它只是一个学院性的概念，追求的是知识的逻辑圆满。除非哲学的世界概念（即哲学原型）——我们就必须把它看做客观的，它应当用来对每个主观的哲学进行评判——出现，否则我们便不能学哲学。因为所有主观的哲学系统往往是各种各样和变化多端的，哲学家在此所表现的只是理性的技匠，而不是理性的立法者。而哲学原型只不过是理性的理想，至今尚未在现实中出现。故不仅任何人的哲学都没有资格配称为哲学原型，而且我们也不能依据现存的哲学系统来学哲学。因为，哲学在哪里？谁拥有哲学？凭什么可以认识哲学？这些问题在哲学原型出现以前皆不可解答。此时的学哲学至多不过是依据现存的哲学系统训练理性的才能而已。即哲学不能必然定然地可学。

从以上的讨论中可知，数学的知识之所以能被学，是因为它是理性的知识；现存的哲学的知识之所以不能被学，是因为它是历史的知识，而作为理性的知识的哲学原型又没有出现。这样一来，康德欲把哲学定义为理性的教化之学的理想即不能实现。但问题是：哲学原型真的只是人类理性的一个理想而不能在现实中实现吗？在牟宗三看来，康德提出的哲学原型是非常有洞见的思想，但它只是依一个理想哲学家的抽象思考方式所摸索到的一个莫约"影像"。而哲学原型根本不应该是一个穷探力索的"理境"，而应是一个实理实事的呈现。依康德看，哲学原型是把自然哲学与道德哲学整合到一个唯一的系统中，这是就两者进行拉扯形构，是知识系统的思考方式，是由下及上而成者。但牟宗三认为，哲学原型根本不是一个理想的知识系统，根本不存在所谓整合、形构等问题，而是一"宏大而辟，深闳而肆"的精神实体（形上实体）。依此精神实体的辩证发展，渐次开出各别的知识系统，这是由上及下而成者。这才真正是康德所说的把人类所有的知识系统统摄到一个理念之下。不过，这里不说理念——因理念是哲学家的思考——而说精神实体，此为在人的践仁尽性的工夫中所呈现者。

牟宗三认为，依儒家之义理，"无限心"在道德践履中呈现。就心言，是道德创造之"体"；就践履所成之"德业"言，乃承"体"所起之"用"。这种"体用"在道德践履中必是直贯的，这只是就道德行为本身而言。但在践仁尽性之无限扩大中，因着一种宇宙的情怀，这道德的

"体用"即刻就是本体宇宙论的"体用","体"是创造万物的生化实体,"用"是受授万物的繁兴大用。至此情此境,必有一"形而上学"出现,而儒家之能至此境自始是要靠那精诚的道德意识所贯注的,故是一"道德的形上学"。这样,儒家通过道德性的精神实体直贯下来,自必打通道德界与自然界之隔。若以哲学系统言,必是依自然法则所成之系统与道德法则所成之系统合一,即哲学原型的出现。此时的自然,"不复是那知识系统所展开的'自然',而是全部融化于道德意义中的'自然',为道德性体心体所通澈了的'自然':此就是真善美之真实的合一"。而康德自始至终缺乏一个儒者的襟怀,遂使他不能正视生命中的精神实体而去成就唯一的"道德的形上学",只就"自然界"与"道德界"本身着眼,以其抽象精巧的思辨去形构,纷杂缴绕,自然"不是一康庄的大道,只有辅助指点的作用,不足以尽担纲的说明"。① 在牟宗三看来,当实践理性即无限心(或称精神实体、道德实体)充其极而达至"道德的形上学"之完成,则这一个圆融的智慧义理本身就是一个圆轮,一个中心点或一"道枢"。以康德之语言之,即哲学原型。人若在此不能提挈得住而得其全,则这个圆轮亦可上下、内外、正负地开,此上下、内外、正负之开即是世间各种文化系统和哲学。

(一)上下的开

道德的实体一旦成为生命的主宰,则上帝亦可内在化,人若不能随此的内在化而提升生命,则多从人的负面性(如罪恶)与有限性着眼而蛰伏于上帝的全知全能全善的威严之下,此即是基督教的形态。

(二)内外的开

道德实体本是"宏大而辟,深闳而肆"的,这表明文化系由这个主体由内向外的开辟。但人若只站在外面的某一点,见其相对的客观性与独立性,由此而展开为文化或哲学。如:就宇宙论方面说,"脱离那主体主义的中心而向客观主义走,建立那客观建构的宇宙论";就存有论方面说,"脱离那主体主义的中心而向客观的独立的存有本身之体会走,建立那客观自性的存有论。……面对实有而站出来,把自己掏空,一无本性,

---

① 牟宗三:《心体与性体》上,第152页。

一无本质，然而完全服役于实有便是人的本性、人的本质"。西方文化中的各式的宇宙论、存有论（或本体论）大约皆如此，这用《易经》的话说，便是"后天而奉天时"的开。然而这些各式的宇宙论、存有论（或本体论）若要寻求其最后的根据，必须切就道德主体，至"先天而天弗违"的合，始能最后站得住。

（三）正负的开

从道德实体的践仁尽性达到圆熟之境，则一切平平，一切落实，即儒家的所谓"兴于诗，立于礼，成于乐"的境界。但人若在此平平落实处，只见到那形而下的器而胶着于事相上，则易从负面着眼，从"空"、"无"两方面来观察宇宙人生。从"无"方面说："无"却那事相对事相的执着，人为造作的不自然，而超显那自然无为的境界，此即为道家；从"空"方面说："空"却那事相缘起流转的自性而当体证空，此即为佛教。

（四）最后

道德实体的践仁尽性而至圆熟平平之境，则"抬头举目浑全只是知体著见"，则是"天下归仁"。但人若在此提挈不住，不知是"知体著见"，而只见到"抬头举目"之生理活动，如是，只去研究这生理活动本身，此即为科学。[1]

牟宗三根据儒家的圆融义理所开列之四点，乃举其荦荦大者言之，实不止于此。也就是说，这个圆融义理可包括宗教、哲学与科学的各个方面，实际上就把探讨宇宙和人生的各个不同的义理系统都统摄了进来。这就是康德所说的哲学原型之意，即哲学原型可开列出每一主观哲学，并可对每一主观哲学作出评估，它客观而有定，而主观哲学却千差万别。但这客观而有定的哲学原型如何可能，康德并没有证成。而牟宗三则依儒家那唯一的精神实体——无限心，不但证成了唯一真实的形而上学——道德的形上学，而且证成了哲学原型。所以，牟宗三说："人生真理底最后立场是由实践理性为中心而建立，从知识，从审美，俱不能达到这最后的立场。"[2] "如是，我们只有一个哲学原型，并无主观的哲学可言，一切主观

---

① 以上几点是综括，俱见牟宗三《心体与性体》上，第160—161页。

② 同上书，第162页。

哲学而千差万别者皆是由于自己颓堕于私智穿凿中而然。如果它们尚是哲学的，而不是自我否定的魔道，则客观地观之，它们或只是一孔之见，或只是全部历程中之一动相，而皆可被消化。由各种专题之研究而成的各种哲学当然是被许可的，然这一些不同的哲学并无碍于哲学原型之为定然，皆可被融摄于哲学原型中而通化之。因为'哲学就是一切哲学知识之系统'。"①

依牟宗三看，哲学原型是实践理性之充其极的完成，则显然，哲学原型是理性知识，故可学。但学不是依人的思辨理性而知解之，实依人的实践理性（无限心）以朗现之。当然，常人因受感性的牵扯，实践理性很难全幅朗现，是以哲学原型唯赖圣人之生命而朗现，由此可说圣人是一模型。但就实践理性的存有之量而言，则常人与圣人毫发不少，常人与圣人的区别不在实践理性的存有之量上，而在实践理性的开显程度上。圣人因应物而不累于物，故其实践理性周流无穷，常人因应物而累于物，故其实践理性滞于一隅。故常人须"学"，这里的"学"是指依圣人之教开启人之理性并通过各种实践以纯化充实生命而达至最高的理想之境，是"以自家真诚心与圣人底生命，以及与依圣人底朗现而规定的哲学原型，存在地相呼应相感通之谓也"。② 因此，"学"必须是"觉悟"义，"学者觉也"，这便是"哲学可学"之义。依圣人之教——唯一能决定"哲学原型"者——而启发人之理性生命而与圣人之生命相呼应感通，则就历史的哲学事实而言是"学"，是模仿，似乎是外面给予的；而就圣人之生命相呼应感通而言，这种"学"却是"觉"，终不是外面给予的，故"哲学可学"随时是"学"亦随时是"觉"。"一念回机，便同本得。因此，不觉则已，一觉就是这一套，不能有其他更替，亦不能有任何歧出。主观性格（觉悟）与客观性格（原型）一起皆是定然的，同由一根（无限心）而发，同依一根而呈现。一如在数学方面，教者与学者皆由'理性底本质的而且是真正的原则'而引生其知识，他们不能有任何其他来源。"③如是，哲学原型既定，便可通过觉悟依精神实体的渐次展开，而其展开中所有的知识系统皆定然地可学。最后，牟宗三认为，哲学原型既是实践理

---

① 牟宗三：《现象与物自身》，第 468—469 页。

② 同上书，第 466 页。

③ 同上书，第 465 页。

性之充其极而立，则无所谓哲学原型之可言，即哲学无哲学相，而只是在与圣者之生命智慧相呼应者之呼应中，上达天德之践履，并在此践履中，呼应者（或学者）便可如如证悟与如如朗现之。也就是说，哲学原型若客观地视之是一义理系统，但既是一系统，就有系统相；既有相，就有限制。这里的"限制"并不是说此义理系统的普遍性有问题，而是说用一定的名言不能说尽一切，此一系统只是一时方便的权说。因此，当我们面对一既成的义理系统时，须要破除其名言上的限制而去体会其义理之可能的发展，是之谓"开权显实"。但如何开权显实呢？这不能从系统本身处着眼，因为再圆满的系统都有相，有相即有限制。因此，开权显实只能从体会义理的生命处着眼。中国的儒、道、释三教对此都有深切体会。所谓从生命处着眼即是说：唯有提升了自家生命境界方能把握此一义理系统。若分而言之，即是：若从把握义理系统看，是一知识追求；若从提升生命境界看，是一道德践履。若合而言之，则知识追求和道德践履实是一回事。王阳明曰："知之真切笃实处即是行，行之明觉精察处即是知。知行工夫本不可离，只为后世学者分作两截用功，失却知行本体，故有合一并进之说，真知即所以为行，不行不足谓之知。"（《传习录》中）唯有至此时此境，哲学才真正达到康德所追求的把一切系统统摄到人类理性的终极目的——最高善之下。也唯有如此，哲学方不再是一个学院性的概念，而是基于大众的教化、力行、实践之学。人若能把此教化、力行、实践之学而至其极，人即不只是一有限存在，乃一有限而具无限意义之存在。

三　无限心、人的无限性与绝对精神的实现

康德在《纯粹理性批判》中说：我们理性的一切兴趣（思辨的与实践的）都集中于探讨下面三个问题，即：

（一）我能够知道什么？

（二）我应当做什么？

（三）我可以希望什么？①

后来，他在《逻辑学》中进一步表明，从根本上说，以上三个问题

---

① 康德：《纯粹理性批判》，第612页。

都在回答这样一个问题，即"人是什么？"的问题。① 正是在这个意义上，海德格尔认为：

> 对纯粹理性的批判并没有提供出任何先验哲学的"体系"，相反，它是"关于方法的一部引论（Traktat）"。但这里所说的并非一种有关操作技术的学说，而是对存在论的"总体轮廓"和"整个内在结构"的完整规定的刻画。在这种形而上学奠基中，在对存在论的内在可能性的这种筹划中，"标出了一个形而上学体系的总体雏形"。
>
> 因此，当《纯粹理性批判》这部著作被当作"关于经验的理论"、甚至当作实证科学的理论来解释时，它的意图还是被彻底地误解了。《纯粹理性批判》与"认识论"毫无关系。如果有可能承认这种认识论的解释的话，那就必须说：《纯粹理性批判》不是有关存在性的知识（经验）的理论，而是有关存在论知识的理论。②

众所周知，康德哲学被誉为"哥白尼式革命"，按一般哲学史的理解，意谓：康德把知识从外而转向内，去追寻知识得以可能的主体之先天根据。但海德格尔认为，康德的"哥白尼式革命"尚不止于此，因为这只是有关存在性的理论，是认识论的。若只在此说"哥白尼式革命"，则知识与存在者"符合"这种意义上的"旧的"真理概念所受到的冲击实际上是很少的。而康德的批判则是存在论的，即康德所要追寻的是：主体获得知识的存在论前提。因为凡是有存在性知识的地方，它都是由于某种存在论知识才成为可能的。这是康德"哥白尼式革命"的真正意义所在。海氏说：

> 对于存在者（诸对象），存在性的知识只有当这个作为存在者的存在者先已明白地、亦即在其存在机制中被认识了之后，才能去符合它。对于后面这种知识，诸对象，亦即它们在存在性上的可规定性，

---

① 康德：《逻辑学讲义》，第 15 页。

② 孙周兴选编：《海德格尔选集》，上海三联书店 1996 年版，第 94 页。

是必定会符合的。存在者的启明（存在性的真理）涉及到对存在者的存在机制的揭示（存在论的真理）；但存在性的知识永远也不会自为地去"符合"对象，因为它若没有存在论的知识，就会连某种去符合什么的可能都不会有。①

这样，在海氏看来，康德的《纯粹理性批判》对人的心灵诸能力进行探讨，不是在分析人的认识能力，或者说，分析人的认识能力根本不是康德的主要目的。康德的主要目的是企图通过对人的认识能力的洞察中赢得对此在的领会，这是一种存在论的揭示，是一种为传统形而上学奠基的工作。所以海氏说："为形而上学奠基作为对存在论的本质的揭示，就是'对纯粹理性的批判'。"② 海氏还进一步认为，康德的奠基工作不但应在其最内在的本质中把形而上学领会为对纯粹理性的批判，而在另一方面则应当把形而上学在其可能性和界限之内理解为"人的自然倾向"。而"人的自然倾向"这一最内在的本质却是透过人类理性最内在的关切而显示出来的。那么，人类理性最内在的关切透露出一种怎样的"人的自然倾向"呢？或者说，这种关切使我们对此在可以用一种怎样的领会呢？在海氏看来，人类理性的最内在的关切就是康德所说的三个问题：我能够知道什么？我应当做什么？我可以希望什么？对于这三个问题的研究，可以对"人是什么？"这一问题作一存在论的领会。

对于康德所说的第一个问题，海氏说：

> 凡是在一种"能够"成为问题并想在其可能性中为自己划定范围的地方，这种能够本身就已经处于不能够中了。一种全能的本质不需要问：我能怎样，亦即我不能怎样？它不光是不需要如此问，它按其本质来说根本就不能提出这种问题。但这种不能并不是什么缺陷，而是不为任何缺陷和"不"所动。但谁要这样问：我能怎样？他就以此表示了某种有限性。凡是完全在其最内在的关切中受这个问题所

---

① 孙周兴选编：《海德格尔选集》，第91页。
② 同上书，第92页。

触动的东西，就在其本质的最深处显出了有限性。①

对于康德所说的第二个问题，海氏说：

> 凡是在一种"应当"成为问题的地方，那提问的生物便摇摆于"是"和"否"之间，它在为它所不应当的事感到烦恼。这个生物在从根本上对某种应当感到关切时，便在一种"尚未满足"中意识到自身，也就是说，在它看来它一般地说应当怎样这点成了问题。一个自身尚未规定的满足的这种"尚未"表明，一个使自己最内在的关切取决于某种应当的生物，根本上是有限的。②

对于康德所说的第三个问题，海氏说：

> 凡是在一种"可以"成为问题的地方，就插进了提问者所已经认可或是仍然拒绝的东西。被问的是这样一种可能对之提出期望和不可能对之提出期望的东西。但一切期望都表明某种匮乏。只要这种需要在人类理性最内在的关切中产生出来，那么它就证明自己是一种本质上有限的需要。③

海氏对康德所说的人类理性所提出的三个问题的研究后指出：它们不仅泄露了人的有限性，而且指向了有限性本身。但对于人类理性来说，其关键不在于去排除"能够"、"应当"和"可以"，因而去扼杀其有限性，而在于要意识到这种有限性，以便在有限性中坚持自身。这便是海氏对"人是什么？"问题的存在论的领会。因此，海氏认为：形而上学的奠基是在对人的有限性的探讨中建立起来的。也就是说，形而上学只有将我们自身内在本性作为人的有限性来探讨之后，才不是任意的、无方向的对人的探讨，而是"对哲学家甚至是一种义务"。④ 同时，如果对人的有限性的探讨应当通过对形而上学奠基

---

① 孙周兴选编：《海德格尔选集》，第106页。

② 同上。

③ 同上书，第107页。

④ 同上书，第108页。

的更加本源的回复而得到规定，则即使亚里士多德的提问方式也不能作为某种定论而加以接受，也就是说，形而上学奠基的难题不是指对"作为存在者的存在者是什么？"的探讨，而是对"存在问题"的探讨，而对"存在"问题的探讨是在人的有限性中才得到阐明的。这就是海氏从康德的问题入手而建立起他的以"存在"为中心的"基础存在论"的总体思路。

从上面的论述中可知，海德格尔是从人的有限性而开启他对"存在"问题的研究的。尽管他认为对存在问题的研究是哲学家的义务，但因为人是有限的存在，故哲学家的研究只有消极的意义。按照海氏的看法，似乎只是如此，即作好准备随时迎候上帝的到来或者上帝的缺席。"作好准备"是探讨"存在"问题的意义，甚至也是哲学的意义。海氏形象地以"座架"来表明哲学的作用。"座架的作用就在于：人被座落在此，被一股力量安排着、要求着，这股力量是在技术的本质中显示出来的而又是人自己所不能控制的力量。就是要帮助达到此种见地：再多的事思想也不要求了。哲学到此结束。"[1] 基于此，还是无不悲情而悲观地说：

> 哲学将不能引起世界现状的任何直接变化。不仅哲学不能，而且所有一切只要是人的思索和图谋都不能做到。只还有一个上帝能救渡我们。留给我们的唯一可能是，在思想与诗歌中为上帝之出现准备或者为在没落中上帝之不出现作准备；我们瞻望着不出现的上帝而没落。[2]

海氏的意思似乎是如此，即：哲学的任务就是尽全彻底地揭示展露人的无根无家的悲凉处境，以便使人更热切、更虔诚地恭迎上帝的到来，故"只还有一个上帝能救渡我们"。若上帝不出现，则我们只有没落。何以故？因人是一种有限的存在。这样，就把人类奔向终极美境的希望寄托于外在的力量。海氏把哲学界定为为这种外在力量的到来"作好准备"，由此，哲学只是认识论的（当然，这种认识论不是知识学，而是人生哲学，

---

[1] 孙周兴选编：《海德格尔选集》，第1307页。

[2] 同上书，第1306页。

但只是初步的人生哲学①，同时也是一学院性的概念），而不是实践的。即尽管我们可以完全领会到人的有限性的存在论处境，但这并不足以保证外在力量必然出现，若不出现，即使我们作好了准备，人类也只有沉沦。

　　通过上面的论述我们可知，海氏的哲学理念与牟宗三的那种哲学理念相去甚远。在牟宗三那里，哲学是基于大众的教化、力行、实践之学，由此而把人类带至其终极美境——最高善之下。在牟宗三看来，哲学是人的生命中可切实呈现的精神实体的辩证发展，其精神历程及其美境即是人类的自救，即是上帝的到来，而不是所谓的"作好准备"再期待上帝的到来。正是这种基本理念的差别，使得牟宗三对海氏的哲学进行了猛烈的批评："胡塞尔、海德格尔、维特根斯坦都是纤巧，这些人的哲学看起来有很多的妙处，其实一无所有，他们的哲学在论辩的过程中有吸引力，有迷人的地方，但终究是不通透的，故这些思想都是无归宿无收摄的。"② 牟宗三之所以有这样的批评，是基于这样的一个基本认定，即"开出 phe-nomena 与 nomena 而分出两个世界乃古今中外的哲学所共同的"。③ 就中国哲学而言，有"德性之知"与"见闻之知"、"道心"与"成心"，这是就两个世界分别而言的。就西方哲学而言，由柏拉图经亚里士多德至托马斯·阿奎那这一个大传统，经康德的批判的处理把其转成 nomena 与 phe-nomena，即康德以前的哲学向康德处集中，康德以后的哲学也必然是由康德处开出。罗素的中立一元论不能外此④，胡塞尔的现象学的还原亦不能外此。胡塞尔的现象学是以纯粹意识的 noetic-noema 结构来讲知识，企图使其成为严格的科学。但牟宗三认为，胡塞尔的这种结构只是康德超越

---

　　① 按照牟宗三的理解，海氏的以"存在"为中心而建立起来的"基本存在论"是把胡塞尔现象学的方法运用到人生领域，但现象学的方法，讲知识论也许相应，唯讲人生哲学则不相应。

　　② 牟宗三：《中西哲学会通十四讲》，上海古籍出版社 1997 年版，第 58 页。

　　③ 同上书，第 71 页。

　　④ 罗素的中立一元论以"事件"为主导，企图消除"心""物"之分别。服从因果法则的事件是物，服从记忆法则的事件是心。这样，就无所谓主体、客体以及心、物之分，只有原子性的事实，即泛事件论。因此，只有事件与事件之间的并列关系，而无主体与客体之间的隶属关系。牟宗三认为，罗素既承认因果法则，则因果律由何处来须有交代，但罗素无交代。若要交代，则逃不出康德的思路。康德则主张经验的实在论讲知识，这里是二元论的。即知识包括两个部分：感性杂多与先天形式条件。感性杂多属物，先天形式条件属心（心的主观建构），因果范畴就收摄于心。在牟宗三看来，罗素对此无交代，则其实在论是无收摄的。

的统觉（即心所建构的形式条件）之转型，不能超出康德所说的超越统觉。这样，胡塞尔企图不用康德的范畴，从而使对象自己解放出来，自己说话，避免使知识陷入主观主义。他的这种使知识成为严格科学的企图仍逃不出康德的范围。更重要的是：胡塞尔的纯粹意识的 noetic-noema 结构只能用来讲知识，停留在现象世界。他的思想里没有 phenomena 与 nomena 的分别，故胡塞尔开不出价值世界。如果说胡塞尔的现象学方法以纯粹意识的 noetic-noema 结构来讲知识，尚不至于出问题的话（尽管他不能讲价值），那么，海德格尔以现象学的方法来研究"存在"而来讲人生哲学①，则会有大问题。其原因何在呢？

牟宗三认为，海氏说《纯粹理性批判》是为形而上学奠基，此论尚无不对，但海氏建立他的"基本存在论"的理路不是沿着康德在辩证部对"形上学作一学问看如何可能"一问题之解答而建立"超绝形上学"走的，却顺着感性论之"纯粹数学如何可能"及分析部之"纯粹自然科学如何可能"走的。但在牟宗三看来，康德建立的真实形而上学在前者而不在后者。康德在感性论与分析部的立言是横剖面的、认知的，其知性范畴虽是存有论的概念，但只是以这些概念去决定对象的普遍性相，这是"内在的理性自然学"或"经验的形而上学"，但开不出"基本存有论"来。在这里，虽可见出人的有限性，但只表示人在现象范围内成就知识时，人的直觉是感触的，须用一些先天的形式条件以成就知识。然而，这并不涵着一个——如海氏所做的那样——对人的有限性作一存有论的分析的基本存有论。同时，牟宗三认为，时间只能用来解释人的实践体证，而无法与超越的实体或理境相关联，因为时间是人的先天综合能力的"直观形式"。但海氏却借用时间概念"来表示人在现实存在上表现其真实的

---

① 倪梁康认为，海德格尔的哲学根本不能视为是一种人生哲学，甚至从许多角度看，海氏的整个思想与人生哲学是相对反的。（见氏著《牟宗三与现象学》，载《哲学研究》2002 年第 10 期）同时，陈立胜认为，海氏的现象学方法绝不是胡塞尔知识论方法的照搬，对于海氏来说，现象学的方法之"面向事实本身"不是简单地面向某一个物事，而是一种根本思维定式的扭转，即由存在者的把捉到存在的理解，现象学的方法成了面向存在、倾听存在之法门。这种方法既克服实体主义思维，又能凸显实体主义思维所遮蔽的源始现象。因此，牟宗三以"有无既成的直接的面对物"来指责海氏现象学方法之不当，表明他未摆脱海氏所说的实体主义思维的窠臼。[见氏著《牟宗三的道德形上学与海德格尔的基础存在论互参》，载《中山大学学报》（社会科学版）2000 年第 2 期]

人生有发展奋斗的过程而已"。① 此显然非康德意义的时间。② 由此，牟宗三总结说："海德格尔就感性论与分析部的范围视之为形而上学之奠基，由此开出其基本存有论，则其所谓形而上学并非康德所谓形而上学甚显，其所开出之基本存有论非康德所意想之超越形而上学，乃为无根之一套，亦甚显，这亦可说是形而上学之误置。"③ 之所以是误置，即在海氏是在phenomena 处而不是在 nomena 处讲他的形而上学。既如此，牟宗三认为，海氏的"基本存在论"只不过是对"人的实有"的生存论分析，即"就现实的人之有限性存在地而且是现象学地显露人的实有性"。按牟宗三的看法，海氏对人的"混然中处的在者之在"，即人的"日常性"有存在的感受，认为这是"未分化成任何决定的可能"的、不真实的实有，而要真实地"在"就得从混然中处的日常性中抽身而出。海氏的"基本存在论"只是如此。从这里可以看出——依牟宗三的理解——海氏的"基本存在论"只表示海氏对人陷入日常性之混然的不满而欲摆脱之焦虑心态。故牟宗三进一步认为，海氏的这种理论，说得文雅一点，只不过是古人讲的"诚于中，形于外"；说得粗俗一点，无非是中国北方的俗语："'你是好样的，你站出来'！你不敢站出来，你不是一个实有，你不是一个真实的人，你就不是好样的。"因此，这是一个"英雄式的勇敢哲学"，且其勇敢非孟子的集义之勇，而是血气之勇，故他因不满人的日常性而欲摆脱之之路径，只是"气魄承当"，而不是照"体"独立的义理承当。这样，海氏所称的"本真状态"是虚浮的、无根的。牟宗三说："人诚然是不安定的，无家性的，不能以习性，堕性为家，人能勇于接受此一事实，不蒙蔽自己，固可显一真实性，因而也就是显示其实有性，但这样的真实性，实有性恰正是消极的，虚荡的，并未为正面真得一真实性与实有性。"④依牟宗三的理解，人要得其真实性与实有性——不能只面对现象界的存

---

① 牟宗三：《智的直觉与中国哲学》，台北商务印书馆 2000 年版，第 352 页。

② 倪梁康认为，牟宗三站在康德的立场对海氏的"时间"概念有较深的误解，其实海氏不是康德的注解者，故其时间自然不是康德义，而是被存在规定同时规定着存在的东西，时间是存在的根本特征或根本展露。因为"存在"不是牟宗三理解的"存有"，而是"是"，这是动态的。故时间不是人的此在的时间性，而是存在一般的自身展开，是它的本己状态。（见氏著《牟宗三与现象学》）

③ 牟宗三：《智的直觉与中国哲学》，第 349 页。

④ 同上书，第 361 页。

有，无论依何种途径——必须开出其超越域，如儒家的"仁体"、"良知"、"本心"等。然而海氏只驻足于现象界而讲内在的形而上学，而未迈向超越域而讲超绝形而上学，这就注定他的生存哲学为"无本之论"。海氏面对人的日常性有真切的"咎厌"、"虚无"之感，并能存在地呼唤"决断"、"良知"，但他不能像儒者那样内在于生命自身作反省逆觉的工夫把握到一个超越的精神实体，既而以此为人之真实存在，而只内在于人现实的"咎厌"、"虚无"之感以求救解之道，既而感叹人之有限性的无奈与悲凉，进而希求一外在力量（上帝）作为人的救解之道，这对于他的无本无根的哲学来说，恐怕是在所必然的了。在牟宗三看来，海氏的这种哲学是与 19 世纪末到 20 世纪初西方哲学反康德以实践理性为中心的主体主义的总趋势相适应的。在宇宙论方面以怀特海建立客观主义的宇宙论为代表，存有论方面即以海氏建立客观自性的存有论为代表，它脱离主体主义的中心而向客观独立的存有本身之体会走，"上而拉开与宗教的距离，使宗教超然独立，不与哲学纠缠于一起，内而倒转那以自由、无限、神性为中心的方向伦理、展现伦理而为以'存有'（实有）为中心的'存在伦理'：面对实有而站出来，把自己掏空，一无本性，一无本质，然而完全服役于实有便是人的本性、人的本质，即真实存在的人"①。但问题是，"面对实有而站出来"这种现象学的方法，运用到人的时候还有效吗？正如牟宗三所言："那'事物本身'是什么呢？这里有无既成的'事物本身'以为你的直接面对物呢？这里实有一个'人的存在'（Dasein），但面对这存在，光用现象学的方法，你能描述出什么呢？什么叫做真实的，不真实的？其标准何在？"② 依牟宗三看，人的真实不真实的标准必须依赖一个"超越标准"，这是价值的，非事实的、现象的。这样，必须回到康德 phenomena 与 nomena 的区分模式中，不只是在 phenomena 界理解人，更须在 nomena 界理解人，但海氏恰恰未能正视康德由实践理性（自由意志）而开显的超越域，而在此方能有真实的形而上学，亦是建立人的真正存在论之所在。康德就认为人可以在 phenomena 界与 nomena 界作不同的理解。他认为任何物都有现象与物自身的区分，具体到人时，他说：

---

① 牟宗三：《心体与性体》上，第 160 页。
② 牟宗三：《智的直觉与中国哲学》，第 363 页。

就人而言，甚至对于他自己，一个人也决不能从他因内部感觉所有的知识假装知道他自身是什么。何以故如此，这是因为以下的缘故而然，即，由于他实并不创造其自己如普通之所谓，而且他亦不是先验地得有他自己底概念，但只是经验地得有他自己底概念，所以很自然地随之而来者便是：他只能因内部感取而得到关于他自己底知识，因而结果，他亦只能通过他的本性之现象以及"他的意识所依以被影响"的那路数来得到关于他自己底知识。同时，在他自己的主体底这些征象以外，他必须必然地设定某种别的东西以为这些征象底基础，即他必须设定他的"自我"，不管这自我之在其自己之征象是什么。这样，就纯然的知觉以及"感觉底接受"而言，他必须视他自己为属于感取界者；但是，就不管怎样，在他身上或可有一纯粹活动而言，他必须视他自己为属于智思界者。①

康德进一步认为，就道德而言，现象界的"我"说"应当"，而智思界的"我"则曰"自愿"，此时，这个"我"便是一睿智体。在康德看来，尽管人有现象界与智思界之两面相，但"只有在那智思界中，作为睿智体，他才是他的真正的自我"。② 此即是说，作为睿智体的人才是真实的人，对人的了解须到此境界，方是全尽的人生哲学。在这里，方可开出真正的理想主义，方可有真实的人类自救自决之道。而不像海氏，着眼于现象界的人的存有，面对其"咎仄"、"虚无"而生悲悯，最后希冀一外在的力量来救渡。海氏的这种哲学与理路，在牟宗三看来，"是思之未透，停止在半途中，两不着边的，既挂搭不上现象学，又挂搭不上理想主义的大路"。③ 若承认人亦可为一睿智体，则人不只是一有限存有，亦可是一无限存有。牟宗三对人的看法，正是依康德这种理路而"调适上遂"的。之所以康德的理路需要"调适上遂"，乃是因为：人无智的直觉，故对作为睿智体的人无积极的知识（即不能呈现之或实现之），只有一个思想或理路上的认定。这样，就人的有限与无限来说，在康德处似乎是如此，即：人在义理上应该是一个无限的存有，但这只是"理"上的"应该"，不一定能表现为现实，

---

① 牟宗三译注：《康德的道德哲学》，第85页。

② 同上书，第93页。

③ 牟宗三：《智的直觉与中国哲学》，第366页。

故现实中的人终究是一有限的存有。由此看来，要证成人乃一有限而又无限的存有，其关键即在看人有无智的直觉。牟宗三的《智的直觉与中国哲学》一书，就是试图依中国哲学的传统来解决这一问题。

所谓"直觉"——牟宗三认为——就是具体化原则，若是感触的直觉，则是认知的呈现原则（接受的、非创造的）；若是智的直觉，则是存有论的实现原则（创造的）。依康德看，智的直觉有以下三点与感触直觉以区别，即：（一）就理解而言，其作用是直觉的，不使用概念；（二）就其直觉而言，其作用是纯智的，是灵魂心体之自我活动而单表象或判断灵魂心体自己；（三）智的直觉能把对象之存在给予我们，直觉之即是实现之、创造之。就这三点而言，康德认为，不是我们人类之心灵所能具有的，只能归于神心。那么，依中国哲学的传统来看，人类也无这种智的直觉吗？答曰：有之。牟宗三认为，自宋儒张横渠分"知"为德性之知与见闻之知以来，中国哲学传统里无人不遵守之（以前并非无此觉悟，只是没有在概念上如此清晰地厘清而已）。

> 大其心则能体天下之物，物有未体则心为有外。世人之心止于闻见之狭，圣人尽性不以见闻梏其心，其视天下无一物非我，孟子谓尽心则知性知天以此。天大无外，故有外之心不足以合天心，见闻之知乃物交而知，非德性所知。德性所知不萌于见闻。……人谓己有知，由耳目有受也。人之有受，由内外之合也。知合内外于耳目之外，则其知也过人远矣。（张载：《正蒙·大心篇》）

牟宗三认为，横渠上面所说的"见闻之知"就是感触直觉，其方式是"合内外"，即有能所关系，以康德的理路讲就是以主体所发之先天范畴来统摄感性杂多。但"德性之知"不同，它不萌于见闻，故其"过人远矣"不是与见闻之知相比的程度问题，而是"知"之方式根本不同，即无能所关系。它是一"一"的境界，所谓"一"就是："超越了主客关系之模式而消化了主客相对之主体相与客体相，它是朗现无对的心体大主之圆照与遍润。"[①] 此"圆照与遍润"乃从"体"而发，不是从见闻而

---

① 郑家栋编：《道德理想主义的重建——牟宗三新儒学论著辑要》，中国广播电视出版社1992年版，第356页。

发。在牟宗三看来，这就是康德所说的"只是心之自我活动"的智的直觉。智的直觉一旦全盘朗现，则人不只是一有限存在。《易传》之"夫大人者，与天地合其德，与日月合其明，与四时合其序，与鬼神合其吉凶"。即表示人是一无限存在。明儒罗近溪的一段话说得更为明透：

> 夫天地之心也，非复固莫之可见；然天地之心之见也，非复亦奚能以自知也耶？……惟圣人迎其几而默识之，是能以虚灵之独觉，妙契大始之精微；纯亦不已，而命天命也；生化无方，而性天性也；终焉神明不测，而心固天心，人亦天人也。（《盱坛直诠》上卷）

以上所说的"天命"、"天性"、"天心"与"天人"，若用康德之语言之，即为神圣之命，神圣之性，神圣之心，神圣之人。此种命、性、心，人皆固有之，唯圣人存之而无丧耳。所谓"君子存之，庶民去之"（《孟子·离娄下》）即是。此即是说，人若能使智的直觉全盘朗现（孟子所说的"尽"即此意），则人为天人，是即有限而为无限也。

上面在中国哲学传统中皆能肯认人有智的直觉，这对于一种实践之学来说已经足够，因为这本是"圣人怀之"的事。但作为一种哲学的讨论，还必须走向"世人辩之以相示"（《庄子·齐物论》）的阶段，即进行批判的探讨以避免独断论之嫌。因此，牟宗三认为，对于"我们人类这种有限的存在如何能有智的直觉"一问题——作为一种哲学批判——则必须问：在什么关节上理论上必肯定这种直觉，而且不唯理论上肯定，实际上何以必呈现？首先，因道德这一关，理论上必肯定智的直觉为可能。何谓道德？依无条件的定然命令而行之谓。发此无条件者必为第一因，为绝对之无限者，不然不足以为第一因。且第一因只能有一，不能有二。故就道德而言，发此无条件之定然命令者是其超越根据，但因其是第一因，故不为道德所限，它必涵盖乾坤，为一切存在之源。这样，对此发无条件之命令者，牟宗三如是说："它不但创造吾人的道德行为，使吾人的道德行为纯亦不已，它亦创生一切而为一切存在之源，所以它是一个'创造原则'，即表象'创造性本身'的那个创造原则，因此它是一个'体'，即形而上的绝对而无限的体。"[①] 其次，依儒家"天命之谓性"之义理，此

---

① 郑家栋编：《道德理想主义的重建——牟宗三新儒学论著辑要》，第361页。

"形而上的绝对而无限的体"即是吾人之性,既为吾人之性,则此无限体不只是一孤悬之物摆在那里,而是随时可以呈现的,亦随时可被人觉悟把捉的。《中庸》云:"自诚明,谓之性;自明诚,谓之教。""诚"即此无限体,"明"即此体之作用与活动,即智的直觉。"自诚明"即由本体说工夫,"自明诚"即由工夫说本体。由此可知,此"形而上的绝对而无限的体"因为吾人之性,则必兼具理义与心能二义,为即存有即活动者(牟宗三称为"本心仁体")。故智的直觉不只是一个理论上的肯定,且是一事实的呈现。牟宗三认为,智的直觉可有三层之义理递进:本心仁体的自觉自证,即儒者的所谓"逆觉体证";由自觉自证引发道德行为的纯亦不已;由道德行为之纯亦不已,因着一宇宙的情怀,必至其"为物不二",其"生物不测"(《中庸》)。即由道德之实践义递进至存有之创生义。此即是《中庸》所说"唯天下至诚,为能尽其性。能尽其性,则能尽人之性。能尽人之性,则能尽物之性。能尽物之性,则可以赞天地之化育"之境界。至此,自然界与道德界贯通合一。王阳明曰:

> 大人者,以天地万物为一体者也。其视天下犹一家,中国犹一人焉。若夫间形骸而分尔我者,小人矣。大人之能以天地万物为一体也,非意之也,其心之仁本若是其与天地万物而为一也。岂惟大人,虽小人之心亦莫不然,彼顾自小之耳。(《王文成全书》卷二十六《大学问》)

若能至上述境界,则人虽有限亦可无限也。如是,则海德格尔认人为有限存在之论则为不尽。牟宗三说:

> 人不是决定的有限,而乃是"虽有限而可无限"。此亦不是偶然的,乃即是人之最内在的本质也。海德格只执定于有限性,只知对于有限的能力予以"关心",或收紧压缩而有限化之,只知此"关心"之结构为存有论之奠基,而不知对于"有限而可无限"亦可予以"关心",而此种"关心"不可说结构,实是一彻法渊底之渗透,而亦可由之而建立一"本体界的存有论"也。[1]

---

[1] 牟宗三:《现象与物自身》,第29页。

依牟宗三的看法，西方哲学因执定人的有限性（海德格尔如此，康德则未证成人之无限性），故只能开"现象界的存有论"，而把人的终极价值与圆满交予上帝。中国哲学则肯认人虽有限而可无限，既可开"现象界的存有论"，复可开"本体界的存有论"。"现象界的存有论"处可有知识，"本体界的存有论"处可有终极价值与圆满。但须知，"本体界的存有"是"体"，"现象界的存有"是"用"，它是那唯一的精神实体（无限心）"坎陷"由"智的直觉"转为"感触直觉"而成者。前者是"经"，后者是"权"，此即表示"本体界的存有"可直贯至"现象界的存有"，而使其转化为一价值的无限存有。这是真、善、美的合一。牟宗三说：

> 儒家的精神是孔子所说的"兴于诗，立于礼，成于乐"。经过了严整的道德意识之支柱（立于礼），最后亦是"乐"的境界，谐和艺术的境界（成于乐）。但这必须是性体、心体、自由意志之因果彻底呈现后所达到的纯圆熟的化的境界、平平的境界，而不是以独立的美的判断去沟通意志因果性与自然因果性。践仁尽性到化的境界、"成于乐"的境界，道德意志之有向的目的性之凸出便自然融化到"自然"上来而不见其"有向性"，而亦成为无向之目的，无目的之目的，而"自然"，已不复是那知识系统所展开的自然，而是全部融化于道德意义中的"自然"，为道德性体心体所通澈了的"自然"：此就是真善美之真实的合一，而美则只是由这化的境界而显出，而不是一独立的机能。①

这"美"，不是自然之美或艺术之美，这是精神之美，"性天"之美，是精神实体辩证发展而达到的最后最高的境界，此为最高的美，是艺术、道德与宗教的究极合一，亦是绝对精神的实现。本书对牟宗三精神哲学的解析即终于此。

---

① 牟宗三：《心体与性体》上，第152页。

第二章

牟宗三精神哲学展开的方法论反省

在第一章中，我们把唯一的精神实体——无限心作为牟宗三哲学提挈的总纲，并进一步证成了"哲学原型"与"智的直觉"之可能。其中无限心是本体，哲学原型是此本体所成就的文化系统，而智的直觉则是此本体之发用，故三者之中以作为本体的无限心为首出。但无限心不只是一虚灵的形上实体，若如此，则只是自在存在而不是自为存在，而达不成其在人类历史文化中的功用。这一方面，传统儒者做得往往不够，往往只体悟到此无限心之道德性当身的严正与光大，并未客观化在社会历史中，即有内圣方面之严整，而无外王方面之开扩。用牟宗三的话说就是：只有"道统"而无"学统"与"政统"。正是在这个意义上，黑格尔批评中国文化是"历史的幼年时期"，它只表现单纯的直接性与原始的简单性，缺乏主体自我区分、自我中介否定性的表现精神。由此他认为中国是一个"空间的国家——成为非历史的历史"，因为其文化的"形式无限性、理想性的对峙还没有发展"。[①] 但这里须要指出的是：黑格尔批评中国文化没有开显出"世界精神"依其发展所本有的中介，虽然道出了一些历史的实情。但这里的"没有"只是历史机缘上的没有，而不是"理"上的没有，即并不是中国文化根本不能依那唯一的精神实体开显出世界精神的各个中介。牟宗三的精神哲学就是试图补充传统儒者的不足。在牟宗三看来，那唯一的精神实体——无限心是"即存有即活动"者，这就是黑格尔所说的"实体本身就是主体"[②] 之意，它自身即有力量作辩证的发展与开显。故儒家的成德之教——若依其基本精神作一整全的开显——本可以

---

① 黑格尔：《历史哲学》，王造时译，商务印书馆 1999 年版，第 112 页。
② 黑格尔：《精神现象学》上，第 36 页。

收摄融化黑格尔的精神哲学。这种收摄融化可以包括三个方面：其一，"一个圣者的生命或人格而一起顿时即接触到道德性当身之严整而纯粹的意义"。其二，"同时亦充其极，因宇宙的情怀，而达至其形而上的意义"。其三，"复同时即在践仁尽性之工夫中而为具体的表现，自涵凡道德的决断皆是存在的、具有历史性的、独一无二的决断，亦是异地则皆然的决断"。① 简言之，即是：内圣方面、本体宇宙论方面及历史文化方面。这三个方面，若就牟宗三哲学的义理架构而言，则是对精神实体作"右"的开显达用，由此他接上了黑格尔哲学。但同时，亦须对精神实体作"左"的批判分解，由此他接上了康德的哲学。因此，牟宗三认为，若要依中国传统讲精神哲学，"关于这一骨干，光宋明儒学亦不够，佛学亦不够，惟康德黑格尔之建树，足以接上东方'心性之学'，亦足以补其不足"。② 他复进一步厘清了康德哲学与黑格尔哲学在方法论上的不同。他说：

> 真实形上学之本质的义蕴还是康德的进路为能契入。使吾人了解这些形上学（指柏拉图等人的观解形上学——笔者注）之不中肯，乃正是康德之功劳。而由康氏之路所契入的真实形上学以及其究竟了义与究竟落实，却根本是精神生活的事。因此，由只见形式的划分，必须进入具体的精察与感受。形式的厘清与划分是康德的工作，而具体的精察与感受则是黑格尔的精神哲学之所展示。……以此学（指精神哲学——笔者注）为骨干，要分解，须先是"超越的分解"，如康德之所为，其次是辩证法的综和，而辩证的综和即含有辩证的分解，如黑格尔之所为，以及其哲学中抽象的普遍，具体的普遍，在其自己，对其自己，等名词之意义。③

也就是说，精神哲学从"左"的方面，须作"超越的分解"以见其形式的划分，这是康德的工作。但这只是纯哲学的预备与厘清，而精神哲学要落实，必须进入具体的精察与感受。故亦须从"右"的方面作"辩

---

① 牟宗三：《心体与性体》上，第100页。
② 牟宗三：《五十自述》，第111页。
③ 同上。

证的综合"以见其具体的规模,这是黑格尔的工作。① 牟宗三的精神哲学发展历程之方法论正是批判地继承了黑格尔"辩证的综合"与康德"超越的分解",进而超越二者,在佛教圆教之模式下提出"非分别说"。总之,他的这些哲学方法论更具中国传统哲学的特色。

一   精神的表现与辩证的综合

如果说康德是用先验批判而对独断论进行批判的话,那么,黑格尔则是用辩证法对独断论进行批判。因为辩证法是黑格尔整个精神哲学体系的推动原则与创造原则。黑格尔之所以用辩证法作为其哲学体系的推动力与创造力,乃是基于他的以下两个基本认定:

(一)实体即是主体;

(二)真理不是一种结果,而是一种过程。

由(一)可知,作为实体的精神必能创造,因其乃主体故;由(二)可知,作为实体的精神必须创造,因真理是一过程故。首先,黑格尔认为,精神作为"活的实体","只当它是建立自身的运动时,或者说,只当它是自身转化与其自己之间的中介时,它才真正是个现实的存在,或换个说法也一样,它这个存在才真正是主体"。② 所以,真实的东西或真理不仅应被理解和表述为实体,而且更应该被理解和表述为主体。因为单纯的自在实体只具有抽象的普遍性,而只有作为主体的实体由自在而至自为的时候,才由抽象的普遍性转化为现实的普遍性。由此可知,"实体即是主体"与"真理不是一种结果,而是一种过程"只不过是二而一,一而二的两种不同表述而已,实则:若"实体即是主体",则必然蕴涵"真理不是一种结果,而是一种过程"的必然结论。所以黑格尔说:"实体作为主体是纯粹的简单的否定性,唯其如此,它是单一的东西的分裂为二的过程或树立对立面的双重化过程,而这种过程则又是这种漠不相干的区别及

---

① 加达默尔下面一段话可见黑格尔与康德的关系:"黑格尔打算用他的逻辑学来完成康德所创立的先验哲学。据黑格尔之见,费希特是理解康德先验哲学考察方式的广泛系统性作用的第一个人。但是,他又认为,费希特自己的《知识学》并没有真正完成由自我意识发挥出人类全部知识的伟大任务。"(见氏著《黑格尔的〈逻辑学〉思想》,收入《国外黑格尔哲学新论》,中国社会科学出版社1982年版,第113页。)

② 黑格尔:《精神现象学》上,第11页。

其对立的否定。"这样，"真理就是它自己的完成过程，就是这样一个圆圈，预悬它的终点为目的并以它的终点为起点，而且只当它实现了并达到了它的终点它才是现实的"。① 也就是说，真理是全体，是精神通过自身发展而达于完满的那种本质，故真理只是作为体系才是现实的，即精神在科学的道路上经历了它的一系列形态，是精神自身向科学发展的一部详细的形成史，这是"实体在本质上即是主体"这句话所要表达的理念。这样，精神就是一种力量，依靠这种力量，精神自身在其发展过程中产生一系列中介，并停留在那里。黑格尔说：

> 精神就是力量，不是因为它作为肯定的东西对否定的东西根本不加理睬，犹如我们平常对某种否定的东西只说这是虚无的或虚假的就算了事而随即转身他向不再闻问的那样，相反，精神所以是这种力量，乃是因为它敢于面对面地正视否定的东西并停留在那里。精神在否定的东西那里停留，这就是一种魔力，这种魔力就把否定的东西转化为存在。而这种魔力也就是上面称之为主体的那种东西；主体当它赋予在它自己的因素里的规定性以具体存在时，就扬弃了抽象的、也就是说仅只一般地存在着的直接性，而这样一来它就成了真正的实体，成了存在，或者说，成了身外别无中介而自身即是中介的那种直接性。②

所谓"中介"就是人类历史文化的产品，这些产品就功用来说，是人类社会赖以存在与发展的基础；就本质来说，乃是精神渐次认识自己的过程。只有精神达到这样的一个终点，即它摆脱了从外表看起来——和作为一个他物而存在的东西纠缠在一起——的那个样子，现象即是本质，此时就是绝对精神的诞生。历史于此终结，哲学亦于此终结，按黑格尔的讲法，这是人的最后圆满，黑格尔庞大的哲学系统亦收结于此。由中介而至终结，即是精神内蕴的全盘展露，而精神自身之所以能有这种展露，即在于精神自身是一种力量。这种力量，黑格尔用"辩证法"来揭示其得以生发的原理。

_____

① 黑格尔：《精神现象学》上，第11页。

② 同上书，第21页。

在黑格尔那里，实体即是主体，他是从"律动"（rhythmus）来理解这种"活的实体"的能动性的。这种律动——在黑格尔看来——就是实体内在的不安定性，是一种生命的呈现。实体的律动必然蕴涵着实体自我由"原初同一"到"分裂"再到"再度和谐"的辩证发展历程。"原初同一"是实体没有分裂为中介前的原始和谐，是抽象的和谐。真实的和谐必须经由实体的律动分裂为中介以后方可达到，故自我分裂是实体律动时的必要环节，但并非终极环节，再度和谐方是实体自身律动的理想与目标。这样，原初的同一——分裂的中介——再度的和谐，构成了"三"即"正、反、合"的辩证过程。这便是黑格尔辩证法的模式，此为方法论上的"三段论运动方式"。即：

（一）概念的直接同一性——正论；

（二）概念的自我对立——反论；

（三）概念的扬弃对立的再度同一性——合论。

黑格尔的辩证法莫约如此，它与黑格尔的精神哲学具有内在的相关性，它是精神展开其自己、认识其自己、实现其自己的动力与方式。这一过程表现了精神的内在自足性而无求于外，即这一过程是纯概念的逻辑的。但黑格尔是一个具体的解悟极强的哲学家，他的纯概念的逻辑推演不同于其前的斯宾诺莎，更不同于其后的罗素、维特根斯坦，他的辩证逻辑的后面有其"对于人文世界价值世界的解析为底子，实由此底子而蒸发出"。① 这表现了黑格尔理想主义的情调与超越的慧识。讲历史人文世界就需要这种情调与慧识，才能贞定住价值，开掘出理想。"只有这一种认识才能够使'精神'和'世界历史'同现实相调和——以往发生的种种和现在每天发生的种种，不但不是'没有上帝'，却根本是'上帝自己的作品'。"② 若只限于历史事实自身的考据、排比与整理，则这种经验主义的态度至多只能作实用性的比附与参照，根本不能有价值贞定与理想开掘。此即是说，人文历史世界之杂多现象背后，必有精神实体的提挈与贯注作底子，不然，历史世界则真成松散凌乱的平铺。但精神实体有其自身的发展与逻辑，本可与现实的历史世界无关，亦即是，精神实体之中介可表现于外而不必尽表现于外，但外在的现象界定是精神实体的表现则无以

---

① 牟宗三：《生命的学问》，第 177 页。

② 黑格尔：《历史哲学》，第 469 页。

疑。这就是黑格尔所说的"'景象万千，事态纷纭的世界历史'，是'精神'的发展和实现的过程——这是真正的辩神论，真正在历史上证实了上帝"。① 也就是说，黑格尔的辩证法看似离开了人文历史世界而任由概念自身作正、反、合的推演，但这里的"离"不是超绝，而是超越。② 即给人文历史世界提供一个贞定价值与开掘理想的轨约原则。

　　黑格尔的辩证法及其功用已如上述，可作以下二点综括：（一）辩证法不是纯形式逻辑，亦可云动的逻辑，但却不可由此而否定静的逻辑即形式逻辑，因为形式逻辑是知性的思维规律，而辩证法则是理性觉悟升进的方式，二者的界域自不同；由此则（二）辩证法是超越的，只可用于精神领域，不可切就物质世界之当身而云辩证法，物质世界是现象界，此亦是知性运用的界域。这样，辩证法的这种超越性使它，一方面不同于超绝于现象界的形式逻辑，另一方面又不同于"着"于现象界的科学方法（归纳法）。这是牟宗三对辩证法的基本认定，他说：

　　　　纯逻辑是讲推理自己底结构之学，它不要牵涉着具体事物或真实世界而讲。归纳法是科学方法，它足以使我们获得科学的知识，经验的知识。所以它是获得关于外物的知识底一个程续。它一定要牵涉着外物（具体事物）讲。即是说，它之为方法或程续一定要牵涉着"如何获得关于外物的知识"而显示。至于辩证法，它既不是纯逻辑，亦不是科学方法，而乃是形而上学中的方法，我们亦可以叫它是"玄学的方法"。③

　　辩证法既是一种玄学方法，则它亦牵涉到"真实世界"，但不是事实的经验的真实，而是"形而上的真实"，即是超知性层的理性的、精神的真实。也就是说，讲辩证法必须对精神实体及其发展历程有真实的觉悟与肯认，并关联着此而讲。这样，牟宗三认为，辩证法之当行的使用处有

----

　　① 黑格尔：《历史哲学》，第468—469页。

　　② 超绝（Transcendent）与超越（Transcendental）区别即是：超越是指某东西先于经验而有，不来自经验，但却离不开经验并可驾驭经验，如康德哲学中的知性范畴，不源于经验，但却可用于且必须用于经验以成就知识。超绝是指某东西与经验完全隔离，一往而不返，如上帝之观念。

　　③ 牟宗三：《理则学》，第271页。

二：一是"精神表现底发展"之践履的体悟，二是"形而上的绝对真实"之践履的思维。

首先，就精神表现的发展而言，其辩证历程是如此：精神表现从一个浑然的精神实体即道德心灵开始，它是浑一的原始谐和，此时没有表现，人此时亦无所谓精神生活。要表现，要有精神生活，必须通过觉悟而把那浑一之体打开，予以分裂，于浑一之中重新肯认一个超越的异质的成分以为体，知道什么是"真我"，什么是"假我"、"非我"。"真我"是主体，是"正"，"非我"是客体，是"反"，由此而形成主客或正反之对立。此对立即是原始谐和之否定。此亦是说，道德心灵不能永远停滞在它自身中而为一抽象的存在，它必要呈现、流行，因其本性即是具体活泼的、不容已的。然它之流行与呈用不能不在情气中，不能不在自然中，但它又不能总是安于此主客之对立中，它必融摄客体于自身而消化之或转化之，使情、气、自然不为主体的障碍，因为道德心灵之润泽与贯注，俱为载道之器具。这就是夫子所云之"七十而从心所欲，不逾矩"（《论语·为政》），即天理流行、少无欠缺的大谐和。这是精神实体的再度谐和，此时道德心灵不复是一抽象的，而是一具体的存在。此为一更高级的综合，相对于原始谐和而言，这是一更坚实的圆满。然精神发展乃一无限历程，此示心灵不可黏滞，若"一念耽溺停滞于此圆满，欣趣住着于此圆满，则即为此圆满之否定，而转为不圆满，即道德心灵之如其性而实现者即成为不如其性而转为其自身之否定。如是具体活泼的普遍的道德心灵又必须在践履中如其性而跃起以化除此耽溺停滞，欣趣住着，以精进不已。此亦是辩证的发展"。① 精神的这一无底止的历程，即是《周易》所说："天行健，君子以自强不息"；亦是《中庸》所云："君子之道费而隐。夫妇之愚，可以与知焉，及其至也，虽圣人亦有所不知焉；夫妇之不肖，可以能行焉，及其至也，虽圣人亦有所不能焉。"精神之历程无限，工夫之精进不已。此是在牟宗三所说的"一个圣者的生命或人格而一起顿时即接触到道德性当身之严整而纯粹的意义"层次上说精神的辩证发展。但精神不只是在此一层次上作纵向的精进，还须作横向的开扩，这就是《中庸》所说的"致广大而尽精微"（精微为纵向的，广大为横向的）。这横向的开扩是这样的：由道德心灵之自觉的否定而通出去而及于骨肉之亲

---

① 牟宗三：《理则学》，第275页。

情，给此情以超越的道德理性的安立，此就是人伦孝弟。常称为天伦，既
为天伦，即示其为客观的，是道德心灵的初步客观化，这亦是精神辩证发
展之一步。但这一步只是《大学》所说的由"修身"而至"齐家"，精
神尚须至"治国、平天下"而后可。即由孝弟之天伦进一步完成社会、
国家、政治与法律之建构。这是精神的进一步的客观化。牟宗三说：

> 在这些现象上，如想给以辩证法的说明，必须能透视到它们内在
> 的道德性上的根据，把它们拉进践履过程（客观的集团的践履）中，
> 知其为精神底表现，而后可。如不知此义，而只把它们推出去，视为
> 平铺的，既成的外在现象，脱离道德理性之贯注，精神发展之贯注，
> 而只平面地由它们的关联变动以言辩证，则全无意义。岂只牵强比附
> 而已，乃根本无道理。①

　　之所以无意义、无道理，乃是——在牟宗三看来——若以平铺的事实
与现象看社会、国家、政治与法律之建构，则根本是在知性方式下的了
解，只能成科学知识，而不能有价值贞定与理想开掘。这与辩证法在超知
性方式下的了解是相悖的。故唯有在辩证的方式中始可对这些现象作价值
的强度的了解，而不能只在知性的方式下作实用的广被的了解，且须以价
值的强度的了解为经，以实用的广被的了解为纬。精神的这一步的发展，
即是牟宗三所说的"复同时即在践仁尽性之工夫中而为具体的表现，自
涵凡道德的决断皆是存在的、具有历史性的、独一无二的决断，亦是异地
则皆然的决断"。也就是由个人的道德践履而客观化至文化历史世界。通
过这一步的客观化，精神即由"主体精神"上升至客观精神。当然，客
观精神尚不是最后的，唯有到绝对精神处，依黑格尔的理路，精神现象学
终结，辩证发展亦终止。精神发展至绝对精神处，辩证的发展虽终止，然
对此圆满之境的义理展示与体悟，亦须在辩证的诡谲方式下始可，这就是
辩证法的第二种当行使用处。即：
　　其次，就对"形而上的绝对真实"之践履的思维而言。形而上的绝
对真实不是一有限物，而是一无限体，故知性概念于此用不上，因为它不
是逻辑的，而是辩证的，是一种超知性的践履的思维。若用一定的概念去

---

① 牟宗三：《理则学》，第280页。

范围或规定此无限体,则它不是此概念之所是,即如果我们执着于说它是什么,即是对此无限体自身的否定。因此,我们在践履的体悟中必须把那概念拉下来,否定那概念之所显示,这就是"是而不是",但若执着于"不是",则又是对此无限体自身的否定,因为它不是"不是"。这种"是而不是"、"不是而是"的诡词,即示任何概念都不能范围与规定此无限体,这就是"否定之否定"之辩证的诡谲所展示之义理。对于形而上的绝对真实之圆境,必须用此种辩证的诡词,其义理方可被展示出。这种辩证的诡谲的方式,在中国的儒、道、佛三教中都有切实的表现与体悟。如:儒家所讲的"无声之乐,无体之礼,无服之丧";道家所讲的"大辩不辩,大言不言,大仁不仁,大德不德";释家所讲的"般若波罗密非般若波罗密,是之谓般若波罗密"。"这种辩证的诡词就是藉消融普通所谓矛盾以达到另一较高的境界。"① 但这在知性范围内是不可能的,即在知性范围内,"乐而无声"、"辩而不说"及"般若波罗密非般若波罗密"皆是矛盾,不成义理。故辩证的诡词所成的境界是绝对无限的境界,而知性范围内的辩说、仁爱等皆是有限的、相对的境界。就仁来说,牟宗三认为,在相对有限的境界上说"仁而不爱"是矛盾的,但超越此相对之仁而至绝对之仁时,则特定的爱必被超越,即绝对之大仁不能以任何德目限定之,限定之即是否定它,而不是它自己。因此,体悟绝对无限之仁必须超越有限有定之德目而泯化之,即通过"否定之否定"而显示,这种辩证的诡词即是一种辩证的历程与智慧。牟宗三说:

> 此种智慧,即藉消融矛盾以达圆境,中国儒道以及后来的佛教,皆甚深澈,西学罕能及之。若从方法学观之,展示出来,便是辩证法的。因藉消融矛盾而达圆境,故对于圆境之体悟,便不能以相对有限范围内之概念以限之,限之便是圆境自身的否定,故显圆境亦必须经由"辩证的遮拨"佉执以显之。②

这种对"形而上的绝对真实"之践履的辩证思维,为中国哲学传统所特有者,是把辩证思维推向了极致。这种由辩证之诡谲而成的圆实之

① 牟宗三:《理则学》,第 278 页。

② 同上书。

境，已超越了哲学名理如黑格尔所成者，而是由修养工夫而成的圣证之境。

由牟宗三对辩证法的理解可知，无论是就精神的发展还是就形而上的绝对真实而言，他都把辩证法置于践履的工夫之中。以是，辩证法对牟宗三来说，须包括以下两点特性，即：

（一）外部现象的种种样相，其本质不是辩证的，即辩证不在此外部现象之关联与变动上说，而是在精神表现之内容的强度的贯注上说。进而

（二）辩证的发展或辩证的诡词，必须于绝对真实以及践履工夫中的精神生活有痛切的体悟与肯定，始见其有意义。

之所以外部现象之关联与变动不可言辩证法，在牟宗三看来，乃是：此种关联与变动只是事物发展变化之"几势"，我们静观其"几势"，所得者只是事物之"几势观"，而非所谓"唯物辩证法"。任何事物或事件均有其初成之"几"，亦有其既成之后之"势"。社会历史亦复如是。我们就此诸现象平面地剖析其"几"，进而预测其"势"，亦未尝不可，然不可以此为本，须从物事之"几势"中超拔出来，以见精神实体的贯注与融通。故"几势观则一时之权用，而必以常道为其本"。①

之所以辩证唯有在践履工夫中始有意义，在牟宗三看来，乃是：精神实践之学，依中国哲学之传统说之，"必工夫、本体两面同时讲求，作工夫以呈现本体，到最后工夫本体固可以是合一，但在实践历程中，工夫与本体的分别一定要先承认的"。所以，"依此义而观，'辩证'一问题本是属于工夫上的问题，而不是本体上的问题"。从这里就显示出牟宗三依中国传统所理解的辩证法与黑格尔的辩证法的差异来，即中国传统的辩证是在工夫中求，不在本体处求，而黑格尔讲辩证则不涉及工夫问题，他是从绝对的"有"之浑沦下滚的方式讲辩证。这就引起了牟宗三的不满与批评，他说："依中国的传统，都了解到，唯有在工夫中才能引起黑格尔所说的'理性底诡谲'，'辩证的综和'。存在本身无所谓诡谲，亦无所谓辩证。黑格尔最大的错误是在这里有所混漫！"② 所谓"工夫"就是以生命之理性化解生命之非理性，所以，依牟宗三的理解，辩证的综合若纯哲学地讲，必须先有"分解"作底子，但黑格尔的辩证法并没有作此分解。

---

① 牟宗三：《理则学》，第 286 页。

② 牟宗三：《超越的分解与辩证的综和》，见《牟宗三先生全集》第 27 册，第 463 页。

牟宗三说：

> 黑格尔的学问，一言以蔽之，曰"辩证的综合"。辩证表示在精神表现过程中义理的滋生与发展。藉此动态的发展，将一切连贯于一起，而成一无所不及之大系统，故曰综合。然辩证的综合必有分解作底子。……分解所以标举事实，彰显原理，厘清分际，界划眉目。故哲学的思考活动常以此为主要工作。但黑格尔在此方面的注意与贡献却甚少。他直接以辨证的综合出之。故读其纯哲学方面的书者，觉其所言好像是一个无眉目无异质的混沌在那里滚，如滚雪球，愈滚愈大，而且只是同质地滚，故读一页可以预知其未来之一切，读竟全书，亦只是一个方式。这只是要把戏。……他全无入路，分际与眉目：直接从"绝对的有"往下滚。其病不在辩证法本身，而在使用或表现辩证的地处。他的目的固在想把各种学问领域的基本概念（范畴）都给引生出来，而且在有机的发展中都给连贯统一起来。然而他这种表现的方式却实在不可取。他是直接滚的方式。基本概念的讲明以及其连贯统一，都必须有分解的根据，亦必须取间接的方式。若非对于哲学的全部境界及问题有相当的透澈，直接来这一套，实在是个闷葫芦。①

在牟宗三看来，黑格尔虽有极强的思辨力，但他的哲学多从具体的精察与感受中来，且极具精神的高致，使得黑格尔成为了一个好的历史哲学家。然而由于他缺乏纯哲学的分解与批判，以界定义理之分际，故他不是一个好的哲学家。牟宗三认为，任何一种哲学系统都脱离不了康德式的批判，他把康德式的批判称为哲学的常识，尽管这不是一般的常识，而是非常深入难懂的常识。亦即是说，不通过康德式的批判，则只能产生坏的哲学，因为康德"对哲学的概念，哲学的论辩，与哲学性的分析都全部提到"。② 因此，必须从康德进到黑格尔，即从"超越的分解"进到"辨证的综合"，且只能由前者才能进入到后者。"要讲黑格尔式的辩证综合，必须预设康德的超越分解，有如康德在其三大批判中，每一批判的内容都

---

① 牟宗三：《生命的学问》，第172—173页。
② 牟宗三：《中西哲学会通十四讲》，第39页。

分为'分解部'与'辩证部'一样。"这样，"把批判分解所分解的内容，通过一辩证的历程，综合在一起，达到一个全部的大融和，此即所谓'辩证的综合'。"① 只有如此，才使得：不但批判的分解不只是康德哲学的方法，而是普遍的哲学方法，而且辩证的综合也不只是黑格尔哲学的方法，而是普遍的哲学方法。既如此，则在牟宗三的精神哲学中，不仅批判地继承了黑格尔的"辩证的综合"的方法，而且也批判地继承了康德的"超越的分解"的方法，这就是牟宗三依佛教《大乘起信论》而特别彰显的"一心开二门"，并依此义理间架而提出的"良知坎陷"说。

二　一心开二门与"良知坎陷"说

康德通过超越的分解，缕析了心灵的各种先天能力，从而厘清了知识与道德的分际，把知识归属于知性，而把道德归属于理性（实践理性），再利用判断力所成之美来沟通自然界与道德界，企图把人类的一切文化组成一个完整的系统，所以，康德提出哲学原型的理念。但牟宗三认为，若不从唯一的形上精神实体中开显出这些文化的子系统，而只从审美判断着眼来沟通，只是形式的技巧凑泊，而不是实理之贯通。因此，康德说哲学原型只是理性的一个理念，现实中并不能出现。这表示，现实中的各文化子系统依然是松散的，不是从一个唯一的价值根源所开发出。在康德那里之所以如此，即在：康德哲学中没有一个唯一的形上精神实体。故康德的超越的分解虽然极尽哲学之能事，对心灵的先天能力作了详尽的批判，但因为没有唯一的精神实体的统领，所以康德不能像黑格尔那样讲辩证的综合（康德的辩证不是黑格尔意义的辩证）。不能有辩证的综合，对于体悟精神的圆满之境而言，当然不够。故精神哲学必须要有辩证的综合，这就意味着：辩证的综合之前的超越的分解不能只依康德的理路讲。那么，依什么理路讲超越的分解才能确保辩证的综合为可能呢？牟宗三继承了《大乘起信论》"一心开二门"的理路，扭转了康德的超越的分解，从而在康德哲学的义理间架中救住了黑格尔的辩证的综合。

尽管康德的超越的分解有被超越的必要，但康德哲学的义理间架却是

---

① 牟宗三：《超越的分解与辨证的综和》，见《牟宗三先生全集》第 27 册，第 459—460 页。

非常有价值与启示性意义的。特别是康德确立了 phenomena 和 noumena 之超越的区分，从而为超越的分解奠定了基本构架。当然，如前所述，由于康德认定人为有限的存在，没有智的直觉，故他把 phenomena 界给予了人，而把 noumena 界给予了上帝。这样，noumena 界对于人而言只是一预设，只有消极的意义。即 phenomena 和 noumena 之超越的区分在康德那里并未被证成，这在前面已经作了详细的论述。要证成 phenomena 和 noumena 之超越的区分，必须肯认人为一无限存在，有绝对无限的精神实体以成就智的直觉。这是证成 phenomena 和 noumena 之超越的区分的基本义理判定，而中国哲学传统对于此种义理判定自始即有切实的体悟与肯认。这就意味着：康德之未证成 phenomena 和 noumena 之超越的区分，并不是康德自身的能力问题，而是其传统之所限。而在中国哲学传统之下，论说 phenomena 和 noumena 之超越的区分的模式——在牟宗三看来——即是《大乘起信论》"一心开二门"的义理间架。

"一心开二门"出自《大正藏》之《大乘起信论》：

> 显示正义者，依一心有二种门。云何为二？一者、心真如门，二者、心生灭门。是二种门，皆各总摄一切法。此义云何？以是二门不相离故。（《大正藏》第 32 卷）

依牟宗三的理解，"一心开二门"之义理间架的提出，是佛教自身内部必然的义理转进。因为《般若经》"不坏假名而说诸法实相"，是非分解的方式，以融通淘汰、荡相遣执的般若智作用地具足一切法。从这个意义上说，它是"异法门"，因为它对一切法没有根源的说明。"'异法门'就是'不同于分解方式'的法门。它高一层，但不是同质地高一层，而是异质地高一层。高一层者，它属消化层，而不是建立层。异质者，它的表达方式不是分解的表诠，而是诡谲的遮诠。"①既如此，则般若是共法，它无系统相。之所以无系统相，即在它不分解地对一切法作根源的说明。要对一切法作根源的说明，则必须走分解的路，不能走诡谲的路。"一心开二门"的提出，就是企图对一切法作根源的说明。牟宗三说：

---

① 牟宗三：《佛性与般若》，台湾学生书局 1984 年版，第 15 页。

此盖由般若经只言般若作用地具足一切法，而对于一切法却无一根源的说明，即，只有作用的具足，而无存在论的具足，是故再进而言存有论的具足，由此进一步的说明所必至者。一心开二门，二门各总摄一切法即是存有论的具足也。依心生灭门，言执的存有论；依心真如门，言无执的存有论。是则由实相般若进而言心真如之真常心，此乃由问题之转进所必至者。[1]

但"心真如"不是与"心生灭"同时并存的"心"，乃是就"心生灭"而如之，即"心真如"即是心生灭法的实相，并不是离却生灭法的空如性而别有一"心真如"。此即示："一心开二门"并不是"心生灭"开一门之一切法，而"心真如"开另一门之一切法，乃是：同此一切法依不同的"心"遂有不同的意义。对"心真如"，则一切法皆"净"；对"心生灭"，则一切法皆"染"。然"净"与"染"系于"觉"与"不觉"，"觉"则生"净法"，"不觉"则生"染法"。"觉"是对心真如体的证知，"不觉"是因无明依此体而行用起生灭心念。故"心生灭"依于"心真如"而行用。所以，《大乘起信论》复曰："心生灭者，依如来藏，故有生灭心。所谓不生不灭与生灭和合。非一非异，名为阿黎耶赖。"（《大正藏》第32卷）对于这一句论语之义理，牟宗三作了如是解释：

> 两者和合，非一非异，是静态现成的加合，不是很好的表示。其实义只是凭依如来藏（不生不灭的心真如体）忽然不觉而起心念。"不觉"即是于心真如体不能如实觉知，亦即是根本的无明，无始无明住地。心一昏沉而心念生灭相续，即是阿赖耶识。虽是昏沉而生灭相续，却必须是凭依不生不灭的心真如体而起现。由于无明的插入，心就起了皱皱而远离了其自体而落与"念"中，犹如春风吹动，一池春水就起了波浪而动荡不安。波浪毕竟不离水体。不凭依水体，焉有波浪？波浪毕竟是属于水的波浪，而不是属于麦的麦浪。此即是所谓"非异"之凭依。但水体自身实并不含有波浪，亦如小麦自身并无所谓波浪，由于风动，才起波浪。风一止，波浪即灭。可见波浪是无体无根的假象，其起因只是由于风动，然其生起却不能不凭依水

---

[1]　牟宗三：《佛性与般若》，第 456 页。

体，此即水体与假象的波浪之"非一"。①

"非异"，表示生灭心不是外来之一物，乃根本是真如心之不觉，生灭心依止于真如心。"非一"，表示生灭心虽依止于真如心，但因无明的插入而不觉，故毕竟不同于真如心。可见，真如心是体，而生灭心只是此体不自觉之行用。当然，生灭心自身亦可为体，但此体只是"权"，而真如心体才是"经"。此两体各当体呈用，则由真如心体成"净法"，即牟宗三所说的"无执的存有论"，此属本体界；有生灭心体成"染法"，即牟宗三所说的"执的存有论"，此属现象界。但"执"与"无执"并不是不可逾越的界划，完全系于真如心体的觉与不觉，觉即"无执"，若一时提挈不住而不觉即"执"，可知，"执的存有论"可令其有，亦可令其无。也就是说，在"一心开二门"的义理间架内，证成了康德的现象与物自身的超越的区分。但这并不是这里所要究竟的，这里所要特别指出的是："一心开二门"的义理间架对牟宗三所提出的"良知坎陷"说的启示性意义，而"良知坎陷"说是牟宗三精神哲学最为重要的方法。②

"坎陷"一词出自《周易》"坎"卦之经文："初六，习坎，入于坎陷，凶。"王弼注"坎"为"险陷"，注"入于坎陷"为"处重险而复入坎底"。（孙星衍：《周易集解》）《说文》："陷，高下也。"高亨释之曰："高下也者，谓从高坠下也。"③ 牟宗三借用"坎陷"一词之义，创"良知坎陷"一说，意在表示：良知由与物无对的知体明觉状态暂时下落屈曲为与物有对的认知状态。显然，这就犹如"一心开二门"的义理间架中，真如心不觉而下落为生灭心一样。但在佛教，因无明而生起生灭心，对于真如心来说，是负面的。而牟宗三提出"良知坎陷"说而说之坎陷却是正面的，这是精神的辩证的开显。他引用《易传》"夫乾天下之至健也，德行恒易以知险。夫坤天下之至顺也，德行恒简以知阻"为证（《系辞下》），说明良知良能至简至易，但未始不知有险阻。若要克服此险阻，则须作辩证的开显，屈曲为另一形态。他说：

---

① 牟宗三：《心体与性体》上，第 502 页。

② 牟宗三没有说他的"良知坎陷"说的提出是来自于"一心开二门"的义理启示，但本书这样认定，是理性的义理（因其义理相通故）认定，而不是一种历史的机缘的认定。

③ 高亨：《周易古经今注》，清华大学出版社 2010 年版，第 207 页。

　　知体明觉不能永停在明觉之感应中，它必须自觉地自我否定（亦曰自我坎陷），转而为"知性"；此知性与物为对，始能使物成为"对象"，从而究知其曲折之相。它必须经由这一步自我坎陷，它始能充分实现其自己，此即所谓辩证的开显。它经由自我坎陷转为知性，它始能解决那属于人的一切特殊问题，而其道德的心愿亦始能畅达无阻。否则，险阻不能克服，其道德心愿即枯萎而退缩。①

　　在牟宗三看来，知体明觉由明觉感应转化为使用概念的认知，既而良知由形上的超越实体坎陷为架构的知性主体，进而与西方哲学特别是康德接上头，开出"学统"与"政统"，并不是一种主观的比附。佛教由第六识即意识讲二十四个"不相应行法"——牟宗三认为——就相通于康德的范畴，甚至比康德讲得还要好。所谓"不相应行法"是心之"思"的种种现象与方式，与"相应行法"相对。"相应者就是与心合和，跟心（mind）合而为一，合成一体。喜、怒、哀、乐都属于相应行法，就是佛教说的心所。……心所就是'唯心所有，与心合和'，总起来说是'心王'，分开说就是心所，凡是心所都与心相应，相应就是相合和。"② 有与心相应的思，亦有与心不相应的思，如"次第"（相当于康德的因果范畴）、"时"（相当于康德的时间先天直观形式）、"方"（相当于康德的空间先天直观形式）等形式概念，虽由思所发，但本身不是思，不能叫心所，牟宗三把它们称为"非色非心而隶属于思之形式法"。尽管佛教因重在求解脱而不重求知识，而有泛心理主义的颜色，不免把非形式法亦列举在内。但"吾人今日于其所说之'不相应行法'而欲保住并极成此类法之独特性，故提出来正视其为形式法之意义，目的即在说明知识也。如是，将'不相应行法'只限于'形式法'，而其他则排除，'不相应行法'可不泛滥，而识心之知识义亦可以得而明"。③ "不相应行法"既为心之"思"而发，我们即可把发此"不相应行法"者称作一主体，是为认知主体。认知主体根本是良知（良知是儒家的说法，佛教讲真如心，但二者在同一层次，均为无限心。良知是智的直觉，它不使用概念，故是

---

①　牟宗三：《现象与物自身》，第122页。
②　牟宗三：《中西哲学会通十四讲》，第205页。
③　牟宗三：《佛性与般若》，第159页。

直的、无屈曲的)之执定概念(形式法)下落滑转而成者,而这些概念亦根本是识心之执着。这在佛教泛心理主义的立场下看,当然是坏的意思。但我们可以暂时抛开佛教那泛心理主义的底子,而把这些形式法看成知识得以成立的形式条件,则识心之执即由坏的意思转化为好的意思。但尽管如此,客观的无颜色的知识依然不过是识心之执。这样一种对知识的认定,牟宗三认为,不但不违背佛教原初的方向,而且更充实鲜明了原初的方向。更重要的是:"及至转识成智,则识心转,识心所造作的形式法被拆穿,而识心所对之对象法以及此对象法之对象义亦被拆穿,而对象即不复成其为对象,如是则般若智之鲜明的意义亦充分地被朗现而亦可通过一理路而真切地被理解——实相般若非虚言也。"① 由转识成智,即拆穿那逻辑、数学、知识系统之庄严,知此等皆是识心之执。若人只停留于此,则只知现象而不知物自身,且在此并不能建立人生的最后立场。由此可见,牟宗三"良知坎陷"说的提出,不仅会通了康德哲学而且超越了康德哲学,并不仅进一步凸显了中国文化传统的道德本位思想,而且为在中国文化传统自身内开出"学统"与"政统"寻找到了理论上的支持。

　　牟宗三认为,儒家当前的使命就是开出"新外王",而其关键即在"学统"与"政统"的建立。而"学统"与"政统"的建立之方法论依据就是"良知坎陷",即把知性主体从传统的道德笼罩形态中解放出来。也就是说,"良知坎陷"就是道德实体在某一隅停住其自己,由圆而神的明觉而转化为方以智的认知而显示滞相。此一滞相即显示出一与形上主体(良知)不同的异质的主体——知性主体——来,知性主体既是形上主体的滞相,则有以下二义为知性主体所有,即:(一)知性主体可被形上主体超越既而综摄;(二)知性主体可暂时脱离那形上主体而自持其性。知性主体自持其性即开显出一"架构的我"。牟宗三说:

　　　　认知主体(知性)是一个逻辑的我,形式的我,架构的我,即有"我相"的我,而不是那知体明觉之"真我"(无我相的我),同时它亦不是那由心理学意义的刹那生灭心态串系所虚构成的心理学的假我。它的本质作用是思,故亦曰"思的有","思维主体","思维我"。它由知体明觉之停住而成。它一旦成了,它正恰如其性地而不

---

① 　牟宗三:《佛性与般若》,第159页。

捨其自性，因而也就自持其自己而为一"思的我"。①

　　知性主体的本质作用是"思"，然既是"思"，则即有"能思"与"所思"之分，就此而显"架构的我"，而开对列之局。"学统"与"政统"皆在此对列之局中成立。牟宗三所说的由"理性的作用的表现"转化为"理性的架构表现"，由"综合的尽理之精神"转化为"分解的尽理之精神"，都是欲解放知性主体而对形上主体而作的精神的辩证开显。在牟宗三看来，只有在"良知坎陷"所开显的知性主体的精神主导之下，方有真正的科学（学统）与民主（政统）。即只有对科学与民主作一价值的封限，才不至于滑入浅显的理智主义，而是道德的理性主义。由此转识成智才为可能。

　　牟宗三由佛教"一心开二门"的义理间架创造性地提出"良知坎陷"说，不仅证成了康德的现象与物自身的超越的区分，而且可进一步会通并使黑格尔的辩证法调适而上遂。在牟宗三看来，辩证法不能只在知性主体处讲，而必须关联着道德主体讲。但黑格尔的辩证法"虽亦含有儒家道德实践中良知天理心性主体之函义，但究不特别专注，亦不特别彰著，而常贯通着'知性'及'客观精神'讲"。② 也就是说，黑格尔讲辩证法的基本精神是纯思辨的、理智的，以逻辑的方式凭空架起，"他截断了'人的实践之精神表现'那个背景，他只凭空取了一个光秃秃的'绝对'作为辩证发展的起点，而这个辩证发展是纯思想地纯理智地从'绝对自身'开始，吊诡以演成，他由此把一切范畴都给推出"。③ 这样的辩证的演成之精神实践实为一大把戏，而精神的实践必须紧扣着境界之圆满而言。境界的圆满实则是道德主体之精神内涵全部呈露后，人之精神的充实、浑全、和融与纯化。由此可见，辩证的综合必须关联着道德主体，但关联着道德主体不是就此主体混沦地直线地往下滚，而是须对此主体作超越的分解，检定此主体所涵摄与统驭之下的各主体的分际与限度。牟宗三说：

　　　　是故单自物一面不能讲辩证，单自心一面不能讲辩证。心，有是

---

① 牟宗三：《现象与物自身》，第124页。
② 牟宗三：《生命的学问》，第225页。
③ 同上书，第218页。

认识的心，此即知性也，表现逻辑数学的心也；有是道德的形而上的心。主动的创造的理性，就是从此道德的心言。心的表现，必须在对治什么，克服什么，转化什么上，而此种表现，亦就是精神，故得泛言曰：精神表现。创造的理性之统驭知性，贯彻知性，亦就是此种精神表现中之一过程。故精神表现根本就是实践的。只有把自己处于道德的实践中，然后方能体会到辩证的发展，而深切了解之。①

这就是牟宗三所一再强调的，辩证的综合必须以超越的分解为底据。反过来，超越的分解必须以辩证的综合为收摄。超越的分解与辩证的综合是精神哲学的两个基本向度，由此可展示精神之历程与各阶段的限度及其所成。

三　圆教与非分别说

如上所述，超越的分解与辩证的综合可展示精神的历程及各阶段的限度与其所成，这是哲学地说、思辨地说，是庄子所说的"世人辩之以相示"的辩说历程。故是"理"上的展示，抽象与隔离的厘清。所以，无论是康德的超越的分解还是黑格尔的辩证的综合，都是哲学家的立场解说。但精神的最后圆满一定是存在的或实践的进路，即消融哲学家的立场解说，存在地证悟之或实践地"体"之，此即是庄子所说的"圣人怀之"的最后圆满（《庄子·齐物论》）。在此意义上，精神哲学已不只是哲学，而是"教"。那么，什么是"教"呢？依牟宗三的理解，"凡能启发人之理性，使人运用其理性从事于道德的实践，或解脱的实践，或纯净化或圣洁化其生命之实践，以达至最高的理想之境者为教"。② 然"教"——依佛教之判教——有"别教"与"圆教"之分。别教是进入圆教的方便法门，是圣人为启悟众生的当下权说，依此而言，任何一哲学系统皆可收摄到广义的"教"之下。因为任何一哲学系统均可视为：当机而指点地，或片面有局限地姑如此说，但非如理之"实"说，亦即是：此姑如此说者虽亦对，然其如此说则是方便，实理并不如此。"是故就实理言，其如

---

① 牟宗三：《生命的学问》，第220—221页。
② 牟宗三：《圆善论》，第267页。

此说便有不尽，尚未至圆满之境，因而其所说者亦非究竟之了义。有不尽即函着向尽而趋；非究竟者函着向究竟者而趋；非了义者函着向了义者而趋。"① 此"尽"者、"究竟"者或"了义"者即是圆教。圆教即是无虚欠之圆满之教，亦即是如理而实说之无一丝毫虚欠之圆实之教。别教或任何一哲学系统皆须走分解的路以建立系统、厘清分际、限定概念。牟宗三名此为"分别说"。分别说在西方哲学中尤为普遍而常用，即便是讲辩证的综合的黑格尔，他在"讲辩证的统一之前，已经预先假定了分析的概念；而且在他进入辩证的统一的过程中，他也随时有他自己分析的解说，只是他不单独提出来作孤立而分解的说明"。② 在牟宗三看来，任何非圆教（别教）或哲学系统皆是在分别说之模式下建立其义理间架的。然既如此，别教或哲学系统的说法即有不尽处而起争论。即"分别地说法立教义，便有许多深浅、分际、程度、乃至方式之不同，有许多交替的可能。……一有交替的可能，即是有可诤处，不必待有执心始起诤也"。③也就是说，分别说是可诤法，"诤"则不圆，圆则无诤。牟宗三把无诤法称为非分别说，而以无诤法即非分别说而说者即为圆教。那么，圆教何以必不能用分别说而必用非分别说呢？要解明此理，须先明了圆教何以为"圆"？"圆"意味着怎样的终极理境？

牟宗三认为，圆教为中国哲学（佛教）所独发，西方哲学没有此观念。西方有圆满（perfect）的观念，复有完整（complete）的观念，但无论是圆满还是完整皆不足以尽圆教之义蕴。圆满为人的普遍意识，哲学家或宗教家常由此来构建其理想的哲学系统。如柏拉图的 Idea 或基督教中的上帝，皆是圆满的。然其为圆满是如何可能的呢？它是通过超越的分解，剔除感触界的有限物，而单显一个至高无上的圆满之自身，此即是 Idea 或上帝。这样一个圆满之自身，尽管可作为现象界有限物之圆满之至上标准，但因剔除了经验界与感触界，是孤独无依的。牟宗三说："佛教所说的圆教，并不像西方哲学或宗教从上帝本身说圆教，而是从表示'上帝本身圆满'的教义上来看它圆不圆满。上帝本身并不是宗教，而通过理论思考或实践来表示上帝的圆满才是宗教。所谓宗教，必需有教主、

---

① 牟宗三：《圆善论》，第 267 页。
② 牟宗三：《中国哲学十九讲》，第 314 页。
③ 牟宗三：《佛性与般若》，第 1209—1210 页。

教义与必守的原则。……上帝是普世的，然而基督教则不一定是普世的。……所以光说上帝本身圆满并不能说是圆满，必从表达上帝的方式来判其圆不圆。"① 这样，单显一个圆满之自身，正是天台圆教所判定的"缘理断九"，故不是佛教所说的圆教的根本精神。但从表达上帝的方式来判其圆不圆，并不是指系统的完整性，而是指如理之实说。因为系统的完整性是顺着我们的知解理性的因果范畴，从经验世界开始，一层层往上追问，最后追问到一个第一因或没有第一因。这两种说法都是顺着一条线构成的条件串系，切就此条件串系说其完整性。但这种完整性只表示哲学系统的自圆其说，即哲学系统自身的各圆其圆，并非如理之实说。这也不是圆教。依牟宗三，圆教不是单显圆满者之自身，而是一个表达圆满者之系统，但也不是一个自圆其说的可更替的系统，而是称理之实说，乃无诤法。他说：

> 因为既然有许多对立的套数（alternative system），互相更替，则非终究之圆教。对西方人言，他们很可以了解 alternative system，如柏拉图的系统，康德的系统，罗素的系统。因为他们会造系统，所以对系统的观念很清楚。他们对于自己所建立的系统，都认为是很自足（self–sufficient）、很合逻辑，所以是圆满。其实这只是系统本身的圆满，但并不表示这些系统就是圆教。因为只要有许多 alte–rnative system 互相对立，就不是圆教。在此西方人并未进一步考虑"何种系统才是究竟"这一问题。而佛教所以提出圆教的观念，就是针对前面大小乘各种不同的系统所说的，其目的在于说明大小乘各个系统何以不是圆教，并由此透出圆教的意义。圆教虽然也是教，但并不是一个 alternative system，假定它也是一个 alte rnative system 的话，它本身就不是圆教，而成为自我否定。②

但须知，圆教不是一个 alternative system，是无诤法，但亦不是观法无诤法，如般若智一样。般若是共法，大小乘各教皆可用，是无诤法，但此无诤法是作用的圆，即显般若智的圆通无碍。然圆教之所以为圆教不在

---

① 牟宗三：《中国哲学十九讲》，第301—302页。

② 同上书，第303页。

般若智的圆通无碍，而在佛性的圆满无尽、主伴俱足。也就是说，圆教之为圆不是作用的圆，而是存在论的圆。亦即：圆教之为圆教须保证一切法的存在，且一切法的存在不是走分解的路而对法的存在作一超越的统摄，而是实有。即是"性具"一切法而不是"性起"一切法。在牟宗三看来，这是圆教的本质意义，而别教如华严宗，一切法依止于如来藏自性清净心，而且由一心开二门，不但可以说明清净法，而且还可以说明生灭法。就系统自身而言，已相当圆满。若依此圆满说圆教则是形式的圆教，因为它是从分解之路依"理"而说的。牟宗三由此而甄别曰：

> 此种圆教亦可说是"形式的圆教"，"形式的一乘"。其言"别"虽可显此"称法本教"之独特、殊胜与最高，然亦有抽象之隔别义。虽在法上说，一切佛法俱在内，无隔无别，然此只是佛"称性极谈，如所如说"，佛初成正觉，称所证法性之理而说。故此无隔无别是自证之无隔无别。自其不顾群机而言，实亦是隔别。隔别即抽象。隔别单显佛自身之圆满，抽象单显圆满真理之本义。此亦如单显真理之标准，只此标准之自己便是抽象。不隔别，不抽象，不能显出此标准。虽就佛自所证说，是具体，非抽象，即，其自己真是证到，而非只是抽象地见到，然就普接群机而为客观地证现言，则仍是隔别，仍是抽象。即依此义，而说为形式的圆教，形式的一乘。此种圆教，客观地说，是圆教之在其自己，主观地说，是佛圆满法身之在其自身。在其自身，即是圆教之模型，圆教之标准，即是形式的圆教。但模型、标准、在其自身，必须经过"对其自身"而成为"在而对其自身"（在其自身与对其自身之真实统一），方是客观地真实而具体之圆教。此则便不能隔别群机而不顾，便不能只"称性极谈"而显高，亦须就机而显普。圣人必须俯就，泛应曲当而无碍，其道方具体，其圆教方具体而真实，此方是具体而真实的"圆而神"。①

依牟宗三，若圆教单显其自身而不顾群机，则是"理"圆教，而不是"实"圆教，而"实"圆教一定俯就群机而显其具体而真实。即圆教一定是就一切法之具体存在之实而说圆，而不是从学理上对一切法的存在

---

① 牟宗三：《心体与性体》上，第549页。

作一圆满的交代而说圆。

　　本来，就产生的时间先后来看，天台宗在前，华严宗在后。但何以牟宗三一定把天台宗定为圆实之教，而把华严宗定为别教呢？这里隐含着牟宗三的哲学慧解，他欲以此慧解来解决康德的最高善问题。因为最高善是哲学的终极问题，最高善的解决，不仅预示着精神历程的终结，同时也预示着哲学系统的终结。从这个意义上讲，哲学又称最高善论[①]，这在西方是哲学的古义。但最高善在西方自古希腊以后，就再没有人注意到它了，至康德才重新提出最高善。但牟宗三认为，康德并没有很好地解决它（至于康德何以没有很好地解决，后面有专门的讨论）。在中国，孟子注意到了此一问题，但亦没有详细的分析与解答；佛教则没有最高善的问题，但佛教之圆教却可以解决最高善，或者说，要解决最高善的问题，必须依佛教之圆教的方式加以解决。可以说，牟宗三通过对最高善问题的讨论，彰显了圆教的特别意义。这也算是牟宗三的慧眼独具。所谓最高善，就是德福一致，牟宗三把它称为圆善。它包括"德"与"福"两部分，且二者是综合关系，而不是分析关系。"德"就是"依理性通过实践以纯洁化一己之生命"，这是"教"中的主体部分。但吾人之成德之实践必含有肯定存在，进而改善存在之现实状况的期望，若不然，则不是圆满之教而是偏枯之教。因此，"在成德以外而有独立意义的'改善存在'之期望即是'幸福'之期望。这是教中的第二部分，这一部分必涉及'存在'"。[②]而肯定存在之实有，在牟宗三看来，只有圆教中始可能。"德福一致是教之极致之关节，而圆教就是使德福一致真实可能之究极圆满之教。德福一致是圆善，圆教成就圆善。就哲学言，其系统至此而止。"[③]那么，圆教何以能肯定存在？又如何能解决圆善呢？这即与圆教之所以为圆教的表达方式相关。

　　依牟宗三的理解，佛教由唯识宗到"大乘起信论"之系统，再到华

---

　　① 康德说："哲学一词是取古人所了解之意。古人以为哲学意谓一种'概念中之教训'，概念乃即是'最高善已被置于其中'的那概念，并且亦意谓一种'行为中之教训'，行为乃即是'最高善所因之而被得到'的那行为。去把哲学一词留在其作为一'最高善论'之古义中（就理性努力去使这'最高善论'成为一门学问而言），这必应是妥善的。"见牟宗三译注《康德的道德哲学》，第346—347页。

　　② 牟宗三：《圆善论》，第270页。

　　③ 同上书，第271页。

严宗，皆是走分解的路。唯识宗由阿赖耶识之无限无明识心以通无限界，但于无漏种只承认后天熏习而成渐教，这是"界外一途法门，非通方法门"，故只为别教。"大乘起信论"之系统虽由一心开二门于一切法有根源的说明，可谓了义之通方法门，但因走分解的路而建立，故亦只建立通方别教。即便是依真心系统，通过一顿教，而至华严昆卢遮那佛法身法界缘起之圆满教，因是真如心随缘起现一切法，随缘随到处可有法之起现，而随不到处则无法之起现，是则一切法的存在无圆足的根源保证。且以唯真心为准的，不能即染成净。即便是真心随缘可统摄一切法，亦必经历修行以舍染取净。可见华严宗必"缘理断九"，只具佛法身法界法，而不具九法界法，故唯显高而不能圆。因此，华严宗是一隔离的圆教，未经一辩证的发展。牟宗三认为："五时判教，第一时说华严，故华严圆教只就佛自身说，未经历'第二时说小乘，第三时说方等，第四时说般若，最终第五时说法华涅槃'之辩证发展，故并非圆教，未能开权显实、即权说实也。"① 所谓"开权显实、即权说实"是指：天台圆教对分解之路所建立的诸大小乘予以开决消化，以非分别说的方式建立一系统。故圆教不与任何权教为同一层次，但圆教必须预设权教，必即于权教而显，所谓"醍醐不离前四味"（前四味是指：乳、酪、生酥、熟酥）也。

圆教不离权教，即于权教而开权显实。此一"即"字既开决消化了权教的分别说的表达方式，又成了圆教自身的表达方式。知礼对"即"这种非分别说的表达方式作了精要的说明：

> 今既约"即"论断，故无可灭。约"即"论悟，故无可翻。烦恼生死乃九界法。既十界互具方名圆，佛岂坏九转九耶？……诸宗既不明性具十界，则无圆断圆悟之义。故但得"即"名，而无"即"义也。此乃一家教观大途。能知此已，或取或舍，自在用之。（《十不二门指要钞》）

所谓由"即"而无可灭，无可翻，即是以"不断断"，这是辩证的诡谲，是圆教的基本表达方式。牟宗三说："圆教必须依'生死即涅槃，烦恼即菩提'，就'即'字而诡谲地展示之。凡分解地展示者皆不能'即'，

---

① 牟宗三：《圆善论》，第 272—273 页。

亦即不能圆。此即教义入路限之也。圆别之分根本是两个抒义模式底差别。"① 而"不断断"就是：不客观地断除或隔离淫怒痴等非道之恶行而主观地得"解心无染"，亦称圆断。若不然，则是"断断"而非圆断。在不断断中显出主观的解心无染与客观的存在之法两不相碍而并存。也就是说，解心无染并不是独自成为一个觉解清净体摆在那里，而是"即"于一切法，不隔离一切法当体即如地如之。如之即"断"，但是不隔离地如之，此即"不断断"或圆断。所谓"但除其病而不除法"者也。但须知，此"不断断"或圆断不是指般若之不舍不着之作用的圆说，而是立一义理纲维以开权显实而对一切法以存在论的圆具。就系统而言，此是性具系统而非性起系统。其"具"乃即于"一念无明法性心"而具。此"一念心"不是通过分解的方式而建立者，乃是无明妄心，但是开决了的一念妄心，因此"开决"，又可谓真如心，但非分解之路所建立之真如心，乃消化分解真如心之"但中"而就迷就事，可谓"理即"如来藏。正是在这种"即"中，"一念心"圆具一切法，即天台宗所谓"一念三千"也。牟宗三由此而检定曰：

　　"一念三千"是开决了界内的小乘教与通教，以及界外之阿赖耶与如来藏以后所说的。所以天台宗这句话，与大小乘诸教并不在同一层次上，它是高一层次的说法，它是非分别说，而且对于法的存在等于没有说明；而低一层次的说法，则是用分别说的方式说一切法之存在。天台宗用非分别的方式开决了分别说的一切法，并使一切法通畅；如此，每一法都得以保住，没有一法可以去掉，所以说一低头一举手，都是佛法。因此，成佛必即于九法界而成佛，不可离开任何一法而成佛，如此即保住了一切法之存在。此种非分别说的说法，可说是一种 tautology；它既是用非分别的方式说一切法，所以是系统而无系统相。以其无系统相，所以不可诤辩，也因此成其为圆教。至此圆教境界，所有的法是一体平铺，所有权教所形成的大小土堆，至此到化为平地。此种圆教，不再是另一交替可能的系统（alternative system），它不再有特定的系统相，所以是不可诤辩的。这个不可诤辩是就着《法华经》讲，这是属于圆教的纲；将《般若经》的不诤法，

① 牟宗三：《现象与物自身》，第429页。

加上《法华经》的不诤法，一经一纬，两个不诤法合在一起就是圆教。①

天台圆教之所以能圆具一切法而无诤，乃因"一念无明法性心"是"无住本"，即圆教乃从"无住本"立一切法。所谓"无住本"，是指"法性无住"与"无明无住"两面而言。亦即：法性无住处，法性即无明。无明无住处，无明即法性。此种"相即"之来回表示法性与无明并非如别教之分解表示之异体的能覆与所覆之关系，而是在圆断中为同体之不思议境。"同体"即谓：法性与无明为同一事体，同一当体，并非如别教之所说，定无明为障，须破无明之障始显法性，这便是两个当体，是能覆与所覆之关系下的异体。无明无住，无明当体即是法性，非离法性别有无明。无明当体即是法性，表示无明依法性而住，而无自身之所本所住。同样，法性无住，法性当体即是无明，非离无明别有法性。法性当体即是无明，表示法性依无明而住，而无自身之所本所住。无明与法性依依相即，无明即法性，法性即无明。此二者不是分解地有自住地拉开各自说，而是诡谲地无自住地圆融说。这即是圆教之所以为"圆"的义理模式，亦是由非分别说所开示者。

在牟宗三看来，圆教既已成立，则圆善必可能，且圆善只依此路方为可能。之所以可能乃是如此：在"不断断"的圆修下，即可达至康德所说的最高善——德福一致。本来，"德"——若就佛教分解言之——为般若、解脱、法身，但在圆教中，般若之智德是就三千世间法而为智德，解脱之断德是就三千世间法而为断德，涅槃法身德是就三千世间法而为法身德。主观面之德与客观面之法的存在未曾须臾离，而法之存在又是"福"。是故德福必一致。牟宗三进一步释之曰：

在此圆修下，生命之德（神圣的生命）呈现，存在面之福即随之（此福必须就存在言，与解脱之福德之福不同，福德仍属于德，是分析的，由解脱而即分析出清净之福）。但在此圆修下，存在无定

---

① 牟宗三：《中国哲学十九讲》，第341页。"土堆"、"平地"是借用陆象山的说法："且如世界如此。忽然生一个谓之禅。已自是无风起浪。平地起土堆了。"（《陆象山全集》卷三十四《语录》）

性的存在（非如上帝所创造者然），当德呈现时，由解心无染，通达恶际即是实际，行于非道通达佛道，魔界即佛，是故一切存在即随之而转，一切善恶净秽法门皆成佛法，咸称常乐，此即是福。是则德福必一致，"自然"（存在）必与"德"相谐和。①

这样，圆教之下，德福一致是必然的，但此"必然"是诡谲的必然，非分析的必然。故圆教下的德福问题不同于斯多亚，复不同于伊壁鸠鲁，更不同于康德依上帝与灵魂不灭之假设而来的解决。当然，牟宗三依非分别说的方式，在佛教圆教的义理模式下是否真解决了德福一致之问题，是可以讨论的。但精神的历程必至德福一致而始至其终极美境，则无有疑义。至德福一致，则精神历程终结，哲学系统终结，而美之探询亦终结，因境界充其极也。因此，牟宗三的精神哲学历程收结于此，对于人类之精神探索无不具有启示性意义。

---

① 牟宗三：《圆善论》，第278—279页。

第三章

牟宗三论精神发展三阶段：
尽材、尽理与尽性

　　牟宗三哲学，依照他自己的看法，属于儒家学术发展的第三期。[①] 既如此，则他的哲学的根本精神亦是绍明儒家的"道统"（当然，牟宗三的绍明是儒学根本精神的调适上遂，最根本的是依"道统"来开出"学统"与"政统"。故是"述"亦是"作"，但"作"只可依调适上遂来理解，不是外来的异质叠加）。"道统"为中国文化所独发。韩昌黎《原道》云："斯道也，……尧以是传之舜，舜以是传之禹，禹以是传之汤，汤以是传之文武周公，文武周公传之孔子，孔子传之孟轲，轲之死不得其传焉。"朱子则正式提出"道统"二字，《中庸章句·序》谓："盖自上古圣神，继天立极，而道统之传有自来矣。……自是以来，圣圣相承，若成汤、文、武之为君，皋陶、伊、傅、周、召之为臣，既皆以此而接夫道统之传。"中国文化中的"道统"，其内涵可用理学家王福清[②]的话来表征，他说："道无古今，惟人能弘，故尧以传舜，舜以传禹，禹以传汤，汤以传文武。或见而知，或闻而知。前圣后圣，若合符节，然非传圣人之道，传其心也。己之心无异圣人之心，广大无垠，万善皆备，盛德大业由此而成。故欲传尧舜禹汤文武之道，扩充是心焉尔。"（《王著作集》卷五）"道无古今，惟人能弘"，如何"弘"呢？即是扩充自家的本心。因此，所谓"道统"根本上

---

　　① 按牟宗三的看法：儒家学术发展的第一期为先秦的原始儒学与两汉的经学；然后是魏晋至隋唐的长时间的文化歧出，此时分别是玄学与佛学占统治地位，儒学暗淡无光；至宋明，儒学始有第二期之发展，此时的儒者特彰显儒学"内圣"的一面，但"外王"一面则不足（至有清一代，文化复又歧出），而这，正是儒学第三期发展的主要课题。

　　② 王福清（1081—1153）：名蘋，字信伯，世居福建福清，故称福清先生。程门伊川先生高弟，以著作佐郎通判常州。《四库全书》录有《王著作集》八卷，《宋元学案》卷二十九编其学为"震泽学案"。

是一种生命的契悟，是文化生命的相传承接续，亦可说"道统"根本上是一种生命的学问。正是在这个意义上，我们说"道统"为中国文化所独发。西方文化可以有其固有的学术传统，但学术传统不必即是"道统"。学术传统是就其思维方式及基本精神而言，这是外在的、观解的，而"道统"则一定紧扣生命而言，这是内省的、证悟的。牟宗三的精神哲学亦是紧扣生命而从存在之路入的，即在儒家的工夫中开启各个层级与理境。在牟宗三看来，哲学必须确立主体，从主体方面言，才能讲出客观性与理想性。否则，皆是主观的、气质的、散漫的，不能挺立价值之源。确立主体就是对生命进行批判的分解，厘清生命在各个层级及理境上的所成与限制，继而在精神的辩证发展中超克这种限制，向更高的层级与理境升进。既然一切学问必须从主体方面讲，则显然，一切学问皆是生命的学问，皆是人生哲学。因此，牟宗三对精神三阶段的划分——尽材、尽理与尽性，虽然有类于黑格尔的划分——主观精神、客观精神与绝对精神，但牟宗三更多地是由觉解证悟的工夫之路入的，非纯粹之逻辑概念之路也。

一　西方哲人对生命精神之理解及其限制

一切学问皆是生命的学问，皆是人生哲学。这种思想其实在康德与黑格尔的系统中已有了些许的显示。康德通过三大批判来分析人的主体机能。由知性能力讲知识，由理性能力讲道德，由判断力讲美，最后又企图以道德哲学来统属自然哲学，以最高善作为哲学的最高目标。这就是把一切学问作为生命的学问，作为人生哲学的一种表示。黑格尔讲形上绝对精神，企图以此来开出人类所有的知识系统与文化建构，更是把一切学问作为生命的学问，作为人生哲学。但康德与黑格尔沉陷在西方思辨观解的思维模式下，不由存在之路入，不在工夫证悟中讲，故使他们的生命的学问的表示，人生哲学的理想并不显豁。但依牟宗三的看法，讲学问本可有两路，即解悟的与证悟的。"故黑氏讲道德宗教是解悟的，尚不是证悟的，多重其文化上的价值，而未措意于人格上的受用、个人践履上的体现。但黑氏可答辩他只是讲明道德宗教之本质，故他只负说明之责，而非实践的。"[1] 也就是说，康德与黑格尔是负"世人辩之以相示"之责，这在学

_____

① 牟宗三主讲、蔡仁厚辑录：《人文讲习录》，广西师范大学出版社 2005 年版，第 116 页。

理上是可许的。但此般义理若总不能由存在之路以"怀"之、"体"之，势必遗忘生命，剥落灵性，埋没价值之源。提挈得住的人，尚能像康德、黑格尔那样讲理想主义；提挈不住者，则完全滑入纯智的逻辑分析或平面的、现象的事务主义。近代的逻辑实证主义和实用主义就是这种趋势的最好体现。他们以科学实证相标榜，拒斥形而上学，以为讲价值、情感皆没有意义。这样，他们就把人的以生命为主导的诗意世界，变为了以逻辑、事务为主导的死寂的、干冷的世界。这正如存在主义研究专家威廉·巴雷特说："随着现代时期的到来，人进入了他的历史中的非宗教阶段，在进入这一阶段时，他因自己将会对周围世界拥有越来越强大的权力这一前景而兴高采烈。但是，在这个世界上，尽管他所拥有的权力往往超出了他的梦想，他却第一次发现自己无家可归。"[①] 西方的存在主义正是这种情况的反正，它不由专业性的哲学思辨入，而直接从存在之路入，他们认为，由存在之路去描述某些基本人类情绪所包含的东西，正是哲学严肃而恰当的任务。对此，威廉·巴雷特说：

> 诸如焦虑、死亡、虚假的自我和真正的自我之间的冲突，芸芸众生中无名无姓的人以及对上帝死去的体验之类事情不会成为分析哲学的课题。然而它们却是生活的课题。人们的确要死，人们的确毕生都是在真正的自我和虚假的自我所提出的种种要求之间进行斗争，并且我们的确生活在一个神经性焦虑症多得异乎寻常的时代，以致连那些倾向于相信人类一切问题都可以由物质技术来解决的有头脑的人也开始把"精神疾病"列为我们头号的社会问题。专业哲学家对存在主义的反应，不过是他们囿于自己学科狭隘桎梏之中的一种症状。[②]

依巴雷特的看法，专业哲学家认为存在主义者所讨论的问题没有意义，只是专业上的偏见，即只在专业哲学家的专业范围内没有意义，不是一往皆没有意义。而且专业哲学家所讨论的那些问题，若真要有意义，只有在存在主义者所讨论的问题的衡定之下方真有意义。不然，只不过是观

---

① 威廉·巴雷特：《非理性的人》，杨照明、艾平译，商务印书馆2004年版，第34页。
② 同上书，第8—9页。

念的游戏、理智的自娱。存在主义者对人在现实处境中的虚无、仄咎乃至无家可归有深切的存在感受，并企图由此而挣脱出以求救渡。从这个意义上说，这是一种人道主义，亦是一种理想主义。但是，因为他们只内在于这些虚无、仄咎自身，并没有开出生命的超越域，故常发出无奈之歆歔与感叹，或祈求上帝的出现。这样，他们对生命的认识有极大的限制。就存在主义巨擘海德格尔来说，他即由对生命的这种认识来建立他的基本存在论。这种基本存在论——依牟宗三的看法——是一种内在形而上学或现象界的形而上学，其存在也是"混然中处的存者之在"。牟宗三说：

> "混然中处"一语来自张横渠，在海德格，即指人的存在之起点之"日常性"说。日常性是指未分化成任何决定的可能说，这是他的人的存在之分析之起点。未分化成任何决定的可能就是所谓"混然"。"中处"是中处于世界。"在者"就是人。人这"在者"是怎样的"在者"呢？是"混然中处的存在者"。对于这"混然中处的在者之在"之存有论的分析就是"混然中处的在者之在"之形上学，这个形上学就是基本存有。是以存有论就是"混然中处的在者之在"底存有论，也就是揭露这"在者之在"底实有。①

牟宗三所说的"混然中处的在者之在"，就是指人的现象界的未经超越的分解的实然的生命，它只是"在"，在这样的"在"之外并没有一超越的价值域或先天概念供人祈向或追寻，人之所是只是后来的选择。这就是存在主义者萨特所说的"存在先于本质"。他认为这是存在主义的第一原则，他说：

> 我们说存在先于本质的意思指什么呢？意思就是说首先有人，人碰上自己，在世界上涌现出来——然后才给自己下定义。如果人在存在主义者眼中是不能下定义的，那是因为在一开头人是什么都说不上的。他所以说得上是往后的事，那时候他就会是他认为的那种人了。

---

① 牟宗三：《智的直觉与中国哲学》，第356页。

所以，人性是没有的，因为没有上帝提供一个人的概念。人就是人。①

这就是说，存在主义是以人的实然的生命为首出，至于人最终成为什么样子，则不能肯定。显然，存在主义以实然的生命为底子，为外在观解的方式，以现象学来的描述，他们虽亦有存在的感受，但他们的感受自始即是感触的，而不是证悟的。既如此，则他们始终停留在现象界、感触界，而不能证验体悟出一超越域或形上实体，以贞定住那形下的、感触的、松散的、什么也不是的生命。这样，存在主义虽美言生命，但他们因为没有走出西方文化固有的外在观解的思维模式，这就限制了他们对生命的全幅理解，他们只理解了生命形下处境的仄咎与艰难，却没有理解生命形上境界的神化与功用。所以，他们所理解的生命是不真实的，甚至是负面的。但问题是，生命不是一僵死之物，它是一活的存有，现象学的方法能切入对生命的了解吗？牟宗三说：

　　属于哲学研究的现象学与其他专学不同，它不划定一特殊的主题以为对象，它是一切科学底基础，它是面对眼前的经验事实而步步向内部渗透以显露其本质，以期达到一准确的科学，它无任何设定。此是胡塞尔所表象者。但是上帝并不是眼前所呈现的事物，使真正道德可能的自由意志亦不是眼前呈现的事物，落到海德格的存有论，人的真实性或不真实性亦不是眼前呈现的事物，然则你如何使用你的现象学的方法以"回到事物本身"直接地显示之并直接地证明之？你所直接面对的"事物"在那里？所以现象学的方法在此无对题地所与之相应者。人的真实性或不真实性须靠一超越的标准始能如此说。这是一价值判断。价值判断必须有根据。若只是空头地"站出来"，不一定就能是真实的人生。②

牟宗三对存在主义的理解是否准确，备受学者的质疑。但存在主义对

---

① 李瑜青、凡人主编：《萨特哲学论文集》，潘培庆等译，安徽文艺出版社1998年版，第112页。
② 牟宗三：《智的直觉与中国哲学》，第362页。

生命的理解多是解悟的，即是内在于实然的生命（气性的）自身而理解的、解释的，只强调人的内在历史经验，故是一种经验的、描述的人类学，这是连海德格尔的老师胡塞尔都这么认为的。胡塞尔警告海德格尔不要把哲学弄成了人类学。当然，胡塞尔的不满是：海德格尔还不曾掌握现象学还原的全部意义，他的人类学论立场还达不到真正的哲学层次。与胡塞尔不同，牟宗三对存在主义的不满不是基于"哲学作为严格的科学"的立场①，而牟宗三则是基于理想主义的立场。即存在主义由"存在"入而讲成经验的、描述的、理解的内在人类学是不够的，必须进一步沉潜反省，透显生命的各种主体，最后至超越域与价值主体，以极成人文的知识学、道德学与宗教，完成文化主义或教养主义的建构，才算究其极了。虽然存在主义由"存在"之路切入相对于胡塞尔的现象学还原来说于哲学是一种超越与进步，但却只停留在半空之中，不能完成人文主义的文化理想建构。故牟宗三说海德格尔的路"是思之未透，停止在半途中，两不着边的，既挂搭不上现象学，又挂搭不上理想主义底大路"。② 牟宗三等现代新儒家秉承中国文化以修身为主导的生命的学问的传统，企图重开文化的理想坦途。以此而言，逻辑实证、现象学的还原固不够，但存在主义依然不够。同为港台现代新儒学重镇的徐复观也说：

> 中国文化的基础，乃是由忧患意识所引起的人自身的发现，人自身的把握，以及人自身的升进；这是孔孟老庄以至宋明理学乃至中国化了以后佛学的一条大纲维之所在。此一大纲维的性格，可以说是实存主义的性格。它不同于现在风行一时的实存主义，是在西方的实存主义，反省到了人的"下意识"，亦即是反省到了儒家之所谓私欲，佛家之所谓无明；而没有反省到在人的生命的深处，更有良心、天理、玄德、佛性，可将私欲、无明加以转化。所以他们便以私欲、无明，认定是人的主体之所在，而感到不安、绝望。这用中国文化的境界来说，他们还在"认贼作父"的阶段。他们要真正贯彻"实存"地自由解放，只有更沉潜下去，于不知不觉中和中国文化的大纲维接

---

① 实际上，牟宗三在某种意义上也在追问"哲学作为严格的科学"的问题，只不过其方法与胡塞尔不同，胡塞尔力图用现象学的还原来达到，而牟宗三则认为，必须透显先验主体，由主体而达到。

② 牟宗三：《智的直觉与中国哲学》，第366页。

上头，才可打开一条出路。①

　　这就是说，存在主义对人自身的发现只就气性的生命而把握了其有限性，切就此有限性，上焉则可皈依上帝，而开超越的精神价值领域，克尔恺郭尔即其一例；下焉则只找一通气孔，舒缓、疏导乃至发泄由有限性所带来的虚无、焦虑、幻灭之感，现代艺术即其一例。揆之于西方，讲生命的学问的，除了存在主义之外，尚有两种进路，即文学的与生物学的。生物学的进路理解生命是科学的，此虽有意义，但开不出人文价值，此自不必言。就是文学的进路，由于文学重生命之感性、浪漫等质气特征，故多是主观散漫而无体的，贞定不住价值，开不出客观的人文世界来。即便就他们的精神信仰——神学而言，与真正的生命学问尚有距离，因为"他们的神学的构成，一部分是亚里士多德的哲学，一部分是新旧约的宗教意识所凝结成的宗教神话。此可说是尽了生命学问的外在面与形式面"。②也就是说，这种精神信仰不是对生命中理性精神之充其极即生命自身神性的信仰，而是把由生命的有限性所带来的虚无、恐怖与不安，投射到一个外在的无限者那里。总之一条，无论在西方取哪一种进路来理解生命，基本上认定生命是非理性的，即生命与理性是对立的。存在主义研究学者威廉·巴雷特即以"非理性的人"命名其书，而责问专业性的思辨哲学道："详细描述某些基本人类情绪所包含的东西事实上不就是哲学严肃而又恰当的任务吗？"③此责问固是对专业性思辨哲学的反叛而把哲学拉回到了生活世界，让人去留意因内部紧张所造成的种种外部迹象。但问题是：哲学仅仅只尽描述之责吗？难道哲学就没有更高的批判与建构之责吗？若要尽批判与建构之责，如果只内在于这种人的非理性的认定，则又如何可能呢？在西方文化传统中，康德高举批判的大旗，欲对人的理性能力进行划界与简择。但他基本认定人只有思辨理性而无实践理性，他所说的实践理性是由思辨理性所逼显出来的假设。即康德认为人的理性是有限度的，人不可能由其理性之充其极而至神性的规模与境界，这也就是前面所说的，在康德那里，人无智的直觉。康德的意思很明显，即人因为是感性的受动

　　① 徐复观：《中国文化复兴的若干观念问题》，见《徐复观文录》（二），台北环宇出版社1971年版，第157页。
　　② 牟宗三：《生命的学问》，第35页。
　　③ 威廉·巴雷特：《非理性的人》，第9页。

物，故始终不可能消解感性与理性的冲突而达至纯理性（即绝对地依道德原则而行神圣性），若以为人有这种神圣性，则必是"道德的狂热"。康德的意思是如此：即人之服从道德原则乃是从习性或情感勉力而行，而不是从本性的神圣性自愿地喜欢而爱好而行。若是后者，则必是人的道德狂热与自满自大，而误以为道德不是人的义务，而是人的纯粹功绩。人的这种自我谄媚，必使人不去思及义务而专去思及功绩。① 在康德看来，道德情感虽可以把人带至道德义务之下，但因这种情感是气性的、材质的，故它的这种作用没有客观的必然性，故人之执行道德原则亦主观而虚悬，没有客观的妥实性。康德以其严整的道德意识与严肃的生活态度，希望由人的最高理性价值来开出人类的一切知识系统，故他讲哲学原型，并认为哲学原型应能被人"体"之而表现在理想的哲学家中。康德在这里即是把学问生命化。但康德因为认为人不可能有神圣性，故哲学原型只是一个理念，现实上任何人均无法"体"之而使其生命化。康德之所以使哲学原型生命化的理想虚悬而不实，其关键即在对人的理性的认识不够，他在在是站在思辨理性的立场说话，而不敢就实践理性的真实呈现而体悟默许，甚至认为这种体悟默许乃是人的狂热与自大。总之，无论是生物学的进路、文学的进路、存在主义的进路，抑或是康德的批判的进路，在西方对生命的理解完全是形而下的，而不是形而上的（康德虽讲知性和理性的形上主体，但这只有形式义，而无实体义，即是概念的而不是生命的），生命与理性是不可调和地对立的。

但生命是真实的，它要活动要创造，若生命一往是非理性的，则其活动创造的方向即歧异而无一，人类亦无所谓是非善恶之可言。由此，牟宗三说：

> 人间的一切，是人的生命的表现。历史是人创造的，也是生命的表现。若生命只是诗人、文人口中的歌颂，或只是一片荒芜，不是学问所贯注到的，或如西方那样，凡讲生命的都是野孤禅，不是真正的学问，则人间的一切与历史，都无法得其说明，亦无由讲出一个是非善恶，以指挥并评判人间的活动与历史。所以对生命与理性的积极认

---

① 牟宗三译注：《康德的道德哲学》，第 271 页。

识，是学问上顶重要的一个关键。①

　　这样看来，我们对生命须有一个重新的认定。生命固是感性的，然依中国文化的传统，此只是"小体"，生命亦有一个可以绝对做主的"大体"。孟子下面这段话即代表了中国的传统看法：

　　　　公都子问曰：钧是人也，或为大人，或为小人，何也？孟子曰：从其大体为大人，从其小体为小人。曰：钧是人也，或从其大体，或从其小体，何也？曰：耳目之官不思而蔽于物，物交物则引之而已矣。心之官则思，思则得之，不思则不得也。此天之所与我者。先立乎其大者，则其小者弗能夺也，此为大人而已矣。（《孟子·告子上》）

　　生命固有"小体"与"大体"之分，二者似乎是对立，但一旦生命完全由"大体"做主，则"小体"与"大体"的对立即解消，"小体"不但不是"大体"的对立物与障碍，而且根本就是承载"大体"即贯"道"之器。故人的生命绝对不是一个有限而有定的存在，它是一个向最高生命境界超越与迈进的过程。在此过程中，自可体会到人的"小体"即非理性力量如无明、私欲等的强大，但这不是最后的，亦不是终不可超克的。一旦超克"小体"的牵制与障碍而达至"大体"的完全朗现，则生命纯是理性，这就是"肉身成道"，此即是生命的神圣性。必至生命的神圣性，方可完成人文建构之极功，理想主义得以落实，不然，则人类之文化建构不过是经验的松散摸索，全不能挺立价值、开辟源泉。此神圣之生命，就"体"而言，是唯一真实的形上实体，就"学"而言，是唯一可能的哲学原型。此即示：这神圣的生命不是一种"混然中处的存在"，而是内在于自身这绝对"大主"的觉悟而破裂、分解为各种主体，从而开出各种文化，而其自身似乎不能称为文化，只是开启文化的动力与价值泉源。就神圣生命与文化之间的关系，牟宗三说：

　　　　人类原始的创造的灵魂，是靠着几个大圣人：孔子、耶稣、释

────────────

① 牟宗三主讲、蔡仁厚辑录：《人文讲习录》，第24页。

迦。这些从人格方面说的伟大灵魂都是直接的、灵感的、神秘的，简易明白，精诚肯断，而又直下是生命，是道路，是光，又直下是通着天德的。他们都是在苍茫中有"实感"的。他们没有理论，没有系统，没有工巧的思辨。他们所有的只是一个实感，只是从生命深处发出的一个热爱，一个悲悯：所以孔子讲仁，耶稣讲爱，释迦讲悲。这些字眼都不是问题中的名词，亦不是理论思辨中的概念。他们是"天地玄黄，首辟洪蒙"中的灵光、智慧。这灵光一出就永出了，一现就永现了。它永远照耀着人间，温暖着人间。这灵光是纯一的，是直接呈现的，没有问题可言，亦不容置疑置辩。它开出了学问，它本身不是学问，它开出了思辨，它本身不是思辨。它是创造的根源，文化的动力。一切学问思辨都是第二义的。但是自从首辟洪蒙，灵光爆破以后，第二义的学问磨练是必要的。而世愈降，去苍茫愈远，苍茫中创造的灵魂不世出，亦只有通过学问的骨干振拔自己了。大圣的风姿是无典要的，但学问的骨干有典要，典要的丰富是可窥见的，骨干的庄严是可企及的，但创造的灵感，大圣的风姿，其丰富是不可窥测的，其庄严是不可企及的。只有靠着"实感"来遥契。①

此即是说，神圣的生命是灵光之照耀，它无典要，此为学问之第一义。此第一义的学问因其光之灵现与跃动，开出了有典要的思辨，此为学问之第二义。学问之此二义，若以康德的术语说之，则第一义的学问为"物自身"界的学问，第二义的学问为"现象"界的学问。现象界的学问可以由思辨理性（知解理性）因着典要窥测之、企之。但若希由思辨理性而至第一义的学问，则不可能。虽然，依着理性的本性，思辨理性亦可提供超越的理念而欲跨越第二义而至第一义的学问，但总有——依康德的讲法——其不可避免的虚幻性。② 要至第一义的学问，必须依据实践理性（非康德意义上的，而是儒家践行工夫意义上的）即"实感"来遥契。因为学问之第一义与第二义的区分不是一种程度的区分，而是一种超越的区分。所以，若磨练第二义的学问，虽可接近第一义的学问，然终不可作

---

① 牟宗三：《五十自述》，第81—82页。

② 康德在《纯粹理性批判》中指出，由思辨理性所提供的上帝的三种证明：即本体论的证明、宇宙论的证明与自然神学的证明，皆是幻而不实的，不可能的。

异质的跳跃，欲作异质的跳跃，须在此磨练之路外另有一套工夫，此即是存在的实感之遥契。这就是"转识成智"之义理，若只在"识"上辗转磨练，而无实感之遥契，则终是"识"而不可能是"智"。故若不知由存在的实感而至第一义的学问，而只在第二义之学问上辨识形构，甚至根本不知有第一义的学问，则必致第二义之学问因缺乏活力与动源而僵死荒芜。故朱子之师李延平先生曰："读书者知其所言莫非吾事，而即吾身以求之，则凡圣贤所至，而吾所未至者，皆可勉而进矣。若直以文字求之，悦其词义，以资诵说，其不为玩物丧志者几希。"（《朱文公文集》卷第九十七《延平行状》）当然，第二义之学问于第一义之学问亦有助援，故哲学家之理论思辨之展示义理亦为必要，但圣人之践行体现义理则尤"实"。所以朱子曰："为学之实固在践履，苟徒知而不行，诚与不学无异。然欲行而未明于理，则所践履者又未知其果何事也。"（《性理大全书》卷四十四）朱子所说，即示"知""行"应相互发明，方能完成学问之极功。"知"是理智的事，"行"是生命的事。理智的事可依"智"之虚灵妙用而至理理相融、事事无碍，然须知，抽象的概念世界决非安顿生命存在的真实世界，故哲学家常孤独无依，此为"哲人之悲剧"；生命的事可依存在的亲证与觉悟而至理事合一，但须知，现实生命总是有限的存在，不能作无限的开扩而至全尽的理事合一，故"真正仲尼临终不免叹一口气"，此为"圣人之悲剧"。[①] 观此两类悲剧，可知"人之所以为人，精神之所以为精神"[②] 之限制与夫其开显。这两类悲剧是精神的暂时委曲而不得如理（由于人的非理性因素）之伸展，这里有成就亦有限制。然人终究是理性的存在者，此则须当下肯认。随着精神的辩证的开扩，悲剧终能克服而至精神之最高美境。此最高美境，黑格尔称绝对精神，康德称最高善，而儒家则是天人合一之化境。然前两者皆在名理概念中辩说此境，后者则希图在践行工夫中觉识证悟此境。牟宗三是 20 世纪中国最富创意的哲学家，他的基本哲学意图是在疏通中国的文化生命。既是"疏通"，自免不了理论思辨。既是"生命"，自又免不了觉识证悟。故牟宗三对哲学的定义为："凡是对人性的活动所及，以理智及观念加以反省说

---

①　神圣的生命自无所谓悲剧，但孔子毕竟是一真实的人，他由存在的实感而欲去契接那"圣证"之境，自不能无憾。

②　牟宗三：《才性与玄理》，第 283—284 页。

明的,便是哲学。"① 所以,我们要理解牟宗三的精神哲学,须在其对生命的觉识证悟中展开,复又如何以理智及观念对此展开者加以反省与说明的。

二 牟宗三对精神发展三阶段的觉识与反省

在现代中国哲学家中,牟宗三的著作向来以义理艰深繁富著称。但在《五十自述》中,他却以散文的笔调,抒发了他的时代感触,既而以哲学的义理来运思对生命的觉识与证悟,最后以概念来开显并厘清精神展开的过程及此过程中各主体之所成与限制。之所以如此,是因为在牟宗三看来,哲学义理的展开须不废知识、思辨、感触、觉识、涵养与证悟。他说:

> 知识不足,则无资以运转;思辨不足,则浮浅而笼统。空谈修养,空说立志,虚馁迂陋,终立不起,亦无所修,亦无所养。纵有颖悟,亦是浮明;纵有性情,亦浸灌不深,枯萎以死。知识与思辨而外,又谓必有感触而后可以为人。感触大者为大人,感触小者为小人。旷观千古,称感触最大者为孔子与释迦。知识、思辨、感触三者备而实智开,此正合希腊人视哲学为爱智慧爱学问之古义,亦合一切圣教之实义。②

牟宗三认为,如果我们认同哲学为爱智慧之古义,而不是一般经验知识或约定俗成的礼仪制度,则哲学有其独特的展开义理的方式,即哲学必须从先验主体方面说,而不是从经验客体方面说,或者说,哲学必须由先验主体来融摄、规导、轨约乃至规定经验客体。一切未能凸显主体的先验能力,而只从经验客体方面来安排、建构与筹划的理论家,皆是 thinker,而不是哲学家。因为这些 thinker "本无在生命中生根的积极的思想与义理,只是一种情感的气机之鼓荡。它只要求这,要求那,而并无实现这或

---

① 牟宗三:《中国哲学的特质》,第4页。
② 牟宗三:《圆善论·序言》,第 xiv—xv 页。

那的真实生命，与夫本真实生命而来的真实思想与义理"。① 这就是说，哲学的一切义理必须打开那真实生命，凸显各先验主体，由此先验主体发出，否则，皆是无根的、无价值保障的。然而，生命——从现象上看——似乎总是一浑沦的存在，我们如何爆破这浑沦，凸显各先验主体以见其真实性呢？牟宗三以其存在的感触、觉识与证悟，给我们展现了生命的这一精神历程。他在《五十自述》中，以"生命之在其自己"、"生命之离其自己"与"生命之复归于自己"三阶段来描述这一精神历程。② 此三阶段若用孔子的话来说，就是"兴于诗，立于礼，成于乐"（《论语·泰伯》）。若用黑格尔的哲学名词说之，是一正（生命之在其自己）、反（生命之离其自己）、合（生命之复归于自己）之历程，也就是说，是从主观精神到客观精神再到绝对精神的辩证发展。此三阶段均显示了人类精神的庄严与成就，但唯有最后一阶段，才是精神的圆满，精神历程至此而终结。

"生命之在其自己"即是"尽材"之阶段，是指未经破裂反省的原始的浑沦的生命，这里有混沌质朴之美，亦有直觉无曲的解悟，故云"兴于诗"。然这"美"是原始生命质气的花烂映发，不是德性生命境界之高超朗照；这"解悟"是原始生命欣向自然秩序而成之追索与感叹，不是知性生命依着先天概念而成之统摄。故这里的"美"与"解悟"皆是主观的，因先验主体没有被打开凸显，所以其所成者常是经验的、外在的、观解的。这是精神历程的起始阶段，尚不能算真正地进入哲学，因为此时的精神是平面的、现象的、描述的，而不是立体的、概念的与批判的。是此而言，依牟宗三的理解，艺术上的文学创作，政治上的英雄事功以及哲学上的经验主义、自然宇宙论、逻辑原子论和外在观解的形而上学，皆应收摄到这一阶段，皆为这一段之精神所成就者。

当生命处在"在其自己"时，自有其内蕴的原始谐和，此原始谐和亦会发出充实的生命之"质光"，此"质光"是内在的，不欣向于外。若以康德美学的词语言之，则是：此"光"乃是生命自身无功利、无目的之内在蒸发。故生命之内在于此原始谐和时是一充实的美的生命，

---

① 牟宗三：《五十自述》，第94页。

② 牟宗三在《寂寞中的独体》一文中分生命为三个层次，即赤裸的生命之情欲方面的蠢动与冲破；生命之智慧方面的烛照与欣赏；生命之道德方面的实践与参赞。见《寂寞中的独体》，新星出版社2005年版，第99页。

这里挂搭不住任何概念，亦容受不了任何规则。这是诗人艺术家所讴歌抒发的原始谐和，人若能内在于此原始谐和而不歧出，虽不至成圣成贤，亦决不成大恶，而自有其内在的和悦、闲适、静默与欢快。当牟宗三的生命处在"在其自己"之阶段时，他以诗性的文字表述了自己的感触与解悟：

> 清明扫墓，莹春花趁早先开了，黄的花，绿的长条，丛集在坟墓上。纸灰化作蝴蝶。奠一杯酒在坟前，坟中人的子孙们前后有序地排着在膜拜。那生命是不隔的，通着祖宗，通着神明，也通着天地。这不是死亡时的生离死别。这时没有嚎哭，没有啜泣。生离死别那种突然来的情感上的激动，因着年月的悠久，而进入永恒，化作一种超越的顺适与亲和。人在此时似乎是安息了，因着祖宗的安息而安息；也似乎是永恒了，因着通于祖宗之神明一起在生命之长流中而永恒。斋明肃穆之中，也有眼前的春光愉悦。①

在这里，人的生命是原始谐和，万物的生命也是原始谐和，甚至无所谓人的生命、物的生命，只是一个原始谐和，由谐和而来的顺适、亲和与愉悦。不要说生死离别，生死离别已歧出在人伦关系之中，就是天地万物的个体存在也于浑沦中谐和于一。故人之膜拜、鸟之鸣、沙之软、桑之绿、水之流与夫白云之飘荡，皆不是个体物独立之活动，而是自然之天籁。这里有道不尽的风流，说不完的春情，但风流与春情皆不歧出表现，一歧出表现，则风流即转化为才子之韵事，春情即转化为佳人之思慕，这是生命之在其自己的另一义。② 这风流与春情只表示原始谐和的蕴藉与饱满。刘禹锡《春有情篇》云："为问游春侣，春情何处寻？花含欲语意，草有斗生心。雨频催发色，云轻不作阴。纵令无月夜，芳兴暗中深。"（《刘宾客文集》卷二十七）此即道出了原始谐和的蕴藉与饱满，诗中用一"暗"字表春情的内在而"无着"。"闺中女儿惜春暮，愁绪满怀无着处"（《红楼梦·葬花词》），这"无着处"正道出了生命之原始谐和所蕴

---

① 牟宗三：《五十自述》，第3—4页。

② 准确地说，才子之韵事与佳人之思慕不能算是生命之在其自己，因为此时生命已歧出落实在对象上，但因此时仍没有凸显破裂出生命的先验主体，依然是在生命之在其自己的阶段，但较原始谐和已有了发展。

藉之风流与饱含之春情的不歧出。所以，牟宗三认为，春情不是爱情，爱情是向着一定的对象歧出而止于是，这是"有着处"，但"春情则是生命之回旋，欲歧而不歧，欲着而无着，是内在其自己的'亨'，是个混沌回旋的'元'"。① 生命的原始谐和是一个混沌回旋、欲歧而不歧的"元"，是则它不能永远"不歧"，若此，则是绝对的"无"。故它又要"歧"而"有"，此"歧"与"有"表示生命的向性与活动，亦表示生命的活力与创造。《牡丹亭·游园惊梦》有："原来姹紫嫣红开遍，似这般都付与断井颓垣。良辰美境奈何天，赏心乐事谁家院？如花美眷，似水流年，烟波画船，雨丝风片，锦屏人忒看得这韶光贱。"即是写杜丽娘那原始谐和所蕴藉之风流与饱含之春情的欲歧而不歧之伤。这"伤"是表示生命原始谐和自身之活力与创造之不得通，故这"不得通"自有一种伤感郁结之美。牟宗三说：

> 春情之伤却只是混沌无着处之寂寞，是生命内在于其自己之洋溢回旋而不得通，千头万绪放射不出，即不成其为直线条，每一头绪欲钻出来而又钻不出，乃蜷伏回去而成一圆圈的曲线。重重叠叠，无穷的圆曲，盘错于一起，乃形成生命内在于自己之洋溢与回旋，这混沌的回旋。所以这伤的背景是生命之内在的喜悦，是生命之活跃之内在的郁结。②

这伤感郁结之所以是"美"，乃是因为此是生命原始谐和的充实不可已（元），生命之充实不可已即示此时生命已形成强大的向外冲出之势（亨），此强大的向外冲出之势必求方向（利），求实现（贞）。故这伤感郁结之美是积极的，而不是消极的，是质气生命健旺的表现，此虽不是"天行健，君子以自强不息"之"德"的健旺，然若无健旺之质气生命，则"德"无挂搭处，"德"亦终落空。

生命本是一"元、亨、利、贞"的过程，生命由"元"而"亨"，必至"利"而"贞"，"元、亨"是生命内处于原始谐和之自身，"利、贞"是生命由原始谐和歧出而向外。此向外者总而论之有三：一曰情，

---

① 牟宗三：《五十自述》，第 10 页。

② 同上。

此为才子佳人；二曰力，此为英雄豪杰；三曰智，此为哲人名士。① 此三者为材性系统人格类型的全幅展现。这三种人格类型——依牟宗三的理解——皆表示综合之尽气之精神。其中第一、第二及第三种人格类型中的名士将在下一章专讲。这里只就哲人的人格精神作一剖析，因这种哲人的理论不是打开知性主体后的客观建构，如康德者然，多是气之灵所发的智光之照，此智光之照不是知性的、概念的，而是感性的、直觉的、解悟的，多带有美学情调，故常是哲人与艺术家的统一，与纯粹的哲学家依知性的概念推演尚有距离，所以在这里特别提出单讲。生命之原始谐和因其蕴藉与饱满直接向外膨胀，即表现为情与力，但若能收摄一下，凝聚一下，则这原始谐和之蕴藉与饱满自有灵觉呈现，此灵觉浮于生命之原始谐和之上，其形态是直接往外照。在牟宗三看来，最能代表这种灵觉之智光的外照的哲学，在中国为纯从宇宙论方面来理解《易经》，在西方为怀德海的历程哲学。

　　《易经》为儒家的经典，从外在形态上看，好像是偏于宇宙论，但须在"道德形而上学"中才能彰显其积极的意义，即其宇宙论不是寡头的宇宙论，先有道德的本体论，然而再有宇宙论。若根本遗弃道德的本体论不讲，而单从宇宙论上讲，则《易经》是实在论，而不是"道德形而上学"，是此则根本不能算是儒家的义理文献。但要有这种理解，根本不是灵觉智照的事，而是内省证悟的事，即须呈现道德实体，对儒家的心性之学有深切的领悟与感通后始为可能。而当生命处在原始谐和的灵光智照的时候，其见不及此，只能见及宇宙论的始终条理及由始终条理而呈现出的美的情趣，虽亦似乎可指点出"善"，然皆是外在的、过程的，是实在论的、启示的，不是心性学的、理想主义的。这里可见此一阶段的生命精神的不足。依牟宗三的理解，此时的生命精神是一种想象式的直觉解悟，是在"智及"的光辉中呈现，而不是在"仁守"的恻隐中呈现，故只能欣赏《易经》"鼓万物而不与圣人同忧"的坦然明白，"天地无心而成化"的自然洒脱，而不能觉悟"圣人有忧患"的严肃义，"吉凶与民同患"的恻隐心。虽亦可理解"鼓之舞之以尽神"、"神也者妙万物而为言"的穷

―――――――――

　　① 这里须要说明的是：此三种人格类型完全是依材性系统而言，若依德性系统，当有"圣贤"一格，但此格是从义理之性言，而不是从气质之性言，故这里不列出。另外，这里的哲人是指外在的观解的哲学家，成就外在的形而上学者，而不是指透显主体的哲学家，如康德，成就内在的先验形而上学者。

神知化①，但多出自一种美学情调，至多是术数家的"知几"，绝不是儒家由道德实体之充其极而至的穷神知化。虽亦可由"继之者善也，成之者性也"解析其道德含义，但这不过是洒脱之襟怀契接那生机之无限，决无道德的严整义及由此严整义所成立的"道德的形而上学"。总之，在这种生命精神之下来理解作为儒家经典的《易经》虽亦可解析出一套义理来，然只不过是一种工巧的凑泊，是学人术士的小家相，不可仰望大圣之生命精神于万一。在牟宗三看来，以这种工巧的凑泊来解析《易经》的学人，其代表人物为胡煦与焦循。胡煦解析《易经》的基本思想是："缘圣人画图作易，无非发明天地间化育之所自起，与化育流行之妙耳。图非实有是图，皆内外体用之象也；卦非实有是卦，皆万物化生之象也。"（《周易函书约存》卷首上）这就是说，象与卦皆为主观的方便假立，实则欲由此而悟客观的生生之理、数学之序与夫天地生化之妙。焦循对《易经》的基本看法是：圣人教人改过迁善之书。他说："余既悟得变通之旨，乃指圣人作易之义如是，九筮占易之法亦如是。夫《易》者，圣人教人改过之书也。更者，改也。极孤危凶困，一经改过，遂化为吉而无咎。……君子居则观其象而玩其辞，动则观其变而玩其占。"（《雕菰楼易学·易图略》卷六）这就是说，《易经》是以过程的变通来建立一整套的道德哲学。简言之，胡煦与焦循的易学研究，超越了乾嘉学派的考据而欲建立一套哲学系统，表现了一定的慧解。其基本统系——依牟宗三的理解——可规约如下：

（ⅰ）　数学物理的世界观，即生生条理的世界观。

（ⅱ）　数理逻辑的方法论，即以符号表象世界的"命题逻辑"。

（ⅲ）　实在论的知识论，即以象象来界说或类推卦象所表象的世界之性德的知识论。

（ⅳ）　实在论的价值论，即由缘象之所定所示而昭示出的伦理意谓。②

以上四点，即是希望由《易经》来建立形而上学与道德哲学，这亦

---

① 牟宗三：《五十自述》，第45页。

② 牟宗三：《周易的自然哲学与道德函义·导言》，文津出版社1988年版，第12页。

本无不可。但胡煦与焦循是切就形下方面以美学之情调，复以直觉的解悟而来的构造，故有浓厚的实在论意味。然而，依牟宗三的看法，中国的形而上学与道德哲学必须是依心性学在工夫中建立。《易经》虽是宇宙论的意味较强，但孔子的赞《易》就是要彰显心性学的形而上学，即道德形而上学，使《易经》的宇宙论不成为空头的宇宙论。故孔子讲"仁"、孟子讲"心"既是讲道德哲学，亦是讲形而上学。若能依心性学而建立道德的形而上学，则胡煦与焦循在形下方面的直觉解悟皆可有意义，若根本弃置或不知《易经》乃是道德的形而上学，只着眼于形下的建构，则根本是学人的工巧穿凿。这样，他们不仅枉费了精神，而且糟蹋了大《易》。由此，牟宗三说："彼若生在西方，定然是有成的科学家。现在巧慧之智无当行之用，又不安于徒然文字学的章句训诂，乃向大圣人生命灵感所在之经典施其穿凿，岂不惜哉？岂不痛哉？"① 总之，胡煦与焦循依气之灵的智光，以直觉的解悟来解析《易经》，虽似亦可成"学"，但这只不过是生命原始风姿的外在透露与闪烁，而不是生命精神的内在证悟与推拓。此时的生命精神处在较低的阶段，尽管不失其美的风姿，但生命依然是个混沌。

怀德海以《历程与真实》一书闻名于世。其基本哲学思想是：批判休谟知觉的"直接呈现式"，而提出"因果效应式"。所谓"因果效应式"就是恢复经验现象为有机的、动的、发展的关系相，从而超越"直接呈现式"那种静的、单个的物体事。这样，整个世界可因这种关系相而连成一整体，而不是单个的互不相连的物体事，这就不但克服了休谟的心理主义，也克服了康德的主观论。对于怀德海的这种理论，牟宗三评之曰：

> 怀氏美感极强，直觉尤强。他的美感既是内容的（强度的），又是外延的（广度的）。他的直觉所悟入之事理，亦既是内在的，又是外在的。客观地说，他将生物、物理、数学融而为一，自关系词所表示的模式融而为一，这是外延的、广度的、外在的。主观地说，他以其美学之欣趣，直觉之神解妙悟，浸润渗透于那广延外在的模式中，这是内容的、强度的、内在的。这内在的，是其美感与妙悟，而这美

---

① 牟宗三：《五十自述》，第50页。

感与妙悟又依托在广延的模式上，所以又是外在的，因广延的模式展开而为外在的。同时那广延的模式之为外在的，又因浸润于美感与妙悟中而成为内容的、强度的，内在的，因美感妙悟之无将迎，无瞻顾，恒自如如内敛而具体，而为内在的。这广延的模式既是被思解的，又是被欣趣的，所以其本身就是既是内容的，又是外延的。①

这就是说，怀德海的哲学是切就具体的经验世界（言其外在），以其美感的神悟妙解（言其内在），故不是形式的、概念的。他的这种着于具体事的神悟妙解，表现出了一定的富贵气，一种质的、美感的富贵气。但与胡煦及焦循一样，也是生命原始风姿的外在透露与闪烁，而不是生命精神的内在证悟与推拓。

从以上的论述中可知，无论是胡煦及焦循的"易学"，抑或是怀德海的过程哲学，皆是质的、散文的、平面的、描述的。他们没有"为何"的问题，不能竖起来作立体的哲学批判，而只有"如何"的问题，即横断面上作如是如是之领会。这是灵感的，亦是神秘的，由神秘以见其是主观的，而不是生命精神的，普遍的、客观的。灵感虽亦发自生命的原始谐和，但生命之原始谐和却是荀子所说的"凡性者，天之就也，不可学，不可事"（《荀子·性恶》）。由此而显神秘感与主观性、偶尔性。由神秘感与主观性、偶尔性再显其中的自然主义与命定主义。若问彼何以能发此灵感与解悟，则似不可解，亦不可强求，只能答曰"用气为性，性成命定"（王充：《论衡·无形篇》）。这里是不能有精神的辩证的发展的，亦不真正能理解生命。且看牟宗三对怀德海的批评：

> "生命"一词，在他的系统中，并不占有地位。他并不能正视生命，就生命之如其为生命，生命归其自己，恰当地就之以言道德与宗教。他把生命转成一个外在的"自然之流转"，转成缘起事之过程。他虽已讲创造，亦讲动力，亦讲潜能，但都亦转成外在的，物理的，泛宇宙论的，至多是属于亚里士多德型的，而不是生命的，精神生活的。……他把生命外在化，把认知主体外在化，至于道德宗教的心灵主体，则根本未接触得上。因此他系统中的上帝，亦只是在数学与物

---

① 牟宗三：《五十自述》，第51—52页。

理的美感与直觉下泛宇宙论系统中的上帝，不是生命中的上帝，道德宗教中的上帝。[①]

生命的最初形态是那原始谐和，其中虽有情、力与智的光辉与美境，但这只是混沌生命原质的花烂映发，人若自陷于此而不能跃起，甚至规规于此光辉与美境而不能自拔，则根本不可能有精神的发展，甚至会堕落沉陷，因原始谐和之情、力与智，其强度不能总被提挈保持。一旦提挈不住，则原始谐和即转化为纯物化之浊气，不仅失其原有的光辉与美境，且使生命完全是一黑暗。故要谈精神发展，提挈生命而不使其堕陷，则必要爆破这生命之原始谐和，开显生命精神的另一理路，由直接的、无屈曲的、质的，转化为间接的、曲的、形式的。这就是牟宗三所说的"生命之离其自己"之阶段。此一阶段可谓其精神哲学中的主观精神。

所谓"生命之离其自己"即是"尽理"之阶段，就是生命离开那质实的存在领域投注到非存在的领域去追求客观真理，而给松散无收煞的生命一个固定的方向与归属，即使主观的生命客观化，故云"立于礼"。牟宗三说：

> 追求真理，或用之于非存在的领域中，即投射其自己于抽离的，挂空的概念关系中。这是生命之外在化，因吊挂而外在化，生命不断的吊挂，即不断的投注。在其不断的投注中，其所投注处的事物之理即不断的抽离，不断的凸显。生命之不断的吊挂与投注即是不断的远离其自己而成为"非存在的"，而其所投注的事物之理之不断的抽离凸显亦即是不断的远离"具体的真实"而成为形式的，非存在的真理。[②]

当生命处于"在其自己"时，尽管可以其气之灵发道道清光，但仍是生物学意义的。即在其提挈得住时，自可"尽"其气之灵，而提挈不住时，则全成物化之浊气。故"生命之在其自己"的阶段是主观的，生物学或心理学的，而人若要客观化，由生物学、心理学的人走向社会学、

---

① 牟宗三：《五十自述》，第57—58页。

② 同上书，第17—18页。

道德学的人，则必须有"理"来贞定住此生物学的人。这是"立于礼"的切义，对于"礼"的作用，牟宗三说：

> 因为个人的生命是可以东倒西歪，摇摆不定的。生物性的个体要摇摆到那里去是不能决定的。如把它归到生物学的立场来规定它，则它可成为生物学中的个体，但不能使他成为一个"人"（human being）。人可以不只是一个生物性的个体，也不只是一大堆细胞。但人也可不当人来看，只是以生物体的一大堆细胞来看。但若真的要以人来看人，这个个体一定要套在人伦的关系中，"礼"的起点就在此人伦关系，故人要当一个人来看，能站得起来贞定住自己，不要东倒西歪，摇摇摆摆，就要立于礼，要在礼中立，在礼中才能站得住，才能定得住。这能站得住，定得住就是客观化。①

人之生物学的生命，原始谐和的气之灵的生命，无论如何的精巧别致，若套在亚里士多德的"四因说"中，则只能算是"质料因"，必须加上"形式因"，方成其为人。"形式因"就是"礼"，推而广之，是"理"（"礼"是套在儒家礼乐教化中说，此义较狭。宋明儒则广之为"理"，此则较宽，贯穿于宇宙万物）。也就是说，不仅人要"立于礼"才成其为人，物也要立于理才成其为物。但这里的"理"不是客观世界的"机理"或过程脉络，而是形式的、虚的、由先验主体为客观化感性材料自发的形式条件。这样看来，好像这些形式的、虚的"理"似乎是主观的，但因这些"理"不是经验的或现象的，而是知性主体的先天能力，其自发这些形式的、虚的"理"是必然而定然的，故这里可以说其普遍性，亦可说其客观性。所以，牟宗三认为，"'虚'的主观形式能控制安排'实'的主观材料使其成为具客观性实在性的对象"，这就是"虚以控实"的观念。这"虚以控实"的观念之成立，使得现象界不只是生生不已的"流"或过程，既而认定一切皆是变动不居或相对的，而是有"体"得以立，这"体"之立正是生生不已的"流"或过程所以可能或底止处。不然，生生不已的"流"或过程要流向何处是不得而知的，若此，则必然导致相对主义、不可知论乃至虚无主义。但要见及此，不是人的生命精神的原

---

① 牟宗三：《中西哲学会通十四讲》，第 115 页。

始谐和的智光切就质实的现象界，在其美学浪漫情调下所能做到的。必须透显人的生命精神中的知性主体，既而发掘知性主体所自发的形式概念即先天范畴而后可。这就是人的生命精神之离其自己的发展。这是生命精神必有的辩证发展，是生命由主观的、混沌的原始谐和走向客观的、概念的知性形态，在这里，可以成立逻辑、数学、自然科学、政治学等知识学。故知识学不是纯客观而与人生无关，而是可收摄到精神哲学中，是人类精神实践的一步，而且是必需的一步。依牟宗三的理解，"'认识主体'的呈露，是以'逻辑理性的刚骨形态'来撑开我们的心胸，以'理智之光'来光明我们的生命"。① 这是生命不只是随着事之流往下滚，滚成一虚无流，而是在主体之理中站住自己，发现自己的绝对价值与庄严。这也是从顺成的"事"的精神转向逆觉的"理"的精神，最后见"体"立"极"。这一转向，是生命向内的进一步洞明与照亮。

那么，生命何以必须在这种逆觉的"理"的精神中才能站立起来，洞明与照亮自己乃至见"体"立"极"呢？这须在与顺成的"事"的精神的比较中方可明了。在牟宗三看来，若人的精神只是顺成的"事"的精神，即其心思只倾注于自然与物质，只在这个平面上打旋转，其余全无所觉与理会，则必导致"上帝闭关"或"上帝归寂"。② 所谓"上帝闭关"或"上帝归寂"实是指：人根本被堵截了见"体"立"极"之路，其精神停滞于此顺成的"事"的精神自身而不求发展，最终必是人的精神的彻底堕落。顺成的"事"的精神是生命的原始智光直接扑向外，以冷静之智解析事之关系，而企图抽去或排斥情感的、价值的、伦理的因素干扰，还世界以客观性，这客观性就是事之流。整个世界就是事之流，从表面上看，这当然显得干净而客观。但牟宗三认为，这种理论之精神背后实以生命欣向艺术性的美学情调作底子，只是未被觉悟而已。"这个艺术性的欣趣之美学情调便是对于行云流水之轻松弛散境之趣味。这既不是诗的，也不是戏剧的，乃是散文的，小品文的散文的，所以它首先不是强度的，乃是广度的，不是内在的，乃是外在的。这是一种平面的苍凉阴淡的趣味，无体的月亮光的境界。"③ 这冷静的智光只照彻了"实然"，而不去

① 牟宗三：《道德的理想主义》，台湾学生书局1982年版，第111页。
② 同上书，第187页。
③ 同上书，第189页。

追问那"所以然"。这样，亚里士多德所传下来的"本体"观念被攻击戳穿，以为此是一抽象概念，不是具体的、真实的，是"错置具体之谬误"。之所以会发生这种谬误，乃是因为思想上的"单纯定位"，以诸如"硬固的物质体"为真实，实际上具体真实的只是关系的变化的事件。这其中的代表人物为罗素、怀德海与维特根斯坦。罗素的下面一段话即典型地代表着他那顺成的"事"的精神，他说：

> 我把自康德以来哲学中一直很常用的程序颠倒过来。哲学家们常常是从我们"如何知道"开始，然后进而至于我们"知道什么"。我认为这是一种错误。因为知道我们"如何知道"是知道我们"知道什么"的一小部门。我之所以认为这是一个错误，还有另外一个理由，因为这容易使"知道"在宇宙中有一种它并不具有的重要性。这样就使学哲学的人相信，对非心灵的宇宙来说，心是至高无上的，甚至相信，非心灵的宇宙不过是心在不做哲学思考的时候所做的一场恶梦而已。这种观点和我所想象的宇宙相去很远很远。我毫无保留地接受由天文学与地质学所的来的看法，根据这种看法，好像除了在时—空的小片断以外，没有证据证明有任何具有心灵的东西。[①]

这就是纯平面的"事"精神，在这种精神的主导之下，他把"物"消解为因果关系，把"心"消解为记忆连锁。不但无所谓"物"，也无所谓"心"、"灵魂"。"我们把'心'说成是事的集合，这些事借记忆连锁前后彼此相连。"[②]只是关系，物质体与心体是形而上学的推置概念，并非实有。他的这些理论与说统，若就"事"之世界自身，都可以成立。但人的生命精神不只是顺成的"事"的精神成就"事法界"，还要有逆觉的"理"的精神反省"理法界"。在牟宗三看来，"传统哲学，在向后推想以认识理法界中，容或有许多虚妄不实的概念。但这种精神，实在是想藉向上翻，以求接近上帝的"。[③] 若人根本没有逆觉上翻以求"理"见"体"的精神，消"理"为现象，化"体"为事件。这种无"理"无"体"的

---

① 罗素：《我的哲学的发展》，温锡增译，商务印书馆1995年版，第11页。

② 同上书，第20页。

③ 牟宗三：《道德的理想主义》，第193页。

精神，虽是就"物质本体"与"心灵本体"而言，但实"可函'整个人生与宇宙皆无根底'这一广泛的意思。因为'本体'，无论是物质的或心灵的，皆是表示事象背后的东西，已是由'理法界'的认识而引申出的半途中或居间的东西。由此实亦可以指点着'究极本体'的寻求。今既根本截断了本体这一面，则'究极本体'的寻求亦根本不用说了"。① 这种精神虽美其名曰客观、科学，实则根本是断截人之精神进一步发展与超升之路。而"五四"以来中国的知识分子——依牟宗三的理解——只在这种精神下要求民主与科学，使得民主与科学只成为纯粹的外在事务，而无内在的生命精神的根底与价值保证，即在道德理想主义下尽其性。牟宗三说：

> 一般人只是停在平面的广度的涉猎追逐的层面上。他们也知道学问无限量，也知道自己有所不能，有所不知。但他们的这个知道只是属于故实的、材料的、经验的、知识的。这种知道实在不能说"前途"的。……他们不承认有德性义理的学问，他们也不知道人格价值是有层级的。……因为他们始终未感觉到有深度发展的问题。他们只是广度的增加或减少。只有德性义理的学问才有深度的发展。他们不承认这种学问，所以他们没有深度发展的感觉。②

广度的关系只有变化，没有发展，而要谈发展，必切就精神而言，而精神是价值概念，不是关系。若说现象只是关系尚可说的话，那么人生也只是关系，则必是对生命价值与意义的贬损与忽视。维特根斯坦认为，人生的意义不在世界之内，即暴露出这位以顺成的"事"的精神来解析世界的哲学家内心的荒凉感与无家感。要破除这种荒凉感与无家感，须扭转顺成的"事"的精神为逆觉的"理"的精神以见"体"立"极"，正是这"体"给人以归宿，这"极"给人以意义。

逆觉的"理"的精神中的"理"，依牟宗三的看法，是从外在的存有收缩回来去把握一个悬挂的"存有领域"，这"存有"首先不是"体"的，而是逻辑的、数学的。依据这种思路，牟宗三扭转了罗素在《数学

---

① 牟宗三：《道德的理想主义》，第 196 页。
② 牟宗三：《五十自述》，第 87 页。

原理》中从外在的"类"以定"数"的思想，而以"理"之外在化定"数"。所谓从外在的"类"以定"数"就是由三个"存在公理"确保外在的"类"的无穷及其关系，以此来构造全部数学。对于罗素的这种思想，显然，这是在顺成的"事"的精神之下所成就的"实在论的数学论"，约定主义的数学论。由此，牟宗三质疑道：数学何以必须牵涉歧出到外在的"类"呢？若如此，则"数学本身的自足独立的必然性在那里呢"？① 罗素的数学理论，从表面上看，皆可成立，但它消解了数学的自足性。而要保住数学的自足性，须从外在的"类"中收缩回来，依纯"理"自己之展现来规定数学，因为纯"理"自己之展现可以不牵涉到外在的对象即"类"，它不表示任何存在，只表示它自己。这样，牟宗三以纯"理"展现之"步位相"明代数，以纯"理"展现之"布置相"明几何。由此，全部数学乃由纯"理"自己之展现而明，不由外在的"类"与关系而明。显然，这是在逆觉的"理"的精神中所成就的先验主义或理性主义的数学论。只有这样，数学、逻辑等纯形式系统才得以复"大常"而归定然。然这里亦有一问题，即使纯形式系统复"大常"而归定然系属何处呢？这一问题，在牟宗三看来，"直敲'认识主体'之门，而见'超越的逻辑我'之建立。于是，康德哲学之全体规模朗然在目矣"。② 由逆觉的"理"的精神而透露"知性主体"或"超越的逻辑我"，使此"主体"或"我"超绝于经验或现象之外，从而证成 phenomena 与 noumena 的超越区分。这是康德哲学的理路，同时，在牟宗三的眼里，也是所有哲学所要遵循的理路。故在牟宗三看来，只有在这种精神之下，才能算真正进入哲学的堂奥。而在顺成的"事"的精神之下，以原始生命直接外用而趋物所成就的经验主义、实在论、唯用论，皆只能算是哲学的初步。

但我们须知，由逆觉的"理"的精神（实则是康德所说的超越批判）所透露的"知性主体"或"超越的逻辑我"只是一"形式的有"。对于这种的一个"主体"或"我"，康德在《纯粹理性批判》中辩之曰：

在对一般表象的杂多的先验综合中，因而在统觉的综合的本源统

① 牟宗三：《五十自述》，第70页。

② 同上书，第72页。

一中，我意识到我自己，既不是像我对自己所显现的那样，也不是像我自在地本身所是的那样，而只是"我在"。这个表象是一个思维，而不是一个直观。①

　　这就是说，这个形式的"我在"，不能以经验直觉之，亦不能以智的直觉知之，因为它只是一"思维"，不是一"直观"，似乎只能以"形式的直觉"知之。所以，牟宗三说："此我即是笛卡儿所说的'我思我在'之我，其'在'只是'形式的有'意义的'在'，既不是现象身分的'在'，亦不是'物自身'身分的在。"② 实际上，这样的我是知性主体的思维逻辑功能，由纯粹概念构成的，它不是"实体"的存在形式。由此先验的概念说此"主体"或"我"的定常性与客观性，此是就其自身言；就其功能言，此先验的概念亦可使感性散漫之杂多统摄为客观而定常的现象。此先验的"知性主体"或"逻辑我"因其定常性与客观性而得有逻辑的同一性与普遍性，生命若由原始的谐和透彻到此，是生命精神的进一步客观化。因为生命的原始谐和，如前所言，是自然主义的、偶然的，这里没有定常性与客观性。这样，生命精神由无定常性与客观性到有定常性与客观性，是生命精神的一步辩证发展。但须知，这一步发展，是生命精神由原来原始谐和的"质实的在"走向"形式的在"，故牟宗三称之为"生命之离其自己"也。此一阶段可谓其精神哲学中的客观精神。

　　生命由"质实的在"拉空为"形式的在"，变成了概念的游魂，其主要机能是提供先天范畴使世界客观化。这虽是一步精神的开掘，同时亦是一步生命的飘零而无所归。何也？牟宗三说："世界分明了，建立起来了，而我的生命糊涂了，解体了。'现实的我'完了，'游魂的我'归到理型世界里去了。"③ 牟宗三之所以如此说，乃是因为人的生命是需要安顿的。但显然在"知性主体"或"逻辑的我"所提供的世界并不能安顿人的生命，因为"知性主体"或"逻辑的我"——依康德的讲法——只能在现象界施其用，其成就的是内在形而上学，也就是说，"知性主体"或"逻辑的我"所提供的世界是有限的世界、知识宇宙，同样，"知性主

①　康德：《纯粹理性批判》，第104页。
②　牟宗三：《现象与物自身》，第156页。
③　牟宗三：《寂寞的独体》，第102页。

体"或"逻辑的我"为一有限"体"。人在这样一个有限的知识宇宙之内
实不能安稳。牟宗三无不充满悲情地说：

> 此散漫无归，飘萍无依之世界岂能一日安乎？吾人若静夜一思，
> 但觉飘忽苍凉，悲感无已。宇宙人生固若是之茫乎？若只游荡无根，
> 与物推移而莫知所止，则有不如无。安于知解历程以为可以自足，实
> 非安也，乃堕性之累坠，非自足也，乃物化之顽梗。以为知解历程可
> 以透露理型，既有理型，则物可解，是则何时不可停，而必向往其归
> 宿？吾实告汝，此知解历程中之理型无一不是纲目层级中相对之限
> 定。……其停非真可停，乃实其自己之物化。吾人若不物化，生命常
> 在奋发，必觉知解中无有可停止者。讨个真止处乃生命之不容已。①

前面说过，生命由顺成的"事"的精神转化为逆觉的"理"的精神，
是为了让世界可以停住以见"体"，而不是一虚无的事件或关系"流"。
但此"理"既是知性主体所发的先天范畴，只可用于现象界，则此停住
是在现象界停住，此"体"是现象界之"体"。此现象界的停住若无超越
的形上保证，则不是真实的停住；此"体"若不是超越的形上实体，则
亦不是真实的实体。也就是说，由"知性主体"或"逻辑的我"所成就
的世界只有逻辑的必然性与客观性而无绝对的必然性与客观性，而若要成
就这绝对的必然性与客观性，而给现象界的逻辑的必然性与客观性以超越
的安立，则生命必须由"形式的直觉"逆觉到"理"的精神上升至由
"智的直觉"逆觉到"体"的精神。此"体"不是现象界的"体"，而是
绝对真实无妄的唯一实体，即唯一真实的形而上学是也。

此绝对真实无妄的唯一实体即"本体"为何？这在"知性主体"或
"逻辑的我"之范围内是不得而知的，此不得而知是指不能以直觉呈现
之。但尽管如此，我们依然可以在此范围内给"本体"以逻辑的规定。
牟宗三说：

> 逻辑之表即是吾人所说之对于本体概念之逻辑构造。盖此种构造
> 即是按照一种逻辑手续而只作形式的决定也。此种形式的决定所决定

---

① 牟宗三：《认识心之批判》下，第227页。

之本体概念是否能有真实性或客观妥实性，但视其后来是否能满足直觉构造之条件。但至少此种逻辑构造可作为决定本体之形式的线索。此种线索决不可少，是达到本体之理上的轨道。①

这就是说，对本体施以逻辑的构造，虽不能决定其真实性（即真实呈现），但至少可以使我们认识其逻辑"体性"。牟宗三在其《认识心之批判》中以一百三十二节分论来断置本体的逻辑"体性"，最后逼至本体必为一无限体。他说：

> 无限的本体是无体的。无体之"体"指物质的气之"纠结"言。凡有限物皆有体。为一切有体物之本体只是一虚灵的无限之本体，而此本体自身不能再有体。如其有体，它便为一有方所之个体，而不足为万化之原。
>
> 无体的本体，总上所述而为一，只是一个"意义"。其自身既为一实现原则，亦是一意义。万有依他而有意义，而可理解，而其自身不复再依他，故其本身即是意义，即可理解。以其本身即是意义，故本体只是个理，与心合一之理。②

此即是说，本体不但是无限的，而且是动的、虚灵的，自身即具有绝对意义与价值的实现原则与万化之原。此在"理"上说必如此，由此而可说见"体"而立"极"。但此"见"此"立"皆是"理"上的，尚不能断定其真实与否？若要断定其真实，须在直觉中呈现。在直觉中呈现为断定本体存在的唯一理路。因为"凡其自身为理为意义者，皆不能再依他理或他意义以说之。此即其自身如此如此，再无理由可说者。依此，本体是最后的。凡了悟最后的皆用直觉。即其自身为'意义'，而吾人知其为意义，此'知'是直觉的，非辩解的"。③ 这就是说，本体的逻辑构造只是裁定其"体性"，然不保其必有。此即示逻辑的构造不是本体论的证

---

① 牟宗三：《认识心之批判》下，第260页。
② 同上书，第287页。
③ 同上书，第287页。

明，但本体论的证明是依一定的理路对本体是否真实存在作一理论的论证，依牟宗三的看法，此皆为虚妄的，因为最后的本体只能直觉断定其有无，不能以再理论论证其有无。由此可见，不但康德所驳斥的对上帝的本体论的证明、宇宙论的证明、自然神学的证明为虚妄，就是康德所说的上帝存在的唯一证明——道德的证明，亦为虚妄，因为他亦只是道德解说上的理论的必要。这一点，就连康德自己也是承认的，他说：

> 上帝与不朽之理念去并不是道德法则之条件，但只是"为此法则所决定"的一个意志底必然对象（最高善）之条件，即是说，是"我们的纯粹理性"之实践的使用之条件。因此，关于这两个理念，我们不能肯定说：我们知道了并理解了它们的可能性，我不要说我们知道了并理解了它们的现实性，甚至它们的可能性，我们亦不能肯定说我们知道了并理解了。但是，它们是"这道德地决定了的意志"之应用于其对象之条件，此对象是先验地被给予于意志的，此即最高善是。结果，在实践的观点中，它们的可能性必须被认定，虽然我们并不能理论地（知解地）知之而且理解之。①

上帝是意志的必然对象的条件，故在道德地决定了的意志的实践的应用中有其必然性。显然，这必然性是理论逼至的必然性，至于事实上祂是否有现实性，即能否真实地呈现，则我们不知道亦不能理解，即事实是否有上帝存在是不得而知的。然而尽管如此，自由意志实践地应用必须预设上帝存在，所以，康德说上帝只是实践理性的一个必要预设，这并不意味着客观地证明其"有"。康德否定了对上帝的本体论、宇宙论与自然神学的证明，但他从实践理性切入，只是肯认上帝为必要的预设，而并未提出新的证明理路。此即意味着，作为最后终极存有的本体根本是不能被证明的。既然不能证明，牟宗三认为，我们可以把对本体的证明问题转化为直觉问题。他说：

> 是以证明之之问题，吾人可转之为一直觉构造问题，即如是如是之本体究能直觉否？……是以其证明之问题实是一如何能直觉之而使

---

① 牟宗三译注：《康德的道德哲学》，第128页。

之成为有实义之问题，并非证明也。由此一转，吾人将不再讨论其能证明否之问题，单讨论其如何能被直觉之问题。①

牟宗三把本体是否真实存在即"有"的问题，不是看成一个本体论的证明问题，而是看成能否呈现进而被直觉的问题。这一转化，在本体问题上，导致了两点根本性的变革，即（一）由工夫之进路契悟本体之"有"；（二）本体不是外在的超越本体而是内在的超越本体。正是因此两点，牟宗三建立了他所说的唯一可能的形而上学——"道德形上学"。依牟宗三，本体的存在与否的问题实际上是一个能否被直觉的问题。但须知，这里的直觉是智的直觉而不是感官直觉，因感官直觉只能直观有限者，唯有智的直觉才能直观无限者。所谓智的直觉就是主体之自我活动，即主体自己判断自己，表象自己，亦即是其自己的如如朗现。这样，在智的直觉中消除了"能"、"所"对立，"能"就是"所"，"所"就是"能"。直觉总是人的直觉②，即"能"属人，又因"能"就是"所"，故"所"亦属人。这样，智的直觉所直观的那无限的本体在人之生命之内，智的直觉是此无限体的作用，此即是自己判断自己，自己表象自己之意。由此，那外在的无限体如上帝即虚妄不实，而可消纳为人生命之内的一无限体。此无限体以名词曰之，即是"本心"、"良知"者是。这就是本体，此本体是在智的直觉中如如朗现，即在践履工夫中逐渐被证悟而得其实。此即示，一切所谓本体论的证明皆是不得其实的戏论，唯有取工夫的入路才可亲证而直觉之。因本体非外在乃内在，非"但理"的乃"质实"的，非静态乃动态之"有"也。故我们说本体是呈现，被直觉不是像感触直觉那样，外物在静态中被直觉，而是在践履工夫中逐渐呈现，进而被直觉。此即谓：若无践履工夫，则本体根本不会呈现，亦无所谓直觉。或者说，有几分工夫，即呈现几分本体。牟宗三说：

> 若自工夫上说，譬如尽心知性知天，则具体共相（即本体）可逐渐扩大，愈扩大愈丰富，直至与天合德，则其丰富即充其量，而与

---

① 牟宗三：《认识心之批判》下，第263页。
② 康德只承认人的感触直觉而不承认人有智的直觉，但感触直觉并不能直觉上帝这一无限体，而人又无智的直觉，故上帝在人那里永远在迷障之中，故也只能交于信仰了。

本体为合一，同为充塞宇宙者。自此言之，似有层级之别，然亦与抽象共相（即有限物之理型）之层级愈高则愈贫乏者不同。若自本体言之，则此扩大之层级亦不可说。自工夫言之，固亦有即工夫即本体之义，但此自质上或内函上说如此，而工夫之扩大，人格之深远，总不可谓无也。①

　　本来，本体为先在，为绝对圆满，亦无有层级之别，因其不在工夫中。但这样的本体对于人来说是一"冥闇"，人要直觉此本体必须在践履工夫，故本体在现实中呈现是有层级之别的。这层级之别乃表示人格境界的高低不同，不表示本体自身即有圆满不圆满之分，然其呈现总在工夫中。这是生命精神的辩证的开展，故讲辩证须在工夫中，而黑格尔依概念之推演来讲辩证则根本虚妄而不实。一旦本体在工夫中完全呈现而做主，则人即成绝对的"真我"，前此之一切虚妄与不实皆化解消除而归于平平，此即牟宗三所谓"生命之复归于自己"也。也就是"尽性"之阶段，此是人的绝对圆满，亦是生命精神的最高价值的实现。生命精神的辩证的开展收结于此，哲学系统的解说亦收结于此。此一阶段可谓其精神哲学中的绝对精神。

　　然须指出的是：我们将生命精神由"在其自己"（尽材）到"离其自己"（尽理）再到"复归其自己"（尽性）是就人现实的工夫历程言，似乎本体是从无到有，此则为虚妄。本体必先在地被肯定，祂具于人人的生命中，只不过是"隐"的在，而由"隐"到"显"，即是工夫之用。若根本不肯定本体之先在，则人之生命精神的辩证开展亦根本不可能，即便有开展，其途径亦不必如上所述之绝对与必然也。此则不可不了悟也。以下各章所论，即就生命精神由主观精神到客观精神再到绝对精神之发展，以见精神辩证开显之途程也。

---

① 牟宗三：《认识心之批判》下，第278页。

第四章

尽材与主观精神

这里所说的"材"即"材料"，即一个人之气性生命所本然的能力与姿彩。在这一阶段，精神乃是以实在的气性生命为基底，故是材质主义的。但一个人若能"尽"其材质所本然之能力与姿彩，亦有殊异之所成，但因个体生命之材质俱不相同，故其所成皆主观而别异，是为精神哲学中之主观精神也。牟宗三则称此一阶段之精神为"综和的尽气之精神"。所谓"综和的尽气"就是指：尽情挥洒表现整全而浑沦的材质生命所本有的能力与姿彩。分而言之，"尽材"可分三类：尽情、尽气与尽才。

一　精神美境之展开与全幅人性的了解

人之生命精神的展开，必须要有形上的根据，亦即理性上的保证，不然皆是没有的准的经验与摸索，此则必丧失精神展开的客观性与必然性。亚里士多德讲"人是理性的动物"，孟子讲"人之所以异于禽兽者几希"（《孟子·离娄上》）。亚里士多德与孟子就是企图用"理性"或"几希"来定住人的精神，使其展开向客观性与必然性走。但亚里士多德与孟子的讲法都是静态的称谓语，而不是动态的描述语。即他们俱在给人下定义，而不是描述人的精神的展开过程。但他们也为我们认识人开出了两个必然的向度，即"理性"与"动物性"。实际上人的生命精神的辩证发展正是围绕着"理性"与"动物性"的斗争而展开的。因此，要理解精神的展开，必须切就人的"理性"与"动物性"两股力量而言。若只知人的"理性"而不识其"动物性"，则必不能理解人类历史的艰难，而使"理性"遁入空灵；若只知人的"动物性"而不识其"理性"，则必"仁义充塞，则率兽食人，人将相食"（《孟子·滕文公下》）。这俱不是真实的人类历史精神的展开。所以，"理性"使精神的展开具有客观性，而"动物性"使精神的展开具有历史性。实际上，人的生命精神的展开是一个历史的发展过程，是曰辩证的开显。

"理性"与"动物性"在中国文化中以"天地之性"（或"义理之性"）与"气质之性"名之。宋儒张横渠首次提出，他说："形而后有气质之性，善反之则天地之性存焉。故气质之性，君子有弗性者焉。"（《张子全书》卷二《正蒙·神化》）我们说横渠首次提出是指他作了明确的区分与对扬，并不是在他之前没有这方面的表示。《中庸》说"天命之谓性"，指的就是"义理之性"。孟子与告子辩"性善"，就是要在告子的"生之谓性"（实则是气质之性）之外，透显一个超越的绝对善的性（实则是义理之性）。孟子曰："口之于味也，目之于色也，耳之于声也，鼻之于臭也，四肢之于安佚也。性也，有命焉，君子不谓性也。仁之于父子也，义之于君臣也，礼之于宾主也，知之于贤者也，圣人之于天道也。命也，有性焉，君子不谓命也。"（《孟子·尽心下》）孟子所说的"性"与"命"的区分就相当于横渠的"义理之性"与"气质之性"之分。而且孟子认为，不但"性"是善的，亦是客观的、定然的，故他说："君子所性，虽大行不加焉，虽穷居不损焉，分定故也。"（《孟子·尽心上》）然而，必须指出的是，现象地看，人是一团血气的存在。故对于气质之性皆有察识与认知，但对于义理之性，若不能"善反"逆觉，即不能有所察识与认知。子贡即感叹："夫子之文章，可得而闻也。夫子之言性与天道，不可得而闻也。"（《论语·公冶长》）子贡的感叹，说明了认识义理之性的艰难。但夫子不"言"性与天道，自有其高超的精神气象，并不表示夫子亦茫然无知。依牟宗三的理解，这是要将"性"这种自存潜存的奥秘"在践仁尽心中彰显，不在寡头的外在的智测中若隐若显地微露其端倪"。① 这便开出了觉识义理之性的工夫之路，因为"性"不是一外在的"物"，而是人内在的精神力量，唯有在工夫中呈现，这种精神力量方能切要与笃实。除非是天纵之圣，则一般人对义理之性的察识均须在工夫之中。故《中庸》云："自诚明，谓之性。自明诚，谓之教。"明儒黄梨洲亦云："心无本体，工夫所至即是本体。"（《明儒学案·序》）这些都是在说明觉识、呈现义理之性的工夫之路。总之，切就人而言，现象

---

① 牟宗三：《心体与性体》上，第188页。

地、实然地看，有气质之性；超越地、工夫地看，有义理之性。这是对人性的全幅了解，也是精神展开的理路与途径。只有这样，才能理解精神展开的真实性与客观性。

牟宗三的精神哲学正是在对人性的二分中展开的。在牟宗三看来，人有两个意义模式下的"生之谓性"，即"一、本体宇宙论的直贯顺成模式下之'生之谓性'；二、经验主义或自然主义的描述模式下之'生之谓性'"。①前一个"性"是实现之理，它使人存在；后一个"性"是形构之理，它表示人的结构特征。不独人为然，万物皆有此二性。此二性即意味着以下必然预设：其一，有一物必有一物之本质，但此本质不涵此物必存在；进而其二，存在与本质分离。既如此，面对一物，吾人可作如下之问，即：使此物存在的实现之理为何？此物如此这般的生之所以然的形构之理为何？前者是宇宙论的解析，透显一个超越而绝对的形上实体，负责一物之存在；后者是经验论的解析，透显一个抽象的本质，给一物下定义。在儒家看来，万物都来自同一个形上实体，故曰："大哉乾元，万物资始。"（《易传》）"诚者物之终始，不诚无物"。（《中庸》）程明道下面一段话则说得更为明白：

　　　　所以谓万物一体者，皆有此理。只为从那里来。生生之谓易，生则一时生，皆完此理。人则能推，物则气昏推不得，不可道他物不与有也。人只为自私，将自家躯壳上头起意，故看得道理小了它底。放这身来都在万物中一例看，大小大快活！（《二程遗书》卷二上）

这样，超越地宇宙论地看，人与万物来自同一个本体，即在实现之理处，人与万物为同一。那么，人与万物的区别，即孟子所讲的"人禽之辨"在什么地方成立呢？牟宗三以下图表示了人与万物的不同：

$$\rightarrow【\,X=物；—【\rightarrow X=人$$

其中矢头表示超越的实现之理或绝对的形上实体，而括弧表示生之所以然的形构之理或结构之性。在物处，形上实体"只是外在地为其体，不能吸收此体复为其自己之性。而在人处，则既外在地为其体，复内在地

————————

① 牟宗三：《心体与性体》中，第125页。

为其体，故复能吸收此体以为其自己之性"。① 这样，就其"成"而看，万物只有一个性，即结构之性，此是生物学意义上的类不同之性。而人则有两个性，即一是因吸收形上实体而形成的超越的创造之性，此即义理之性；一是结构之性，即生物学意义上的类不同之性，此即气质之性。孟子所讲的"人禽之辨"就是在前者，而不是后者。因为后者虽然也可以说"人禽之辨"，但这是机械的、生物学的划类的"辨"，而前者则是道德的、价值的"辨"，由此方可定住人之为人。牟宗三说：

> "人在天地间与万物同流，天几时分别出是人是物"？此从"天无心而成化"方面说，固是如此。但从性体之名与实之所以立以及率性尽性之不同方面说，则人与物尽有差别。虽在天地间同流，而亦各自率其所应率之性以各自流其应流而已：人率其於穆不已之真几之性而流其道德创造之纯亦不已之流，物则率其气之结构之性而流其本能之流或堕性之流。此则不可混也。人若不能尽性、率性，而亦只率其气之结构之性，则虽在分类上，可有别于牛马，而在道德价值上，亦无以异于牛马也。此孟子之所辨也。②

所以，儒家必须先辩明这个义理之性。对于这个"性"——在牟宗三看来——儒家经典大体从两路来加以规定，即以《中庸》、《易传》为代表的一路，其中心观念为"天命之谓性"，这是"宇宙论的进路"，由此定住"性"的超越性与绝对性；以《论语》、《孟子》为代表的另一路，其中心观念为"仁义内在"、即心说性（或以心著性），这是"道德的进路"，由此定住"性"的道德性与价值性。此两路在义理上固可分开讲，但在践仁无限扩大中，必将合而为一。所以，"'道德性'根源于'天命之性'，'天命之性'亦须从'道德性'了解、印证和贞定"。③ 这是定然不可移易的。故孟子曰："尽其心者，知其性也；知其性，则知天矣。"（《孟子·尽心上》）又曰："是故诚者，天之道也。思诚者，人之道也。"（《孟子·离娄上》）这样，在牟宗三那里，超越层的义理之性再

① 牟宗三：《中国哲学的特质》，第59页。
② 牟宗三：《心体与性体》中，第136页。
③ 牟宗三：《中国哲学的特质》，第67页。

加上实然层的气质之性，构成了他对人性的全幅了解。故他极其赞赏程子所说的"论性不论气不备，论气不论性不明"（《二程遗书》卷六）一断语。由此，他极力反对明儒王阳明与刘蕺山统二者而一之的思想，认为他们不察先儒诸义并立之分际与层面，又无统而一之之理据与层次，徒生混漫。[①] 不唯此也，是之混漫，亦必致孔孟原有之道德事功之精神，徒成玩弄光景，以示其智悟与美趣。是则既不能认识精神展开的积极面，又不能理解精神展开的消极面。实际上，"性"总是在"气"中，牟宗三说：

> 盖就个体之成说性，性体之实固就"於穆不已真几"而立，然而一有个体，即不能无"气禀"之殊。……"於穆不已"之天命生德带着气化以俱赴，因而有个体之成，此亦是形而上地必然者。不成个体，则天命流行即无终成，无收煞，因而成一虚无之流，天命生德亦无以见。故天命生德必带着气化以俱赴，因而成个体，此乃是形而上地必然的。有气化而成之个体，即有由气之结聚而成之种种颜色，如所谓清浊厚薄、刚柔缓急之类，此即所谓"气禀"也。此亦是形而上地必然者。"气禀"者即气方面的禀受，或禀受于气，言此种种颜色皆禀受于气而然也。有此气方面之禀受，则性体即不能离此气禀而独存。[②]

就个体之成而言，即可如明道所言："性即气，气即性"（《二程遗书》第一，二先生语一）也。此是就性体与气禀滚在一起不离地关联说。因此关联，即有：因气禀之种种颜色，性体亦因之而有种种颜色（当然，此是指现实表现言，而不是指性体自身言，性体自身则圆满具足，此不容混漫）。然人之精神的开展，总是依天地之性来变化气质，充其极地彰显天地之性，以求实现真正的"我"。在牟宗三看来，若真正的"我"不能达到，即"人不能站起来，那么一切科学、道德、宗教、艺术，总之，一切文化都无价值"。[③] 所以，精神的辩证发展过程，就是性体统率气禀，

---

① 阳明与蕺山皆把告子的"性无善无不善"理解为"无善无恶心之体"，由此抹杀了义理之性与气质之性的区分。牟宗三对他们的这种理论有详细的分疏与批评。详见《心体与性体》中，第163—178页。

② 牟宗三：《心体与性体》中，第139页。

③ 牟宗三：《中国哲学的特质》，第69页。

气禀贯彻性体的过程。既是贯彻，即示气禀既为表现原则，复为限制原则。表现原则因气以"运"性言，限制原则依气之驳杂而总不能全尽地"运"言。故表现总在限制中表现，限制总在表现中限制。表现之即是限制之，限制之即是表现之，此是精神的实际展开历程。故现实上，人当"天行健，君子以自强不息"，工夫不可已也。然工夫无限，总须以天地之性或义理之性为标准，此为万不可摈落者。一旦摈落，全凭天定之气禀作尽情挥洒，此所谓"尽材"、尽材质生命自身的能量与业绩。那么，"尽材"有何成焉？有何限焉？此即是牟宗三所谓"综合的尽气之精神"之所涵摄。牟宗三在《历史哲学》、《政道与治道》及《才性与玄理》中作了孤明独发的表诠。由此表诠，足以见"综合的尽气之精神"何以必被超克之故？及其超克发展之"机"又何在也？天定之气禀，即为材性，其所成之"综合的尽气之精神"亦为主观精神。

二　气化的宇宙论与材质主义的人性论

依牟宗三的理解，人之精神的辩证的开展就其义理之性与气质之性的辩证的综合。最后使生命达至全尽地以理率气，以气运理。这既是哲学系统的展开，亦是"教"之所以为"教"。因为在牟宗三那里，"凡足以启发人之理性并指导人通过实践以纯洁化人之生命而至其极者为教"。[1] 牟宗三认为，以此理路来表诠人之精神展开的理境基本上得到了正宗儒家特别是宋明儒的肯认。如：

> 天地之间，有理有气。理也者，形而上之道也，生物之本也。气也者，形而下之器也，生物之具也。是以人物之生必禀此理，然后有性；必禀此气，然后有形。（《朱子全书》卷四十九《理气》一）

若能在工夫的操持中，则此肯认必定然而不可移易。这是孔孟以降之大传统，即使在汉初受阴阳五行之影响而逐渐重视"气"而摈落"理"的《淮南子》那里依然是如此。其《原道训》云："称至德高行，虽不肖者知慕之。说之者众而用之者鲜，慕之者多而行之者寡。所以然者何也？

---

① 牟宗三：《圆善论》，第 ii 页。

不能反诸性也。"此即示：天地之性或义理之性是在逆觉或善反的工夫中呈现。牟宗三认为，这是中国文化所开辟的独有的居间领域，是真正的人文主义或人本主义。而西方文化因理智扑着外物以活动，故只能开"物本"与"神本"而不能开逆觉善反的"人本"。① 故在西方文化中，人往往被现象地看、实然地看，即挨落了人的天地之性而只从其气质之性看，这不但把人看成为有限的，而且亦看成为非理性的。正因为如此，才有基督教的"原罪"、叔本华的"生存意志"及尼采的"强力意志"等诸说统。当然，理性主义者如笛卡尔、康德等也说"心"、说"理性"，但这些概念大多只有形式义，而无儒家所讲之"心"之真切觉悟义。所以，在牟宗三看来，在逆觉反省的工夫中透显那天地之性以挺立价值之源，是人类精神得以开展的"拱心石"。

然而，人毕竟是一血气的存在，若我们只现象地、实然地看其"然"，则人是一团血气之凝结。所以，尽管牟宗三的精神哲学竭力地彰显正宗儒学说统天地之性的意蕴，但我们必须承认，在儒家说统中依然有只从人之一团血气而实然地看人之一系，此即是"生之谓性"一系。据孙星衍《原性》云：孔子后，周人有世硕、宓子贱、漆雕开、公孙尼子等皆持性有善有恶说。尔后有告子性无善无恶、荀子性恶说。再后即有汉董仲舒之性有善质而未能尽善说。以上诸说，皆是牟宗三所说的顺气以言性而非逆气以言性之路。然尽管如此，依荀子与董仲舒的说统来看，他们并不重视这种性。非但不重视，且认为是负面的，是须对治的对象。故《荀子·性恶》反复彰显"人之性恶，其善者伪也"之大义，以开圣人礼乐之教化。《春秋繁露·深察名号》亦谓："生民性有善质，而未能善，于是为之立王以善之，此天意也。民受未能善之性于天，而退受成性之教于王。王承天意，以成民之性为任者也。"以上由"生之谓性"而重礼制以开人文教化，以定社会运行。依牟宗三的看法，虽流于"义外"，不能开出真正的客观精神，但亦是重视客观精神的表现。他们对人之这种"性"抱有高度的警惕，尽管没有由此进一步反省照察出人之天地之性而开出道德的理想主义，但毕竟还是可以开出重智的理想主义。此尽管有不足，亦不失为儒家思想之大义。然儒家思想自阴阳五行思想之介入，至《易传》而开始发生变化，由原来道德意义上的"理"的"天"、"性"

---

① 详细的论述见于《道德的理想主义》，台湾学生书局1982年版，第158—185页。

转化为物质意义上的"气"的"天"、"性"。对于这样一种转化，徐复观认为，从表面看似乎对人之性的解释更易让人接受，但却有一个无法避免的弊端，即"使人容易走上由思辨去了解性命的问题，使性命的问题，变成一形而上学的架子，而忽视在自身上找根源，在自身上求证验"。徐复观进一步解释说：

> 所以阴阳的架子，对于性命道德而言，实是无用的长物。如实地说，由《易传》的作者导入阴阳观念以言性命，并不能表现是一发展，而只是一种夹杂。由内在的道德根源以言性命，须出于深刻地反省，与坚实地实践工夫；这不是一般人所能作到，所能了解的。但人与天，应当是关连在一起，则是一般人共同的要求。由阴阳变化以言天命，一经理智的推想，便容易为一般人所了解接受；所以《易传》将此观念引入以后，便发生很大的影响，尤其是对两汉的思想，与五行相结合，而居于主导的地位。汉儒即完全由阴阳五行以言性与天道；而由孔子发展到子思、孟子的由内通向外的道德精神，反而多一曲折。①

这就是说，在阴阳之气的底子下言性，常是质实的、观解的。因为不能反省到一个超越的价值标准，故在此模式下言性不能极成精神的发展。但阴阳五行观念介入以后，再加上秦汉之际方术之风日盛，使得人之气性由被轻视到重视再到被观赏之流变。日本学者曾比较过《荀子》与《吕氏春秋》对于气的不同态度：

> 荀况认为，气在作为万物基础这样的意义上是不可少的，但从以人为中心的立场出发，认为人之所以为人在于义，不认为人的本质就是气，还认为，作为人之气的主要者——血气，是应当控制把握的对象，而对于自然之气，它作为自体自律之物，不会与人类社会进行神秘的交流。与此相反，《吕氏春秋》中，认为人之气主要是精气；认为通过精，人类相互的神秘感应是可能的；……气被认为在人之中起

---

① 徐复观：《中国人性论史·先秦篇》，李维武编：《徐复观文集》（三），湖北人民出版社2002年版，第201—202页。

很大的作用。①

《吕氏春秋·名类》更认为："同气贤于同义，同义贤于同力，同力贤于同居，同居贤于同名。帝者同气，王者同义，霸者同力。勤者同居则薄矣，亡者同名则愧矣。"显然，这是把气置于最高位，这不但与孔孟相对反，而且亦与荀子相对反。这种重物质性的气的精神再加上外歧的理智的推想的思维方式，终于汉魏之际形成了气化的宇宙论。本来，西汉末期的易纬《乾凿度》在表述宇宙之形成为："夫有形生于无形，乾坤安从生？故曰有太易、有太初、有太始、有太素也。太易者，未见气也。太初者，气之始也。太始者，形之始也。太素者，质之始也。"这种宇宙论在"太初"、"太始"、"太素"三气之上还有"太易"一概念，此为与三气不同质者。但魏太和年间博士张揖的《广雅》却是以下说法：

> 太初，气之始也，生于酉仲，清浊未分也。太始，形之始也，生于戌仲，清者为精，浊者为形也。太素，质之始也，生于亥仲，已有素朴而未散也。三气相接，至于子仲，剖判分离，轻清者上为天，重浊者下为地，中和为万物。（《广雅·释天》）

在这里，已经没有了三气之上的不同质的"太易"。这种宇宙论，依据日本学人的观点来看，实表示了当时的共识，因为"著述，总有使用较保守定义的性质。可以认为，具有类书性质的辞书——《广雅》，采录了当时比较稳定的公认的一般说法"。② 也就是说，以"太初"为宇宙之开始为公认的说法，是为气化宇宙论。"太初"这种"始气"又常称为"元一之气"或"元气"。既然三气相接而生天地万物，则人必须亦在此气化宇宙论的构架中得以理解。下面一条史料即为其证。东汉议郎赵咨与其子书曰：

> 夫含气之伦，有生必终。盖天地之常期，自然之至数。是以通人

---

① 小野泽精一等：《气的思想——中国自然观与人的观念的发展》，李庆译，上海人民出版社2007年版，第90页。

② 同上书，第6页。

达士鉴兹性命，以存亡为晦明，死生为朝夕。故其生也不为娱，亡也不为戚。夫亡者，元气去体，贞魂游散，反素复始，归于无端。既已消仆，还合粪土。土为弃物，岂有性情而欲制其厚薄调其燥湿邪？但以生者之情不忍见形之毁，乃有掩骼埋窆之制。(《后汉书》卷六十九《赵咨传》)

赵咨与其子之书，虽是言薄葬。其理由是：人既消亡，自还合为粪土。而粪土为弃物，当无性情厚薄之可言。此是就人的肉身躯体说。但依赵咨之所说，人之死尚不能只在此一层面理解。还有"元气去体，贞魂游散，反素复始，归于无端"之一层面。依上所言，"元气"是人的形上根据，为绝对者。人之身躯自可消亡，但此绝对者则永存，只是复归于"元"而已。人之躯体自各有别异，但元气却纯一而无别异。元气自不是任何一有规定之物质，但亦不是纯理、纯形式。若套在亚里士多德的"四因说"中，元气似乎只可为纯"质料"，而无任何规定性。但它总是"质料"而不是"理"。故以此元气为宇宙论的始点，则整个宇宙生物皆是"材质"的，开不出理性与价值。也正是基于这种认识，亚里士多德以质料因、形式因、动力因与目的因讲一般物的构成以外，一定还要有一个最后的不动的推动者，此即是上帝。上帝与构成一物之四因为不同质者，祂是超越的、价值的，祂才可作为宇宙的始点。所以，作为宇宙论的"元"一定是价值的而不是物质的，无论是什么意义上的物质。因为一说物质，则总有时间性，而从时间上寻求宇宙的开始是寻不出来的。《庄子·齐物论》所谓："有始也者，有未始有始也者，有未始有夫未始有始也者。"即是揭示若从时间上寻求宇宙的开始须作无限的追寻。故"宇宙的开始一定不是从时间说，而是从价值的意义上说"。[1] 但两汉的基本精神是：以学术上的传经解经开政治上的外王。政治上的外王本是儒学精神的一步发展，但两汉儒者的外王精神却失去了先秦儒者潜存反省的精神，多流入质实与经验。故这种精神更契合气化的宇宙论的精神，而此种宇宙论义理分际之诸多不董理处反不能缕析见察。汉儒对人性的看法，多是这种精神的反映。如："圣人以为无王之世，不教之民，莫能当善。善之难当如此，而谓万民之性皆能当之，过矣。质于禽兽之性，则万民之性善

---

① 牟宗三：《四因说讲演录》，上海古籍出版社1997年版，第23页。

矣；质于人道之善，则万民之性弗及也。"（董仲舒：《春秋繁露·深察名号》）"余固以孟轲言人性善者，中人以上者也。孙卿言人性恶者，中人以下者也。扬雄言人性善恶混者，中人也。若反经合道，则可以为教，尽性之理，则未也。"（王充：《论衡》卷三《本性篇》）显然，这是典型的以经验的观解来言人性的思路。① 其实，无论是孟子的"性善"说，还是荀子的"性恶"说，都是反省的批判（反省的批判在孟、荀之间亦有差异，在此不论），皆有理性的根据，不是依这种思路而说的，与现实的人品德行之上中下无关也。尽管气化的宇宙论之精神不只是经验的观解，亦可有形上的领会，但这只是外在的、观解的形而上学，不是形而上学的真义、实义。总之，气化的宇宙论的根本精神所极成的是材质主义或材性系统，在这个架构之内看人性及其所成，根本上摒落了作为价值根源的义理之性。这与牟宗三所说的在"道德的形上学"的架构内看人性及其所成的精神根本相背驰。故牟宗三在他的精神哲学中对这一系统作了根本的检定与批判。

材性系统，牟宗三又称之为"才性系统"，但"材"字更能表示其材质义，故这里统一称为"材性系统"。牟宗三对于纯材性系统及其所成，以两语说之，既可观可赏，而又可悲可叹。可观可赏以其气化之花烂映发说，可悲可叹以其不能向更高之精神精进说。材性系统之可观可赏在后有专门篇幅讨论。这里先论述牟宗三认材性系统为可悲可叹的所以然，以厘清纲维与分际。既而可明此材性系统何以必超克发展也。

纯材性系统，依牟宗三的见解，以王充的"用气为性，性成命定"说为代表。此语出自《论衡·无形篇》，王充说：

> 人禀元气于天，各受寿夭之命，以立长短之形。犹陶者用土为簋廉，冶者用铜为柈杆矣。器形已成，不可小大。人体已定，不可减增。用气为性，性成命定。体气与形骸相抱，生死与期节相须。形不可变化，命不可减加。

---

① 王充下面的文字，更能说明他的这种精神与理路。"诗三百，一言以蔽之，曰思无邪。论衡篇以十数，亦一言也，曰疾虚妄。"（《论衡·佚文篇》）而其"疾虚妄"的方法却是："论则考之以心，效之以事。"（《论衡·对作篇》）"事莫明如有效，论莫定于有证。"（《论衡·薄葬篇》）理论须考之以心、证之以事，此固然也。然不必只限于经验的"考"与"证"，亦可是超越的反省与证悟。此是精神的契悟、默识与感通，不可斥为虚妄。而王充于此精神则甚差。

这是落于人之形体已成之实然上说。王充虽然有"性"与"命"之分，实质上二者无以异，故他在《命禄篇》中说："夫性犹命也。"由"气性"可至王充的纯材质主义，由纯材质主义复可至命定主义、神秘主义、宿命论等，此皆为纯材质主义的必然相涵摄。以下诸条即可略见一斑：

> 故人之死生，在于命之夭寿，不在行之善恶。国之存亡，在期之长短，不在于政之得失。（《异虚篇》）
>
> 若夫阴阳调和，风雨时适，五谷丰熟，盗贼衰息，人举廉让，家行道德之功，命禄贵美，术数所致。非道德之所成也。（《答佞篇》）
>
> 世之治乱，在时不在政。国之安危，在数不在教。贤不贤之君，明不明之政，无能损益。（《治期篇》）

从上可知，王充这就把儒家传统中的道德、伦理与政教一并摈落殆尽，使其落入命定主义、神秘主义、宿命论的无可奈何之中。王充"用气为性"的思想，虽然与告子、荀子、董仲舒、扬子云等人的理论在义理上均由"生之谓性"一根而发。但我们前面说过，荀子、董仲舒、扬子云等人虽盛言此性，但不废儒家代代相授之人伦教化，虽开不出道德的理想主义，但亦可开重智的理想主义，仍不失儒家的根本大义。而王充由其材质主义而完全摈落此义，则其论学之气象与规格不及荀子、董仲舒、扬子云等人远甚。[①]　若人只限于"气性"或"气命"的无可奈何之中，则精神的开展为不可能。这是与牟宗三竭力阐发儒家义理的精神哲学所不能接受的。那么，如何扭转王充这种无可奈何的气命论，使其向有可奈何的德命论转，使生命精神由偶尔的、主观的向必然的、客观的理境升进，是牟宗三精神哲学得以展开的第一步。

牟宗三认为，以"生之谓性"一根而发者，都是顺气以言性，与正宗儒家逆气以言性相对反。告子、荀子、董仲舒、扬子云、刘子政、王充等皆可纳入此路。此路皆以初禀之气下委至个体，切就个体之成说

---

①　依徐复观的分析，王充之所以不及荀子、董仲舒、扬子云，乃是因为：他的理论"实际不是由客观的分析综合以构成原则性的理论，而只是为了辩解自己，伸张自己，所编造出的理由"。而且在他那里，伦理道德的根器甚为稀薄。见徐复观《两汉思想史》第二卷，华东师范大学出版社2001年版，第356—357页。

"性"，亦可说"命"。在此理路下，必涵摄以下三义：其一，自然义；其二，质朴义；其三，生就义①；若就此三义自身而言，不开出一超越域，必为命定主义而不可免。本来，依气化之宇宙论，人与物皆禀元一之气而生。而元一之气为最抽象普遍朴素的底子，纯一而无驳杂。故人与物从最根源的地方看，似乎亦同一而无以异。但此元一之气下贯至具体的个体，因不同的组合与结聚，遂使各个体所禀之气呈现异质性与驳杂性。这异质性与驳杂性表现在禀气之多少、厚薄与清浊的不同。人于此何以有此不同，则不可解。由此显命定，亦由此显神秘主义。禀气之多少、厚薄与清浊之不同，是内在的，是就"气"上说。此内在的"气"之不同又会形成"性"的差别性与等级性，此"性"的差别性与等级性以"善恶之分、智愚之分、才不才之分与贤不肖之分"说。此"性"的差别性与等级性，复总会表现出"命"的不同征象，此不同征象以"寿夭之分、贫富之分"说。依王充的说法，人在初禀之气时，性之差别性与等级性，命的不同征象皆决然而定然，非人力所能改变。此即典型的命定主义与神秘主义。于此，牟宗三说：

> 王充对此"差异强度之等级性"以及由之而来的"命定"，似有极强烈而真切的感受，于此真知其有无可奈何处。吾人亦可推而言之，知其于"自然生命"之独特性有极真切之认识。彼能以彻底之材质主义，自然主义，命定主义，将此自然生命之领域显括出。王充之思想，如其于学术上有价值，其价值即在此。负面之自然生命括不出，则正面之精神生命亦不能有真切之彰显。②

这就是说，在全幅的生命领域，王充的理论之意义即在：气性的领域尽而德性的领域见，由材质主义的命定主义引至道德的理想主义。然王充终是气性材质的一层论，而陷于命定主义不能超拔，则见王充之固陋而可深致慨叹也。在牟宗三看来，在"生之谓性"的一断语之下，王充的材质主义的善恶、智愚、才不才、贤不肖、寿夭、贫富之分均可承认，亦可承认孔子所说的"惟上智与下愚不移"（《论语·阳货》）。但此一切差别

---

① 牟宗三：《才性与玄理》，第3页。
② 同上书，第35—36页。

之定然不可移皆是气性的不可移，不是理性的不可移。不然，儒家所说的教化之功即不可能。程子所说的"学至气质变方是有功"（《二程遗书》卷十八）亦不可能。也就是说，精神的辩证发展不可能。下面一段伊川与其学生的问答，即证明在理性上"愚"是可移的：

> 又问：愚可变否？曰：可。孔子谓上智与下愚不移，然亦有可移之理，惟自暴自弃者，则不移也。曰：下愚所以自暴弃者，才乎？曰：固是也。然却道佗不可移不得。性只一般，岂不可移。却被他自暴自弃不肯去学，故移不得。使肯学时，亦有可移之理。（《二程遗书》卷十八）

但要证成理性上之可移，则不能只气性之一层论，须走孟子、宋明儒之路，逆气以见一超越之异质者。孟子所说的"性善"之"性"即是此异质者。故孟子提出此"性"，并不是平铺地对反地以与告子辩，他是要在"生之谓性"之上提出高一层者，以为"生之谓性"的超越之标准。故孟子并非不承认下层的"生之谓性"，且亦可承认性无善无恶、有善有恶、善恶混等诸说法。此诸多说法在孟子看来皆无甚区别，表示气性之善恶之倾向。然气性之善恶倾向皆是主观的，无的准的，由此不能贞定住人之为人的意义。所以孟子高一层的"性善"说，是由道德性的当身之善说"性"，而不是由善恶之倾向说气性，故为异质者。然遗憾的是，由"生之谓性"一根而发的理论阐发者，告子、荀子、董仲舒、扬子云、王充等一概把孟子所说的性拉下来与气性一起说，而妄说孟子之非是。此不但滋生混漫，而且埋没儒家道德理想主义之悲怀。上焉者，如荀子、董仲舒辈尚可讲"礼义之统"，开重智的理想主义；下焉者如王充则陷于命定主义与神秘主义的无奈何中，完全失却精神向上之祈向。在王充看来，他的论性是从孟子迄及刘子政以来"性"论的彻底批判。其曰：

> 自孟子以下，至刘子政。鸿儒博生，闻见多矣。然而论情性，竟无定是。……由此言之，事易知，道难论也。酆文茂记，繁如荣华。恢谐剧谈，甘如饴蜜。未得其实。实者，人性有善有恶，犹人才有高有下也。高不可下，下不可高。谓性无善恶，是谓人才无高下也。禀性受命，同一实也。命有贵贱，性有善恶。谓性无善恶，是谓人命无

贵贱也。九州田土之性，善恶不均，故有黄赤黑之别，上中下之差。水潦不同，故有清浊之流，东西南北之趋。人禀天地之性，怀五常之气，或仁或义，性术乖也。动作趋翔，或重或轻，性识诡也。面色或白或黑，身形或长或短，至老极死，不可变易，天性然也。（《论衡·本性篇》）

从上引之文"九州田土之性"到结尾一段看，王充所说的"性"显然就是牟宗三所说的"结构之性"而不是超越的"实现之性"，故它是物理意义上的。既是物理意义上的材质，则它是中性的，无所谓善或恶，因为它是知识上的"是什么"的领域。既如此，牟宗三说：

> "生之谓性"即从个体成其为个体时所具有之"自然之质"以言性。从个体形成言性，则性是"是什么"之性，而非道德性当身所表现之"当然之性"。"是什么"之性进一步即成为知识上"定义之性"。而"定义之性"是一知识概念，并非一价值概念。无人从"定义之性"处说善恶也。"定义之性"所表示之理为"形成之理"，而非道德性当身之心性所表示之"实现之理"。[1]

依牟宗三的理解，由"生之谓性"一路下来之诸义所极成的"定义之性"虽是一知识概念，不表示道德性的当身之善，但它总可表现一定的善或恶的倾向。这将如何理解呢？原夫牟宗三之意，似当如此："定义之性"总表现出一定的色泽与征象，此色泽与征象与一定的环境或事相关联，即产生或好或坏的结果，以此或好或坏的结果而说善或恶。例如，"急"脾性自身无所谓善或恶，遇当"急"之事而"急"，则自会有好结果，由此说善。但若遇"缓"之事亦"急"，则产生坏结果，由此说恶。同样，"缓"脾性之善恶亦当如是说。总之，"定义之性"尽管有其色泽与征象，但都是知识意义上的色泽与征象，而不是价值意义上的色泽与征象。故自身不可说善或恶，其善或恶皆是此色泽与征象外倾于"事"言。显然，这种善或恶皆是事务性、实用性或功利性的，尽管它有事之脉络中的合法性与价值性，但它万不可与道德性当身之善相混漫。因为道德性当

---

[1]　牟宗三：《才性与玄理》，第21页。

身之善确立了人的尊严，具有绝对价值。而事务性的善或恶是平面的、松散的，它不能收煞凝聚而开出精神向上之机，即永远没有精神的辩证发展，甚至根本不能说精神。唯有透显人之道德性当身之善的性，精神的发展才有的准与方向，精神的向上之机才有可能。荀子、董仲舒辈虽欲由"礼义之统"开出精神向上之机，但若找不到"礼义之统"内在的价值根源而纯为外，则此"礼义之统"易流入僵化胶固甚至专制暴力，这反成了精神向上的障碍。至于王充，则是命定主义的等待与幸偶，于精神之向上更无与也。所以，"生之谓性"论者把孟子的"性善"之性拉下来而与"生之谓性"在一条线上讲，则根本泯没精神向上开展的可能。这是牟宗三所以要竭力辩白与厘清的。"生之谓性"论者当然也可以思考到一个绝对善的"性"，但他们认为此性不在人的性分之内，至少没有普遍性。故董仲舒云：

> 今按圣人言中，本无性善名，而有善人吾不得见之矣。使万民之性皆已能善，善人者何为不见也？观孔子言此之意，以为善难当甚。而孟子以为万民性皆能当之，过矣！圣人之性，不可以名性。斗筲之性，又不可以名性。名性者，中民之性。（《春秋繁露·深察名号》）

以上一段话，把圣人之性与斗筲之性从人性中排除出去，认为圣人不可学，而斗筲则不可教。所谓可学可教者为"中民"，而两极端则不在教化之内。这不但把圣人推至高不可及之地，亦且根本鄙夷众生之慧根与灵觉。此与儒家"人皆可以为尧舜"（《孟子·告子下》）之理想根本背驰。若此，则根本堵塞了精神向上开显之路。此岂为董理之论。夫子曰："若圣与仁，则吾岂敢。抑为之不厌，诲人不倦。则可谓云尔已矣。"（《论语·述而》）伊川曰："生而知故不待学。然圣人必须学。"（《二程遗书》卷十九）世间并无现实的圣人，圣人之所以为圣，即在其"造次必于是，颠沛必于是"（《论语·述而》）的进德修业工夫历程中，此精神之向上开显，绝非易事。故公西华在听完夫子的"为之不厌，诲人不倦"之自道后，叹曰："正唯弟子不能学也。"而"生之谓性"论者以天资高之材性论圣人，以圣人为天定的气禀，不可学而至，从而堵塞精神向上开显之路，岂不谬哉?！伊川曰："大贤以上更不论才"（《二程遗书》卷十八），岂有从材性论圣人者。圣人自为精神的理性领域，不是天才。天才再高，亦只是技艺之制作，不表示精神的向上开显。若要尽圣人之蕴，极成精神之向上开显，则不可以圣人之性为不是性，而根本是人性分内的超越理性领域。此则须正面肯定孟子的"性善"，而与"生之谓性"区以别。由此，人性论始能得其全，精神的开显始能得其正。宋明儒即归宗于此。

至此，对于中国文化内部由"生之谓性"一根而发的材性系统，牟宗三在他的"道德的形上学"的架构之内作了彻底的检定与批判，从而为他的精神哲学的展开奠定了义理基础与发展方向。对于材性系统，牟宗三结之曰：

> 吾人必如此观气性才性或质性，始能尽自然生命强度之全幅意义，而见其为不能自足者。命定只是实然的、暂时的。在品鉴下，是可欣赏的。在有"超越者"以冒之之下，则又是可忧虑而令人致慨者。①

以上所述，是就材性系统的义理大纲维总持而言其不足与限制。然材性系统毕竟有其气化之强度性，若能尽此强度性，以见"生命之光辉以及其飞溅之浪花"②。切就材性系统，牟宗三云："若能尽气则不自觉中亦有近道者存焉。其尽气中的'自然的强度'亦含有精神的，而非为纯物质的也。"③故材性系统亦是可观赏的。神会和尚云："世间不思议事，为布衣登九五；出世间不思议事，为立地成佛。""立地成佛"固表示理性业力之无限，然"布衣登九五"亦示材性业力之不可限量。材性系统之业力究如何之不可限量？又如何于此不可限量中见其无法超越与摆脱之限制？吾人即进入牟宗三精神哲学对材性系统各人格形态之品鉴的解析，以见精神辩证开展之具体姿态也。

三　材质主义的品鉴与"尽材"
之三样态：情、气、才

所谓材性系统之品鉴的解析，是相对于材性系统之形上解析，即材性

---

① 牟宗三：《才性与玄理》，第41页。
② 同上书，第36页。
③ 牟宗三：《历史哲学》，台湾学生书局1984年版，第197页。

人性论而言。材性人性论是指从禀气说到性情再说到运命，此是理论的、解释的。告子、荀子、董仲舒、王充皆为此路，他们因为均未透显出理性的超越领域，故牟宗三对此路作了形上的批判。材性的具体解析是指切就个体生命之成所飞溅之浪花，品鉴其容止、风神、仪态、情韵、格调、声威、气宇、器识、智悟等。此为刘劭《人物志》所首发。《人物志·九征篇》开首云：“盖人物之本出乎情性，情性之理甚微而玄。非圣人之察，其孰能究之哉。凡有血气者，莫不含元一以为质，禀阴阳以立性，体五行而着形。苟有形质，犹可即而求之。”《人物志》的用力处，即在切就“形质”而品鉴之。既是切就“形质”之品鉴，则其“察”即含二义①：一为感性的、质实的，非理论的、推理的。一为单称的、非普遍的。于前者，能曲尽气化生命之业力玄微，对生命之花烂映发作当体的了解，此为生命之学问所应含与必含者。于后者，因无普遍的超越者以冒之，则此单称者即不能提撕向普遍者转进，由此可见此种品鉴之拘弊与固陋。牟宗三的精神哲学对于材性系统，既可依《人物志》之理路对材性之各人格形态作品鉴的具体解析，亦可在超越者之统领下作一理性的批判，使精神向更高之理境提撕转进得以可能。这就不但超过了《人物志》，而且也超过了宋明理学。因为前者虽能品鉴观赏人之气质之性，但无义理之性的超越域，固不能尽生命精神之全蕴；后者虽义理之性与气质之性并举，但多把气质之性看成对治的对象，是负面的，气质生命的积极面没有被解析出来。或以“圣人忘己，更不论才也”（《二程遗书》卷十八）为借口，未予材性生命以足够的重视（故理学家常带山林气）。此亦未能尽生命精神之全蕴。

在论述牟宗三的理论之前，须对《人物志》之系统有一概略的认知。刘劭约生活在汉灵帝及魏正始年间（公元 168—249 年）。有汉至顺、桓之时，即兴“题拂覈论”、“月旦人物”之风。此风之下，社会渐有善覈论月旦之人，许劭即其选也。《后汉书·许劭传》记有：“初，劭与靖俱有高名，好共覈论乡党人物，每月辄更其品题。故汝南俗有月旦评焉。”且谓其评曹操为“清平之奸贼，乱世之英雄”，而使操大悦。这种覈论月旦固在政治与实用，然无形中亦使社会滋生些徒表现美趣与浮智之人物，

---

① 此二义乃依康德对审美判断的衡定，即审美不能依据概念，必须有一个感性的所与，同时任何审美判断都是单称判断。

郭林宗其选也。《后汉书·郭太传》曰："或问汝南范滂曰：郭林宗何如人？滂曰：隐不违亲，贞不绝俗。天子不得臣，诸侯不得友。吾不知其它。"此可想见其人之风神仪范。党锢之祸以后，知识分子在社会上自处日益艰难，此情形至魏正始时非但未见好转且尤甚。故使"魏晋时代'一般思想'的中心问题为：'理想的圣人之人格究竟应该怎样？'"① 刘劭的《人物志》正是这种外在机缘下的产物。刘劭在自序中云："夫圣贤之所美莫美乎聪明，聪明之所贵莫贵乎知人。知人诚智则众材得其序，而庶绩之业兴矣。"《人物志》品评鉴赏人物，亦把圣人置于各人格等级之最高位。《九征篇》云：

> 凡人之质量，中和最贵矣。中和之质，必平淡无味，故能调成五材，变化应节。是故观人察质，必先察其平淡，而后求其聪明。聪明者，阴阳之精。阴阳清和，则中叡外明。圣人淳耀，能兼二美。知微知章，自非圣人，莫能两遂。……故曰物生有形，形有神精。能知精神，则穷理尽性。性之所尽，九质之征也。然则平陂之质在于神；明暗之实在于精；勇怯之势在于筋；强弱之植在于骨；躁静之决在于气；惨怿之情在于色；衰正之形在于仪；态度之动在于容；缓急之状在于言。其为人也，质素平淡，中叡外朗，筋劲植固，声清色怿，仪正容直，则九征皆至，则纯粹之德也。九征有违，则偏杂之材也。三度不同，其德异称。故偏至之材，以材自名。兼德之人，更为美号。是故兼德而至谓之中庸。中庸也者，圣人之目也。具体而微谓之德行。德行也者，大雅之称也。一至谓之偏材，偏材，小雅之质也。一征谓之依似，依似，乱德之类也。一至一违谓之间杂，间杂，无恒之人也。无恒依似，皆风人末流。末流之质不可胜论，是以略而不概也。

从以上的论述中可知，圣人之所以位列各人格等级之最高位，乃是其具"九征之材"，刘劭名之曰"纯粹之德"、"中庸"。而"中庸"的具体表征是什么呢？《体别篇》云："夫中庸之德，其质无名。故咸而不碱，淡而不醶。质而不缦，文而不缋。能威能怀，能辨能讷。变化无方，以

---

① 汤用彤：《魏晋玄学论稿》，上海古籍出版社 2005 年版，第 103 页。

达为节。"这是说圣人是通才，能应世接物，变化无方，其质不可以一定的征象名之，故无名。而不具"九征之材"者则是偏材，其人格等级从大雅、小雅到乱德、无恒，依次递减。显然，《人物志》是从材性论人格之各等级。然圣人"生而知之"，其才本乎天。《白虎通》、《论衡》及《抱朴子》上均有相关的观点与论述。因此，"圣道仰高钻坚，永为凡人之所不能及。谓圣人既不能学，自不可至，固必为颇风行之学说也。"①既然圣人之才本乎天，不可修而至，则世间多是"抗"、"拘"之才。"抗者过之，而拘者不逮。"与中庸之才比，过之与不逮虽都可有所成，但亦有所失，不及中庸之才圆满而周济。故《体别篇》云：

　　夫拘抗违中，故善有所章而理有所失。是故厉直刚毅，材在矫正，失在激讦。柔顺安恕，美在宽容，失在少决。雄悍杰健，任在胆烈，失在多忌。精良畏慎，善在恭谨，失在多疑。强楷坚劲，用在桢干，失在专固。论辨理绎，能在释结，失在流宕。普博周给，弘在覆裕，失在溷浊。清介廉洁，节在俭固，失在拘局。休动磊落，业在攀跻，失在疏越。沉静机密，精在玄微，失在迟缓。朴露径尽，质在中诚，失在不微。多智韬情，权在谲略，失在依违。

　　此是以各体别言其各自相宜之表现及其局限。另外，各体别因其各自的体性不同而在客观方面能"尽"不同之理。此即是《材理篇》之所说：

　　夫建事立义，莫不须理而定。及其论难，鲜能定之。夫何故哉？盖理多品而人异也。夫理多品则难通，人材异则情诡；情诡难通，则理失而事违也。夫理有四部，明有四家，情有九偏，流有七似，说有三失，难有六构，通有八能。若夫天地气化盈虚损益，道之理也；法制正事，事之理也；礼教宜适，义之理也；人情枢机，情之理也。四理不同，其于才也，须明而章。明待质而行，是故质于理合，合而有明。明足见理，理足成家。是故质性平淡，思心玄微，能通自然，道理之家也；质性警彻，权略机捷，能理烦速，事理之家也；质性和平，能论礼教，辩其得失，义礼之家也；质性机解，推情原意，能适

①　汤用彤：《魏晋玄学论稿》，第95页。

其变，情理之家也。

道理、事理、义理与情理分别须各自相应的体别才能"尽"，不然即有失。而能通四理之人则鲜矣。此示人之材性之偏至。《材理篇》复说："四家之明既异，而有九偏之情，以性犯明，各有得失。"其后即分说刚略、抗厉、坚劲、辩给、浮沉、浅解、宽恕、温柔、好奇之人于理上的优长与偏失。之所以如此，乃因"各从其心之所可以为"。刘劭解析出了"抗"、"拘"之才的"得"与"失"，当然是希望以中庸之德为标准，进德修持，以益其"得"而去其"失"。所以他说："及其进德之日，不知①揆中庸以戒其材之拘抗，而指人之所短以益其失，犹晋楚带剑递相诡反也。"（《体别篇》）但他似乎对人之才气习性之胶固性有深切的体会，而不敢抱太大的希望，因此充满着悲观主义的情调。故他在《体别篇》最后说："夫学所以成材也，恕所以推情也。偏材之性，不可移转矣。虽教之以学，材成而随之以失；虽训之以恕，推情各从其心。信者逆信，诈者逆诈。故学不入道，恕不周物，此偏材之益失也。"这里，刘劭似乎知道，人要变化气质，进德修持，不能只停留在材性之一层中，须有更高的标准以冒之。这是他对偏材的"学不入道，恕不周物"之叹之所由。但因为刘劭不能体会到生命中的理性的超越域，无此更高之标准。徒树一天授而不可学的圣人以为标准，在他的材性系统的品鉴中并无积极的意义。其余对各材性人格等级的品鉴皆见其具卓绝的慧解与精察。《三国志·魏志·刘劭传》载侍郎夏侯惠曾曰："听其清谈，览其笃论，渐渍历年，服膺弥久。"诚非虚誉也。《人物志》在正宗儒家心性系统以外开一别宗——材性系统，以整全性命之学，其功岂不伟哉！当然，因《人物志》完全是在品鉴之下开其材性系统，而无更高的理性批判层级。故常只陷在材性系统自身，而不能向更高的精神理境升进。是又见其拘蔽。牟宗三的精神哲学之于材性系统，可以说是《人物志》的一批判的发展。

牟宗三首先肯定《人物志》切就人之气化生命之当身而品鉴其姿彩，是对人的学问的恰当的了解。因为"人是天地创生的一个生命结晶的艺

---

① "不知"原文为"不止"，但以上下文意，似以"不知"为妥。因为若为"不止"，则断句应为："及其进德之日不止，揆中庸以戒其材之拘抗，而指人之所短以益其失，犹晋楚带剑递相诡反也。"其意甚难理解。若为"不知"，则断句为如正文，如此其意则顺适妥当。但笔者尚未看到较好的校点本，而"四库全书"本及"四部丛刊"本皆为"不止"二字。

术品。我们也须要直接地品鉴地来了解之"。① 这种了解生命精神的路数在西方常是不被重视的。因为在西方，要么是对人诉诸心理学、生理学或人类学的了解。要么诉诸文化创造的分析的了解。前者是就人之存在分解出某一面现象而论述其法则，不是还原其为一整全的人，就其独有的人格与风姿来了解。故在此路数中，其论述不是品鉴的论述，而是指物的论述。后者则是就人之活动而论其文化成就，而不是就个体的生命人格当体地品鉴之，这是绕出去论之，不是当身质实的把握。西方论人的这种路数并非全无价值，且在科学与人文上有极大的价值。然而，这种笼统而普遍的路数，亦必然遗忘个体的容止、风神、仪态、情韵、格调、声威、气宇、器识、智悟等生命征象，即不能把握个体生命的鲜活与殊异。在牟宗三看来，《人物志》这一路数结穴于宋明儒所说的"气质之性"，再加上由孔、孟、《中庸》这一传统路数下来而结穴于宋明儒的"义理之性"。此两路数彻尽了全幅人性的了悟之学。尽管西方对人性的了悟在义理方面足有可以充实而振拔吾人者，但因均不是当体的了悟，故不及中国文化人性之学亲切。因为中国文化中的人性之学，要么是在个体风神的品鉴中展开，要么是在工夫的道德践履中展开。它不是宗教上的信仰与祈祷，不是哲学理论上的空讲，更不是文学上的赞叹与咒骂。此两路数，穷尽了生命精神领域中的内容真理。前者是品鉴地"穷"与"尽"，因无客观绝对之超越者以冒之，故引声出"言是否尽意"的问题。此一问题即示品鉴的内容真理常是主观的，须上升至客观以求普遍。后者是穷理尽性地"尽"，因人人生命中有一超越的绝对体，故"理"上必能全尽地"尽"，尽管现实上工夫无限，但亦可顿悟而至。故道德的、践履的内容真理具有绝对性与客观性。在牟宗三看来，对生命精神的研究不能仅把生命推出去使其对象化而作外延的研究，成就外延的真理。还须内在化于个体自身而内容地研究，成就内容真理。只有这样才能恢复人之主体性，由主体自身之"明"开出精神向上发展的动力。他说：

　　现代人用心理学、人类学、社会学这些科学来研究人，这是科学的了解，就是把人纯粹当作对象来研究，就好像研究原子、电子那些对象一样。这样一来人变成了物，人的身份也没有了。你用科学的态

---

① 牟宗三：《才性与玄理》，第44页。

度来研究人，人就变成 eternal object，主体的意思没有了，主体也就
变成客体、变成对象。……本来主体是有明的，可是你把这个主体对
象化，它那明的意思就没有了，也就是能够表现价值、判断是非的那
个明没有了。①

所谓主体之"明"，就是人之生命自身以内开显精神向上的动力、理
性与道路。这既是生命的学问，也是精神辩证发展的唯一道路。《人物
志》能切就个体生命之风姿作如理的品鉴，可以说把住了生命学问的初
级形态。若能进一步切实地体悟到生命的超越域而开显精神的更高理境，
则《人物志》之于精神哲学可谓所得尤多。但《人物志》并不能至此，
故牟宗三在肯定了其贡献之后，既而提出了尖锐的批评。

牟宗三之所以对《人物志》提出批评，是因为其系统只是材性一层
论。这材性一层论必陷于命定主义，使得变化气质为不可能。刘劭亦深知
此，故有"偏材之性，不可移转矣。虽教之以学，材成而随之以失；虽
训之以恕，推情各从其心。信者逆信，诈者逆诈"之叹。牟宗三认为，
若只材性一层论，则必有以下两结论，即：

> 一、足以说明人之差别性或特殊性，此与孟子所讲的"道德的
> 心性"，宋儒所谓"义理之性"之为同同而普遍的，相翻。此差别性
> 包括横说之多采与竖说之多级。
> 二、此差别性皆是生命上之天定者，此足以说明人格价值之不
> 等，亦足以说明天才之实有。②

若承认此材性人格之不平等且停留于不平等，则开显不出精神的更高
理境，这必不是仁者之心所可祈愿。故儒家多不停留于此而讲"化"，尽
管理路有所不同（有外在的理路，此为荀子、董仲舒所讲；有内在的理
路，此为孔、孟、宋明儒所讲），但一定讲"化"，此则无有疑义。牟宗
三的精神哲学当然是接着宋明儒的理路而内在地讲。而《人物志》之所
以不能"化"，乃因为它不能切就生命之风姿进一步内敛反省，体悟到一

个价值的形上实体以为"化"之超越根据，而只停留在生命原始风姿的观赏乃至无可奈何。张横渠曰："形而后有气质之性，善反之则天地之性存焉。故气质之性，君子有弗性者焉。"（《张子全书》卷二《正蒙·神化》）可以说，《人物志》尚只停留在"形而后"处论人，其工夫与宋明儒比，尚差向上的内敛反省的一套工夫。所以，牟宗三说：

> 故至宋儒始真能言变化气质，始真能建立成德之学。成德化质，并不是"教"与"训"所能济事。不能自觉到"学"之所以可能之超越根据（义理之性），虽教之以学，则其"学"只是顺其偏材而滋长，此为"顺取"之学。此于其气质之偏并无补救，而且益滋其失。……同样，不能自觉到"恕"之所以可能之超越根据，（恕从仁心发，先点出仁体，恕始可能），徒训之以恕，则其"恕"只是顺其固有之材质情性之偏情而有顺违，此为"顺取"之恕。此于气质之偏失亦无补救，而且益甚其偏。……故成德之学，唯在"逆觉"。逆觉者，逆其材质情性之流而觉悟到成德化质所以可能之"超越根据"之谓。[①]

这个"超越根据"就是儒家所说的本心、良知等道德实体。在牟宗三的精神哲学系统中就是"道德的形上学"。从精神的最高理境来看，"学"是学此，"教"亦是教此。若无此超越之根据，外在散漫的"学"与"教"不惟支离，而且会偏离精神内在展开的理路而失其统绪。故《礼记·学记》云："记问之学不足以为人师。""记问之学"乃是依材之偏而来的爱好，此固可成其长，然亦可掩其短。若不能体悟超越的精神实体，则气质的爱好常只有功利的、实用的价值，而无精神历程中的价值。《中庸》云："天命之谓性，率性之谓道，修道之谓教。"这是依于超越的精神实体而下来的"教"，即是"自明诚，谓之教"的"教"，由此可言化质成德。但《人物志》陷于材性一层论中，可观赏到自然生命之风姿烂漫，甚至亦可照察到此风姿烂漫背后无以排遣的落寞与悲凉，但却开不出生命精神的积极领域。牟宗三说：

---

① 牟宗三：《才性与玄理》，第58页。

《人物志》知道"学不入道，恕不周物，此偏材之益失"。但它不知如何学始能算是入道之学，它亦不知入道之学如何而可能。它不知如何恕始能算是周物之恕，亦不知周物之恕如何而可能。……成德化质之学有其所以可能之超越根据，而才质之性虽是生命上之先天的，定然的，然究竟是生命之实然，而非理性上之必然。故一旦能开辟出"理性之领域"，则即可化可转，如是成德之学始可能。若开不出理性之领域，只是顺才性而言，则生命上之先天的，定然的，皆落实下来而真成为定然、而不可化、不可转。①

依牟宗三的理解，开不出生命的理性领域，而停留在材性生命之当身，固可欣赏到气化生命姿彩的融摄与映射，而却照察不到气化生命之可忧可虑。甚至虽照察到了气化生命之可忧可虑，却陷于命定之嗟叹，开不出更高的精神以转化之。俱不是对生命之真实的了悟。所以，可欣赏与可忧虑，构成了《人物志》材性人格的全幅意义。牟宗三说：

（生命）有其独立的一套，即其"独立的机括性"。种种可悲可泣可诅可咒之表现由此发出。权力欲、情爱欲、信仰欲，由此发出；变态心理，种种情意结，由此发出；英雄天才之荒诞怪僻由此发出；不可克服之悲剧由此发出；印度邪命外道视业力如"掷缕丸"之自然解脱论（实即永不能解脱），亦由此发出。凡此种种，皆概括在"生命领域"内。才性一路，在道德宗教意识下，上提而为非理性之生命；在美学艺术之精神下，则即平静而为可品鉴之才性。上提下平，皆可概之于"生命"下，而谓其是"生命之领域"。非理性之生命是此领域之消极意义，才性则是此领域之积极意义。②

《人物志》虽然立"圣人"或"中庸"一标准，企图使材性生命上提。但其所说的"圣人"或"中庸"并不是在超越的理性领域中，而是在材性一层论中。这当然不是儒家所讲的"圣人"或"中庸"的谛当义。此义之不谛当，俱因对生命觉悟之不通透。牟宗三说："圣人之天资材性

---

① 牟宗三：《才性与玄理》，第58—59页。
② 同上书，第59—60页。

所呈现之姿态，在成德之学中、为其德性所化所润，转而为圣人之'气象'，不复是原始之风姿与神采。……《人物志》开不出超越领域与成德之学，故顺材性观人，其极为论英雄，而不在论圣贤。顺材性一路入，对于英雄为恰当相应者。盖英雄并不立根基于超越理性，而只是立根基于其生命上之先天而定然的强烈的才质情性之充量发挥。……故圣人一格，不能只顺才性一向、而列入才性人格之层级中。"① 依牟宗三，圣人是精神的最高实现，是生命的绝对化。但英雄不是，不唯不是生命之绝对化，甚至未及生命的客观化，它只是材质生命的充其极，其中自有美学境界与智悟境界，但依然是主观的②。故《人物志》只见英雄之可欣赏，而不知英雄之祸害。英雄——在牟宗三的精神哲学中——是"综和的尽气之精神"下之极致，若无"分解的尽理之精神"与"综和的尽理之精神"的提撕与规导，则英雄之为祸害则永不能泯除。"综和的尽气之精神"、"分解的尽理之精神"与"综和的尽理之精神"为生命精神三个渐次上升的阶段，由此而尽精神发展之全蕴。但《人物志》乃至汉魏六朝期间在气化宇宙论下的"人学"，皆不足以语此。而一般人在生活中亦只在"综和的尽气之精神"之下求"尽"自家之气，而于"分解的尽理之精神"与"综和的尽理之精神"则根本茫然，故生命精神终开扩不出去，既开扩不出去，亦使气沉陷、堕退而萎缩，终不能"尽"气。夫子曰："人之生也直，罔之生也幸而免。"（《论语·雍也》）由此可知，生命之学问亦可谓"费而隐"，若无真确之觉悟，"昧其性冥行而已，是与游魂为变者相去几何，则其生也特幸免耳"（张南轩：《癸巳论语解》）。则生命之自觉，岂易言耶?!

　　现在我们再来讨论一下所谓魏晋时代是"人的发现"或人的自觉的真实意涵。此问题若不能作批判的分疏，则开显不出精神向上之机。牟宗三对此一阶段的所谓人的发现或自觉，其总的评价是：中年的、病态的，甚至是虚无主义的。何以如此？此中自有密义可言。我们说过，汉魏乃至六朝是在气化宇宙论的底子下论人，在此底蕴之下，对人之材性的能量、

---

① 牟宗三：《才性与玄理》，第60—61页。

② 此种智悟境界依然有美学情调鼓舞其后，西方柏拉图、怀德海之哲学，中国之术数"易学"、魏晋之玄学皆能见出智悟境界后的美学情调。"美学"——依康德的理论——亦有其客观性，但这是主观的客观性，是期望别人赞同的意义上的客观性，它不是道德意义上的真实无妄的绝对的客观性。

业力与姿彩有切实的体悟、发现乃至欣赏。由此,蛰伏在传统儒家德性人格之下的材性人格得到了松绑与解放。这有类于西方文艺复兴时期,即把人从中世纪宗教的桎梏中拉回到人间。魏晋时期的所谓"人的发现"多从这个意义上说。但是否这就是真正的人的发现呢?是值得探讨的。人的发现不能只从"生之谓性"即内在的材性的立场上讲,一定还要从"天命之谓性"即超越的德性的立场上讲。二者之相得益彰才是真正的人的发现,但这一点,无论是西方文艺复兴时期,还是中国的魏晋六朝均没有达到。就西方来说,文艺复兴时期的所谓的"人的再生"确实表现出"对于现实的人生,现实的自我,个性的自我,有一种春天之情的喜悦感,而且有一种现实的人间爱"。[1] 这样,此时的确出现了一批在才情上表现卓绝创造力的科学家与艺术家。即在"综和的尽气之精神"上有卓越的成就。但同时,此时因只着眼于人的材性的内在理解,这固然是"个性自我的觉醒,然其所谓人性仍只是对自神本落下来而说,而落下来自其自身而观之,又只是一个浑沦的泛说,而个性自我亦只是一个浑沦的整全,因此亦只是偏于才情气而说"。[2] 总之,是材性一层论之观点中论人,而推远甚至抹去了人的超越神圣性,其结果就是:"人之一切自然本能,蛮性的权利意志,向外征服欲,得一尽量表现之机会;而形成近代文化中另一种人之神性与其兽性之纠缠。"[3] 实际上,像《十日谈》这种肆情纵欲的作品在那时的出现,就是这种结果的昭示。这当然不能算是真正的人的发现。就中国来说,魏晋时期在气化的宇宙论的底子之下固然对人之材性有一解放,但因当时道教之方术、养生、炼丹的广泛流行,使这一时期的所谓理想人格不是沿正宗儒家的德性人格走,而是沿着道教的神仙走。阮嗣宗《大人先生传》即鄙夷"奉事君王,牧养百姓"的儒家德性人格,而标举仙道人格。

> 夫大人者,乃与造物同体天地并生。逍遥浮世与道俱成,变化散聚不常其形。天地制域于内,而浮明开达于外。天地之永固,非世俗之所及也。

---

① 牟宗三:《道德的理想主义》,第 166 页。
② 同上书,第 169 页。
③ 唐君毅:《人文精神之重建》,台湾学生书局 1984 年版,第 141 页。

显然，这里的"大人"是形质的，材性的，与儒家传统所说的"大人之能以天地万物为一体也，非意之也，其心之仁本若是，其与天地万物而为一也"，之心性的，大异其趣。葛洪《抱朴子·刺骄》也是对这种仙道人格之描述：

> 夫伟人巨器，量逸韵远，高蹈独往，萧然自得。身寄波流之间，神跻九玄之表。道足于内，遗物于外。冠摧履决，蓝缕带索。何肯与俗人竞干佐之便僻，修佞幸之媚容。效上林喋喋之訚夫，为春蜩夏蝇之聒耳。求之以貌，责之以妍。俗人徒觑其外形之粗简，不能察其精神之渊邈。务在皮肤，不料心志。虽怀英抱异，绝伦迈世。事动可以悟举世之术，言发足以解古今之惑。

这即是典型的世外高人的形象，此为魏晋时代的理想人格。另外，曹子建、郭景纯诸人集中多"游仙诗"，亦可见士风之一斑。这种人格理想使得士人在生活上多诋毁儒家礼教，崇尚自然放达，故有所谓名教与自然之冲突。在情调上多有仙风道骨，飘逸浪漫，表现出气性上十足的美学精神，一般称之为"魏晋风度"。一部《世说新语》就是魏晋士人此种精神的最好写照。但以"魏晋风度"为主导的精神能算是人的自觉吗？鲁迅在其名篇《魏晋风度及文章与药及酒之关系》中此作了探讨，即"魏晋风度"是由药与酒造就的。试问，由外在的实物"药"与"酒"来造就一种精神，能算是真正的人的自觉吗？《世说新语·任诞》载："阮浑长成，风气韵度似父。亦欲作达。步兵曰：仲容已预之，卿不得复尔。"若"魏晋风度"真可算人的自觉，岂有容其侄（仲容，即阮咸）觉而不容其子（长成）觉之理？此即示：魏晋士人自知此种所谓"风度"实是一虚脱的光景，非正大之道也。那么，什么是真正的人的发现与自觉呢？真正的人的发现与自觉乃是：于人的生命中觉悟到一个可以绝对做主的价值实体，以此来调适生命、规导行为，并自觉地担负起家、国、天下之责任，而不是尽情地展现质气生命之外在而无根虚脱的光彩。故人的发现与自觉当该是入世的儒家圣贤人格，而不是出世的道教神仙人格。以下诸义皆可谓人的发现与自觉。

> 孟子曰：尽其心者，知其性也。知其性，则知天矣。存其心，养

其性，所以事天也。夭寿不贰，修身以俟之，所以立命也。(《孟子·告子上》)

居天下之广居，立天下之正位，行天下之大道。得志与民由之，不得志独行其道。富贵不能淫，贫贱不能移，威武不能屈。此之谓大丈夫。(《孟子·滕文公下》)

在这里，生命总有最后的站立点，不会四无依傍、飘零浮沉。故"夭寿不贰，修身以俟之，所以立命也"。亦可推拓得开，不限于个体质气生命之孤芳自赏，乃至肆情纵欲。故"居天下之广居，立天下之正位，行天下之大道"。所以，真正的生命的觉醒与人的发现，不能只限于气化生命之花烂映发，此为自然生命业力之不可掩，此为自然而必然能透射者。但若无德性生命的"觉"与"健"，则此自然生命之业力即无收煞而无价值保证。可以说，德性生命之"觉"与"健"乃生命的觉醒与人的发现的根本维度。这德性生命的"觉"与"健"表示人有跃动周详、活泼朗彻之主体。此主体使人的生命蕴涵以下四条原则：

一，创造原则。所谓"创造"就是使对象各尽其性而得其正，其所以能如此，乃因主体对对象觉之而又润之故也。《中庸》曰："唯天下至诚为能尽其性。能尽其性，则能尽人之性。能尽人之性，则能尽物之性。能尽物之性，则可以赞天地之化育。可以赞天地之化育，则可以与天地叁矣。"这是创造的极致。此不是事务主义的创造，亦不是文学家的创造，复不是上帝的创造，这是革故鼎新的道德创造。这是创造的最基本、最原初，而亦是最恰当的意义。

二，力行原则。"健"则必涵"力行"，就是"健"的精神生命必然向外拓展而对象化自己，而在外物中实现自己。夫子曰："仁者必有勇。勇者不必有仁。"(《论语·宪问》)可见，"力行"并不是事务主义的"做"，其必涵有道德的形上根基。故孟子曰："大人者，言不必信，行不必果，惟义所在。"(《孟子·离娄下》)这亦是力行最基本、最原始且最恰当的意义。寡头的事务主义必是肤浅的功利原则，此非力行也。

三，"极高明而道中庸"的体道原则。儒家虽不是寡头的事务主义，但亦不抛却日常人伦事务，而是在日常人伦中肯定那最高价值，契悟那最高价值，即体道。主体作为既是智性的又是感性的实体，自可作为日常人伦事务（感性）通往最高原则（智性）的中介，其间并无任何扞格。故儒家的道德践履是由近及远的，"近"表示有切实的下手处，并不虚玄；"远"表示不是肤浅的功利主义，有最高价值与尊严的肯认。

四，"仁者心安"的判断原则。儒学不是亚里士多德的经验主义，也不是康德的形式主义。则其行为的判准既不是经验的幸福原则，也不是形式的理性原则，而是"仁者心安"的实体原则。①

以上所说，才是真正的生命的觉醒或人的发现。它是积极健康入世的。上，它不是理性一层论的禁欲主义；下，它不是气性一层论的纵欲主义。它是道德的人文主义或理想主义。但须知，在此，生命的觉醒或人的发现不只是一个认知问题，而是一个实践问题，即生命的觉醒或人的发现须在精神的涵养工夫中始真正可能。故精神的开显即是生命的觉醒或自我的发现，而生命的觉醒或自我的发现亦即是精神的开显。此为生命的觉醒或自我的发现的确义，而摈落天地之性，只在气性一层论下，自不可妄论生命的觉醒或自我的发现。若依气性一层论而谈生命的觉醒或自我的发现，表面上开出了美学或纯艺术境界②，然这种境界背后依然掩藏不了其病态的、虚无的本质。由此可见，牟宗三的概评可谓谛当之论，其进而曰：

　　故顺《人物志》之品鉴才性，开出一美学境界，下转而为风流清谈之艺术境界的生活情调，遂使魏晋人一方多有高贵的飘逸之气，一方美学境界中贵贱雅俗之价值观念亦成为评判人物之标准，而落在现实上，其门第阶级观念亦很强。此说明美学精神与艺术性的才性主体之发见，并不足以建立真正的普遍人性之尊严，亦不足以解放人为一皆有贵于己之良贵之精神上的平等存在。而孟子之道德心性则能之。故宋明儒顺孟子一路讲义理之性，建立人之道德主体性，遂一方足以建立真正的普遍人性之尊严，一方以义理之性冒气质之性而言变

　　①　此四条原则为笔者在拙文《论儒家对"道德困境"的解决——从赫尔、加达默尔到儒家的批判性考察》一文中所提出。此文为笔者参加"第15届世界中国哲学大会"（2007年6月25—27日在武汉大学举行）时所提交的会议论文，后发表于澳门《中西文化研究》2008年第2期。
　　②　魏晋时代所谓的"文学的自觉"亦是在这个意义上说的，由此而讲纯粹的艺术或为艺术而艺术，进而反对儒家的"文以载道"的传统，此是否即是"文学的自觉"亦大有疑问。这个问题后面还要讨论。

化气质，使德性人格之向上无限发展为可能，亦使生命上天定而不可变的才性成为相对可变的才性。①

这就是说，只有依义理之性与气质之性二路而建立成德化质之学，方可谓真正的生命的觉醒与人的发现。而魏晋时代的所谓的生命之觉醒或人之发现，根本是偏至的觉醒与发现，自不能建立正大的人道与文化。故依此种觉醒与发现，魏晋时代根本脱离了两汉以来的儒家经学传统，大倡玄风（文学上则脱离儒家"经夫妇，成孝敬，厚人伦，美教化，移风俗"的诗教传统，强调所谓纯形式之美的文学，既而有山水诗及情色文学的出现），下开隋唐佛学。在牟宗三看来，这根本是生命精神的歧出致使文化的歧出，至宋明儒才归复到先秦由孔孟所开启的中国文化的本位。

前面说过，宋明儒固能建立成德化质之学，并把义理之性作为领导原则以"立人极"，这当然是他们"不废江河万古流"（杜甫：《戏为六绝句》）的贡献。但他们多把气质之性看成负面的，其积极意义没有被解析出来，这对于整全地把握生命精神来说，是不周详的。人既然是一血气的存在，则自有其生命强力的发皇，冲力的爆破或情感的流润，此为原始生命业力之不容已（与超越的本心之不容已相翻）与不可掩。此亦须予以正面的正视，具体地感知其所成与其所限。不然，超越的道德精神易流入空乏的说教。此原始生命业力之不容已与不可掩，在牟宗三的精神哲学中予以了足够的重视，并以"综和的尽气之精神"名之。此种精神在中国松散社会结构的传统社会尤易表现。风流隐逸、英雄豪迈、义侠气概之士，乃至李白之为诗仙，皆能尽此精神。此种精神自可成就美的自由，亦可云有一艺术性的自由主体。对于此艺术性的自由主体，牟宗三说：

> 其背后之灵魂，则常是才情之飞跃，气机之鼓荡。它只是一个表现之"整个"。故其内在主体与其所向往之形上理境，皆浑融于感触状态中；绝对尚未自"自然"中提炼出，内在主体亦必须扑着于具体中而为浑一之表现，不能至照体独立之境地。才情气皆为精神之气质者。故尽才者必露才，尽情者必过情，尽气者必使气。携其才以傲世，神于情以悲笑，挥其气以排庸俗。要皆生命凸出，而推荡物化之

---

① 牟宗三：《才性与玄理》，第50页。

堕性者也。①

引文中的"绝对"是指形上的道德实体，此为精神开显的动力源泉与价值根基。但艺术性主体只是一个浑全的生命，并未超越地分解而透显此一形上实体（由此而言"综和"之义），只依原始生命业力的放射与耗散，故其动力源泉与价值根基即成问题。由此，牟宗三说：

> 生命之发皇，乃为强度者。可一而不可再。生命枯，则露才者必物化于才而为不才，过情者必物化于情而为不情，使气者必物化于气而为无气。是故尽才尽情尽气，皆有限度。其英华发露，莫知其所自而来，莫知其所由而去。其一时之精英，皆足以垂光万世。然万世者其型范也，而其当身，则只是一时。故尽才尽情尽气者，皆不能过乎此一时。过而不捨，则物化而为不才不情而无气。故当其尽而发也，实为神足漏尽之无限。然此无限实为感触的，气质的，不真为无限也。其为无限，只是其"才情气之个体"之充其极。与道德的自由所示之无限不同也。此后者，依理而为无限，前者则依气而为无限。②

这样，在牟宗三看来，"综和的尽气之精神"固有所成，亦有所限。在材性人性论之构架中，人人皆有其天定的材性之强度性与等级性，此强度性与等级性即标示人之才、情、气之殊异与姿彩，此皆是天定的唯一。是此，人人可谓"天才"。在此，"天才"以其才、情、气之唯一与不可复制而论，非以其"英特"而论。故人若能尽其才，则必有依其才而来之所成，亦有因其才之偏而来之所限。所以，在"综和的尽气之精神"之下，人固须尽其才，亦须救其才之偏，以开精神向上之理境。然究竟人之材性生命有如何之所成与所限？在牟宗三的精神哲学中，以材性"英特"者为例，为我们作了质实而如理的展示。所谓材性"英特"者，即是《人物志》所说的"英雄"，此为材性人格中之突出者。其云："夫草之精秀者为英，兽之特群者为雄。故人之文武茂

---

① 牟宗三：《历史哲学》，第80页。

② 同上。

异取名于此。是故聪明秀出谓之英，胆力过人谓之雄。"（《人物志·英雄》）以此而论，则"英雄"不只是吾人常说的英雄豪杰并称之"英雄"，须是才、情、气之英特者。以才、情、气之不同，此英特者盖可分三类：一为情之英特者，是为情感英雄，才子佳人是也，其成在文学艺术；一为气之英特者，是为胆力英雄，英雄（此处英雄取狭义）豪杰是也，其成在政治事功；一为才之英特者，是为智力英雄，哲人名士是也，其成在哲理玄谈。下面即依此三类才之英特者，论列其所成与所限，以证成精神开显之途程与理路也。

四　尽"情"之精神与艺术之美

一般的看法是，文学艺术之基本原则乃是塑造一感性之美的形象，给人以无功利和无目的的轻松与愉悦，也就是说，乃是纯粹美之原则。"无功利性"与"无目的性"（准确地说是"无目的的合目的性"）是康德为纯粹美所确立的两大基本原则。"无功利性"是指人不可以功利之目的来对待美之对象；"无目的的合目的性"是指美之形式表象契合了人之想象力与知性的自由游戏。这是一种无关心的轻松、愉悦与怡情，企图以此把人从现实的纷杂缴绕中暂时地解放出来。专业的艺术人士以为艺术之功能只限于此，其余则不可多求。依此而论，艺术就只是人之情思、兴趣、风致、巧慧之抒写与表达。此处则统而一之，名曰尽"情"之精神。自然，人人皆有其情思、兴趣、风致与巧慧，但其抒写与表达要达至美的程度，则须天才之创造。故艺术以天才为创造原则。天才之创造除了美的艺术以外，不能在别处活动，若企图僭越，则必坏事。[1] 此种天才之创造即得所谓纯粹的艺术。这种尽"情"之美学精神是否存在？或者说，纯粹的艺术是否存在？在学界是有争论的。文艺批评家马克·爱德蒙森即认为这种精神和艺术"使我们走出人类信念与欲望的领域，进入一个稳固的平静的世界"，他进一步说：

> 可能有人会说康德把艺术从粗俗的占用中拯救出来，他的理论可以使艺术免遭各种意识形态的借用。然而做到这一点也要付出代价，

---

① 见康德《判断力批判》，第152—154页。

它使人类对艺术的任何使用都变得不可能了。康德的美的世界至少就理论而言，允许艺术表现新鲜的甚至有威胁性的体验，但是得有一个附加条件：这些表现不能跟日常生活有丝毫干系。艺术可以教给我们有关认知与理性的形式，但它跟生活之间必须保持它应当保持的距离。①

从爱氏的批评中即可知，康德的理论为我们开启了一种纯粹的先验美学，这种美学的纯正性与先验性使得庞大的艺术世界里完全没有社会生活的真理与实践。这是令爱氏不能满意的。加达默尔则干脆说："'纯粹的审美趣味判断'这一概念是一种方法上的抽象"，"'自在的艺术作品'就表现为一种纯粹的抽象"。② 所以，对于艺术——加达默尔认为——我们必须超越纯粹之审美趣味的立足点，即便是对自然美，人类也不是所谓纯粹的审美精神与之相对的。他说：

> 自然是美的这一点，只在那样一种人那里才唤起兴趣，这种人"已先期地把他的兴趣稳固地建立在伦理的善之上"。因而对自然中美的兴趣"按照亲缘关系来说是道德性的"。由于这一点揭示了自然与我们超出一切功利的愉悦之间的无目的的一致性，也就揭示了自然对于我们的一种神奇的合目的性，所以这一点就指向了作为造化最终目的的我们，指向了我们的"道德规定性"。③

自然美指向和揭示了我们的"道德规定性"。艺术则是使人发现他自己，即"艺术的万神庙并非一种把自身呈现给纯粹审美意识的无时间的现时性，而是历史地现实自身的人类精神的集体业绩。所以审美经验也是一种自我理解的方式"。④ 艺术同自然美的不同在于：如果说自然美以其"美"获得了一种言语，那么艺术则是一种人工语言，这是一种苛求甚严的语言，它不是随便而含糊地提供情绪性的解释，而必须富有意味地使我

---

① 马克·爱德蒙森：《文学对抗哲学》，王柏华等译，中央编译出版社 2000 年版，第 8 页。

② 分别引自加达默尔《真理与方法》，洪汉鼎译，上海译文出版社 1999 年版，第 57、205 页。

③ 同上书，第 65 页。

④ 分别引自加达默尔《真理与方法》，第 124 页。

们得到感染。因此,艺术的这种特定要求不是我们的情绪的一副枷锁,而是正确地为我们认识能力的活动开启了自由的活动空间,即艺术必须要作为自然去看待,不能显露规则的束缚而直接使人愉悦。在加达默尔看来,这就是美(无论是自然美还是艺术美)的本质,也就是人面对美之对象从而获得轻松、愉快之机制。根本无所谓纯粹的审美精神及其创造。和加达默尔相较,黑格尔并不一般地不承认纯粹的自然美之存在,例如,我们可以说:美的河流、美的天空、美的花卉、美的动物乃至美的人。但美学中却把自然美给开除了。① 因为黑格尔在他的《美学》中所说的美完全不是诸如美的河流、花卉意义上的美。这是在更高的立场上来观照美与艺术。

其实,尽管康德为纯粹的审美精神开出了上面两条基本原则,但他亦深知,纯粹的审美对象是很少的,而当他讲"美是道德的象征"的时候,也是企图在更高的立场上来观照美与艺术。和康德、黑格尔颇相似,牟宗三亦不一般地否定纯粹美的存在。牟宗三把美分为"分别说的美"与"合一说的美"。"分别说的美"即是纯粹的美,这种美是"由人之妙慧之直感那'在认知与道德以外而与认知与道德无关'的气化之光彩而凸起。这一凸起遂显美之为美相以及'愉悦于美'之愉悦相。这一愉悦相既无任何利害关心,亦无混于'义理悦心',且亦远离于激情与妩媚,自是一纯美之愉悦,妙慧静观中直感于气化之光彩之自在闲适之愉悦"。② 这就是说,"分别说的美"既不是感官快适(远离激情与妩媚),复不是知识与道德,是一种纯粹自在闲适之愉悦。尽管他所说的"妙慧静观"之直感到底是人的一种怎样的心灵能力,并没有像康德那样说得如此之明确,但他并不否认人之此种精神能力之存在。然而,牟宗三像康德、黑格尔一样,希望在更高的立场上来观照美,于是,他复提出了"合一说的美"。之所以提出此"合一说的美",乃因为此妙慧静观之直感须有"提得起放得下"之通化作用,尽管"妙慧审美本是一闲适的静观之'静态的自得',它本无'提得起放得下'之动态劲力",但由妙慧静观之直感所得的"分别说的美"欲圆成其自己,则必须调适通化妙慧静观之直感而至

---

① 见黑格尔《美学》第一卷,第4页。
② 牟宗三:《以合目的性之原则为审美判断力之超越的原则之疑窦与商榷》,此文是牟宗三为康德的《判断力批判》所写的译序,置于他所译注的《判断力之批判》之卷首。见《牟宗三先生全集》第16册,第78页。

道心之精进不已，因为"道心之精进不已与圆顿之通化到'提得起放得下'而化一切相时即显一轻松之自在相"。① 由道心之精进不已而显之轻松自在相即是一"美"相，然是"合一说的美"，为"分别说的美"的通化与圆成。牟宗三提出美的"分别说"与"合一说"，是希望把所谓纯粹的美由精神之内在之辩证发展而提升至精神之美、道德之美之境界上，美之圆成必须在精神与道德之"化境"上显，即"合一说的美"上显。此种美是即真即善即美，亦真亦善亦美，此方为美的真正通化与圆成。《庄子·天下》所谓"天地之美，神明之容"即是此种美之切义。据此，牟宗三批评了康德以反思判断力之"合目的性原理"来沟通美与善的思想，他认为，康德的"美是道德的象征"是硬说。此种理路"固是一个巧妙的构思，但却是一种技巧的凑泊，不是一种实理之直贯，因而亦不必真能沟通得起来"。② 牟宗三的意思非常明确，即所谓纯粹的美要通化圆成其自己，不能依康德那种依一原理来沟通，而须依一精神实体内在之辩证发展。尽管这精神实体内在之辩证发展，其所成不只是艺术性的美，而是万有俱在，所谓"百家腾跃，终入环内"（《文心雕龙·宗经》）者也，但艺术性的美必入此环内方可得其正面之价值。从这个意义上看，牟宗三更欣赏黑格尔所说的"美是理念的感性显现"③ 之总括语与终摄语。他认为，这句话所表现的理境在中国虽早已由古之圣贤先哲所说出了，如孔子所说的"依仁游艺"《论语·述而》，庄子所说的"天地有大美而不言"（《庄子·知北游》），孟子所说的"大而化之之谓圣"（《孟子·尽心下》）等皆是。但这句话在艺术已被专业化的西方由黑格尔说出，自是不同凡响，他说出了艺术所应有的最高境界。但牟宗三同时又对黑格尔的这句话是否真能在实际的艺术品得以可能表示极大的怀疑。因为艺术品总有一定的形象，但上帝无限，无一定的形式。"从宗教的立场上说，上帝是无所不在的、无所不知，是个无限。这根本没有任何形式，假如有形式，便把祂限制住了，限住了，上帝就不是这个样了，就不是一个无限了。"上帝之形式就是"神明之容"，但"现实上的作品，能不能够备天地之美，称神明之容呢？能不能够使我们有'天地之美，神明之容'这样赞叹呢？

---

① 《牟宗三先生全集》第 16 册，第 79 页。

② 牟宗三：《心体与性体》上册，第 150 页。

③ 牟宗三在他的著作中把这句话译成"艺术是上帝之形式"，此两语实同。

照我自己主观的感受上谈,这是很不容易得见的"。① 牟宗三的意思是:精神境界之"神明之容"是通过修养工夫、践履实践而达至,这只能由人自身之精神涵养来表现,而不是由人天才之情思与巧慧,塑造艺术品以表现的,若如此,则必堵截精神涵养转进之路,这在精神哲学中是不能接受的。所以他说:

> (儒家的)"成于乐"即是谐和。体现道,而能到达"乐"的境界,便是大成,便是自然、洒脱,如行云流水那么样。这就是艺术境界了。这里是真、是善、也是美。美是最后的圆成。道家的庄子也最能表现这种境界。但他这种表现是从修道立场达到的,而修道却是理性的问题。所以你可以说道家讲逍遥,讲自然,是含有一种艺术的境界,但讲自然不是现成的自然,是通过修养的工夫而达到的自然,达到那一种自然的境界。②

依牟宗三之意,要表现这种最高的精神之美,除了修养工夫以外,别无他途,艺术无与也。这就有类于黑格尔的"艺术终结"论,即精神达到最高层次的时候,艺术无能了。可见,由精神实体之辩证发展来谈艺术问题,无论是黑格尔(其精神实体为绝对精神),还是牟宗三(其精神实体为道德心性),都达到一个相同的结论:"艺术终结"。

尽管牟宗三像黑格尔一样,不把艺术作为精神的最高实现之所。但人类艺术之创造源远流长,吾人亦不可无视其存在,在精神哲学中应占有一定之阶段。那么,在牟宗三的精神哲学中,他给予了艺术一种怎样的地位呢? 艺术创造是一种怎样的精神内蕴? 这种精神内蕴如何能被调适而上遂? 一而言之,在其精神哲学内,蕴藏着牟宗三怎样的艺术诗学? 牟宗三认为,文学艺术之精神主体为一质实浑全的材性生命。"说到艺术和文学,它的主体一定是生命主体。生命有独立的意义,上而它不是理性。下而它又不是物质。就单单拿这种有独立意义的生命,才是真正的艺术主体。"③ 这质实浑全的材性生命有其独特性、唯一性,其表现即是生命姿

---

① 牟宗三:《美的感受》,《牟宗三先生全集》第 27 册,第 202—203 页。

② 同上书,第 207 页。

③ 同上书,第 202—203 页。

彩的花烂映发。把这花烂映发之姿彩复表现在具体的艺术品上，即是天才的创造。因此，对于艺术，牟宗三基本上同于康德，是以天才为原则的。天才生命之花烂映发是艺术创造的精神底色，这里称之为尽"情"之精神。既然文学艺术是尽天才生命之花烂映发，则此种情能尽到何处？尽到何种程度？皆是没有一定的。此即示此种尽情之精神的主观性、歧异性乃至神秘性。所以，牟宗三说："这个生命主体，这个生命发的时候是不自觉的（Unconcious）。所以，这里说天才，一发泄完就没有了，就是'江郎才尽'。按照理性讲，当该没有尽，但是从生命上讲，他是'有尽'的时候。当他发的时候，不是理性所能控制的，所以李白斗酒诗百篇。他一喝酒，诗都出来了。艺术就是这样创造出来的。所以艺术的主体是生命，不是理性。"① 然艺术既是生命的事，而生命总不只是一先天既定之事实，而是可被塑造的（即变化气质）。故生命自可觉解觉悟而臻于绝对之客观理境。而艺术用来表现此一觉解觉悟之精神过程，正是艺术"任重而道远"（《论语·述而》）的责任。所以，牟宗三说："文章到了这最后的境界即能永恒而普遍，勿论作者的个性是特殊的，作者的材料与环境是常变的；但到了神化的境界则是永恒而普遍。吾人必须了解这种境界，始能言变与常，殊与共的问题，不然徒自暴其无学而已。"② 这正是黑格尔"美是理念的感性显现"之切义。这样，我们须回过头来探讨一下"美是理念的感性显现"所蕴含的理境，才能真正理解牟宗三的艺术诗学精神。

　　美，若按其纯正性而言，乃是：在艺术品中体验到瞬间的审美愉悦，然后从中抽离出来，复归到纷扰繁杂的现实中去。若如此，则康德对美的论定——对象契合了主体想象力与知性的自由游戏——为不可疑者。但若我们在康德的定义中来理解"美是理念的感性显现"这个论定，则此论定难董其理。这难即在：精神性的理念如何能被质实整全地展现在固定的艺术品上呢？康德只是说：理想的美是道德的象征。但象征不必是显现，因为象征——依黑格尔的看法——具有模糊性与暧昧性，而显现则是明确而整全地寄寓于一物之上。但精神性的理念要感性地显现，这将如何可能呢？其实，我们应换一种理路来理解黑格尔的论定。如果说，康德的论定是以美为主导，则黑格尔的论定是以精神为主导；康德是在鉴赏的立场上

① 牟宗三：《美的感受》，《牟宗三先生全集》第 27 册，第 208 页。
② 牟宗三：《理解、创造与鉴赏》，《牟宗三先生全集》第 26 册，第 1059 页。

论谓美，而黑格尔则是在教化的立场上论谓美。这样，我们可以如此说：康德所说的美可以用眼来"观赏"，适合大众的闲情逸致与轻松自在，而黑格尔所说的美只可用心去"体悟"，若无精神的高致，则根本无从理解。此即是"以意逆志"（《孟子·万章上》），"精神还仗精神觅"（汪藻《浮丘集·赠丹丘僧了本》），故这里自有精神工夫之蕴藉在，不只是人的一种自然的自在地"看"。正因为如此，加达默尔给予了黑格尔这一思路以积极的评价："无论如何，我们不能从审美意识出发，而只能在精神科学这个更为广泛的范围内去正确对待艺术问题。"① 因为黑格尔对美的论定以精神为主导，所以，在他看来，真正属于"美"的艺术的是古希腊以雕塑为代表的古典型艺术。"古典型艺术是理想的符合本质的表现，是美的国度达到金瓯无缺的情况。没有什么比它更美，现在没有，将来也不会有。"② 之所以如此，乃因为希腊精神是以各神祇英雄般的个性为原则。这样，精神还"不是自由的，自己决定自己的'精神性'，而是纯粹的自然性形成的'精神性'——'精神的个性'"。③ 用中国传统文化术语说之，即是：材质的英雄个性作为了精神的全部，即把"现身看作是神的存在的最高方式——神的总和与实体，一切的一切"。④ 这种作为材质的英雄个性之现身，在黑格尔看来，是可以用人体雕塑恰如其分地表现出来的，故"希腊'精神'等于雕塑艺术家"，⑤ 此即是美，更准确地说，就是"'美'的个性"，⑥ 美的精神。但黑格尔认为，以美的艺术为表现形式或载体的精神只是精神的一个很低级的阶段。因为"在所表现的事物中，美的悦人的魔力所占的比重愈大，它们的秀美也就愈远离普遍性以及唯一的能满足真纯趣味的那种深刻内容"。⑦ 可见，古典型艺术虽美，但并不适合精神的自性，精神必须在发展中找到适合表现自己的形式。作为浪漫型艺术代表的诗即是精神的更高的表现形式。与古典型的雕塑所表现的材质的英雄个性之现身之美不同，浪漫型的诗所表现的美"变成精神

---

① 加达默尔：《真理与方法》，第 127 页。
② 黑格尔：《美学》第二卷，第 274 页。
③ 黑格尔：《历史哲学》，第 247 页。
④ 同上书，第 257 页。
⑤ 同上书，第 247 页。
⑥ 同上书，第 246 页。
⑦ 黑格尔：《美学》第二卷，第 250 页。

的美，即自在自为的内心世界作为本身无限的精神的主体性的美"。① 若个性之现身尚可用美的艺术来表现的话，则内在之精神如何用美的艺术来表现呢？ 所以，黑格尔所说的浪漫型的美与古典型的美不同，实则是精神的崇高、博大，也可以说是"一种通过我们完善自我和完全实现自我的方向或目的而实现的一种自我肯定。这意味着在不够完善时的探寻和在达到完善时的一种欢欣"。② 是精神的更高形态之实现，这只可以"心"悟，不可以"眼"观。"所以任何人以观赏者的身份去接近这种理想，他都无法把这种理想的实际存在看作与他自己有关联的外在显现，移植到自己身上来。……浪漫型艺术的无限的主体性或绝对却不是沉浸到它的外在显现里去的，而是就沉浸在它本身里。"③ 正因为如此，黑格尔说："古典美不能表现崇高。因为产生崇高印象的只是抽象的普遍的东西，这种东西本身没有明确的定性，对个别特殊的东西一般只持否定的态度，因而对任何具体的体现也持否定的态度。"④ 在黑格尔看来，诗所用的文字符号是抽象的普遍的东西，因为它是用来标示观念与概念的。故浪漫型的诗最能抒发人类的这种普遍的崇高精神，"抒情仿佛是浪漫型艺术的基本特征"。⑤ 这种特征使得浪漫型艺术超越了艺术自身。在黑格尔看来，艺术的宗教只在希腊，"至于后起的浪漫型艺术尽管还是艺术，却显出一种更高的不是艺术所能表现的意识形式"。⑥ 特别是诗更是超越了艺术自身进至了精神的更高形态了，此时，艺术"由表现想象的诗变成表现思想的散文了"。⑦ "表现思想的散文"就是哲学，在黑格尔那里是精神的最高形态。也就是说，在黑格尔看来，诗不可以庸众所认可的美的艺术来衡定，诗必须超越美的艺术自身而去表现人类最高最普遍的精神。故诗亦可曰不是艺术，即便认定其为艺术，亦是崇高的艺术。基于此，黑格尔给予诗以高度的评价，他认为"诗过去是，现在仍是，人类的最普遍最博大的教师"。"人必须认识到推动他和统治他的那些力量，而向他提供这种认识的就是形式

---

① 黑格尔：《美学》第二卷，第 275 页。

② 乔治·麦克林：《传统与超越》，干春松、杨凤岗译，华夏出版社 2000 年版，第 99 页。

③ 黑格尔：《美学》第二卷，第 291 页。

④ 同上书，第 227 页。

⑤ 同上书，第 287 页。

⑥ 同上书，第 170 页。

⑦ 黑格尔：《美学》第一卷，第 113 页。

符合实体内容的诗。"① 通过上面的解析，黑格尔的美学以精神为主导，以"美是理念的感性显现"为线索，则作为艺术之最后形态的诗必须包含以下义蕴：内容上，诗须表现那唯一的实体——绝对精神；进而在形式必超越美的艺术自身之形态而进至近似于哲学形态。

我们现在再回到中国文化的传统中来。我国当代的文艺理论，一般按照西方的四分法，把诗作为艺术之一大类型而与散文、小说、戏曲分签并架。但西方的分法是在艺术专门化、纯粹化之下的产物（当然，是否有专门化、纯粹化之艺术存在乃另一问题），是否符合文史哲不分的中国文化之传统却大有疑问。中国传统之诗论，以《尚书》"诗言志"首唱其响。尔后，《毛诗序》以"故正得失，动天地，感鬼神，莫近于诗。先王以是经夫妇，成孝敬，厚人伦，美教化，移风俗"之说昌而明之。这些对诗的论说均不是站在纯艺术的立场，而是站在精神教化的立场，故中国有温柔敦厚的诗教传统。所以，至少在魏晋以前，在中国传统中不视诗为艺术，至少未有在纯艺术的立场上论诗的。② 《尚书》与《毛诗序》之所说也不是纯艺术性的诗所能完成的。虽说诗教中亦有艺术性的因素在，但精神教化依然是占主导地位。魏晋以后，由两汉以来之气化宇宙论致使人们开始重视人的材质生命，有所谓"人的觉醒"，

---

① 黑格尔：《美学》第三卷下册，第20页。

② 《周礼》曰："以乡三物教万民而宾兴之。一曰六德：知仁圣义忠和；二曰六行：孝友睦姻任恤；三曰六艺：礼乐射御书数。"唐贾公彦疏云："六艺：一曰五礼；二曰六乐；三曰五射；四曰五御；五曰六书；六曰九数。案，彼注云：五礼者，（郑）玄谓：吉、凶、宾、军、嘉；六乐者，玄谓：云门、大咸、大韶、大夏、大濩、大武；五射者，先郑云：白矢、参连、剡注、襄尺、井仪；五御者，先郑云：鸣和鸾、逐水曲、过军表、舞交衢、逐禽左；六书者，先郑云：象形、会意、转注、处事、假借、谐声；九数者，先郑云：方田、粟米、差分、少广、商功、均输、方程、赢不足、旁要，此九章之术是也。"这里的"艺"是指技艺而不是艺术，多有社会生活之实用义，但艺术显然由此发展而来，但诗不属于六艺之一，可见诗有更庄严的意义。故《论语·述而》有"子所雅言，诗书执礼"。准确地说，作为礼乐之教的"礼"与"乐"亦不属于艺，但这里的属艺的"礼"与"乐"盖指外在的礼数（吉、凶、宾、军、嘉）与乐数（云门、大咸、大韶、大夏、大濩、大武），而非指其内在的精神。故孔子云："礼云礼云，玉帛云乎哉；乐云乐云，钟鼓云乎哉。"（《论语·阳货》）说明礼与乐不能只从外在的礼数或乐数看，礼与乐的最高境界亦决不是艺，故阮步兵曰："昔先王制乐，非以纵耳目之观，崇曲房之嬿也。必通天地之气，静万物之神也。固上下之位，定性命之真也。"（阮籍：《乐论》）由此，才有"子在齐闻韶，三月不知肉味，曰：不图为乐之至于斯也"（《论语·述而》）。诗与礼、乐又不同，无外在的数，故更不属艺，昭昭然矣。

随此有所谓"文学的自觉"，既而有所谓纯粹的文学与艺术的理论探讨，企图把诗从儒家的教化中解放出来，故有"诗缘情而绮靡"（陆机：《文赋》）之说。此说既出，一方面，虽诗教之遗响仍在，甚至依然以此为圭臬，但另一方面，不觉中确实给了诗以极大的松绑，向"绮靡"即艺术美的方向滑落，而其教化之旨反成其次了。总之，诗被美学化了。正因为如此，这种诗遭到了欲复归先儒诗教传统的宋明儒之批评。今试录真德秀之言以明之：

> 西山真氏曰：古者雅颂陈于闲燕，二南用之房中。所以闲邪辟而养中正也。卫武公作《抑戒》以自警，卒为时贤相。以楚灵王之无道，一闻《祁招》愔愔之语，凛焉为之弗宁。诗之感人也如此。于后斯义浸亡，凡日接其君之耳者，乐府之新声，梨园之法曲而已。其不荡心而溺志者几希。
>
> 诗以道情性之真。十五国风有田夫闺妇之辞，而后世文士不能及者，何也？发乎自然，而非造作也。汉魏迄今，诗凡几变，其间宏才实学之士，纵横放肆，千姿万状。字以炼而精，句以琢而巧；用事取其切，仿真取其似，功力极矣。……今之诗人，随其能而有所尚，各是其是，孰有能知真是之归者哉。（《性理大全书》卷五十六《论诗》）

"随其能而有所尚，各是其是"，即是以其材质生命的花烂映发来创造一美的艺术品，以排遣人之情欲、摇荡人之心志，此即失诗之所归。依中国的诗教传统，则黑格尔说艺术"只有在它和宗教与哲学处在同一境界，成为认识和表现神圣性、人类的最深刻的旨趣以及心灵的最深广的真理的一种方式和手段时，艺术才算尽了它的最高职责"。[1] 此论并不虚妄。而人因系于气质之偏失或俗务之纷杂中，常不能葆有这种神圣性，艺术的职责即是唤醒人的这种神圣感。这种神圣感就是："人的精神本身，按照它的本质来看，就是真正的精神，因此每一个个别的主体在人的地位就有无限的使命和重要意义，就是神的一种目的，而且须与神处于同一体。"[2]

---

① 黑格尔：《美学》第一卷，第10页。
② 黑格尔：《美学》第二卷，第294页。

艺术能至此，即是造"道"，岂"美"之区区所能尽者。

通过上面的论述以后，我们再回到牟宗三的艺术诗学中来。这里，我们似乎可以提出这样的问题，即：既然牟宗三以天才之浑全的材质生命为艺术之主体，则在他的艺术诗学中，何以必要求艺术必须回复到儒家诗教或黑格尔的传统呢？这当然与牟宗三对天才之浑全的材质生命所蕴含的内在精神之价值评判相关，亦与变化气质的儒圣之教相关。我国自魏晋以来所谓的"生命的自觉"以后，确实开始重视人的材质生命，特别是材质生命之英特者，更是以此自恃。而由此带来的"文学的自觉"以后，复有以纯文人之浪漫精神名世者，"竹林七贤"即其选也。对于这种尽文人浪漫之情之生命精神，牟宗三作如是之概观：

> 以浪漫文人之生命为底子，则一切礼法皆非为我而设。在此，一个"非人化"的生命与礼法有永恒之冲突。所谓永恒的冲突，是说依其奇特之生命，本质上即是与礼法相冲突，乃永不得和谐者。在此，生命是一独立自足之领域，它不能接受任何其他方面之折击。依此，它必冲决一切藩篱，一直向上击，直向原始之洪荒与苍茫之宇宙而奔赴。这是一个无挂搭之生命，只想挂搭于原始之洪荒与苍茫之宇宙。不但世俗之一切礼法不能挂搭，即任何"教"之系统与"学"之系统亦不能挂搭。此即所谓四不着边。依此，不但与礼法有永恒之冲突，而且与一切礼法教法为普遍之冲突。此即所谓"逸气"，所谓"天地之弃才"。①

依此，文人浪漫之尽情生命惟显"美"之"逸气"，除此以外，别无所成，故曰"天地之弃才"。何也？因浪漫之尽情生命只欲以其原始的谐和直线地往下滚，尽其质实的生命光辉，平铺于世界。故其"尽情"之时，即欲拆除一切的限制与障碍。这种欲拆除一切的限制与障碍之精神，其境界似乎很高，也是向往那"天地与我并生，而万物与我为一"（《庄子·齐物论》）的静默淳化之境，但道家说此境乃由修养实践工夫而至，非徒然质气生命之一体平铺，进而拆除一切，否定一切也。故生命之原始谐和只是气禀之天定，属形气形而下者，非价值形而上者。这样，若只以

---

① 牟宗三：《才性与玄理》，第292页。

生命原始的谐和直线地往下滚，则必上无挂搭、下无收煞，即生命精神完全是主观的。虽可成就一时的美之焕发，但就人类之精神历程中，并无真实之价值。是以浪漫之尽情生命必须客观化其自己以求贞定住价值。此第一步的客观化就是"立于礼"（《论语·泰伯》），何以如此？前面已有所论，这里不再赘述。然须再次指出的是：生命之圆成固须进至静默淳化之境，不能只停于概念性与规范性之"立于礼"，但此一步暂时的坎陷为必不可少。但文人之浪漫精神全不明乎此，只知浑沦天成之生命往下滚，而倡"礼岂为我设邪"（《晋书·阮籍传》）。其实，礼一旦形成，即有其社会之胶固性与价值之坚实性，自非文人以其浪漫生命之逸气所能拆除与扫荡的。故文人浪漫之生命在现实上常不能尽其情，因而常有伤感之情与怨愤之气。此伤感之情与怨愤之气欲游戏般地排遣之，求一时之舒缓与解脱，此即是诗的抒写，分别形成婉约的诗与豪放的诗。但在牟宗三看来，具有精神教化的诗必须是"诗意的"而不是"诗艺的"，二者之内在精神根本不同。而我们常把诗只看成"诗艺的"而不是"诗意的"，婉约的诗与豪放的诗之分，即是"诗艺的"。婉约的诗是伤感而幽怨的，豪放的诗是怨愤而放浪的。总之，皆为生命原始之情的一体平铺，是平面的、广度的。只是情的舒展，气之舒缓，而精神自身并无辩证的开显与转进。但"诗意的"诗却不同，它是在伤感之情与怨愤之气的基础上，内敛、潜存而自得生命精神之大道，使精神自身得以辩证的开显与转进，非只是情的一体平铺。故是立体的、深度的。"诗意的"诗超越了诗艺术本身，向艺术精神的更高之境即精神教化中迈进了。所以，牟宗三的艺术诗学必须被看成是"诗意的"而不是"诗艺的"。

　　在牟宗三看来，中国漫长的诗歌史上，大部分的诗作皆是"诗艺的"，而不是"诗意的"，即便是被韩昌黎誉为"光焰万丈长"（《调张籍》）的李太白与杜子美，亦不可说是"诗意的"。尽管从"诗艺"的角度看，他们已"至矣，尽矣，蔑以加矣"。① 但这只是纯艺术之美的，在精神理境上，李太白与杜子美尚相当欠缺。对于李太白，牟宗三认为，"谪仙"本放浪不羁之人，徒显气之飘逸与情之爽朗，而未能济之以学。故除《古风》五十九首尚有高雅格调，显风雅之正外，其余如《将进酒》

---

　　① 严沧浪曰："诗之极致有一，曰：入神。诗而入神。至矣，尽矣，蔑以加矣。惟李杜得之，他人得之盖寡也。"（《沧浪诗话·诗辩》）

（君不见，黄河之水天上来）、《答王十二寒夜独酌有怀》（昨夜吴中雪）、
《把酒问月》（青天有月来几时）、《笑歌行》（笑矣乎）、《悲歌行》（悲
来乎），皆不免浅显流滑。"其词虽可取，然格不高，调亦不雅，徒显颓
慢放肆。后人专学此恶道，乃无不取。王荆公谓其格止于豪放飘逸，不知
变化，即此之谓也。其发于平旦之气者，尚不失为格之正。夜气一失，则
下流矣。故作诗必敬。"① 对于杜子美，牟宗三认为，子美读书万卷、颠
沛流离，然徒显学问之富与识见之广，而未能养之以天。学问富，工夫
老，② 故其诗具规模、正格律，显雕凿之富贵气。"惟此种风气，历久不
变，推而至于其极，必呆板少生气。埋没自然，减少风趣。虽云巧夺天
工，其致究非是天。性灵浸润其中，而不得大解脱，亦是苦事。"③ 历战
乱，识见广，故其诗表时事、体民瘼，有诗史之真实象。然"杜诗物于
物而表时事，故云为诗史，惟所歌咏不离一代，所取材不离一身。作杜谱
观可，作唐经读不可也。《三吏》、《三别》、前后《出塞》、《北征》、《兵
车行》、《洗兵行》，固于时事有所指陈，但若云其能表现时代精神，则未
免浅乎其观"。④ 总之，从牟宗三的论述中，我们似乎可以这样说：李太
白乃诗中之豪杰与浪子，杜子美乃诗中之兰台与学究。"李才大而轻，未
能济之以学，动以宁之徐生，故有时调虽美而格不高。杜性重而浊，未能
养之以天，浊以静之徐清，故有时调虽老而格亦不高。"⑤ 也就是说，李、
杜之诗皆为"诗艺的"，非"诗意的"，因精神内在涵养之工夫不足，故
其诗皆为形式的、纯美的，而一以贯之之高明之道则缺焉。由此，我们即
可知，在牟宗三的艺术诗学中，"诗意的"即意味着有"一以贯之之高明
之道"。这"一以贯之之高明之道"，实乃一精神实体之流贯也，犹如黑
格尔精神哲学中的"理念"，在诗中即形成其"格"与"调"。

---

① 牟宗三：《说诗一家言：格调篇》，《牟宗三先生全集》第 26 册，第 1099 页。宋人《竹
庄诗话》卷五有"王荆公云：李白歌诗，豪放飘逸，人固莫及。然具格止于此而已，不知
变也"。

② 杜子美云："为人性僻耽佳句，语不惊人死不休。"（《江上值水如海势聊短述》）故这里
的学问与工夫并非心性的学问与工夫，而是指写诗之技艺工夫。黄山谷《答洪驹父书》曰："自
作语最难。老杜作诗，退之作文，无一字无来处。盖后人读书少，故谓韩杜自作此语耳。"亦可
见子美之学问与工夫。

③ 牟宗三：《说诗一家言：唐雅篇》，《牟宗三先生全集》第 26 册，第 1106 页。

④ 同上书，第 1113 页。

⑤ 同上书，第 1103 页。

何谓"格"？牟宗三说：

> 推明政治，庄语得失，谓之雅，理也。刺美风化，缓而不迫，谓之风，事也。忧幽愤悱，寓之兴比，谓之骚，情也。采摭事物，摛华布体，谓之赋，景也。理、事、情、景，交织绵密，精神关注，无过不及，是谓之格。格者，诗之所以为诗之道也。①

何谓"调"？牟宗三说：

> 调畅其气，动荡其态，声韵铿锵，八音克偕，是谓之调。调者，诗之所以为诗之才也。格以正之，气以充之。气之呈在乎才。才之呈则调也。气有暴气，有正气，有平旦之气，有浩然之气。呈暴气者，调之下也。气之正者则调高，气之平者则调雅。②

依牟宗三之意，作为诗之"格"，有其坚实不移的价值客观性，此即"诗之所以为诗之道"，有其不因人异的客观价值标准。此客观价值标准因生命精神之贯注，在诗中形成一精神性的氛围、色泽，此即是"调"。故"诗意的"以其"格"与"调"定。格高调雅则诗意具，格卑调俗则诗意无，诗意无则诗艺也。诗艺也者，不见"格"之坚实与价值，不知以"格"正气，惟寓情于气，气以使才之谓也。故"诗艺的"诗因无"格"之标准，唯有人文浪漫生命寡头的飘荡。其伤感之情、怨愤之气，美则美矣。然无客观之价值提撕之、润泽之，则此美终成玩弄光景、风花雪月之虚妄，无精神史上的价值与意义。基于此，牟宗三说："逻辑的真，艺术之美，皆不是最后的也。外重内轻，自己空虚。"③可见，诗意之所以为诗意乃因精神之博大与高远，非气质之飘忽、技艺之精美所能尽也。何谓"大"？"充实之谓美，充实而有光辉之谓大，大而化之之谓圣，圣而不可知之之谓神。"（《孟子·尽心下》）此即为"大"。何谓"远"？"其称名也小，其取类也大。其旨远，其辞文。其言曲而中，其事肆而

---

①　牟宗三：《说诗一家言：格调篇》，《牟宗三先生全集》第26册，第1093页。

②　同上。

③　牟宗三：《寂寞的独体》，第104页。

隐。"（《周易·系辞下》）此即为"远"。故精神之博大与高远则必具神韵。"圣而不可知之谓神，神者妙万物而为言，圆通之谓也。韵者事理通达，无过不及，不偏激之谓也。"[1] 故具神韵必具诗意，具诗意则必温柔敦厚之诗教得以成。[2]

精神之博大高远，妙物之神，情采之韵，皆为内的，可云"内"的诗意。然诗意尚有外的。这"外"的诗意——在牟宗三看来——须具以下特性：一曰表人类之灵魂；二曰显时代之精神；三曰见一己之智慧。

何谓"人类之灵魂"？牟宗三说：

> 孟子曰："人之所以异于禽兽者几希？"孔子曰："鸟兽不可与同群，吾非斯人之徒与而谁与？"又曰："文王既没，文不在兹乎？"……人类固属渺小，受无常之支配，然其中要必有一常住不变之主宰，为安心立命之根基以支持其存在。

何谓"时代之精神"？牟宗三说：

> "求国家之遗事，考贤人哲士之终始，作唐之一经，垂之于无穷，诛奸谀于既死，发潜德之幽光。"……时代精神不只一面，有政治，有经济，有社会，有风尚，有思想，有诗文，无不可取而讴歌之，赞叹之，批评之，颂扬之。……故时代精神之表现必须是自觉的、批评的，发之于咏歌亦然。徒事象模写，不足言也。

何谓"一己之智慧"？牟宗三说：

> 孔子曰："逝者如斯夫，不舍昼夜！"孟子曰："上下与天地同

---

① 牟宗三：《说诗一家言：格调篇》，见《牟宗三先生全集》第 26 册，第 1096 页。
② 杨名时（1661—1737）曰："夫子言诗，曰：思无邪；曰：兴于诗；曰：不学诗无以言；曰：诗可以兴观群怨，事父事君。《礼记·经解》云：温柔敦厚，诗教也。合而言之，诗教只是欲人正其性情，粹然无邪恶之杂，其初必自兴起善端始。故使之吟咏讽诵，以感触其好恶之真；反观内省，加检于人伦事物之际。久之，一切忿戾刻薄邪恶之累日化而不自知，由中达外自有温柔敦厚之致，蔼乎其为有德之言矣。"（《诗经劄记》）

流，岂曰小补之哉？"……个人的智慧即个人的意境与气象。①

　　牟宗三所说的诗意的三个方面："人类之灵魂"即是指儒家系统中
"心"、"性"等常住不变的道德实体；"时代之精神"即是指依道德实
体而成的文化建构来对现时代的文化各层面作自觉的、反省的理性批判
与开导；"一己之智慧"即是养此道德实体而来的对人生宇宙之觉解。②
此三者，不仅关乎诗之格是否高，调是否雅，亦关乎诗之精神博大高远
与否。同时，此三者所包藏的精神理境与黑格尔之"美是理念的感性显
现"之说、加达默尔之"艺术的万神庙并非一种把自身呈现给纯粹审
美意识的无时间的现时性，而是历史地现实自身的人类精神的集体业
绩"之论，可谓异曲同工。与黑格尔和加达默尔一样，牟宗三此论亦是
欲以客观普遍的人类精神而使诗客观化，不只是主观之情的四无依傍之
飘洒，从而使诗成为精神历程中不可或缺的一阶段。若文章诚如魏文之
所言，乃"经国之大业，不朽之盛事"（曹丕：《典论·论文》），则必
须以牟宗三之所说为原则，不可纯唱"文以气为主"也。这样，诗便
超越了艺术自身而上升到与宗教、哲学为同一层次的东西，故诗亦为
"经"也。是以刘彦和《文心雕龙》冠《原道》、《征圣》、《宗经》三
篇于卷首，以确立文艺之规范，不妄也。此是"诗意的"诗与"诗艺
的"诗在精神境界上的不同，由是之不同，则其间之艺术境界固亦不可
同日语也。
　　现在的问题是：若"诗艺"源于材性生命天才般的花烂映发与技艺
之心匠独具，则"诗意"如何可能呢？牟宗三认为："对于宇宙人生的慧
解，对于真、善、美的希求与憧憬，便是'诗意'。""有静觉与慧解就是

---

　　①　以上三段引文均见牟宗三《说诗一家言：唐雅篇》，《牟宗三先生全集》第26册，第
1103—1105页。朱子于"子在川上曰：逝者如斯夫，不舍昼夜。"作注曰："天地之化，过者往，
来者续，无一息之停，乃道体之本然也。然其可指而易见者，莫如川流。故于此发以示人，欲学
者时时省察而无毫发之间断也。程子曰：此道体也。天运而不已，日往则月来，寒往则暑来，水
流而不息，物生而不穷。皆与道为体，运乎昼夜，未尝已也。是以君子法之，自强不息，及其至
也，纯亦不已焉。"（《四书章句集注·论语集注》卷五）此种解释，即见孔子之智慧。
　　②　觉解不同于知解：知解来源于见闻，觉解来源于存养；知解系于聪明与灵秀，觉解则关
乎悲悯与智慧；知解是平面的、广度的，觉解则是立体的、深度的；知解乃因果追索，觉解为工
夫历程；知解是理论的，觉解是实践的。

有'诗意'与'诗境'。"① 而静觉与慧解又来自学养。②"夫吾所谓学养,非必脑肥满肠之谓也。学问升华而为气象,即为学养。不酸腐,不痴迷,则气象高。"由是可知,牟宗三所谓学养,实乃存养也。"存"者,"成性存存,道义之门"(《周易·系辞上》)之谓。"养"者,"我善养吾浩然之气"(《孟子·公孙丑上》)之谓。故存养即是化气质之性的偏至而呈现天命之性的主宰,静觉与慧解即从此中来。由此,静觉与慧解即所谓德性之知。"诗意"即因德性之知而可能。因此,"诗意的"之所以超越"诗艺的",乃因为"诗意的"不是徒关涉艺术自身的问题,根本上乃是一个精神实践的问题。笔者在《论中国诗学的实践性》一文中的一段话,或许可以作为牟宗三艺术诗学的归结:

> 这样,人格修养的最高境界便是艺术的最高境界,艺术风格的不同不是审美趣味的不同,而是修养工夫的高下。审美趣味可以有争论甚至冲突,但修养工夫不能有争议更无冲突,你达不到更高层次的艺术风格,只是你修养的工夫不到,因此,你欲在艺术上更上一层楼,便不能只在艺术本身上去强探力索,非得老老实实地做修养的工夫不可,这便是刘彦和"真宰弗存,翩其反矣"之说(《文心雕龙·情采》),亦是陆放翁"汝果欲学诗,工夫在诗外"(《剑南诗稿》卷七十八《示子遹》)之谓,你若以审美趣味的不同为藉口而在艺术上固步自封,这决不只是一个艺术上的追求问题,更是一个实践的问题,因为你甘愿生命沉沦,境界低下。这便是中国诗学实践性的究竟了义。③

通过以上对牟宗三精神哲学中尽"情"之精神的批判与检定,可知:此种尽"情"之精神虽可由天才卓绝之生命气质与雕凿技巧而可表现于文艺中,从而产生"美"与"诗意"。但因为这种"美"与"诗意"只是文人自然之浪漫生命四无依傍的流射与挥洒,尚差精神涵养的一段工夫,故只能说是"诗艺的",与真正的"美"与"诗意"相去甚远,更

---

① 牟宗三:《说诗一家言:诗意篇》,《牟宗三先生全集》26,第1115、1116页。
② 牟宗三:《论鲁默生诗》,《牟宗三先生全集》26,第1134页。
③ 张晚林:《论中国诗学的实践性》,载(台湾)《孔孟学报》第82期,第314页。

毋庸论"备于天地之美，称神明之容"（《庄子·天下》）了。而在牟宗三看来，真正的"美"与"诗意"是不能纯由这种尽"情"之精神所能达到的，不管这种尽"情"之精神中蕴涵有怎样卓绝的天才生命与精到的雕凿技巧，若无精神之向上一段工夫，以一以贯之之道充实之、圆成之、神化之，则"美"与"诗意"皆是光景的、虚脱的。① 所以，要达至真正的"美"与"诗意"，则尽"情"之精神要作二步开显与转进，即：由综合之尽"情"之精神转化为分解之尽"理"之精神，再由分解之尽"理"之精神转化为综合之尽"理"之精神，此为精神历程中必不可少的一开一合也。

五　尽"气"之精神与英雄事功

在牟宗三的精神哲学中，尽"气"之精神为"英雄豪杰"格，其所成在政治事功。我们要充分理解牟宗三对尽"气"之精神的检定，必须先理解黑格尔的国家学说。因为政治事功，其显著的集中表现是国家。但国家——按黑格尔的理解——不只是管理世俗事务的行政机构，在其最高理念中，是一个纯粹的精神概念。黑格尔在论述国家理念时反对卢梭的契约论，因为如果是这样，那么国家就是以单个人的任性、意见和随心表达的同意为基础，就必然破坏国家的权威与尊严。同时，黑格尔也反对把外部现象——匮乏的偶然性，保护的必要性，力量和财富等——看做不是国家的历史发展环节，而是国家的实体。这样就会把注意力集中在偶然性上，而摒弃无限的与理性的东西。由此，黑格尔总结说："国家是绝对自在自为的东西。""自在自为的国家就是伦理性的整体，是自由的现实化；而自由之成为现实乃是理性的绝对目的。国家是在地上的精神，这种精神在世界上有意识地使自身成为实在。""神自身在地上的行进，这就是国

---

① 顾亭林《日知录》卷十九曰：唐宋以下，何文人之多也。固有不识经术，不通古今，而自命为文人者矣。韩文公《符读书城南》诗曰："文章岂不贵，经训乃菑畬。潢潦无根源，朝满夕已除。人不通古今，马牛而襟裾。行身陷不义，况望多名誉。"而宋人刘挚之训子孙每曰："士当以器识为先，一号为文人，无足观矣。"然则以文人名于世，焉足重哉?! 此扬子云所谓"撧我华而不食我实者也"。黄鲁直言："数十年来，先生君子但用文章提奖后生，故华而不实。"明朝嘉靖以来亦有此风，而陆文裕所记《刘文靖告吉士之》言："空同大以为不平矣。"《宋史》言："欧阳永叔与学者言，未尝及文章，惟谈吏事。谓文章止于润身，政事可以及物。"

家。国家的根据就是作为意志而实现自己的理性的力量。在谈到国家的理念时，不应注意到特殊国家或特殊制度，而应该考察理念，这种现实的神本身。"①　"'国家'是存在于'地球'上的'神圣的观念'。"②　黑格尔关于国家的论述是在最高理念上说的，是国家的伦理实体性。但现实的国家不一定符合这个理念，或者说只是这个理念的暂时客观化。这意味着，一方面，现实的国家有价值；另一方面，现实的国家还没有达到国家的伦理性实体，在精神上还须有进一步地辩证发展。因此，现实的国家是国家理念的有限度的体现，之所以是有限度的体现，乃因为现实的国家是主观意志与普遍意志的结合。因为"主观的意志——热情——是推动人们行动的东西，促成实现的东西"。③　主观的意志就是世界历史个人，尽管个人的热情往往专注于自身的目的，而不很重视其他伟大的甚至神圣的利益而不免要蹂躏好些东西。但它在进行过程中依然会带来一个普遍原则的实现。黑格尔说：

> 热情的特殊利益，和一个普遍原则的活泼发展，所以是不可分离的：因为"普遍的东西"是从特殊的、决定的东西和它的否定所生的结果。特殊的东西同特殊的东西相互斗争，终于大家都有些损失。那个普遍的观念并不卷入对峙和斗争中，卷入是有危险的。它始终留在后方，在背景里，不受骚扰，也不受侵犯。它驱使热情去为它自己工作，热情从这种推动里发展了它的存在，因而热情受了损失，遭到祸殃——这可以叫做"理性的狡计"。④

也就是说，历史的个人以其特殊的热情与生命气质必然会逐步带来理性的最后目的的实现，或者说，理性的最后目的的现实就存在于历史个人的特殊热情与生命气质中。即在实现这个目的的机会中，历史个人"不但借此满足个人的欲望（依照内容是和那个"目的"不同的）——他们并且参预在那个理性的'目的'的本身

---

① 黑格尔：《法哲学原理》，范扬、张企泰译，商务印书馆1961年版，第253—259页。
② 黑格尔：《历史哲学》，第41页。
③ 同上书，第40页。
④ 同上书，第34页。

中"。① 所以，黑格尔认为，如果没有历史个人的特殊热情与生命气质，世界上一切伟大的事业都不会成功。"因此有两个因素就成为我们考察的对象：第一是那个'观念'，第二是人类的热情，这两者交织成为世界历史的经纬线。"② 世界历史的这种经纬线若以中国传统的哲学范畴说之，则是"以气运理"，而"以气运理"之所成就是国家。这正是以尽"气"为能事的英雄豪杰之政治事功的基本形态。因此，政治事功虽然常在英雄豪杰之尽"气"中，但其最高目的是实现理性的自在自为即理念的国家，虽然因英雄豪杰自身的"气"的限制，致使他们所成的政治事功常不能达到此"理"，但精神的辩证开显必往此路趋。这是理解牟宗三对尽"气"之精神所作检定的基本义理框架。

"气"——在牟宗三的精神哲学中——被称为生命之立体力量，因为当生命之独特的气表现出来时，常有不可思议的业力。生命，若如其为生命而实然地视之而不开出向上的超越域，则牟宗三基本上赞同王充的"用气为性，性成命定"（《论衡·无形》）的论定。他说：

> 生命是天定的，直觉亦是天定的。这里没有应当不应当之跌宕，亦没有批判之撑架与抑扬。所以都是定然的，而且是充实饱满之定然：这里或是全，或是无。"全"是充实饱满之全，所谓有本领，本领宏大，开廓得去。这开廓得去是天定的，没有理由的。你不能说是依照什么路数或教训而开廓得去。……无本领开廓不去，便就开廓不去，这里没有什么巧妙或方法可以使他有本领，开廓得去。……所以要是"无"，便永是"无"了。……天工开物便是生命之创造。……此即或全或无，非此即彼也。③

这里面显示出生命之立体力量之神秘与不可强求与预知，亦显示出纯然的生命立体力量的盲目性，若不能开出更高的理性领域以规导这盲目的立体力量，则生命之立体力量当其健旺有为时固有其成就，但当其沉陷堕

---

① 黑格尔：《历史哲学》，第35页。
② 同上书，第24页。
③ 牟宗三：《政道与治道》，第239—240页。

落时必凝滞生气，进入僵死之局。故纯然、赤裸的生命立体力量必见一理性领域，以期向更高的理境迈进。若能如此，则必如孟子所说："夫君子所过者化，所存者神，上下与天地同流，岂曰小补之哉。"（《孟子·尽心上》）这是圣王的功化，是理想的标程，也就是黑格尔所说的"神自身在地上行进"。但英雄人物常不能如此，只以那纯然、赤裸的生命立体力量之自身往外喷发，不知甚至是不顾及那更高的理性领域。当然，当英雄人物之生命之气纯正、健旺而无驳杂时，亦可由这立体力量自身而生发出近"道"的客观理境，即亦可有正面之所成，不为纯是负面的、消极的。牟宗三说：

> 生命强度被迫着不容已地要发作时，它也有那不自觉的自然的简易精纯湛然莹澈的德性。这德性，可以说就是那短暂时间中生命之本质。这就是朱子所谓"天资之美，暗合于道"。这种形态大体都是英雄型或天才型的人物。他的生命强度在一念精纯斩绝一切照顾葛藤之下，有不可思议的力量与业绩出现。惟此种形态的生命强度，其"发皇"常是在一"定向"中，故其作用亦是有限定的。①

在一"定向"中表现其生命强度，即示英雄人物之生命立体力量之成就与限制。故对于尽"气"之精神的"英雄豪杰"格，牟宗三以二义总论其生命精神。其一，英雄豪杰有因普群机而来的神圣性与使命感；其二，英雄豪杰有因生命驳杂与四无依傍的魔性与命运感。前者见英雄生命之推拓开廓，后者见英雄生命僵化堕落。吾人若欲救住生命之僵化堕落，必须开出生命理境的新途径，唯尽"气"之精神自身不足以语此也。

首先，我们来看英雄人物的神圣性与使命感。挑破烦闷，打破既成之死局，常靠英雄人物来完成。因为英雄人物有强烈的生命与情欲，能发出光辉与炽热。亦能烛达机先，照察不爽。复能持之以恒，百折不挠。以上这些足以使他突出而吸众，所谓"天下云会响应，赢粮而景从"（《史记》卷四十八《陈涉世家》）者也。英雄人物奇异独特之生命强度，再加上其周围云会景从之大众，则复使其爆发出无与伦比的立体力量，以此来打破政治既成之僵化与死局，伸大义于天下，解决现实中的实际问题。所以，

---

① 牟宗三：《政道与治道》，第66页。

英雄人物"自始即与感觉界连在一起，而且即在感觉界的一定向上表现其立体力量。它是要解决某一问题的，所以它有定向。在这定向上，表现了普接群机的客观而普遍的超越力量"。① 牟宗三说：

> 一个情欲的生命，当然不会十分纯。但是他的情欲之私不会与群体愿望隔绝，而单退缩于他自己个人内之自私。他的情欲之私，只有一个在领导，那就是权力欲。权力欲本身就是膨胀的。虽从他个人中心所发，然若与群体愿望隔绝，膨胀不出去，他虽主观私意下有极强的权力欲，亦不能实现他的权力欲，那只是不正常的鄙夫，不是英雄。一个真正的英雄，靠他的强烈生命，他能膨胀；靠他的敏锐觉识，他能与群体愿望不隔；靠他的坚强意志，他能为群体所欲的这件事作主持。他的心思没有个人的身家，他能客观化到这群体愿望之上。所以他的自私的权力欲能膨胀出去，而被上一客观的形式。这个就是他不自觉的暗合的"公"。他与群体愿望不隔，反过来群体愿望亦附合他。如是，他成了这群体愿望的代表。②

英雄人物之立体力量普接群机而动众，此即是际会风云，政治之死局由此而打破，新局由此而开创，群体之愿望于焉满足，现实之问题于焉解决。由此以明英雄人物生命精神之神圣性与客观性，由这神圣性与客观性，进而可说明英雄人物生命精神的使命感。使命感不是平常的差使与任务，平常的差使与任务是在相对的层级中的，而使命感则是绝对的，不在层级中的。所以，使命感一定要透露到超越的最后真实，由这最后的真实而兴发出一个责任感来。牟宗三认为，使命感是一种"承体起用"的象征表示。这里的"体"是最后的超越的真实，这里的"用"是一个人的所作所为。故耶稣的上十字架的牺牲精神是一种使命感，而孔子的"祖述尧舜，宪章文武"（《中庸》）的文化意识也是一种使命感。这种使命感是要去印证那神圣的最后实体，而牺牲精神或文化意识只是一种途径或动相。这种使命感是就人生的根本问题而言，是就人生的"觉"或"迷"而发者。"觉"则自能光畅自家生命，印证那最后的神圣，"迷"则头出

---

① 牟宗三：《政道与治道》，第73页。

② 同上书，第74页。

头没，在生死海疲于奔命而不知所措。所以，这种使命感往往是宗教家或圣贤所成就者，来自于内心神秘的灵感或燃烧的悲情。故宗教家或圣贤的使命感与神圣性相通而不隔的，这不隔有宗教家的形态与圣贤的形态。宗教家的形态因其以牺牲精神去皈依上帝，只是印证上帝自身，故是"点"形式的不隔，因而耶稣说他的国在天上。圣贤的形态乃以其文化意识贯通天人之际，预知时代的盛衰及人伦物理，故是"线"形式的不隔。这种"线"形式的不隔若落在"事"上，就是穷理尽性以至于命，常戒惕而光明自己；若落在文化上，就是贯通历史启发文运。总之，是"究天人之际，通古今之变"的人伦世界的真理之光。这具有绝对性与神圣性。但英雄人物的使命感却不能说是"承体起用"，因为这种使命感并没有透露到"体"，即与绝对的神圣性自身依然是隔离的。牟宗三说：

> 他之透到超越面，能感到神性的差遣，完全是由于他的情欲生命之强烈。其初是冒险的，生死斗争的。他冒出来了，发动了那立体的力量，无有能与之匹敌者。因此，他感觉到他的生命是无人世的限制者，是一个可以最后抵得住的"生命真实"。……因此他感觉到他直接通天，他好像是神或天直接遣他下来，担当这一件事，这一时代的大任。他也有了使命感。但是他和神尚隔一层，不似德性生命之内在的通契。所以圣贤型的使命感是承体起用，而英雄型的使命感则只是强烈的情欲生命之无敌，他和神的关系是外在的。[①]

严格来说，英雄人物的使命感是外连着现实中的一个具体问题而显现的，因而是相对的而不是绝对的，是在层级中的。这种使命感之所以在当时具有绝对性，乃因为这是政治死局中的重大问题，而英雄人物则"舍我其谁"（《孟子·公孙丑下》）感受到并承接住了此问题。因而，这神圣性的使命感，实则这是一定向上的具体问题，而不是人类永恒的终极问题。一旦这具体问题得以解决，其使命感就随之消失。但宗教家或圣贤的使命感却是永恒的，故孔子曰："不怨天，不尤人。下学而上达，知我者其天乎。"（《论语·宪问》）这就是说，英雄人物的使命感有"事"的必要性与机括性，若不能见"理"的通畅性与严正性，则一旦"事"的必

---

① 牟宗三：《政道与治道》，第94页。

要性消失，英雄人物强烈的情欲与气度即无挂搭处。是此，英雄人物必生出无可奈何的命运感来。当然，英雄人物的命运感之所以必然出现，乃因其生命自身无所依傍的驳杂与魔性所致。

故其次，我们来看英雄人物的魔性与命运感。依牟宗三看法，英雄人物"只是一个沸腾的气"，[①] 是无所谓"理"的。这是荀子所说的"天之所就也，不可学，不可事"（《荀子·性恶》），没有开出更高的原则以提撕这自然之生命。英雄人物虽然也能开物成务，乃至"舍我其谁"地解决现实中的一问题，但这只是以其"气"之"灵"与"锐"，没有其他的原则。虽然也以"天道"、"大义"自号，但这只是壮其声威的自饰，实不知"道"与"义"为何物。只是以其"气"之"灵"与"锐"挂搭在"事"上以求解决。若不能开出生命之更高的理性原则，则自然生命固有其"气"之"灵"与"锐"，亦有其不可避免的魔性。所以，英雄人物固有其能客观化到群体愿望上而实现之的光明面，亦有其不能自觉地调畅自家生命而使其病疴深、魔性大的阴暗面。这病疴、魔性若没有笃实潜存内省的修养工夫，绝不是科学技术所能控制与转化的。牟宗三说：

　　英雄的情欲生命，当然不是这种纯粹的魔。因为他有阳刚一面。但是他有魔性，首先见之于推倒一切的浪漫情调，世间的成规成矩，礼义之大防，他都可以不在乎。本来在立体生命涌现的时代，既成的现实局面要崩溃，粘着于此既成的现实局面中之成规成矩，礼义之大防，也不是无弊的，就此而言，那浪漫的精神本身不是魔。但就那强烈的情欲生命言，此浪漫精神本身是魔性。就其所遮拨者言，好像不是魔性，因为这时人们是被他的"否定现实"之应该性所吸引。但是这否定若没有更高级的内在肯定之德性，而只是那强烈的情欲生命之泛滥冲破，则此泛滥冲破之浪漫精神本身就是魔。[②]

英雄生命只是气机的鼓荡，不是悲愿的覆载与德性的不容已。荀子曰："君子言有坛宇，行有防表，道有一隆。"（《荀子·儒效》）这表示仁守原则的重要。但英雄人物是没有什么仁守的，虽然也有仁爱、慈悲，

---

① 牟宗三：《政道与治道》，第 78 页。
② 同上书，第 77 页。

但都是顺着这定向在气机之鼓荡中带出而表现的，是不自觉的暗合的仁爱、慈悲，不是肯定护守那"仁"本身。所以，这是一种实在论，是功利主义或实用主义，而不是道德的理想主义。孔子曰："知及之，仁不能守之，虽得之，必失之。"（《论语·卫灵公》）实际上，正是仁守原则的缺乏，使英雄人物的生命四无依傍，落入了虚无主义的无底深渊。他们在气机健旺而强盛时，尚能有使命感而不自觉到这深渊之存在，当使命完成或气机萎谢堕退时，顿觉这深渊之强大与无处可逃，故英雄人物有无可奈何的命运感。宗教家或圣贤因要去印证那绝对的最后真实，故生命总可开出新的境界，"苟日新，日日新，又日新"（《大学》），正是他们生命境界的开拓，故宗教家或圣贤只有"士不可以不弘毅，任重而道远，仁以为己任，不亦重乎?！死而后已，不亦远乎?！"（《论语·泰伯》）之使命感，而没有无可奈何的命运感。故孔子说他自己"发愤忘食，乐以忘忧，不知老之将至"（《论语·述而》）。真正的使命感是智慧与悲情的投射，是自由理性的产物，而不只是气机挂搭在定向上求一现实问题的解决。而英雄人物既无智慧（英雄人物常有拨弄驾驭的聪明，但无德光照人的智慧），又无悲情，使命感即不成其为使命感，其生命完全内在于这情欲生命的立体力量自身，没有智慧与悲情之光来引导与开通，如是，使命感势必转而为其机括性的悲剧命运的来临。其命运感代替了使命感。使命感是其生命之开敞与推拓，命运感是其生命的之封闭与僵化。

在牟宗三看来，最能表现英雄人物的使命感与命运感的是汉高祖刘邦。因为刘邦是第一个在风云际会的时代以平民得天下，在他的性格中既有其神性，又有其魔性。二者的综合作用，使得刘邦既可担当一个时代的使命，然亦有其无可奈何的命运感叹。牟宗三把这样的时代称为纯天才时代或英雄时代，因为此时"人皆朴直，无成规可依据，无虚套可装饰，纯以原始生命相表露，以天资相折冲。……此为后来各时代所不能有者。于此可见纯天才时代，而非文化系统时代也"。① 而刘邦之得天下正是在楚汉相争之时代原始生命之神性与魔性际会风云的结果。先看刘邦之魔性。刘邦无任何文化系统的熏习与陶养，他只以原始生命之气之"灵"与"锐"横扫一切。"单父人吕公，善沛令，避仇，从之客。因家沛焉。沛中豪杰吏，闻令有重客，皆往贺。萧何为主吏，主进。令诸大夫曰：进

---

① 牟宗三：《历史哲学》，第151页。

不满千钱，坐之堂下。高祖为亭长，素易诸吏。乃给为谒曰：贺钱万，实不持一钱。谒入，吕公大惊。起，迎之门。吕公者，好相人。见高祖状貌，因重敬之。引入坐。萧何曰：刘季固多大言，少成事。高祖因狎侮诸客，遂坐上坐。"（《史记》卷八《高祖本纪》）此是扫荡礼义格套也；"初，沛公引兵过陈留。郦生踵军门上谒曰：高阳贱民郦食其窃闻沛公暴露，将兵助楚不义，敬劳从者愿得望见，口画天下便事。使者入通。沛公方洗，问使者曰：何如人也？使者对曰：状貌类大儒，衣儒衣，冠侧注。沛公曰：为我谢之，言我方以天下为事，未暇见儒人也。使者出谢曰：沛公敬谢先生，方以天下为事，未暇见儒人也。郦生瞋目按剑叱使者曰：走！复入言沛公，吾高阳酒徒也，非儒人也。使者惧而失谒，跪拾谒还走，复入报曰：客天下壮士也，叱臣，臣恐，至失谒。曰：走复入言，而公高阳酒徒也。沛公遽雪足杖矛，曰：延客入。郦生入。"（《史记》卷九十七《郦生陆贾列传》）此是扫荡文化系统也。既无礼义格套，又无文化系统，足见刘邦之原始生命的朴质、狂野乃至妖魔之本质。然刘邦之原始生命不止于此，亦能虚灵而知几、简易而从理，逐步客观化其自己，此即见刘邦天才生命之神性。"当是时，楚方急围汉王于荥阳。韩信使者至，发书。汉王大怒，骂曰：吾困于此，旦暮望若来佐我，乃欲自立为王。张良、陈平蹑汉王足，因附耳语曰：汉方不利，宁能禁信之王乎？不如因而立，善遇之，使自为守。不然，变生。汉王亦悟。因复骂曰：大丈夫定诸侯，即为真王耳。何以假为？乃遣张良往立信为齐王。征其兵击楚。"（《史记》卷九十二《淮阴侯列传》）一经点省，即能心领神会，其"机"之转如此之速且不露痕迹，此之谓虚灵而知几也。"沛公入秦宫，宫室帷帐狗马重宝妇女以千数，意欲留居之，樊哙谏沛公出舍。沛公不听。良曰：夫秦为无道，故沛公得至此。夫为天下除残贼，宜缟素为资。今始入秦，即安其乐，此所谓助桀为虐。且忠言逆耳利于行，毒药苦口利于病。愿沛公听樊哙言。沛公乃还军霸上。"（《史记》卷五十五《留侯世家》）一经疏导，即可彻悟透解，其"意"之转如此之快且不费气力，此之谓简易而从理也。在庸众那里，神性与魔性乃不相容者。但在刘邦那里，神性与魔性却能相得益彰，倍加神武其生命。"高祖击布时，为流矢所中，行道病。病甚。吕后迎良医。医入见，高祖问医。医曰：病可治。于是高祖嫚骂之曰：吾以布衣提三尺剑取天下，此非天命乎？命乃在天，虽扁鹊何益？遂不使治病，赐金五十斤罢之。"（《史记》卷八《高祖本纪》）此乃一天授之健旺生命，当其尽"气"时，必能近道而得其正位，故在际会风云中所向披靡，不亦然乎？相比之下，项羽则不足道。刘邦得张良，依牟宗三的理解，乃是给刘邦主观而无收煞的生命以形式因，使其客观化而知几从理。但项羽有范增而不能用，致使其有"竖子不足与谋，夺项王天下者，必沛公也"之叹，而最后范增以"天下事大定矣，君王自为之！愿赐骸骨归卒伍！"（《史记》卷七《项羽本纪》）收场，其失望之情毕露，此足见项羽之扶不起。项羽自有胆力过人之豪气，然其生命终黏滞而吝啬，不能虚灵知几而从理，故只成一悲壮之武夫，非神武之英雄。以此生命形态而与刘邦争雄，其胜负成败，何须究论？由此，对于刘邦之生命精神，牟宗三概之曰：

> 其气足以盖世，其光彩足以照人。此亦天授，非可强而致。强而上腾，则费力而不自然，不可以慑服人。所谓矜持而亢也。天授者则其健旺之生命，植根深，故其发越高，充其量，故沛然莫之能御。充实之谓美，充实而有光辉之谓大。所谓风姿也。天才之表现是风姿，乃混沌中的精英也，荒漠原野中之华彩也。驰骋飘忽，逐鹿中原，所过者化，无不披靡。故其机常活而不滞，其气常盛而不衰。观之似不成套，而其格之高即在其不成套。①

这就是说，刘邦以其原始生命，天授之灵光，原野之苍茫承接了除暴秦之使命感。他并没有一套既成的文化系统来安排这使命感，进而转化为政治上的客观的、理性的建构，他只以其气之"灵"与"锐"感受到了现实问题的存在，随后起而打散。他之创新局只是问题的不复存在，其后不必有所依，其前不必有所待，此即是说，并非有一理性的转进与安排而为"新"也。故刘邦之功业终归是尽"气"的事，而不是尽"理"的事，尽管尽"气"而近于"道"亦不易（项羽即不够），然于生命精神而言，只是同层次的程度不同之问题，而非异层的精神转进问题。所以，刘邦与项羽都是尽"气"之人物，只不过项羽偏重于"胆力过人"之"雄"的方面，而刘邦则偏重于"聪明秀出"之"英"的方面，然这只是特性的不同，非原则之不同也。然一尽"气"之生

---

① 牟宗三：《历史哲学》，第 158 页。

命，当生命之充其极时，自健旺如理，自能有所成。然此健旺如理皆是气质的、天定的，而无理性上的保证。即此人之生命何以如此之健旺而彼人则不？此人何以必至此时此刻方为健旺？此皆为天定的、偶然的，无理性上的必然性。何时此健旺之气不再而堕落为纯物化之惰气，亦不可知。然生命为一物理强度之发皇，任何物理强度终有能量耗尽之时。故生命之健旺如理终有尽时，此即是俗语所谓"江郎才尽"也。由此即见尽"气"之生命的限度，即便是刘邦这样的英特者也概莫能外。"已而吕后问曰：'陛下百岁后，萧相国即死，令谁代之？'上曰：'曹参可。'问其次。上曰：'王陵可。然陵少戆，陈平可以助之。陈平智有余，然难以独任。周勃重厚少文，然安刘氏者，必勃也。可令为太尉。'吕后复问其次。上曰：'此后亦非而所知也'。"刘邦"此后亦非而所知也"之慨叹，即显其天才生命之限度来，此即是无可奈何的命运感。周勃以后之事，非其天才生命所能预知。其知也，必由天才生命之限度而开精神之另一领域。牟宗三由是曰：

> 知有非我一人所能把持者，即知有超越于我之光彩照射之外者。欲把持而终把持不住，划然而止，则我之风姿顿减缩而显其风力之有限，而超越于我之外者，则弥漫而无穷，笼罩于我之上。我之风姿既减缩而有限，即不能如当年天资用事，首出庶物，自足无待时之无限申展。既不能无限申展，即不能与彼超越于我者之弥漫无穷而相应而同其无穷以俱赴。即在此时，我不得不撒手。我感觉自己无能，自己不自足，只好付诸未来无穷之现实生命以填满彼超越于我者之空虚。自己之不自足，遂愈显彼超越于我者之尊严，人生之尊严与敬畏即在此时而油然而生。①

由天才生命之限度而敬畏，契接那超越于"我"的天才生命之外者之尊严，即开生命精神之另一领域。然刘邦不足以语此，因其为天纵之尽气者，无超越者以冒之也。无超越者以冒之，必有那"非而所知"的命运感。若欲只有使命感而无命运感，则纯粹之尽"气"者不能尽此责任，生命精神——在牟宗三看来——必转进至尽"理"方为可能。

---

① 牟宗三：《历史哲学》，第161页。

　　汉武帝时董仲舒的复古更化，独尊儒学，就是欲以文化系统来转进政治理境，使政治不只是在英雄之尽"气"中表现，而是在文化的尽"理"中表现，即把政治由主观形态，带至理性的客观形态。《汉书》卷五十六《董仲舒传》其对策曰："窃譬之琴瑟不调，甚者，必解而更张之，乃可鼓也。为政而不行，甚者，必变而更化之，乃可理也。当更张而不更张，虽有良工，不能善调也。当更化而不更化，虽有大贤，不能善治也。故汉得天下以来，常欲善治而至今不可善治者，失之于当更化而不更化也。"依董仲舒的理解，欲善治而不得其善治的症结即在善治之所以为善治的理性轨道。汉自文、景以来，尚黄老之无为而治，以"与民休息"之策使社会政治得短暂的复兴与强盛，但这短暂的复兴与强盛并非由政治之理性的客观轨道所开出者，而是汉初尽"气"之精神在能量耗尽而自然消歇之后，生命的再度复苏与生长。这依然还是一种尽"气"之精神。实际上，诸多的社会政治问题只是在此过程中因能量积储不够而未爆发而已，并非问题不存在。其实，若只是在尽"气"中任自然生命之消长，则政治的积极方面固随之而消长，但其消极的方面亦会随之而消长，景帝时的"七国之乱"即其显证。到武帝时，问题则更多，故董仲舒提出复古更化，可谓势有必然，理有必至。从复古更化的具体措施来看，确实使当代的政治愈加在客观与理性的轨道上运行。① 其背后实有一超越理想及文化系统为背景，这就是以《周易》、《尚书》和《春秋》为骨干的"五经"系统。这一系统虽然转化了汉代政治唯在尽"气"中挥洒而

────────────────

　　① 依钱穆先生的理解，武帝时的复古更化，其要者盖有五：其一曰：设立五经博士。这使得博士一职从方技神怪、旁门杂流中解放出来，纯化为专门研治历史和政治的学者。自秦人之"以吏为师，以法为教"，渐渐变成朝廷采取博士们的意见，即是"政治"渐受"学术"指导。此项变革，关系匪细。其二曰：博士设立弟子员。自此渐渐有文学入仕一正途，代替以前之荫任与赀选，士人政府由此造成。其三曰：郡国长官察举属吏。博士弟子考试中第，亦得补郡国吏，再从吏治成绩升进；又得察举为郎，从此再进入中央仕途。此制度与博士弟子制度相辅，造成此下士人政府之局面。其四曰：禁止官吏兼营商业，并不断裁抑兼并。从此社会上新兴的富人阶级，逐渐转向，儒林传中人物，逐次超过于货殖传。有所谓"遗子黄金满籝，不如一经"之说。此等处可见学术指导政治，政治转移社会。其五曰：开始打破封侯拜相之惯例，而宰相遂不为一阶级所独占。汉初之宰相，皆王侯功臣子嗣，武帝时公孙弘以布衣儒术拜相，此足见文治精神之转向，为复古更化之最有关系者。（见《国史大纲》上册，商务印书馆1996年版，第144—147页。）

无文化系统挂搭的历史虚无主义，但牟宗三认为，切就复古更化的整个义理系统而言，则有驳杂。其所以驳杂，乃因此一系统为未经精神内在发展之淘汰的原始和谐，为"理性之超越的表现"。所谓理性之超越的表现就是：倡此运动的人，并未能直接在生活上使人有人性之自觉，从人性之自觉中，涌现超越之理想，由之以承接尧、舜三代以来相传的文化系统，同时即以自觉中之理想来生动活泼此文化系统而不使之僵滞。但武帝时的复古更化并未做到这一点，而只是：其一，从超越的解悟上，由《周易》、《春秋》推出一外在之超越理性以为"大始"，此是抽象的外在的讲法，而且是依附于一制度性之王道之政治措施而立言；其二，将古代相传之文化系统视作现成的、外在的，具于"五经"中者，而政治地承接下来，而为尽"气"者之实现；其三，设立"五经"博士，将此文化系统僵滞化，儒者由此以通经致用，亦成为外在地形式地运用此一文化系统，此是视为典要而直接地表现于事为，此是以事功性为机要者。依牟宗三的理解，汉代复古更化的这样的精神理想，只是外在的形而上学，而非内在的形而上学。外在的形而上学并非形而上学的实义，由此并不能开出真实的理性的理想，其理想性与客观性只是外在事为的理想性与客观性，并非理性自身的理想性，故也不是真正的客观性。政治制度常因此而僵化，开不出更高的精神理境。何以故，因内在的精神主体未确立也。牟宗三说：

　　夫超越理想能尽其实，必赖精神主体也。精神主体者"心"也。言理，必有"心"上遂而实之。夫惟心之呈露，而后始能证实超越理性为不虚，（此即是尽心知性知天），而后始能作到人类理性之自觉。如此，其必本于孔孟之精神而立言，为首出之第一义，乃无可移者。然而仲舒之"推明孔氏"，乃只因其从周文耳，因而遂跨过孔氏而外在地直接承五经，是其不能归于精神主体甚显然也。因此，其超越理性必有驳杂，为外在的，有虚而不实处。……承秦大败天下之民之后，处于时代之问题性中，而唤醒人类理性之自觉，则必须顺孔孟之第一义，而转进至一个普遍文化运动，由道德教化圣贤人格之精神主体，广被于政治社会而广度化，归复于一般人要求自立之精神主体上，作到两步限制之立法，而成为"理性之内在表现"，方可说是一新转进。①

　　这就是说，真正的理想必须在确立精神主体以后方能建立，这必须要敲开生命的绝对主体之门而接上孔孟的心性之学始可能。但汉代的复古更化只是以一个气之灵的生命呼唤一个外在的文化传统，并未将此文化传统内在化与精神化以凸显一个绝对的精神主体。故这只是理性的超越表现，相对于赤裸的尽"气"之精神而言，能向往一个外在的文化传统以规导政治虽是一种进步，但因未能内在化与精神化，开不出更高的理境，亦必使政治流入断港绝潢之中。所以，理性的超越表现须转为理性的内在表现，凸显精神主体，建立内在的形而上学即道德的形而上学方是政治理性化与客观化的关键。若能如此，则不但可以转出科学之根基，而且也可以转出民主政治的根基。这两步是政治之所以为政治的客观化的根本保证，也是政治逐渐理性化的基础。但汉代的复古更化于此还相差甚远，基本上还是一种尽"气"之精神，政治依然还在主观状态下运行。牟宗三认为，切就中国的政治形态而言，基本上是在综和之尽"气"之精神下运行的，

──────────

　　① 牟宗三：《历史哲学》，第 276 页。所谓两步立法是指：对于君之限制之立法和对于民之权利与义务之承认之立法。显然，牟宗三的这种思路使以西方的民主政治和孔孟的心性之学在他的道德形而上学的框架内予以融合。按蒋庆的理解，这有变相"西化"之嫌，并不能得儒学之正宗。在蒋庆看来，儒学本来就有心性儒学和政治儒学两大传统，并相互独立。政治儒学就是公羊学，适应于解决政治问题。心性儒学就是曾、思之学，用以解决生命问题。而政治儒学在汉代已经开出了最辉煌的外王事业，并不需要像牟宗三所理解的那样，依心性儒学开出西方的民主与科学。有鉴于此，中国政治文化的重建问题就不再是"全盘西化"的问题，而是现代中国"复古更化"的问题。所谓现代中国的"复古更化"，就是用儒家的政治智慧和指导原则来转化中国的政治现实，在中国建立起源自天道性理的合法的政治秩序，使中国政治文化的重建建立在中国自己文化传统的基础上，而不是一味用西方的政治文化化解中国的政治传统，使中国的政治文化丧失其本位性。详见蒋庆《政治儒学》，生活·读书·新知三联书店 2003 年版。牟宗三与蒋庆的不同观点来自于他们各自不同的文化立场。牟宗三基本上是一种先验论的观点，认为文化是人类理性的表现，而人类拥有同一个理性，故从原则上看，人类的文化是可以会通的，尽管因历史的机缘而使得各具体的文化有现实上的差异，但随着理性的辩证开显，人类文化必将趣于同一。所以，民主与科学是人类理性的产物而不是西方文化所专有，若对中国文化予以理性的疏通，则民主与科学依然会在中国文化中开花结果。但蒋庆则是一种历史的观点，他认为文化是历史与传统、礼俗的积累，故从原则上看，文化的会通是不可能的。所以，民主制度是西方文化的产物，不具有普世性。这样，儒学是开不出与自己文化属性迥异的民主政治制度的。因此，文化是否可有通约性，是解决个中问题的关键。详细的问题，这里不能讨论。但笔者基本上赞同文化是人类理性的表现的观点，不然，儒家所讲的大同世界即不可能实现。

从汉代复古更化直至清朝覆亡殆无改变。在这种精神之下，政治的客观性与理性的理想性根本开不出，不但关于政权者之政道不能客观化，而且关于治权者之治道亦不能客观化。这种政治形态具有以下几个方面的特征。

第一，"打天下"之精神。政权之所属，乃是政治必须首先予以解决与合理安排的问题。在民主政体之下，政权属于民，并能予以合理的安排。但在综和之尽气之精神之下，惟赖天才之英雄人物尽其气而发的使命感去承接所谓的天命。此人承接住了天命，则此人拥有政权；彼人承接住了天命，则彼人拥有了政权。此为天然之合理而不可讨论者。故在此精神之下，必家天下。家天下则必世袭，此于政权虽可得一时之安稳，但宫廷之争斗、骨肉之相残乃至社会之动荡仍不可免。而当此人此姓之祚尽数终时，政权如何转入另一人一姓，亦不能有合理之安排，惟赖另一天才之人物起而尽气以承接天命、获得政权。而所谓尽气以承接天命、获得政权就是在际会风云中比武，胜利者即获得政权，这就是"打天下"。"打天下"为尽气之精神下之政治事功所必然涵摄者。但"打天下"是非理性的，非理性的就不是真正的事功精神。所以牟宗三说："须知'综和的尽气之精神'并不是事功之精神与制度之精神，而乃是英雄之精神与艺术性之精神。"[1] 这就是说，"打天下"以获得政权是偶然的，并没有对政权作合乎理性的客观安排。

第二，一治一乱之循环性。政治既然是在尽气中运行，而尽气总是服从物理过程之消长与生息原则，故有气之健旺与堕退时之不同，而政治已随之有一治一乱之循环性。在牟宗三看来，能尽其气而健旺地表现之，提撕心灵、祛除沉疴、开辟新局，于不自觉中有近"道"者存焉。然这只是服从自然生命之强度原则，只是气之灵的精神性。并非离开自然生命以后的理性之构造原则。故其所谓"道"，所谓政治的客观性与超越性，其最后挂搭处只是那原始的生命自身。既如此，生命固可有健旺时的精神性，此时为天下有道。然强弩总有末途，亦必有堕退时的物化性，此时为天下无道。故一治一乱之循环总不可免。若政治只是挂搭在原始的生命之中，而不能凸显精神主体而表现理性的内在的构造精神（理性的内在的构造精神为"理"的精神，非"事"的精神也），则不管这生命精神是如何的健旺，一治一乱之循环总不得决解。

---

[1] 牟宗三：《历史哲学》，第196页。

第三，只有革命而无变法。这里所说的"只有革命而无变法"是指对政权没有创立一种根本制度予以安排，只在英雄之尽气的"革命"中被非理性地转移，非指没有个别问题的变更与解决之道。王安石之变法即其选也，其青苗、保甲等诸法，准确地说只是一些事务性的措施或方案，依经验与分解之精神因地制宜地措置之足矣，不可越其分曰创制变法。依牟宗三之意，因对政权无创制予以安排，而在非理性的"革命"中被抢来夺去，即无政道，因政道之无，必使治道亦无。因地制宜地措置具体问题，虽可得一时之效，但不能根本解决政治一治一乱之循环。也就是说，在英雄之尽气之精神中，只有治道上的解决具体问题之精神，而无政道上的定大体复大常的精神。这始终是一种主观的"事"的精神，而不是一种客观的"理"的精神。但须知，政治之首要问题是对作为"大常"的政道予以理性的安排，然后才能说在治道上有客观的事功。然这一问题在尽气之精神中永不得解。

第四，暴戾与士气。因政道不能予以理性的安排，则相应之治道亦不能理性地运行。若政治只在英雄之尽气之精神下运行，则必有非理性的成分，如宗室、外戚与宦官参与实际的政治运作。所谓非理性是指他们在客观的政治格局中的地位，他们本不应越位参与政治，但他们不但参与，而且权倾一时，致使天下无道、生灵涂炭。知识分子激于道义，起而与之争斗，此即是暴戾与士气。汉末之党锢，明末之东林党，盖其选也。但牟宗三认为，知识分子若不能尽其义而思对政治予以理性的安排，只激于义愤而与恶争斗，则只是一种道德精神而不是真正的事功精神，止可同情，不可赞佩。所以牟宗三说："气节之士只是士大夫顺'综和的尽理之精神'，未经过分解的尽理之精神，而欲直接地措施于事业，与堕落后的纯物化之气相遭遇所起之浪花。综和的尽理之精神，如不通过分解的尽理之精神，不能有事功，不能有内在的构造性。"[1] 所谓"内在的构造性"是指以客观的义道对政治予以理性的安排，从而根源地消除政治上的暴戾与士气（当然，个人之气节在人生中永远应该有，此不待言），而不只是以其牺牲精神与之作一时的争斗。故王船山曰："世降道衰，有士气之说焉。谁为倡之，相率以趋，而不知戒？于天下无裨，于风俗无善也。反激以启祸。于士或死或辱，而辱且甚于死。故以士气鸣者，士之蟊稯也。"（《宋

_____

① 牟宗三：《历史哲学》，第211页。

论》卷十四）船山所论，不是从个人的道德言，而是从客观的政治言。不知夫客观的政治事功，而唯以个人道德之情义愤之、慷慨之，此岂能尽士之本分？

第五，名士与清谈。政治无道以后，必僵化生气。其一为硬化的物质之气，其结果是暴戾之产生，由气节之士与之相抗。其一为软化的物质之气，其结果是清谈之产生，由风流之士（智者之士）相与唱和。郭林宗、王弼、阮籍皆其选也。此等人"隐不违亲，贞不绝俗。天子不得臣，诸侯不得友"（《后汉书·郭太传》）。他们以原始的天资之美所透露的浮浅干智若即若离于社会，大则可避政治之祸，小则可无人情之累。所以他们露美趣、显圆通，但因为他们没有通过内在的道德性的精神开显，故他们的美趣只是风流与清谈，而不是孔子所说的"依仁游艺"；他们的圆通只是周圆以应世，而不是《易经》所说的"圆应无方"。其所以然之故即在：他们根本无精神辩证开显的路数，唯质气之灵的透射与智悟。此辈人物，露美趣、显圆通乃是其气上浮升腾之时，迨至其气下降沉陷，则必流入"贼"，"竹林七贤"其选也。士而至此，必致伤风败俗。故魏晋风流之后，接着就齐梁的绮靡淫乱之风。是此，不但于政治无补，教化亦因此而不能行，社会必大坏。牟宗三说："'气节之士'与'智者之士'两名称在政治上之存在只有当时代精神在主观的形态下，即有'非理性的'参与对列之局中时，才可能。否则，在客观化合理化的对列之局中，在法律有构造性的社会中，在精神的客观表现中，即无'气节之士'可言，只有在客观分位上权利义务之尽与不尽，而亦无'智者之士'可言，只有作其所应当作之社会上的客观事业，如学术文化教育宗教等。然而自东汉起，国史上此两类人相续而生，政潮几成循环之局。由此可征国史之发展，视为精神之实现，居何形态焉。"[1] 若政治不能客观化，则此两类人物永不能根绝。

以上五点，为尽气之精神形态下，英雄豪杰之事功所必然包含者。牟宗三之所论，虽主要是就中国的历史而论，但就精神之义理形态来说，则有普遍性。这里可见尽气之精神之所成及其限度。尽气之精神的政治事

---

① 牟宗三：《历史哲学》，第377页。牟宗三所说的"政潮几成循环之局"就是黑格尔所说的：中国"仅仅属于空间的国家，……这部历史，在大部分上还是非历史的，因为它只是重复着那终古相同的庄严的毁灭。"黑格尔这是说中国政治的精神形态没有发展。见黑格尔《历史哲学》，第112—113页。

功——若依黑格尔所说的"观念"与"人类的热情"构成了世界历史的经纬度之观点——则只是有"人类的热情"这个纬度,而无"观念"这个经度。是此,则政治总是在主观状态下运行,虽然有不自觉的偶合于"观念"之时,但这并不是客观而定然的。要使这成为客观而定然的,必须对"观念"有自觉,所谓对"观念"有自觉就是确立精神主体以彰显人的概念机能。这样,徒有综和之尽气的精神尚不够,精神必须发展至分解之尽理的精神。而分解之尽理的精神之出现须有待于"思想主体"之确立。在中国传统中,有"道德主体"与"艺术主体",惟"思想主体"阙如。故在中国传统文化中,要定住政治的客观性,必须确立"思想主体"以彰显出分解之尽理的精神,这一步精神的开显——在牟宗三看来——是必然而又定然的。

六 尽"才"之精神与名士风流

"才,材力也。"这是朱子对"思无期,思马斯才"(《诗经·鲁颂·駉》)一句诗中"才"字的解释。此为"才"字之根本义。依此而言,则"才"是指原始材质生命所蕴含的能量与才华。故"才"之范围包括甚广,上面所论的"情"与"气"亦属于"才"。但这里所说的"才"是取其狭义。其义是指哲学思辨,但思辨并没有确立思想主体,也就是说,其思辨不是概念的、逻辑的,而是智悟的。故其哲学思辨表美趣、显境界。这是原始生命未经沉潜反省之工夫而欲直接去契悟那最高的精神境界而飞溅出之浪花,是中国文化精神所开辟出的独有的居间领域,名曰"哲人名士"。在西方以概念与逻辑为主导的文化精神中,则不甚能表现此种人格精神。这种人格类型,可上下看。往下看,不只是原始生命之"情"与"气"的自然发露,他可谈玄说理,似可开出生命之客观轨范,故不是浪漫无收煞之生命;往上看,因未作圣贤工夫而不见内在道德性之挺立,故是智悟的"谈"与"说",不能归"实",则生命之客观轨范终开不出,故终是飘浮无根之生命。此种人格形态在魏晋时代达到极致,而时代精神之病态亦达到极致。因时人倡"越名教而任自然"(嵇康:《释私论》),故一般人常以此为中国文化对自由之自觉时代,实则问题并非如此简单。若徒以外在的光景观赏之,不能对精神辩证发展有的当的批判与觉悟,则必封闭精神,开不出更高的精神理境。牟宗三在他的精神哲学中对这种精神形态作了详尽的检定与批判，由此真可见出自由之客观性与何所是，以开出精神的更高理境来。那么，何以在魏晋时代特别表现出哲人名士之精神呢？其原因有二：一曰诸子之学的重光；一曰材性人性论。

先看诸子学的重光。汉武帝时，儒学被定为一尊，百家遂罢，使整个时代的学术思想整齐划一，此尚不是问题的关键。问题的关键在：此一时代之学术精神，要么为一物一事所笼罩，此即是名物训诂；要么为一人一派所把持，此即是师承家法。此二者足以使儒学之根本精神缺乏生气而僵化，致使儒学成了纯学院化的章句之学，而丧失了其规导时风的政教功能。东汉章帝以后，因外戚与宦官交替专权，把持朝政，致黄巾、董卓之乱。不但生民涂炭，而且章典残落，文教荡然。① 西汉相传之文教既殁，再加上顺帝以后社会上流行的"题拂覈论"、"月旦人物"之风，则必然在士人中滋生浮华、清谈之气，使当时之学风为之一变。《后汉书》卷一〇九上《儒林列传》序云：

> 本初元年，梁太后诏曰：大将军下至六百石，悉遣子就学。每岁辄于乡射月一飨会之，以此为常。自是游学增盛至三万余生。然章句渐疏，而多以浮华相尚，儒者之风盖衰矣。

不过，须要特别指出的是：这里的"浮华"是相对于西汉的章句之经学而言的，实际上就逐步形成了后来玄学中的清谈与玄理，这当然是一种新的学风。在这种新学风之下，魏晋学人不仅解儒家经典，亦解道家等先秦各家经典。此即是诸子学的重光。但是，魏晋时代的统治者，抑或是当时的学人，都能自觉地以儒家经典为主导。如：《三国志·魏志》卷二十四《高柔传》载高柔上书给魏明帝曹睿云："臣闻遵道重学，圣人洪训；褒文崇儒，帝者明义。昔汉末陵迟，礼乐崩坏，雄战虎争，以战阵为务，遂使儒林之群幽隐而不显。……陛下临政，允廸睿哲，敷弘大猷，光济先轨，虽夏启之承基，周成之继业，诚无以加也。"

---

① 《后汉书》卷一〇九《儒林列传》上载："初，光武迁还洛阳，其经牒秘书载之二千余两，自此以后，参倍于前。及董卓移都之际，吏民扰乱，自辟雍、东观、兰台、石室、宣明、鸿都诸藏典策文章，竞共剖散，其缣帛图书，大则连为帷盖，小乃制为滕囊。及王允所收而西者，裁七十余乘，道路艰远，复弃其半矣。后长安之乱，一时焚荡，莫不泯尽焉。"即见当时情况之一般。

只是此时的学人不严守西汉的师承家法以解经，而是在儒家经典中灌入了其他诸子经典的思想，使得对儒家经典的解释更加活跃与多元。所以，余敦康先生曰：

在这个时期，诸子之学仍然只是作为儒家的一种补充，并没有改变中国封建文化整体结构中的那种主从关系。它们的发展趋势与当时的总的历史进程相适应，逐渐由分歧走向融合。这种融合受文化传统核心层次的价值观念所制约，不能和儒家的宗法思想相背离，而必须以它为基础。至于融合的结果没有顺理成章地形成一种新的经学思潮，却产生了不伦不类的玄学，完全是历史的偶然。①

余先生以上所说包括两点：其一，尽管有诸子学的重光，但儒学在魏晋时代依然社会之核心价值体系；其二，玄学的产生是历史的偶然。应该说，第一点是符合历史事实的，而第二点则未见得，若对时代之精神有切实的体悟与解析，则玄学之产生亦为历史之必然。就第一点来看，魏晋时代的学风确乎如此，如，其玄学重镇何晏与王弼都对儒家经典著作下过笃实的工夫。何晏有《论语集解》传世，王弼则有《周易注》、《周易略例》与《论语释疑》（后者亡佚，皇侃《论语义疏》中录有数条）。但他们的这些著作与汉代的经学著作不同的是：不再是从外在的政治礼仪与伦理规范作深入探讨的章句之学，而是有极高的内在精神祈向性命之学。所以，荀粲曰："子贡称夫子之言性与天道不可得闻，然则六籍虽存，固圣人之糠粃。"这是抛开章句而只从内在的精神来契悟儒学之精神，以"精神还仗精神觅"（汪藻《浮丘集·赠丹丘僧了本》）的方式来解经。故荀粲又曰："盖理之微者，非物象之所举也。今称立象以尽意，此非通于意外者也；系辞焉以尽言，此非言乎系表者也。斯则象外之意，系表之言，固蕴而不出矣。"（《三国志·魏志·荀彧传》注引《荀粲传》）在荀粲看来，"象"与"言"皆不足以尽性命之学的"理"之微，而唯生命精神自身方可，这确有点宋儒"作文害道"之精神。应该说，这直接洞开了一个新的精神领域，为宋明儒学之先声。若他们能潜存自反以见内在

① 余敦康：《魏晋玄学史》，北京大学出版社2004年版，第32页。

道德实体的挺立，在笃实的涵养工夫中契接儒家经典，则必先于宋明儒而达至心性之学。但他们因内在工夫的欠缺而不见道德实体的挺立，没有达至心性之学而极成了玄学，可谓是理有必然，而并非偶然也。而之所以是必然，乃因为其时的材性人性论。

其次，材性人性论。前面说过，汉代因气化宇宙论的形成，最终确立了材性之人性论，即只从气禀的材质论人，而不从内在的道德性论人。玄学家之论圣人亦是在此着眼，只是圣人之"神"与"明"超拔于常人之上，而所谓"神"与"明"并不是德性的感通与超化，而是质气的"灵"与"敏"而已。故王弼曰："圣人茂于人者神明也，同于人者五情也。神明茂故能体冲和以通无，五情同故不能无哀乐以应物。然则圣人之情应物而无累于物者也。今以其无累便谓不复应物，失之多矣。"（《三国志·魏志·钟会传》注引《王弼传》）这里的"神"与"明"皆是气质的，而非德化的，其"应物而无累于物"之境界皆因神明"茂"而来，非因德性"化"而来。正因为这种材性人性论而从自然之气禀论圣人，故圣人不可至不能学，在汉乃至魏晋为颇风行之学说。因为"圣"是自然之气禀，这是"天之就也"，既如此，则必"不可学，不可事"（《荀子·性恶》）。但魏晋时代学人在内心又确实非常向往圣人，并希求这样一个问题，即"理想的圣人之人格究竟应该怎样？"[1] 这样，一方面，从原则上讲，圣人是"天之就"，不可学；[2] 另一方面，吾人又希慕圣人之境界。[3] 由此，遂有郭子玄"学圣人者学圣人之迹"之论，也就是说，吾人虽不能有圣人内在之天质，但可有圣人外在之表现。正因为如此，后来的谢康乐在《辨宗论》中谓圣人"可至而不能学"。所谓"可至"就是外在地可达至其境界，此是"末"；"不能学"就是内在地不能有其质地，此是"本"。即汤用彤所说的"成圣成贤乃不仅为一永不可至之理想，

---

① 汤用彤：《魏晋玄学论稿》，第 103 页。

② 皇侃《论语集解义疏》卷一疏解《学而》章时谓："言降圣以下皆须学成。"意思是圣以下者皆可学，但圣不可学。汤用彤认为，皇侃的这种观点是集魏晋玄谈之大成。见汤用彤《魏晋玄学论稿》，第 95 页。

③ 周颙：《重答张长史书》云："正王、何旧说，皆云老不及圣。"（《弘明集》卷六）此即见魏晋士人之希慕圣人。

而为众生均可企及之人格"。① "圣人不可学而能至"，或 "学圣人之迹"，这是魏晋学人普遍的理想，其结果他们理想的圣人就是阮嗣宗《大人先生传》里的 "大人"，但 "大人" 只是自然生命之解放与归朴，而不是德性生命之健行与感通。这与圣人之本义有霄壤之隔。

以上两点，使得魏晋时代的学人，一方面企慕圣人，另一方面又只能从 "迹" 上学圣人，因未见自家生命中道德实体的挺立，故无逆觉体证的涵养工夫，归实而有 "感应" 地学圣人（程伊川云："天地之间，只有一个感与应而已，更有甚事?"），而只是援道家 "有"、"无" 等哲学概念外在地观赏地去解悟圣人之 "迹"，即 "应物而无累于物" 的完美境界。这样一来，对于圣人，他们只见其 "末" 而未见其 "本"。由于 "本" 之摈落，他们只见圣人 "后天而奉天时" 之 "迹"，而不知此 "迹" 正由 "先天而天弗违" 之工夫（《周易·乾传》）而来。因只见其 "迹"，故圣人在他们那里只是 "寻极幽微" 的智慧与 "无累于物" 的洒脱，而不知尚有 "任重而道远" 的 "弘毅" 工夫、道德承担。圣人固智慧洒脱，但必由工夫承担而来，若无上层的工夫与承担，则下层的智慧与洒脱只是虚灵的光景，不是实理实事。而魏晋时代的学人恰恰在此出了问题，他们观赏到了圣人的智慧与洒脱，而没有承接上圣人的工夫与承担，而妄以这下层的智慧与洒脱为 "自然"。殊不知，若不见道德实体之挺立而来之工夫与承担，这 "自然" 常滑落为文人浪漫生命之泛滥，这里虽然表露出了生命的软化之美趣（柔媚、优美），但终究是一无挂搭的飘荡

---

① 汤用彤：《魏晋玄学论稿》，第 100 页。依汤用彤的理解，当时有两大传统：中国固有之传统为圣人不能至不可学，印度之传统为圣人可至可学。竺道生则以顿悟之说协调二传统，谢康乐的《辨宗论》之思想即来自竺道生。"生公去二方之非，取二方之是，而立顿悟之说，谓圣人可至，但非由积学所成要在顿悟自悟也。" 必须指出的是：中国固有的传统亦是圣人可学而可至，故孟子曰："人皆可以为尧舜。"（《孟子·告子下》）这是儒家肯定人人皆有 "良贵" 而从内在的道德实体论圣人的必然结论。但汉以后由才性论圣人，才出现圣人不可学不可至的论题。到宋明时期，程伊川昌言 "圣人可学而能至"，使胡安定 "大惊异之"（《二程集·河南程氏文集》卷八《颜子所好何学论》）。实则伊川只是回归先秦之传统。另外，因 "顿悟" 只是工夫路数，若不能肯定内在的道德实体，只由 "顿悟" 而至圣人，则 "顿悟" 可能只是虚浮的 "智悟"，而不是内在的涵养工夫而逆觉体证。谢康乐谓圣人 "可至而不能学" 而肯定 "顿悟"，则 "顿悟" 可能只是灵光烛照之 "智悟"。若能肯定内在的道德实体，则 "学" 就是 "逆觉体证"，让道德实体作主（此是 "本"），使生命达至圣人之境界（此是 "迹"）。所以，圣人是否可学可至，关键在于能否体证到内在的道德实体，若能自然可学可至；若不能，纵云可至，亦是虚浮之光景，非真能至也。

与流散。所以，由材性人性论之一无挂搭而又向往"自然"，必然至"越名教而任自然"的标榜。① 他们本向往圣贤人格，但在通往圣贤的路上却见出了"名教"与"自然"的不可调和之冲突，从而激起了严重的社会问题，不能不说这是有负孔孟之教。裴頠于《崇有论》中论其时代问题时说：

> 遂薄综世之务，贱功烈之用。高浮游之业，卑经实之贤。人情所殉，笃夫名利。于是文者衍其辞，讷者赞其旨。染其众也。是以立言藉其虚无，谓之玄妙。处官不亲所司，谓之雅远。奉身散其廉操，谓之旷达。故砥砺之风，弥以陵迟。放者因斯，或悖吉凶之礼，而忽容止之表。渎弃长幼之序，阔漫贵贱之级。其甚者，至于裸裎。言笑忘宜，以不惜为弘，士行又亏矣。（《晋书》卷三十五《裴秀传》附《裴頠传》）

这就是哲人名士之精神所致的时局之不可收拾。那么，哲人名士在精神哲学中具有怎样的内涵？他们所探讨的问题在精神哲学中又具有怎样的意义？如何克服哲人名士精神之偏至而开出精神之向上之境域，以图对这不可收拾之时局作一客观有效的解决？这些问题正是牟宗三对魏晋玄学所作的总检定。从这里我们可以看出牟宗三的研究所以超过前人的地方，他不是立足于一代之学术自身之研究，而是在精神辩证发展的历程中开精神之向上之机的批判，故非徒义理之辨识，更有理性之批判。牟宗三之理性批判乃集中于两个问题：一是魏晋玄学名理何以是一种精神之主观形态？这主观形态如何上升至精神之客观形态？若能上升至客观形态，则是"由名教而任自然"，而不是"越名教而任自然"，这样才能解决"名教"与"自然"之冲突问题，而魏晋之时代问题亦可得客观而有效之解决。

牟宗三对"名士"一格在精神哲学中作界定与描述，他认为，名士乃唯显一清逸气而无所成。清则不浊，逸则不俗。所谓"浊"就是人沉陷于物质性的机括中不能自拔，其风神、心智不能超越乎此机括之外。若

---

① 荀子、董仲舒等也是材性人性论者，但他们对儒家经典的理解多从政制礼仪方面着眼，而未向往圣人的"自然"，故他们未表现出文人之浪漫，亦未极成玄学，而是在文教制置上发挥施设。

能解缆放船，胸次如不系之舟，茫无畔岸，则为"清"。所谓"俗"就是"进退一成规，一成矩，从容一若龙，一若虎"（《庄子·田子方》），即精神落在格套中，顺成规成矩以处事。若能"高蹈独往，萧然自得"（《抱朴子·刺骄》），即精神溢出格套中而忘其格套，则为"逸"。"清"则无着，"逸"则飘忽，不着一字，尽得风流，为名士之基本规格。牟宗三说：

> 然则魏晋间之所谓名士，则非所谓某某家，而只是为名士。专为名士，则其人惟在显一逸气，而逸气无所附丽。此即为"名士"人格。名士气转而为"名士"。名士者有名之士也。声名洋溢，人所注目。然此所谓名士，非以立德而名，亦非以立功立言而名。其为名，亦非"名节"之名。然则此所谓名士，究以何而名？曰：惟在因显一逸气而名。①

但牟宗三又认为，逸气虽无所附丽，而亦有表现。若表现在清言、玄谈，则为清谈玄理名士；若表现在生活之任诞而不守礼法，则为任诞旷达名士。尽管可有此等表现，但切就名士之规格自身言之，则只是逸气的一点声光寡头地挥洒流露，不以礼立，不以义方。这就是说，名士自身只是生命气质的一点声光，可有所成亦不必有所成，清谈与玄理即是其所成，但就名士自身之规格而言，有之不必多，无之亦不必少。② 名士之此种规格，牟宗三称之天地之逸气，亦是人间之弃才。故他们有极可欣赏处，亦有极可诅咒处。其可欣赏处在于其人格之艺术性，然其底子却是虚无主义的。他们不能己立而立人，安己以安人，因为只是逸气之一点声光之寡头挥洒，四无挂搭，本是不能安住任何事的。牟宗三说：

---

① 牟宗三：《才性与玄理》，第69页。
② 能清谈、悟玄理者，如何晏、王弼、阮籍、嵇康等固为名士，然终日无语之孙登亦为名士。《孙登传》载："尝往宜阳山。有作炭人见之，知非常人，与语，登亦不应。文帝闻之，使阮籍往观。既见，与语亦不应。嵇康又从之游三年，问其所图，终不答，康每叹息。将别，谓曰：先生竟无言乎？登乃曰：子识火乎？火生而有光而不用其光，果在于用光？人生而有才而不用其才，而果在于用才？故用光在乎得薪，所以保其耀；用才在乎识真，所以全其年。今子才多识寡，难乎免于今之世矣。"（《晋书》卷九十四《隐逸》）

从深处言，无所成，四不着边，无挂搭处，亦可与最高境界有相似。圣人体无，无可无不可。孔子称尧舜"荡荡乎民无得而称焉"。……然圣人之无可无不可，无得而称焉，是"大而化之"之境界，是其不系不着而物各付物成就一切。……此皆非名士境界之无所成，四不着边，无挂搭处。名士境界之无所成实只是圣人境界之无得无成之"相似法"。若以圣贤境界之无所得无所成以自文饰而傲然自大，则即流于"相似法"而大谬误。名士境界之无得无成只是以天地之逸气而为人间之弃才。乃是风流飘荡而无着处，乃是软性之放纵恣肆，而唯播弄其逸气以自娱。故名士之基本情调乃是虚无主义的。魏晋人之生命深处不自觉地皆有一荒凉之感。①

此即是名士之可诅咒也。尽管其时代精神是如此，但牟宗三认为，就一代之学术而言，魏晋名士毕竟由其逸气之清光所发的智悟而成就了玄学名理，由其所探究的"言意"之辩而开示了内容真理，洞开了一个新的精神领域，使得宋明理学呼之欲出。尽管他们的开示只是主观的开示，但若能克服其主观之偏至，而使之上升至客观，必能使精神发展至更高之理境。这正是魏晋玄学在精神哲学中的贡献。

我们要认识魏晋玄学的精神实质，必须领会其中心观念"玄理"。而"玄理"之主义在"玄"之一字。"玄"字最早出现在《周易》坤卦里："龙战于野，其血玄黄。"《坤文言》的解释为："夫玄黄者，天地之杂也，天玄而地黄。"这里的"玄"是一种复杂而可变化的颜色，可视而无形。后来在《尚书·舜典》中亦出现"玄"字："帝舜曰重华，协于帝。浚哲文明，温恭允塞，玄德升闻，乃命以位。"《孔传》释之曰："玄曰幽潜。"这里的"玄"乃幽潜绵邈之德行，不可视亦无形。在这两种基本的意义上，老子把"玄"字的义蕴作了进一步的提升，"无名天地之始，有名万物之母。故常无欲以观其妙，常有欲以观其徼。此两者同出而异名，同谓之玄。玄之又玄，众妙之门"（《老子·第一章》）。这是"玄"之义理最确到的暗示与体会。后人即是在此意义上来进一步揭示"玄"的义蕴的，如：

---

① 牟宗三：《才性与玄理》，第83—84页。

非极其深也，不能及其至精，穷其变、要其会、知其终、原其
始、间错其说，以成天下之务；非研其几者，不能得于至变也，体其
物、妙其运、用之非以勤也，行之非以迹也，非玄者不能得得于至神
也。(《子夏易传·系辞上》)

又

玄者，幽摛万类而不见其形者也。(《太玄·摛》)
玄者，神之魁也。天以不见为玄，地以不形为玄，人以心腹为
玄。(《太玄·玄告》)

从上面的描述与体会中我们可以看出，"玄"并非是一种抽象的
"理"，而是作为一种感性对象而存在，但又不是一个质实而板结的可被
客观化的知识对象，而是一个精神哲学的对象。这种感性的精神哲学对象
具有"虚"、"微"与"妙"三种特质。如，"圣人观其玄虚，用其周行，
强字之曰道"(《韩非子·解老》)。此是"玄"之虚；"玄者，自然之始
祖而万殊之大宗也。眇昧乎其深也，故称微焉；绵邈乎其远也，故称妙
焉。"(《抱朴子·畅玄》)此是"玄"之"微"与"妙"。正因为这样一
个具"虚"、"微"与"妙"的感性对象不能客观化地呈现出现，故不可
以概念去"知"，而只可以心灵去"会"。故姚嵩曰："夫理玄者，不可以
言称；事妙者，固非常词之所赞。虽欲心口仰咏，亦罔知所尽。"(《广弘
明集》卷十八《重上后秦主姚兴表》) 这种"玄"之感性对象就是一抹
虚灵、一团气氛，就是圣人所呈现的"仰之弥高，钻之弥坚；瞻之在前，
忽焉在后"的人格境界。这是德化之温润安安，境界之吉祥止止。这温
润的德化、吉祥之境界是"有"，但不是质实而板结的"有"，它更像是
"无"，但亦不是死寂抽象的"空无"，而是虚、微、妙的"有"。① 这种
玄化之境（称"有"或"无"皆可）只可在工夫历程中作存在的契悟，
而不可以言语解说之，这就是王弼所说的"圣人体无，无又不可以训，

---

① 子夏曾与孔子有这样一段对话："敢问何谓'三无'？孔子曰：无声之乐、无体之礼、
无服之丧，此之谓'三无'。子夏曰：'三无'既得略而闻之矣，敢问何诗近之？孔子曰：凤夜
基命宥密，无声之乐也；威仪逮逮，不可选也，无体之礼也；凡民有丧，匍匐救之，无服之丧
也。"(《礼记·孔子闲居》) 这表现"无"不是死寂抽象的"无"，而是圣人德化之如如境界。

故不说也"（《三国志·魏志·钟会传》注引《王弼传》）之意。这就是
"玄"所包藏的理境义蕴，牟宗三称之为内容真理，以与外延真理区以
别。而牟宗三正是在内容真理的立场上，得以解开魏晋玄学的义蕴与夫其
限制的。

　　内容真理与外延真理之对扬是牟宗三论述中西哲学中之不同真理形态
时提出的。他认为，西方哲学的胜场在外延真理，而中国哲学的胜场在内
容真理。所谓外延真理就是科学中的真理。这种真理的成立需要两个条
件，即外延性原则与原子性原则。外延性原则是指其必须有范围与量的规
定，不受主观的影响；原子性原则是指对象可以单独地被了解，若部分必
须通过全体来了解，则无科学知识可言。所谓内容真理就是通过生命来表
现的真理。如，儒家的"仁"这种真理就存在于人的生命中，外在世界
并没有"仁"。既如此，则内容真理就不能像外延真理那样能外在地被客
观地肯断。但不能外在地被客观肯断并不表明内容真理没有客观普遍性，
它是在"尽"中被客观地肯断，这自始即是生命涵养与工夫中的事，这
是确然而定然。① 但在牟宗三看来，魏晋学人虽知玄理（即内容真理）与
先秦名家所谈的形名及名实问题（即外延真理）相异，但他们表现内容
真理的路数是智悟的、鉴赏的"观"，而不是实践的、工夫的"尽"，由
此才带来了名教与自然冲突问题。

　　牟宗三认为，魏晋时代所讨论的"言意"之辩的问题，即暗示出魏
晋玄理为内容真理，尽管他们没有明确的提出，但其意识中是有此意蕴
的。所以，牟宗三特别指出，欧阳建在魏晋时代独标其异，而主"言尽
意论"，但他所谈的不是魏晋玄理，而是回归到了先秦的形名与名实问
题。若如欧阳建所言，"言"与"意"或"理"" 犹声发响应，形存影
附，不得相与为二"（《艺文类聚》卷十九《言语》），则其所说的"意"
或"理"必是形而下者。故主"言尽意论"自然无问题，但其"尽"取
其"名实相应"之意。"总之，名言、尽，以及所尽之意、理或物、理，
皆属于'可道世界'也。亦即属于'外延真理'也。凡'外延真理'皆
为名言所可尽。而名言亦是外延之名言。尽者恰当相应之谓，指实而有

　　① 牟宗三关于外延真理与内容真理的详细描述，详见氏著《中西哲学会通十四讲》，第
1—9页。

效。"① 但"言尽意论"是有限度的，即它只可用于外延真理，而不可用于内容真理，而欧阳建不加分别地与王弼等玄学家争论，力主其说，即见其义理分际之混乱。实际上，王弼所说的"得象而忘言"、"得意而忘象"（《周易注》卷十《明象》），及荀粲所说的"象外之意，系表之言，固蕴而不出"，皆属于"言不尽意"。因为他们所面对的对象不是欧阳建所说的形下的物、事，而是一种境界形态，故其"理"与"意"自不可以名言尽。"境界形态"为魏晋玄学家所特别领会与欣赏，而与"实有形态"区以别。牟宗三说：

> 一是主观的神会、妙用，重主观性；一是客观的义理、实有，重客观性。一是圆而神，一是方以智。一是清通简要，虚明朗照，一是架构组织，骨格挺立。一是圆应无方，而归于一体如如，洒然无所得；一是系统整然、辨解精练，显原则原理之"实有"。一是不着，一是着。一是混圆如如地对于客观真实无分解架构的肯定，一是分解撑架地对于客观真实有肯定。②

在牟宗三那里，"玄"与"境界形态"皆表示同一意思，即均表人格精神之如如呈现。本来，这种如如的人格境界须有精神实体开内在的工夫路数去契悟与凑泊，若能尽此精神实践之路，则虽此种境界外在上看"虚明"、"不着"、"混圆而无分解架构之肯定"，亦可得其实，不徒为虚也。但魏晋时人并没有开内在的工夫路数，只是以气质生命之花烂映发去凑泊这人格境界。实则此花烂映发只是这如如境界之相似法，正如程伊川所曰："恁地同处虽多，只是本领不是，一齐差却。"（《二程外书》卷十二）故此相似法终是虚也。在人格表现上，魏晋人的相似法虽是虚，然魏晋玄学家却能借助道家的"有"、"无"、"玄"等概念去品鉴这如如之境界，从而开启"圣人体无"、"圣人有情无情"、"自然"等论题，虽不能尽"圣人怀之"之实，但毕竟也能尽其"众人辩之以相示"（《庄子·齐物论》）之功。不能得其实而有辩之之功，即是"言不尽意"。"言不尽

---

① 牟宗三：《才性与玄理》，第252页。
② 同上书，第263页。"如如"一词是借用佛教的用语，指圆融而不凝滞的境界。《禅林僧宝传》卷十三谓"如如"之境界为：法法无依，平等大道，万有不系，随处转辘轳。

意"的辩——在牟宗三看来——即是借解悟开哲学名理，以求"教"之圣证境界之共法。此是哲人尽"才"之胜场，非圣人尽"性"之圣域。故"魏晋玄学名理以道家为矩矱，乃一时之因缘，非玄学名理之本质必限于此"。① 此即是说，魏晋玄学不是惟依道家而去发挥道家之义理，而只借其概念去解悟圣证之共法而已矣。牟宗三说：

> 魏晋名理的玄理哲学即以此圣证为规范，而发其玄谈与清言，且真能契此规范而不走失，发挥至通澈尽致者。故一洗汉儒之质实，而归于虚灵，扭转其客观的"气化实有之宇宙论"而为主观的境界虚灵之本体论。彼等虽偏于虚、无、自然，而言之，然此一义亦为儒圣所体现，而确为儒释道三教圣证之所共许者。②

就圣证之境界自身言——牟宗三认为——最终皆是虚、无、自然的玄妙境界，这是宗教终极的虚灵形态，无论何种教路，皆不可违此。违此则示圆熟未成，工夫未到。道家固言"无"、"虚"、"玄"，释家固言"空如"、"无碍"，此无论也。然儒家岂独不言"无"哉？《周易·系辞上》谓："易无思也，无为也，寂然不动，感而遂通天下之故。"子曰："予欲无言。"（《论语·阳货》）又曰："无声之乐、无体之礼、无服之丧。"（《礼记·孔子闲居》）此皆其选也。惟后儒常言"化"而不言"无"，如："大而化之之谓圣，圣而不可知之之谓神。"（《孟子·尽心下》）其称述虽异，其意则一。故牟宗三说："有无是共法，有无圆融是共证"，"孰谓圣心尚有意必固我之执乎？"③ 而宋明见言"无"言"如"即以为乃佛老二氏，即起而辟之，此是智悟之不及而显之固陋也。是以魏晋玄学家纯以其天姿之智悟与美趣而不落在一定之教路形态下，"单从名理以辨示之哲学家，则可拆穿圣人之浑一，而一一予以辨示，而畅通其理理无碍，事事无碍，事理无碍之途径"。④ 以明理之凌空，拓通大道，其功岂不伟哉?! 陆象山云："夫子以仁发明斯道，其言浑无罅缝。孟子十字打

---

　　① 牟宗三：《才性与玄理》，第263页。

　　② 同上书，第265页。须要指出的是：这里所说的"通澈尽致"是指名言之发挥运用，非谓其能得此圣证之实也，就得其实而言，则"通澈尽致"之发挥亦是"言不尽意"。

　　③ 牟宗三：《才性与玄理》，第119页。

　　④ 同上书，第283页。

开，更无隐遁，盖时不同也。"（《象山语录》卷一）此言可谓得魏晋玄学家之心也。这是魏晋玄学在中国学术史上的价值，直接开启了宋明儒对圣人"天地气象"之体悟。

但牟宗三又指出，魏晋玄学又有其严重的问题。因为玄学家只切就这玄妙的境界形态自身，以天资之智悟与美趣开启辨示之清言与玄谈，其形式始终是外在的、平面的，其内容则始终是品鉴的、解悟的，而没有开出纵贯立体、由内及外的架构，从而开启践履的、证悟的实践理路。故他们虽拆穿了圣人之浑一，"展转于有无之间，而驰骋其玄谈，亦适足成其为'空华外道'而已矣"。[1]"空华外道"即是虚，即是在主观形态之玄谈与美趣中而不能践其实，始终停留在外围而唱"言不尽意"，此于内容真理则甚为不足。"学而不能行谓之病"（《庄子·让王》），学而不能行的魏晋时人正处在不可消解的病态中，其最著者即是"自然"与"名教"之冲突。若能明白这"自然"与"名教"之冲突的缘由——在牟宗三看来——便可解决境界形态下主客观之合一问题，不使其总处在主观形态而不能进至客观形态，以开出精神之更高理境，在这更高理境中去"尽"内容真理。

对于"自然"与"名教"之关系，魏晋士人的态度——依汤用彤的理解——盖可分为二种：温和派与激烈派。前者以何晏、王弼为代表，虽不特别看重"名教"，但亦不主张废弃"礼法"。向秀与郭象则上承何、王，欲取消"名教"与"自然"之冲突，主"名教即自然"。激烈派以阮籍、嵇康为代表，"放"而不"达"，主张"越名教而任自然"。[2]以此而论，似乎"自然"与"名教"的紧张至少在温和派那里不太显著。前面说过，魏晋士人在学术上虽注《老》《庄》，但在思想上仍希慕圣人，即便是激烈反对名教的阮籍犹然，《世说新语·任诞》载其子"亦欲作达"，而阮籍诫之曰："仲容已预之，卿不得复尔。"即示其实慕圣人矣。由此可见，不论是所谓温和派还是激烈派，他们在原则上都本应不反名教。但魏晋士人在人格与行为上向往的是圣人的"自然"，以"自然"为体为本。然"自然"之为本为体，依牟宗三的理解，并不是由超越的分解而客观地肯定一第一因，而是从主体上提升上来，"而自浑化一切依待

---

① 牟宗三：《才性与玄理》，第 124 页。
② 详见汤用彤《魏晋玄学论稿》，第 107—108 页。

对待之链索而言'自然'。故此自然是一虚灵之境界"。① 也就是说，"自然"之为本为体并不是一实有形态，而是一境界形态。此种境界形态是切就下层的"用"自身而取一观照之态度，独体自化，圆满具足，其实并无"体"而只有"用"，或只以"用"之独化圆满为"体"。此种本体里，并无 What 的问题，而只有 How 的问题。故这种本体并无真实的创生作用，其创生乃是不生之生，亦即是作用地保存。故此种"自然"本体虽并不从实有层上否定什么，但亦不从实有层上肯定什么，其肯定与否定皆是作用地肯定与否定。所谓作用地肯定与否定是指：独体自化、绝无对待、圆满自足、逍遥自在之"自然"者即肯定，反之，不能至于"自然"者即否定。一般以为魏晋玄学以自然为体，以名教为用，② 故"名教即自然"乃是在体用关系中的客观的肯定。这是把"自然"看成实有形态的形上实体，而"名教"正是这形上实体之创生之用。实则"自然"只是一境界形态之"体"，其"用"只是作用地保存，故其肯定或否定皆是主观的，并没有达到形上实体之创生之客观地肯定或否定之境。这样，弄清楚了玄学中"自然"之义蕴，吾人即可知，切就"自然"与"名教"之关系，无论是温和派还是激烈派，原则上或许都不反"名教"，但在现实上必反名教，这正如魏晋名士原则上希慕圣人，而现实则品格尘下而不足观也。③ 葛洪曰："人伦虽以有礼为贵，但当令足以叙等威而表情敬，何在乎升降揖让之繁重、跽拜俯伏之无已邪？"（《抱朴子·省烦》）孔子亦曰："人而不仁，如礼何？人而不仁，如乐何？"（《论语·八佾》）又曰："礼云礼云，玉帛云乎哉？乐云乐云，钟鼓云乎哉？"（《论语·阳货》）然孔子之说此，乃圣人工夫之淳化，故深微。而葛洪之说此，乃名士放达之光景，故虚浮。故有学者谓："葛洪对于礼教革命，则持反对之态度；而对于个人主义，时渐染于无形。"④ 二者自有根本田地之不同。甚至乐

---

① 牟宗三：《才性与玄理》，第 195 页。

② 详见汤用彤《魏晋玄学论稿》，第 106 页。

③ 《晋书》卷七十五《范宁传》谓论何晏与王弼曰："王、何蔑弃典文，不遵礼度；游辞浮说，波荡后生。饰华言以翳实，骋繁文以惑世。搢绅之徒翻然改辙，洙泗之风缅焉将坠。遂令仁义幽沦，儒雅蒙尘。礼坏乐崩，中原倾覆。古之所谓言伪而辩，行僻而坚者，其斯人之徒欤！"又，《晋书》卷三十五《裴秀传》附《裴頠传》曰："頠深患时俗放荡，不尊儒术。何晏、阮籍素有高名于世。口谈浮虚，不遵礼法。尸禄耽宠，仕不事事。至王衍之徒，声誉太盛，位高势重，不以物务自婴。遂相放效，风教陵迟。乃著崇有之论。"

④ 容肇祖：《魏晋的自然主义》，东方出版社 1996 年版，第 100 页。

广讥王澄、胡毋辅之等以任放为达谓:"名教内自有乐地,何必乃尔。"(《晋书》卷四十三《乐广传》)然其说亦是名士一时欣趣之言,非圣人践履之体悟耳。故汤用彤谓乐广的话"并不是特别推崇'名教',其思想还是本于玄学"。①从上面的讨论中可知,无论魏晋玄学家在理论上标举不标举名教,事实上他们都拉掉了名教,而只向往那作为"迹"的自然。他们根本未曾在工夫中逆觉体证到一个实有形态的形上实体,以调适而上遂这作为"迹"的自然。致使这"自然"成应景之"迹",离圣贤人格相去甚远。张彦陵曰:"大凡吾人心体原自洁净,然身处境外而谈空说妙,亦只是掠虚头汉。……此处莫轻放过,正是刀锯鼎镬学问。"(清陆陇其:《四书讲义困勉录》卷三十六)内在道德实体不显,而仅止于外在之"迹"的品鉴与观赏而成玄理清谈,妄以为即名教即自然,实则根本不知名教为何物,而自然亦流如虚景,所谓"空华外道"也。另外,无内在道德实体之体认,则圣人体"无"(即自然)乃因其天纵之圣,而非因人人皆有之道德实体。是此,则必抹杀众生体"无"之义,亦抹杀人人皆可为圣人之义,故有圣人不可学之论,②此岂儒圣所能安也。故"正其本则万物理,失之毫厘,差以千里"(《易纬·通卦验上》),是以谓之"刀锯鼎镬学问",不亦宜乎?!

魏晋玄学家只在"言意"之辩中"言"内容真理,使得其"言"皆是主观的,最终导致了名教与自然之冲突,此为必然而定然者。要克服这种冲突——牟宗三认为——必须使内容真理达至主观与客观之统一,不可仅只停留在主观形态。而要达到这一步,须至内在道德实体之透显,以实有形态的形而上学极成之。③而这,只在儒家天道与性命相贯通的立体构

---

① 汤用彤:《魏晋玄学论稿》,第107页。《晋书》乐广本传谓:"天下言风流者,谓王、乐为称首焉。""王"即王衍,字夷甫。《世说新语·轻诋》载:"桓公入洛,过淮泗,践北境,与诸僚属登平乘楼,眺瞩中原。慨然曰:遂使神州陆沉,百年丘墟,王夷甫诸人不得不任其责。"乐广与王衍风流一时,由桓温之感慨,即可想见乐广说"名教内自有乐地"时之底蕴与精神矣。

② 晋孙盛之子孙放字齐庄,庾亮问曰:"欲齐何庄邪?"放曰:"欲齐庄周。"亮曰:"不慕仲尼邪?"答曰:"仲尼生而知之,非希企所及。"(《晋书》卷八十二《孙盛传》)

③ 裴頠的《崇有论》曾欲解决名教与自然的冲突问题,但牟宗三认为,《崇有论》的基本架构是实在论的,其"有"是切就物类之存在说"有",其"无"是"有"之外者,即"非有"。这种实在论的"有""无"实不能对治玄学理想主义的"有""无"。牟宗三的意思是如此,即玄学理想主义的"有""无"自是理想主义的应有乃至必有之义,但玄学家只在玄悟与美趣中达成此理想主义,则无根而虚荡,唯在儒家道德的理想主义中才能尽其蕴而得其实。

架中始可能。其实，玄学家在解悟的路数上昌言"得象忘言"、"得意忘象"，这虽于内容真理有意义，但若要"尽"此种真理，则非"忘"所能至于此也，须开启"尽"此理的另一路数——践履的路数，然因玄学家未透显到内在的道德实体，此一路数成为了他们永远的封域。解悟的路数与践履的路数为异质者，其背后推动之精神根本不同。但玄学家只依道家的"有"、"无"、"玄"而盛言之，尽管亦有美趣鼓舞其后，但总是在解悟的路数中以气机之回旋与鼓荡，而未曾在践履的路数中以天命之性去体证与契悟。此其封域之所以形成也。牟宗三说：

> 老庄徒自此化境之化掉一切"有"之定向所显之"无"而盛言之，并即以所显之"无"为"体"，此是倒果为因，将"果境"视作一现成的先在原理，置之以为本，遂只成为有无对扬，而不知圣人之无之所以然。只成智解之路数，而于德性之心性，则不复能直下正视而肯定之。[①]

依牟宗三的看法，道家或后来之玄学家皆只是就美趣与玄悟之圣证之果境——"无"、"自然"——之实然说本体，此是本体之虚映，是形式义。而对于其所以然，即本体之真实义则未曾究极。故只是平面的，而不是立体直贯的，是以终是主观。欲极成这"无"、"自然"之果境并非只是美趣般的妙悟与神应之圣证，而是客观之必然，则必须去究极那圣证之果境之所以然，故本体之真实义必有。由此，儒家的道德形而上学必定然地肯定之。牟宗三说：

> 惟儒家圣证自正面立根，自德性之路入。体天立极，繁兴大用，故既有主观性，亦有客观性。且真能至主客观之统一。盖仁是客观之实体，遍人遍万物而为实体，而亦即由圣证而见而立。而浑化、无为、寂照、寂感、圆、一、虚、空、觉、健，这一切皆自主观圣证之境界言，皆为圣人所体证；而又一是树之以仁体而实之，故一是又皆为仁体之属性。此其所以为大成圆教也。[②]

---

① 牟宗三：《才性与玄理》，第276页。
② 同上书，第275页。

明乎此，则精神哲学或内容真理必须有上层的实有形态的形而上学，亦有下层的境界形态的圣证。程明道曰："天地之常，以其心普万物而无心；圣人之常，以其情顺万事而无情。"（《河南程氏文集》卷二《答横渠张子厚先生书》）前一个"心"是实有层，后一个"心"是圣证层，但圣证层的"心"是在普万物中以"无"的方式表现出来的。而王阳明与其弟子的一段对话，更能表示精神哲学之二层间架。

> 先生起行征思、田，德洪与汝中追送严滩，汝中举佛家实相幻相之说。先生曰："有心俱是实，无心俱是幻；无心俱是实，有心俱是幻。"汝中曰："有心俱是实，无心俱是幻，是本体上说功夫；无心俱是实，有心俱是幻，是功夫上说本体。"先生然其言。洪于是时尚未了达，数年用功，始信本体功夫合一。（《王阳明全集》卷三《语录三》）

"有心"是形上本体，"无心"是工夫圣证。一方面，从形上本体言，此本体不可无，无则是幻、虚、空华外道，乃至流入"贼"；另一方面，自工夫圣证言，亦不可无之，无则本体偏枯而死寂。故本体与工夫之合一乃精神哲学或内容真理之充其极，此虽是儒家所开宗立极，实则任何形态下的内容真理皆不可外此，外此即偏枯而非圆教。由此，牟宗三认为，不但道家与魏晋玄学须在儒家天道与性命相贯通的立体构架中予以消融与提升，从而消解名教与自然的冲突。而且西方实有形态的宗教乃至宇宙论亦须在此构架中得以消融与提升。他说："耶教'证所不证能，泯能而归所'，一往为'实有形态'，脱离'境界形态'而孤悬。只有祈祷与信仰，而无主观之圣证。此则幽明之路隔，人天之道违。故必须予以消融而真实化其'实有形态'之客观性。"① 至于西方实有形态的宇宙论，亦必须消融在儒家道德形而上学的构架中，开出"执的存有论"与"无执的存有论"。在"执的存有论"中讲知识，在"无执的存有论"中讲"自然"，以证成康德所说的现象与物自身的超越的区分。由此，则不仅吾人的人格实践是"迹""本"圆融，就是整个世界亦是"迹""本"圆融。此即是"天地位焉，万物育焉"（《中庸》）。唯至此"迹""本"圆融之境界，不

---

① 牟宗三：《才性与玄理》，第277页。

是通过辩解之路，而须通过实践的工夫路数。《周易·系辞上》谓："神而明之，存乎其人；默而成之，不言而信，存乎德行。"即工夫路数也。在此路数中，即无所谓"言"尽"意"不尽"意"的问题，德行之充其极即是"意"的穷尽与完成。① 至此，主客观完全合一，内容真理亦客观而定然。孟子曰："尽其心者，知其性也；知其性，则知天矣。"（《孟子·尽心上》）"性"、"天"皆内容真理，而知此唯在"尽心"之工夫中而后可也。

魏晋玄学家以其材性生命自身所流射出的玄悟与美趣去承接与契悟那圣人之"迹"，即以尽"才"之精神，而刊落了"迹"之所以然——内在的道德实体，使得圣人之"迹"终流入"贼"（即名教与自然的冲突）。郭象在注解《庄子·外物》中"儒以诗礼发冢"时曰："诗礼者，先王之陈迹也，苟非其人，道不虚行，故夫儒者乃有用之为奸，则迹不足恃也。"郭象知"诗礼"乃陈迹，故不足恃，此固然也。然殊不知，玄学家所究极的"自然"亦迹也，若不开内在的道德性，则亦不足恃也。牟宗三虽然肯定了魏晋玄学家的哲学玄悟之功，然其流弊亦因是而起，欲救此弊，必开"迹""本"圆融，也就是儒家天道与性命相贯通的立体间架。此所以牟宗三以"道德的形上学"基本哲学模型也。魏晋玄学虽发凡于道家，此只是历史的机缘，并非其本质必如此也，故其基本品格依然是哲学。康德在《纯粹理性批判》中认为，现实中的哲学是一个学院性的概念，包含各种各样和变化多端的主观哲学系统，但这诸多的主观哲学系统必然在最后要归属到一个唯一客观的哲学系统中，这就是哲学的宇宙性的概念。哲学的宇宙性的概念就是为理性的终极目的服务。而我们也把这种哲学称为道德学，这种哲学家称为道德学家。然而，在康德看来，这样的哲学或这样的哲学家并没有出现，尚只是理性的一个理念。② 牟宗三

---

① 当然，工夫之历程无有底止。所谓"君子无终食之间违仁，造次必于是，颠沛必于是"（《论语·里仁》）。"士不可以不弘毅，任重而道远，仁以为己任，不亦重乎？死而后已，不亦远乎？"（《论语·泰伯》）此即含尽一分德行即明一分"意"，似亦有不能尽"意"之意，然原则上终有能尽"意"之时（至圣人之天地境界之时）。另外，中国文化的工夫路数分"渐习"与"顿悟"，在"顿悟"中，其"意"便可一时明白起来。而在魏晋玄学家的"言意"之辩中，"言"终不能穷尽"意"。这里所说的"辩解路数"与"工夫路数"正契合了前面所说的学问之"第一义"与"第二义"之区分。

② 详见康德《纯粹理性批判》，第634—635页。

由此而认为，只有一个哲学，并无主观的哲学可言，一切主观哲学而千差万别者皆是由于自己颓堕于私智穿凿中而然。而这唯一的哲学，不在哲人名士之玄悟与美趣之概念形构中，而在圣者的生命上达天德的践履中。故哲学无哲学相，哲学终是"行"而不是"言"；哲学不是概念系统而是"教"。① 哲学须发展至道德学或"教"（玄学是哲学，而宋明儒之心性之学则是教），哲人名士须发展至圣人，以求精神之客观性与定然性，这在牟宗三看来，为一步必然的精神开显。

七　主观精神的限度及其向客观精神的开显

材性所成的"综和的尽气之精神"作为一种主观精神，牟宗三在他的精神哲学中，就其在人性论上的地位与价值，其表现与限度，作了详尽的解析、勾勒与检定。在牟宗三看来，这种"综和的尽气之精神"作为一种材性系统，是材质生命天然之所成。材质生命是生命未曾作超越的分解与批判的反省的状态，这种生命状态——依牟宗三的意思——尚是"混然中处的在者之在"或"生命之在其自己"。这里面有质实的感受、光照、智悟与美趣，但这些皆为材质生命自身以其天然之底子所飞溅出的浪花与迷雾。浪花以其所成说，迷雾以其所限说，然无论所成或所限，皆是"原始生命从原始混沌中之向外觉照，向四面八方涌现那直觉的解悟"。② 这"直觉的解悟"始终处在感觉状态，故终是在与外物的对显中而以外物为主，这里虽然也可云人的能动性，但这是一种受制于外物的能动性，实际上是一种被动性。因而，理性自身的主体性与创造性未曾开出。这"直觉的解悟"虽受制于外物，然亦受制于自身的材质生命之特殊性。即如黑格尔所言："我在这个立场上感受到什么，我就是什么，而我是什么，我就感受到什么。"③ 故"直觉的解悟""始终坚持其自我感觉的特殊性，它不能把这种特殊性加工制作为观念性并

---

① 详见牟宗三《现象与物自身》，第466—469页。牟宗三认为，康德以其健康之理性思考到了哲学的宇宙性的概念，但他不知使其如何客观的可能，故只是一个理想的哲学家而已。而在圣人的德化与践性中，哲学的宇宙性的概念必然而定然，故圣人高于哲学家。

② 牟宗三：《五十自述》，第45页。

③ 黑格尔：《精神哲学》，杨祖陶译，人民出版社2006年版，第119页。

加以克服"。① 此时的生命始终陷在自我感觉的笼罩中，这似乎是在自己中的存在，故似乎很自由，实则这只是限在自我的否定物的在自己中存在。在这否定物的限制与拖带中，生命之材质之美所飞溅的浪花即转化为生命之气质之偏所生成的迷雾中。此为自然强度生命即"综和的尽气之精神"之必不可免。

就尽"情"者而言，李太白可谓"才矣、奇矣，人不逮矣"，然"索其风雅比兴，十无一焉"（白乐天语）。更有论者谓："李太白当王室多难、海宇横溃之日，作为歌诗不过豪侠使气，狂醉于花月之间耳，社稷苍生曾不系其心。"（罗大经语）"白之诗多在于风月草木之间，神仙虚无之说。亦何补于教化哉?!"（赵次公语）难怪苏子由叹其"骏发豪放，华而不实。好事喜名，而不知义理之所在也。"（以上四语俱见《李太白集注》卷三十四）今观其应诏赴京师，而高唱"仰天大笑出门去，我辈岂是蓬蒿人"（《李太白集注》卷十五《南陵别儿童入京》），此是何等抱负与气魄。然其入京师也，仅供奉吟唱"云想衣裳花想容"以取悦君妃（《李太白集注》卷五《清平调》其一），成就高力士为之脱靴之美名，而未建一言、进一策。玄宗终因其"非廓庙之器"而以倡优畜之，不亦宜乎?! 此见纯粹的尽"情"之精神不足以语阐道翼教。就尽"气"者而言，在其能尽健旺之气时，固可疏通政治之断潢绝港，而给社会与生民一转机（其转机只是普接群机事件，非一决而永决之"理"的解决）。然其健旺之气终，则专权、暴政、酷刑相仍，政治再次陷入死局，虽恩威并施，欲挽狂澜于既倒，亦徒劳也。王船山曰："不测之恩威无常经，谋略之士所务也，谓足以震人于非所期而莫敢不服。虽然，岂足恃哉?"（《读通鉴论》卷七《章帝》七）政治在人主之恩威中运行，则必不能客观化，必暴戾与惨毒之气盈于朝野。党锢之祸即其例也。王船山在论党锢之祸时曰："党锢诸贤，或曰忠以忘身，大节也；或曰激以召祸，畸行也。言畸行者，奖容容之福以堕士气。言大节者，较谓为长矣，而犹非定论也。人臣捐身以事主，苟有裨于社稷，死之无可辟也。闇主不庸，谗臣交构，无所裨于社稷，而捐身以犯难，亦自靖之忧也。虽然，太上者，直纠君心之

---

① 黑格尔：《精神哲学》，第163页。魏晋玄学家虽借助于道家的"有"、"无"、"自然"等概念来论说圣人之"无累于物"之"迹"。但这——若以康德的说法——皆是历史的知识，而不是理性的知识。因为是外缘的借用，而不是主体自身的概念涌现，故不是真正的观念性。

非而拂之以正；其次视大权之所倒持，巨奸之为祸本，而不与之俱生，犹忠臣之效也。然一奸去而一奸兴，莫之胜击也。若夫琐琐之小人，凭藉权奸而售其恶者，不胜诛也，不足诛也。……乃诸贤之无所择而怒，无所恤而过用其刑杀，但与此曹争胜负，不已细乎！"（《读通鉴论》卷八《桓帝》一三）"巨奸"与"权恶"为政治在主观形态下运行所必然包含者。船山知其不可胜击，亦不可胜诛，乃至士人不须与此曹争胜负，此足见船山目光之巨，亦是呼唤政治之所以为政治的大眼目之出现，此即是政治的客观形态。然在尽"气"之精神的政治事功中，不足以语此，因其根本精神不相应也。就尽"才"之精神而言，其以天生之浪漫气质去玄悟与欣趣那圣人不黏滞之"迹"，而全然不解圣人内在的道德担当与工夫涵养。故其玄理清谈虽显神会、呈格调、表高妙、脱尘俗，而事实上则以肆情为率性，纵欲为修道，名教与自然之冲突不可免。干宝（字升令）论晋曰："是其创基立本异于先代者也，又加之以朝寡纯德之士、乡乏不二之老。风俗淫僻，耻尚失所。学者以《庄》、《老》为宗而黜六经，谈者以虚薄为辩而贱名俭，行身者以放浊为通而狭节信，进仕者以苟得为贵而鄙居正。"（《文选》卷四十九《史论上》）此足见纯尽"才"之精神不足以传承义理，担纲大道。

　　从以上三个方面，可见"综和的尽气之精神"之不足。如实说来，这种精神下之所成，无论哪种形态，皆是"事"的精神，而不是"理"的精神。故实在论的意味重，而不是真正的理想主义。"事"的精神虽也有的客观性，但只是经验的客观性，而经验是一变化流，故其客观性只是充足理由律下的事实因果解析，绝没有"理"的贞定的客观性。因此，在"综和的尽气之精神"下，其理想只是"事"的"几势"观，而不是自人的先验主体而来的"理"的贞定性与理想性。前者是实在论的实用主义，后者是理性的理想主义。但实用主义并无真正的客观性可言，真正的客观性只有在理性的理想主义中。而要达至这种客观性，必须由"事"的精神转化为"理"的精神。王船山即深感"理"的精神之重要，他说："天下不可一日废者，道也；天下废之，而存之者在我。故君子一日不可废者，学也；舜、禹不以三苗为忧，而急于传精一；周公不以商、奄为忧，而慎于践笾豆。见之功业者，虽广而短；存之人心风俗者，虽狭而长。一日行之习之，而天地之心，昭垂于一日；一人闻之信之，而人禽之辩，立达于一人。其用之也隐，而搏捖清刚粹美之气于两间，阴以为功于造化。君子自竭其才尽人道之极致者，唯此为务焉。有明王起，而因之敷其大用。即其不然，而天下分崩、人心晦否之日，独握天枢以争剥复，功亦大矣。"（《读通鉴论》卷九《献帝》六）又曰："国之亡，有自以亡也，至于亡，而所自亡之失昭然众见之矣。后起者，因鉴之、惩之，而立法以弭之；然所戒在此，而所失在彼，前之覆辙虽不复蹈，要不足以自存。汉亡于宦官外戚之交横，曹氏初立，即制宦者官不得过诸署令，黄初三年，又制后家不得辅政，皆鉴汉所自亡而惩之也。然不再世，而国又夺于权臣。立国无深仁厚泽之基，……虽厚戒之无救也。"（《读通鉴论》卷十《三国》一）此虽是就政治言，然总在呼唤"理"的精神，而"事"的精神不可解其纠结。因为"事"的精神总是虽"广"亦"短"，虽"鉴之""惩之"，然必"所戒在此，而所失在彼"，故"不足以自存"。而立国必有"深仁厚泽"的"理"之根基，唯此方可"握天枢以争剥复"。

牟宗三在其精神哲学中批判地检定了"综和的尽气之精神"三个方面各自的所成与不足以后，亦自然而然地呼唤客观精神之出现。所以他说："精神之客观的实现，与夫客观精神之引生，法律之客观建立，经过原始的直接表现之方式后，遇见困惑时，必须在忘缘返照的反省下经过道德的自觉而显露出作为普遍理性的'内在道德性'，又必须在主客对立中显露出逻辑理性所控驭的理解（知性），由此而转出名数之学及科学，即精神之理解理性的表现。此两步显露，乃必不可少者。"① 依牟宗三之意，客观精神之出现，必须在道德形而上学的精神构架内，开出学统与政统，而学统与政统的开出，又必依赖于知性主体的出现，知性主体为客观精神建立之内在主体。精神由混然中处的感觉主体②反省内照而上升至知性主体以开客观精神，这在牟宗三看来，是一步必然而定然的辩证发展。精神的这一步辩证发展，牟宗三名之为在"理性之架构表现"下的"分解的尽理之精神"。

---

① 牟宗三：《历史哲学》，第 379 页。
② 牟宗三把这样的感觉主体称为"心理学意义的假我"，是有我相的虚构的假我，实际上是由心象刹那生灭而形成的串系或流，虽可自我影响而内部地直觉其自己，实只是由外物所引起的一串心象。见《现象与物自身》，第 154—155 页。

第五章

尽理与客观精神

这里所说的"尽理"是指"尽"知性主体所先天地确立的"理"之限度。所以，这里的"理"并不是指一般的经验性的"事理"，而是知性主体自身的"理"。根据知性主体自身的"理"的限度、分际以成就科学与知识。"先天性"既表示知识的客观性，又表现知识的普遍性，这是精神由主观到客观的发展，是为客观精神阶段。牟宗三称之为"分解的尽理之精神"。所谓"分解的尽理"，即是指：尽知性主体自身的"理"的限度、分际。

一　中国文化发展的偏至与"知性主体"确立的必要性

牟宗三的精神哲学是以中国文化传统模式而建构出的一个"道德形而上学"间架。在这样的一个间架中，形上的道德实体为最后的精神实体，是精神辩证发展的源泉与动力。而"综和的尽气之精神"、"分解的尽理之精神"与"综和的尽理之精神"为精神实体在发展途程中的三种样态，此为精神自身之所含，任何文化系统若充尽而整全地发展之，必表现此精神之三态而无有例外。尽管具体的文化系统因历史机缘的不同可能未能尽显此精神之三态，但这只是历史机缘上的限制，并非"理"上必不能显此三态也。若能以精神自身辩证发展之历程来对具体的文化系统作义理上的疏通，则不但具体的文化系统的发展可以充实圆满，而且可以构建不同文化系统会通之可能。牟宗三正是依此理路来构建中国文化的现代发展与夫其现代意义的。在牟宗三看来，中国文化所表现出的"综和的尽气之精神"与"综和的尽理之精神"都极尽精神之高致，蔑以复加。

但"分解的尽理之精神"未能透出，致使中国文化缺乏客观精神这一必要环节，使得"气"清逸飘忽，不能真有所成；"理"亦光畅虚灵，不能真有落实。[①] 牟宗三认为，一个充实完满的文化系统，必然包括三部分，即道统、学统与政统，道统为形上的精神提撕与导持，学统与政统为形下的设施建制，三者缺一不可。[②] 但中国文化在具体的发展过程中只开显出了道统，而未能开显出学统与政统，或至少学统与政统未能臻于"学"之境地而至客观形态，具体地说，就是没有发展出民主与科学。究其原因，就是中国文化没有开显出"分解的尽理之精神"，更具体地说，就是"知性主体"没有在精神发展中开显出来。因此，知性主体之确立，就是为了开出对列之局，成就客观的"理"的精神。

在牟宗三看来，中国文化本是一个仁智合一而以仁为笼罩形态的文化系统。这样的文化系统从义理自身来看，本是一个非常周全而尽美的系统。《尚书·虞书》中有"正德利用厚生"的话，这就充分表明了中国文化系统的此种形态，其中"正德"是仁，"利用厚生"是智，此即仁智双显也。然须知，在仁智双显中，必须以仁为领导守成原则，智为撑开充实原则。故孔子曰："知及之，仁不能守之，虽得之，必失之。"（《论语·卫灵公》）正因为如此，中国文化在具体的发展过程中，"仁"一方面得到了尽情的发挥，而"智"的方面则始终处于潜伏状态而不得出。所谓潜伏状态而不得出是指智乃处于直觉状态，而未能尽其分解之能事。牟宗三认为，智——在中国，无论是儒家、道家还是佛家——都是"圆而神"的，摄智归仁，以仁养智。《周易·系辞上》云："知周乎万物而道济天下，故不过；旁行而不流乐天知命，故不忧；安土敦乎仁故能爱；范围天地之化而不过；曲成万物而不遗。"即揭示了这种智的运用形态。这里可以看出，其智皆是直觉的，非抽象的、分解的，故可称为"智的直觉"。

①　这里的不能落实是指客观的政治实践如治国、平天下而言，非指个人的道德实践。就个人的道德实践而言，则儒家所开显的内圣之学已充尽其极致，因此为求之在我者也。

②　牟宗三认为，中国文化的道统就是孔孟所开启的"心性之学"，而西方文化的道统就是基督教。至于作为学统与政统的民主与科学，则是共法，为中西文化所共有。因此，仅学民主与科学并不是所谓西化，西化不从这里说，西化乃从道统处说。所以，他认为，为了确保中国文化的主体地位，中国人须信奉孔孟之教，而不可信奉基督教。当然，个人的信仰自由不可反对，但一个民族的文化生命必须得以传承，不能妄以信仰自由而随意改宗废弃。若一个民族废弃自家固有的道统而改宗基督教，则是西化。至于调适自家文化的精神方向以开民主与科学，此是一个道统自身的"开合"上遂问题，谈不上西化不西化的问题。详见牟宗三《生命的学问》，第60—71页。

这种"智的直觉"形态使得中国文化里的理性皆是"运用表现",尽其感通、润物之能事,而不是由概念、范畴撑起来的"架构表现",尽其抽象、分解之能事。由此,这种圆而神的智在中国文化里是"无事"的,所谓"无事"就是以仁智的觉照之明以尽人与物之性,这是物各付物的彻底散开之精神。以此种精神对物理世界,则是尽物之性而至"浑然与物同体"(《二程遗书》卷二上)及"天地与我并生,而万物与我为一"(《庄子·齐物论》)的德化境界。以此种精神对人类世界,则是尽人之性而至修身、齐家、治国、平天下的神治世界。这样,中国文化中的理性(仁与智)一往皆是平铺的运用表现,而不是立体的架构表现。在此种表现中,无论对物还是对人都是基于宗教的立场而不是科学或政治学的立场。这皆是德性主体中的事,而不是知性主体中的事。但牟宗三认为:

> 一个文化生命里,如果转不出智之知性形态,则逻辑数学科学无由出现,分解的尽理之精神无由出现,而除德性之学之道统外,各种学问之独立的多头的发展的无由可能,而学统亦无由成。此中国所以只有道统而无学统也。是以中国文化生命,在其发展中,只彰著了本源一形态,在其向上一机中,彻底透露了天人贯通之道。在本源上大开大合,一了百了。人生至透至此境,亦实可以一了百了。而即在此一了百了上,此大开大合所成之本源形态停住了,因而亦封闭了。①

不唯此也,知性主体不出现,政统也无由得立。因为政统是切就政道、治道、权利、义务与自由等政治学地分列架构地讨论之,并以法律的形式规定、落实下来,以形成客观确定的政治运行规范。不只是德性主体中予以承认与尊重即可了事者。然无论是学统还是政统,其出现都须尽知性主体分解之能事。在牟宗三看来,"分解"含以下三义:其一,抽象,即将具体物打开而破裂之;其二,偏至,有抽象便有舍象,有舍象即有偏至;其三,使用概念,在概念中确定分际、划定范围、厘清规则。② 由此三义可知,"分解的尽理之精神"是在层层限定中的方方正正的精神,其根本精神是一种科学精神,其所成者是清晰明了、界划分明的规章与原则,总之,

---

① 牟宗三:《历史哲学》,第180—181页。
② 同上书,第170页。

是确立知识宇宙。此知识宇宙与德性主体所成的诗意宇宙或宗教宇宙不同，后者只是吉祥止止的精神境界，这是精神的最后圆成之境。就个人之修身成德而言，此圆成之境自身已足够，但就整个社会而言，则若滑过了清晰明了的知识宇宙，其圆成之境常只成虚灵的光景，而不得充实。

这样，中国文化虽然在学术理想上是"综和的尽理之精神"，但因"分解的尽理之精神"不能出现，以充实与挺立"综和的尽理之精神"的客观理想，故除了个人之尽性成德之道德实践以外，社会集团的实践如科学与政治皆在"综和的尽气之精神"中运行，始终是经验的主观形态。牟宗三认为，若要求社会集团之客观实践形态之出现，则必须由"综和的尽理之精神"转出"分解的尽理之精神"，以求知性主体的确立。因为在"道德形而上学"的构架中，道德主体必表现"综和的尽理之精神"，亦必有其"运用表现"，问题只是如何转出"分解的尽理之精神"？如何转出"架构表现"？在牟宗三看来，道德主体自我坎陷而转出知性主体以成就其分解尽理、架构表现之能事，此为道德主体之所必含，亦为其必然的精神开显。虽然道德主体不能成就知识，但诚心求知总为其所愿欲，既愿欲，必欲在行为上落实而企及之。这样，"即由动态的成德之道德理性转为静态的成知识之观解理性。这一步转，我们可以说是道德理性之自我坎陷（自我否定）：经此坎陷，从动态转为静态，从无对转为有对，从践履上的直贯转为理解上的横列。在此一转中，观解理性之自性是与道德不相干的，它的架构表现及其成果（即知识）亦是不相干的"。① 但必须指出的是，这里的不相干是指知识的相对独立性，非一往不相干，因知性主体为道德主体所暂时坎陷而成故也。所以，在现实上，中国文化虽然没有民主与科学，但并非理上亦不能有，此之谓"无而能有"者也。②

① 牟宗三：《道德的理想主义》，第58页。

② 民主与科学在中国文化中"无而能有"，则亦含"有而能无"，这是精神在道德主体与知性主体二者之间的进退自如。依牟宗三，道德主体坎陷而执持知性概念，则"无而能有"，若消融此执持而退守自己，则"有而能无"。精神在此二主体之间进退自如方能得其圆融无碍之境，不然，若道德主体不能自我坎陷谓为知性主体，则道德主体亦必挂空；反之，若知性主体不能消融其执持而至道德主体，则成僵死胶固之执持，其弊必生。郭象注《庄子·德充符》"至人以是为己之桎梏"云："学者非为幻怪也，幻怪之生必由于学。礼者非为华藻也，而华藻之生必由于礼。"如今西方工具理性泛滥之弊，即以此也。故知知性主体在精神之历程中非最后的，乃中间之一站而已矣。若不知升举至道德主体，则其弊岂可免乎哉?! 详见牟宗三《现象与物自身》，第177—180页。

　　由道德主体坎陷而开出知性主体,此故是一步精神的辩证发展,而牟宗三之特别强调须如此疏导知性主体,乃因为他把民主与科学归结为广义的人生哲学,不只是绝与人生无与的纯客观外在,至少有其不可避免的人性基础。关于科学与人性的关系,休谟曾精辟地指出:

　　　　一切科学对于人性总是或多或少地有些关系,任何科学不论似乎与人性离得多远,它们总是会通过这样或那样的途径回到人性,即使数学,自然科学和自然宗教,也都是在某种程度上依赖于人的科学;因为这些科学是在人类的认识范围内,并且是根据他的能力和官能而被判断的。如果人们彻底认识了人类知性的范围和能力,能够说明我们所运用的观念的性质,以及我们在作推理时的心理作用的性质。那么我们就无法断言,我们在这些科学中将会作出多么大的变化与改进。①

　　依休谟,人类的知识总是与人类知性的形态、范围、概念与能力相关联,有怎样的知性就有怎样的知识。故知识亦是在知性主体中得以成立的,这既表现了人类知性的能动性,又表现了人类知性的限制性。这不但是休谟的思路,也是康德的思路,更是牟宗三的思路。因此,知性主体的确立于知识之成立——在牟宗三看来——具有首要之地位。

　　那么,在牟宗三的精神哲学中,知性主体是如何确立的?又是如何认识知性主体的,或者说,知性主体具有怎样的特性与能力的呢?我们知道,牟宗三的精神哲学是一种"道德形而上学"的构架,故牟宗三亦把主体分为三种,即:道德主体,他称之为"真我";知性主体,他称之为"认知我";心象串系,他称之为"假我"。道德主体之所以是真我,就是因为它有绝对的真实性与价值性。而心象串系之所以是假我,乃因为心象刹那生灭,成一"变"之流,并无同一性,常住不变性。② 此即是说,此"流"中实并无一挺立常住的主体,吾人所以称之为"我",只是假借义,实只是"事",并无"我",唯其乃内感官之"事",故以"假我"目之,当亦为可许也。这里的"假"为无主体之意,非真假之"假"也。既无

_____

　　① 休谟:《人性论》,关文运译,商务印书馆1980年版,第6—7页。
　　② 详见牟宗三《现象与物自身》,第154—155页。

主体，则假我之所成即只是串系之感觉，并无客观性，此即是牟宗三所云之"综和的尽气之精神"之所成也，此是精神的最低级之阶段。那么，知性主体的认知我呢？吾人须明了：它无有绝对的真实性与价值性；复次，它有其客观性，非纯主观的也。这将如何可能呢？依牟宗三，道德主体虽是吾人最后的精神实体，但此实体应该而且必须自我坎陷而转出知性形态以成就知识，"始能解决那属于人的一切特殊问题，而其道德的心愿亦始能畅达无阻。否则，险阻不能克服，其道德心愿即枯萎而退缩"。①所谓道德主体自我坎陷就是自觉地从"无执"转化为有"执"，"执"就是执持知性主体自身所涌现的概念以备思解对象之谓。本来，道德主体只是在明觉中感应万物，无所谓概念，然道德主体要成就知性，则须作一步曲折而涌现概念。既有概念，则不是道德主体自己，而是偏于一隅的自己的影子，故谓之"坎陷"也。经过此一坎陷而涌现概念，知性主体乃切就这些概念自身之机能言，故其为"我"乃概念的、形式的与架构的，它不是那道德主体之真我，亦不是那心理学串系的刹那生灭的虚构的假我。知性主体的本质作用是"思"，故是"思的有"（Thinking being），"思维主体"（Thinking subject），"思维我"（Thinking self）。对于这样的知性主体，牟宗三说：

> 以执思为自性的"思的我"空无内容，定常而为形式的我，形式的有。它之所以为形式的，是因为它的"执的思"不能不是逻辑的；因为是逻辑的，它不能不使用概念，因而亦是一架构的我。架构者因使用概念把它自己撑架起来而成为一客观的、形式的我之谓也。这不是说它本身是一个结构或构造，亦不是说它本身的形构作用或组构作用，但只说它本身是因着使用概念而把自己撑架成一个形式的我。就其为"形式的我"而言，它是纯一的定常的；它是一常住不变的我。②

知性主体是由自身所涌现的先天概念而撑起来的"形式的我"，对于这样一个纯"形式的有"，牟宗三认为，它不是现象意义的，故不可以感

---

① 详见牟宗三《现象与物自身》，第 122 页。
② 同上书，第 124 页。

触直觉直觉之,亦不是物自身意义的,故不可以智的直觉直觉之。知性主体之"在"是纯形式的,非现象的,亦非物自身的"在",这是"无象可现但却有相"①的"在"。对于这种"在",牟宗三说:"我们亦可以说原不是一种知识的'意识及'之意识亦含有一种直觉的作用来直觉此'形式的有',因为此'形式的有'毕竟是很清楚地呈现于我们的意识(觉识)中者。此种直觉的作用既不是感触的,亦不是智的;我们可用'形式的直觉'以名之。"②所谓"形式直觉",牟宗三进一步解释道:知性主体涌现先天概念以思辨对象,其思辨过程是思解的、概念的,但主体之提供这些形式概念既是自发的,这便不是概念的、辩解的,而是直觉的。故吾人得以"形式直觉"说明其起源。否则,"自发的提供"即成泛说,无落实处。③牟宗三认为,知性主体当其自持自己而停住时,此"形式的有"空无内容,只是一平板,故单纯、自同而定常。但当其与对象接触之时,为了要成全其了别思解之用,它又必然自发地能起现一些纯粹的形式概念(虚架子),依此完成其了别思解之能。"只因这些形式概念,它始由平板转而为一架构的我,逻辑的我,形式的我。架构的,逻辑的,形式的,亦正足以使其为单纯的,自同的,定常的,因而亦真足以使其为亦'形式的有'者。"④这样,在牟宗三那里,知性主体的根本特性就是由其自身所涌现的先天概念而架构起来的一"形式的有"。从这里我们可知:其一,此知性主体不是"虚",是定常纯一,可由形式直觉而直觉之;其二,因只可形式直觉而及之,故它不是经验实体,复不是形上的绝对实体,它之为"体"似只在"用"中见之,不"用"即归"寂"。显然,这是承接了康德抛弃"实体"化的形式而把知性主体逻辑概念化的思想。在康德那里,知性主体以其先天的逻辑概念功能将杂多的感性材料吞没、

① 牟宗三:《现象与物自身》,第156页。这句话须有所解释:"象"是要有所予的(Given),既有所予,则可有感触直觉直觉之。但"相"不必有所予,而只须有所觉,这正如时空吾人并未见其所予,但吾人却有所觉。知性主体亦是如此,它无所予,但却有所觉。另外,牟宗三的解释"知相"时说:"在能所关系中依时空之形式条件去感触地直觉一物,并依概念之综和去辩解地决定一物,便是知相。"(同上书,第100页)由此可知,所谓"相"就是有套路、轨迹可寻之意。即知性主体虽无"象",但总有套路、轨迹可寻,故有"相"。

② 同上书,第162页。"形式直觉"在康德那里亦称为"纯粹直观",吾人之对"时空"即因"纯粹直观"而可能。

③ 同上书,第165页。

④ 同上书,第167页。

消融，归结为具有普遍性、必然性的逻辑结构的知识统一体，此称为"先验统觉"。"先验统觉"正是知性主体的功能，实在说来，除此功能外，别无所谓"体"（黄梨洲《明儒学案·序》云："心无本体，工夫所至即是本体。"此似乎也是无"心体"，但这是"体用"一如的说法，实则"心体"不可无），或其"体"之义无经验实体或绝对实体显豁，但既能涌现概念，则自必有其挂搭与生发处，此所谓"理地"，"地"者，依止也，由此而说"体"亦无不可。总之，知性主体之"直觉"义不太显豁，若无内省潜存的批判哲学传统，则易被滑过。故中国文化所以不显此主体，而对于混沦的生命主体与道德实体，则以其质实的直觉而至充其极之境界。牟宗三的精神哲学则承接康德批判哲学之功，以尽知性主体之能，此"能"即是以自身涌现的概念"摄"所、"统"所而站住其自己，这就彰显了知性主体之"理"的机能，此即是"理"的精神，非无主而就"事"的"事"的精神也。就此而言，此乃是精神客观化之开显。此步开显，彰精神之两种机能：一曰涌现概念之虚架子，二曰开架构对列之局。这两种机能，使得所有的知识学，包括形式科学（逻辑与数学）、自然科学与政治学皆得以可能。

二 理性之二用与逻辑

逻辑乃知性主体先验的发用，具体地说，就是由理性之二用而成立，而与感性经验或对象无关，故逻辑是理性的先验科学而不是经验科学，是先验主义的或理性主义的。这是牟宗三对逻辑的基本认定。他之所以作这样的认定，是基于对逻辑系统外在之"体"的先验批判，而不是基于逻辑系统内在的"用"的理解。显然是承接了康德理性主义的逻辑理论。在康德的整个哲学中，归结起来看，可有三种逻辑类型：一曰普通逻辑或形式逻辑；二曰先验逻辑；三曰应用逻辑。其中先验逻辑为康德所独创，是一切知识或知识对象得以形成的先天条件和构成法则，对杂多的感性材料施以加工整理之能以形成现象。这里的条件或法则是使对象的质、量、关系与模态等性相得以可能，在康德的哲学中属于科学的形而上学，并不属于逻辑学。因此，先验逻辑可以排除在康德的逻辑理论之外。我们需要讨论的是康德的普遍逻辑与应用逻辑理论。

普通逻辑就是由亚里士多德所发扬的逻辑。康德在《逻辑学讲义》

中说了一段令现代逻辑学家极其不满与诟病的话：

> 从亚里士多德时代以来，逻辑在内容方面就收获不多，而就其性质来说，逻辑也不能再增加什么内容。但是它在严密、确定和明晰方面确有所得。只有少数科学能够保持情况固定，不再改变。逻辑和形而上学就属于这类科学。亚里士多德没有漏掉一个知性要素；我们在其中所作的，只是使之更加严密、更加系统和有秩序。①

我们知道，康德是一位理性主义者，他之所以要从事批判哲学的研究，就是要同独断论者作斗争。但在由亚里士多德所发扬的逻辑问题上，康德何以说出了如此带有独断意味的结论呢？这当然与他对逻辑的自性的认识相关，康德显然是把这种逻辑当作理性的知识而不是历史的知识。所谓理性的知识就是通过对理性的先验批判来认知理性的原则与能力，而所谓历史的知识就是通过对经验的主观认知来构造系统以表达经验。所以，康德认为理性的知识是"来自原理（ex principiis）的知识"，历史的知识是"来自事实（ex datis）的知识"。可见，理性的知识具有绝对的客观性与普遍性，因为它是人的先验的理性能力与原则，而历史的知识却是主观的、概然的，因为它是个人的经验构造。但康德同时也认为，"一种知识尽管是历史的却可以来自理性"。② 康德对由亚里士多德所发扬的逻辑即作如是观。从历史事实看，亚里士多德的逻辑好像是他个人的主观构造，但他的这种构造其实是对人的先验理性思维能力与原则的展示，尽管亚里士多德并没有使用先验批判这个词，但他的逻辑之基本精神实是如此，所以，亚里士多德的逻辑是一种理性的知识而绝不是历史的知识。也就是说，亚里士多德的逻辑是一种客观的发现与展示，而不是一种主观的创造与发明。其所发现与展示的就是人的理性的思维能力与原则，因此，我们不可说那是亚里士多德一个人的逻辑，实是人的理性的思维能力与原则，是人类的逻辑。只不过亚里士多德是先知先觉者，由他率先发现与展示出来而已，而一般民众则为"行之而不著焉，习矣而不察焉，终身由之而不知其道者"（《孟子·尽心上》）。但尽管"不知其道"，然却"终身由

---

① 康德：《逻辑学讲义》，第 11 页。

② 同上书，第 12 页。

之", 人们总只能依此原则与能力去思维, 别无他途。说到底, 人类是这样的理性存在者, 则只是如此这般的知性, 也就只能如此这般的思, 这是先验的必然的。除非再来一世一劫, 地球中出现另外一种理性存在, 这种理性存在者是否可不如此这般的思, 则不得而知。现在, 地球上的理性存在者以人类的方式出现, 则其思维能力与原则只可定然地如此而不可如彼。故逻辑是展现人类思维之 "理" ("理" 即思维的能力与原则) 者, 这是无待于外而自身内在而自足的。世界可空无一物, 亦可千变万化, 但于人类的思维能力与原则不能减少一分, 亦不能增加一分。依孟子的说法, 乃是 "分定故也" (《孟子·尽心上》)。所以, 康德说: "对于逻辑我们也不需要什么新发明, 因为逻辑仅包含思维的形式。"① 逻辑就是人类先天的思维原则或 "理", 具体的逻辑系统就是展现这原则或 "理" 者, 或者说, 具体的逻辑系统皆是这原则与 "理" 的谓词。而这些原则与 "理" 也不是散漫无归宿的, 它们均收摄挂搭在知性主体之中。也就是说, 人的先天的知性主体就是这些原则与 "理" 即逻辑的 "体"。逻辑乃是一种承体起用, 这是 "体" 自身的发用, 是无待于外的, 故是纯粹的、形式的。正是在这个意义上, 康德说: "逻辑是知性和理性的自我知识, 但不是就这些能力与对象相关而言, 而是仅就形式而言。在逻辑学中我将不问: 知性知道什么? 知性能知道多少? 或者, 知性知识可以扩展到多远? 逻辑学中的问题只是: 知性如何认识自身。"② 在这里, 康德告诉我们两点: 其一, 若我们把工具理解为说明怎样可以产生出某种知识的方法指南, 则逻辑不是科学的工具, 因为它完全抽去了外在的一切对象。其二, 逻辑是一种必然法则的科学, 没有这些法则, 知性和理性的使用就全然不会发生, 故它是知性自身的条件, 唯有在此条件下, 知性才能够与自身相一致。逻辑作为知性自身的法则, 既然已抽去了外在的一切对象。那么, 逻辑在科学知识中是不是完全失去了其效用呢? 康德认为也不是。他说:

> 只要一种逻辑阐述出知性的普遍必然的规则, 它也必然会在这些规则中阐述出真理的标准。因为, 凡是与这些标准相矛盾的东西, 由

---

①　康德:《逻辑学讲义》, 第12页。

②　同上书, 第4页。

于知性在此与自己的普遍思维规则相冲突、因而与自己本身相冲突，就是错误的。但这些标准只涉及真理的形式，即一般的思维形式，就此而言它们是完全正确的，但并不是充分的。因为，即使一种知识有可能完全符合于逻辑的形式，即不和自己相矛盾，但它仍然总还是可能与对象矛盾。所以真理的单纯逻辑上的标准、即一种知识与知性和理性的普遍形式法则相一致，这虽然是一切真理的 conditio sine qua non（必要条件）、因而是消极的条件：但更远的地方这种逻辑就达不到了，它没有什么测试手段可以揭示那并非形式上的、而是内容上的错误。①

这就是说，逻辑虽然不是科学知识的积极条件，却是其消极条件。即符合逻辑的思维不一定能得到知识，但不符合逻辑的思维一定得不到知识。此即是罗素所言的"逻辑是通过否定而成为构成性的"。这样，逻辑就是科学知识的必要条件。如实说来，逻辑不只是科学知识的必要条件，而且亦是人类生活与处世的必要条件。逻辑自身虽然对外在世界一无所说，只是知性自身的法则，但若我们要对世界有所说、有所知，则必在逻辑之下说之、知之。否则，根本不能有任何"说"与"知"。这样，康德对于由亚里士多德所发扬的逻辑作了如下界定：

> 不是就单纯的形式，而是就质料而言，逻辑是一门理性的科学；是一门思维的必然法则的先天科学，但不是关于特殊对象的，而是关于一切一般对象的；逻辑因此是一般知性和理性的正确使用的科学，但不是主观地使用，亦即根据知性是怎样思维的经验（心理学的）原理使用，而是客观地使用，亦即根据知性应当怎样思维的先天原理来使用。②

所谓"单纯的形式"是指逻辑的形式系统而言，所谓"质料"是指逻辑之"体"而言。这就是说，逻辑只是这般的原理与法则并不是单就其形式系统看的，而是就其"体"而言的。决定逻辑自性的是其"体"，形式系统只是"体"起用。在康德看来，人类的知性主体是先验的，这

---

① 康德：《纯粹理性批判》，第56—57页。
② 康德：《逻辑学讲义》，第6页。

是绝对的普遍的必然与同一，而此主体的原理与法则即逻辑亦是绝对的普遍的必然与同一，故不存在多样性与交替的可能。我们在逻辑学中的工作，至多只能使形式系统更严密周全以尽情地展现知性主体的原理与法则而已。

康德在《逻辑学讲义》中不但界定了普通逻辑的自性，还讲到知识的逻辑圆满的问题。这就是所谓的应用逻辑。所以，他把逻辑分为纯粹的和应用的逻辑。上面所讲的就是纯粹的逻辑，它只考察知性只为本身做些什么。而应用逻辑则不只是知性自身的活动，它以其应用到的某种对象的知识为前提。正因为如此，康德说："真正讲来，应用逻辑不应当称为逻辑。"[①]因为应用逻辑是为了把知识组成一个逻辑圆满的系统。他说：

> 知识作为科学，必须按照一种方法来处理。科学是作为体系的知识整体，而不单是其堆积物。因此，科学要求一种系统的、按照深思熟虑的规则编成的知识。
>
> 逻辑学中的要素论以知识的完备性的要素和条件为其内容，与此相反，一般方法论作为逻辑学的另一部分，则研讨科学的一般形式，或研讨将知识的杂多联结成一门科学的样式。[②]

这就是说，任何知识必须是一个逻辑圆满的科学系统，不只是散漫的堆积物。而要完成这样的科学系统，则不但需要普遍逻辑作为必要条件（因为普遍逻辑以知识的完备性的要素和条件为其内容，此为不得违背者），而且还需要科学的有效形式，将杂多联结成科学的样式。这样，普通逻辑以知识的完备性的要素和条件（所谓"要素和条件"实是知识不得违背的知性自身的原理与法则）为其内容，则应用逻辑以知识完备性自身为其内容。所以，如果前者称为"思"的逻辑，则后者可称为"知"的方法。一言以蔽之，应用逻辑只不过是追求知识圆满的方法论。那么，如何来追求知识的逻辑圆满呢？或者说，应用逻辑以什么为基本手段来达到其效用呢？康德认为可以通过概念的定义、阐明、描述与划分等方式促成之。而知识或实在对象的定义总是在充分认识客体内在规定性的基础

---

① 康德：《逻辑学讲义》，第8页。

② 同上书，第129页。

上，"根据内在特征来陈述对象的可能性的"。① 从这里可以看出，应用逻辑不可避免地带有其经验性格，因为这种逻辑之"体"为人的世界经验。综上所述，在康德那里，普遍逻辑作为"思"的逻辑，所究竟的是知性自身的法则，其"体"为先验的知性主体，因而，从逻辑系统内部看，"思"的逻辑是形式主义的，但从逻辑系统外在的有效性看，则是先验主义的。应用逻辑作为"知"的方法，所究竟的是知识的逻辑圆满，其"体"为人的世界经验，因而，从其逻辑圆满的系统内部看，虽然亦是形式主义的，但从其外在的有效性看，则是经验主义的。这是两种完全不同的逻辑。前者因是知性主体的发用，故有其先验的必然性与客观性。后者因是世界经验的认知，故有其主观的交替性与可变性。② 但逻辑学界一般

---

① 康德：《逻辑学讲义》，第 133 页。

② 近年来中国的逻辑学界就"逻辑可否被修正"一问题，争论颇大。持肯定主张者（以陈波为代表）揭示其可被修正的原因是："逻辑直接地与我们的语言实践和思维实践相关联，它是对我们的认知实践做抽象化和理想化的结果；逻辑也间接地与我们所面对的这个世界相关联，它的核心部分反映着这个世界的结构特征。但是，由于我们不能完全充分地描述、刻画人类的认知实践，也不能完全充分地描述、刻画我们所面对的世界。我们的任何现有的描述、刻画、精释、建构都带有某种程度的局限性和相对性，都有进一步改善的空间。所以，任何现有的逻辑都是可修正的，逻辑学家在面对普通大众时请保持谦卑，人类理智在面对这个世界时请保持谦卑！"（陈波：《"逻辑可修正性"再思考》，《哲学研究》2008 年第 8 期，第 113 页。）持否定主张者（王路为代表）揭示其不可被修正的原因是："从亚里士多德到现代逻辑，始终贯穿了一条基本的精神，这就是'必然地得出'。"（王路：《逻辑的观念》，商务印书馆 2000 年版，第 19 页。）"在我们看来，'逻辑可修正'指的是复数形式的'逻辑理论'（logical theories）可以修正，而不是指单数形式的'逻辑'（logic）可以修正。""如果'逻辑'是指一个论证的形式结构或者把逻辑视为研究的对象，那么在这种意义上，我们认为逻辑是不可修正的。如果'逻辑可修正'指的是对逻辑有效性的修正，那么，我们像王路那样，也认为逻辑是不可修正的。"（任晓明、曹青春：《逻辑是可修正的吗?》，《哲学研究》2008 年第 3 期，第 118、120 页。）两派立论者皆是其所是，似乎皆有道理。但若我们作仔细的分析，则会发现：肯定论者是站在逻辑系统的外在有效性的立场上，即逻辑的"体"的立场上说话，而否定论者则是站在逻辑系统的内在有效性的立场上，即逻辑的"用"的立场上说话（所谓"必然地得出"即是显示逻辑的"用"）。显然，二者并不是在同一层次上立论。因此，逻辑在"用"的立场上的不可修正，不足以对治其在"体"的立场上的可被修正。所以，无论是可修正还是不可修正必须立足于"体"上说。一旦如是——通过我们对康德的逻辑理论的研究——则形式逻辑之"体"与应用逻辑之"体"是不同的。因其"体"之不同，则我们可知："逻辑不可被修正"在形式逻辑即"思"的逻辑那里是可以被接受的。同样，"逻辑可被修正"在应用逻辑即"知"的方法那里也是可以被接受的。二者虽然都用"逻辑"二字表原则与规律，其意义则迥乎不同。前者之原则与规律是先验的，故不变；后者的原则与规律是约定的，故可变。之所以如此，只因前者之"体"乃先验的知性主体，

不能识二者的区别而混漫之，故不能知形式逻辑的先验性与理性性，常以约定主义或纯形式主义视之。既而否定形式逻辑的客观性与必然性。如否定思想三律等。牟宗三则继承了康德理性主义的逻辑理论传统，对于这些思想作了鞭辟入里的批判，护持住了形式逻辑的先验性与必然性。牟宗三在这方面的工作主要包括以下几个方面：其一，对杜威与罗素的逻辑思想的批判与纠偏；其二，对金岳霖的逻辑思想的批判与纠偏和辩证逻辑自性的厘清。

　　首先来看牟宗三对杜威与罗素的逻辑思想的批判与纠偏。① 杜威的逻辑思想是如此：如果逻辑是纯形式的而不关涉内容（质料），则必有形式逻辑与自然科学中的方法论之关系的探讨。这种关系常以"逻辑与科学方法"或"应用逻辑"名之。然而问题是：如果逻辑纯粹而独立于事实内容，则这种关系是否能有或"应用逻辑"是否有意义即成疑问。这疑问不在此逻辑形式是否"是"应用，而在如逻辑为纯形式而离内容，则是否能被如此取用。这样，若形式完全与质料无关，则形式不能应用于任何一题材，且于任何选择路数中，亦不能指示何种质料将为其所应用。由此，在考虑到"应用之条件"的基本事实上，逻辑的纯形式论即趋于崩溃。例如：纯粹形式命题：如甲则乙，在获得某个确定内容时，如给"甲"以函值"人"，则必关联及"有死"一值。这样，命题："如甲则乙"，就变成了命题："如人则有死"。由是可知，倘若没有某确定值为可

（接上页）普通逻辑乃此"体"之谓词；而后者之"体"乃变迁的世界经验，应用逻辑乃此"体"之谓词。但我们不可由此而认为，二者是平列的不相容的两种逻辑。实际上，"思"的逻辑高于"知"的方法，之所以"高"就体现在："思"的逻辑虽不是"知"的方法系统内的约定原则，亦必为其系统外的超越原则。也就是说，"知"的方法虽不把"思"的逻辑作为其内在原则规定于其系统内，然亦不能违背"思"的逻辑，否则，就不能有任何"知"的方法系统。由此可知，由"知"的方法的可修正性，并不能反对"思"的逻辑的不可修正性。同样，由"思"的逻辑的不可修正性，亦不能保证"知"的方法亦不可被修正。二者的"体"与自性固不同，若混漫而一之，则成差谬而起无谓之争论，故不可以不辩也。实际上，陈波持逻辑可被修正论，是基于对分析哲学的现代逻辑的理解，而现代逻辑基本上属于康德所说的应用逻辑。而王路若真要证成逻辑不可修正论，则必须在康德所说的形式逻辑的层次上，才能说其说，不然，徒宽泛地说逻辑不可被修正，必不被陈波所接受。同样，陈波说逻辑可被修正而不限制在现代逻辑之内，则恐怕也不能被王路所接受。

　　① 牟宗三对杜威的逻辑思想的认知分别是来自于杜威的著作 *Logic: The Theory of Inquiry.* 但该书现在还没有中译本，限于条件，笔者也没有得到其英文版。但牟宗三在其专题长文《评述杜威论逻辑》中对该书的相关内容作了节译。这里也是依其节译来叙述杜威的逻辑思想。

断定，则形式命题即不能知其何以必应用于此一题材而不能应用于其他题材。此即是说，若命题为纯形式的，则我们将如何把一确定值赋予"甲"与"乙"呢？如为何不可以取一特定值代替"人"与"有死"而言："如神则有死"或"如病夫则不死"。这两个命题显然是不合法的。可见，纯形式命题："如甲则乙"并非可应用于任何一种题材，它的应用是有选取的。这样，我们可以说，纯形式而不关涉内容的逻辑命题是不存在的，形式必然关涉相关的内容。问题是：何者为形式借以获得其内容之逻辑条件？设有以命题形式为：yΦx 或 yRx，若我们特定化之为："x 被刺"，暂且不问"被刺"一内容如何被引进的。这里我们可以有一疑问：何以此值可以给 x 而彼值则不能？我们知道：凯撒或林肯被刺，为真，而克伦威尔或华盛顿被刺，则为假。若以为其所以"为真"或"为假"乃因命题形式自身而"为真"或"为假"，则必荒谬不堪。实际上，这里的"为真"或"为假"乃因观察与记录而成立。这样，命题 yΦx 或 yRx 实为一种极其模棱之形式。当我们认定其为一假然之普遍命题时，则其必为一规律或公式，此规律或公式指示一"施行之运用"。此"施行之运用"一方面，使命题 yΦx 或 yRx 由模棱走向定然而确然；另一方面，决定一对象之存在，借以满足该普遍命题所具之条件。① 由上所述，我们可知，在杜威那里，"形式"乃存在之"形式"，既为存在之"形式"，则不能与质料完全无涉。这样，形式逻辑不能完全内在自足，其命题之"真"或"假"须依赖于外在对象之存在。由此，形式逻辑的先验性与必然性即不能保住。对于杜威的这种理论，牟宗三认为是"卓然成家，而不足以入于真理之门"。牟宗三指出，杜威的错误在于孤悬一命题（如"如甲则乙"）于整个形式推演系统之外而追求其外在的意义，这样，就把逻辑系统中的"无向命题"变成了知识系统中的"有向命题"。所谓"无向命题"就是在逻辑系统中由逻辑常项组成的逻辑句法，借以表思解运行中的纯理，除此以外，别无所说、别无所涉。故"无向命题"唯显无杂染之纯理，这纯理是知性承体起用。"无向命题"即是显示知性承体起用的律则。所以，"无向命题"不必有外倾之特殊内容，一有特殊内容，则由"无向"的逻辑句法变成了"有向"的知识命题，是为"有向命题"。在

---

① 以上为牟宗三在其长文《评述杜威论逻辑》中节译杜威的著作：*Logic: The Theory of Inquiry* 中的第十九章的内容概述。牟文原载《学原》第一卷第四期（1947 年），第 89—104 页。

牟宗三看来，逻辑为一形式之推演系统，其自性须切就整个推演系统之逻辑句法以明之，不可外倾而孤悬一命题而求其外在之意义。逻辑固以普遍命题为工具借以成推理，而任何有系统之知识中如有所陈说，亦必借普遍命题以说之。但二者并不相同，逻辑中的普遍命题只是显示知性思解运行之纯理，别无存在之肯定；而知识中的普遍命题须在知识历程中对存在有所肯断，有所论说。杜威即在此有混漫。此种混漫不但使他之反对形式逻辑为无效，而且使他不能识逻辑之自性，进而标举自己的理论。在牟宗三看来，杜威所标举者实是一种知识之方法学而非形式逻辑，若我们把它限制在知识之方法学之内，则杜威之所说皆董理而有意义，若以为其所论者即是逻辑自身，则成混扰滋蔓。牟宗三进一步揭示了产生这种混扰滋蔓的原因：他认为，哲学上常以"形式"与"质料"对举，即"形式"总为"质料"之"形式"，"质料"总为有"形式"之"质料"。无"质料"之"形式"为潜存世界（柏拉图的理念世界），而无"形式"之"质料"为"纯有"或"无"，此皆为形而上者，非知识历程中所论者。所以，一般以为有"形式"必有"质料"，必对存在有所说。这种思想即滋蔓到形式逻辑中来，以为形式逻辑中的"形式"亦是"存在之形式"。但形式逻辑中的"形式"并不是此义，它是一表述语而不是一指示语。表述者表"意"也，指示者指"实"也。形式逻辑中的"形式"表述以下二意：其一，不涉事实，无有内容，即依此遮诠而名之为"形式的"；其二，只是一命题架子（逻辑句法），即依此表诠而名之为"形式的"。显然，遮诠而名之"形式"表逻辑为显示知性思解运行之纯理，表诠而名之"形式"表逻辑系统之命题类型。[①] 通过牟宗三对杜威逻辑理论之评述与疏解，我们可知，牟宗三是承接了康德的先验主义（或理性主义）的逻辑理论而行进的。

罗素的逻辑思想是希望通过保住排中律在逻辑中的有效性而来构造普遍必然的逻辑句法，从而保住逻辑的有效性。排中律是亚里士多德经典逻辑中的普遍规律，其有效性不容置疑，但在近代却遭到了数理哲学家布劳威尔（L. E. J. Brouwer，牟宗三译为布鲁维）的质疑。布劳威尔之所以质疑排中律的有效性，是与他的数学理论相关的。关于"数学基础是什么"这一问题，西方的数理哲学家的理论探求大致可分为三大流派，

---

① 以上为牟宗三在《评述杜威论逻辑》一文中对杜威的逻辑理论的评论与疏解之概述，详尽之疏解可参见《学原》第一卷第四期之原文。

即形式主义、逻辑主义与直觉主义。① 前二者之代表人物分别为希尔伯特
（Hibert）与罗素（B. Russell），而直觉主义的代表人物则是布劳威尔。对
于数学的精确性到底存在于哪里这个问题，作为直觉主义者的布劳威尔的
回答是："存在于人类心智（intellect）中"，而不是形式主义所说的"存
在于纸面（paper）上"。② 所谓"纸面"就是一种形式的逻辑系统，所谓
"人类心智"就是一种直觉构造。直觉主义者认为，哲学、逻辑甚至计数
等概念都比数学复杂得多，显然不能作为数学的基础，而数学的基础存在
于更简单、更直接的概念中，它就是直觉，直觉是心智的一项基本功能。
这种直觉与康德所说的感性先天直观形式略有不同，抛弃了"康德的空
间的先天性，而更坚定地坚持时间的先天性"。③ 布劳威尔称之为新直觉
主义。这种新直觉主义就是：依人类的心智能力，把生命的时时刻刻
之异质部分（qualitatively different parts），从情感内容中抽出来而变成
数学思维的根本现象——即赤裸裸（bare）的"二·一"（two-one-
ness）原则直觉。这种"二·一"原则直觉就是数学的基本直觉。依
据这种基本直觉，"不仅创造了数 1 和 2，而且也创造了一切有限序
数，因为二·一原则中的一元素可以被认为是一个新的二·一原则，

---

① 围绕"数学的基础是什么？"这一核心问题，数理哲学一般分为三大派别，即形式主义、
逻辑主义与直觉主义。形式主义的理论由其代表人物希尔伯特在 1922 年的汉堡数学会议作了系
统的阐述：首先将数学理论组成纯形式系统，然后再用有限的方法（即不采用实无穷的观点，不
使用无穷集合）证明这一系统的无矛盾性。形式主义试图用逻辑的无矛盾性来为数学的真理性作
辩护，在他们看来，如果一概念具有矛盾的属性，则该概念在数学上就不存在。但是，如果一概
念不会通过有穷步骤的推理导致矛盾，则此概念的存在性就被证明了。形式主义的这一立场遭到
了哥德尔（Gödel）定理的否定。哥德尔定理又称为不完备性定理，该定理断言：（1）如果一系
统是无矛盾的，则该系统必然是不完备的，即其中必有一命题，其真假不可判定；反之，如果该
系统是完备的，则它必然包含有矛盾。此为第一不完备性定理。（2）对强到足以使一切有穷推
理可以在其中形式化的形式系统而言，其有穷的一致性证明不可能在该系统内得到。此为第二不
完备性定理。逻辑主义的数学理论则由其代表人物罗素与怀德海在他们合著的《数学原理》中
提出，其基本观点是：逻辑是数学的基础，从普遍承认属于逻辑的前提出发，借助演绎推理达到
显然属于数学的结论。逻辑主义的数学理论在实践中遇到了极大的困难与挑战，因为这种理论必
须有"无穷公理"与"存在公理"这两个非逻辑的假设，使得其理论的逻辑纯正性受到质疑。
直觉主义的数学理论则如正文所述。

② L. E. J. Brouwer, "*Intuitionism and Formalism*", in Paul Benacerraf & Hilary Putnam（eds），
Philosophy of Mathematics, selected Readings, New jersey: Prentice-Hall, Inc., 1964, p.67.

③ Ibid, p.69.

这个过程可以无限地反复下去"。① 布劳威尔由此认为，时间的先天性不仅保证了算术的先天综合判断的性质，而且也保证了几何学有同样的性质。这种专用内省直觉构造方法来推演定理的数学，就是直觉主义数学。在直觉主义者那里，能否被构造出来是判断数学对象存在性的唯一标准。所以，这一派别的一个著名口号就是："存在就等于被构造。"根据这一原则，直觉主义者对传统数学进行了批判，并宣布传统数学中相当一部分概念不合法，特别是传统数学通过逻辑的无矛盾性建立的"纯存在性"为以严格性自诩的数学所不可接受，因为它是虚无缥缈的东西。所以，若数学只是基于"纯粹存在性"而不能进行构造，则等于放弃自己的合法性。这样，直觉主义者提出了数学的三条基本原则：（1）数学对象必须具有可构造性；（2）潜无穷是出发点而没有实无穷；（3）在数学中不能普遍使用排中律（即排三律，principle of the excluded third）。直觉主义数学之所以只认可潜无穷而不认可实无穷，乃因为实无穷不能被构造。② 之所以反对排中律，则与直觉主义者只承认有穷的可构造性相关。布劳威尔认为，一方面，任何一个涉及有穷事物全体的命题，总可以被证实或证伪，此时证实或证伪代替了"真"或"假"。显然，在有限事物范围之内，排中律不必用。另一方面，任何一个涉及无穷事物的命题，则我们既不能证实之，也不能证伪之，即既不能断定其"真"，亦不能断定其"假"，故排中律失效。总之，排中律要么不必用，要么不可用，是一弃物。这是布劳威尔基于他的数学哲学而提出的对排中律的态度。罗素从布劳威尔那里欲救住排中律的有效性，既而保住整个逻辑。但罗素之保住逻辑根本不是逻辑的成立处，故遭到了牟宗三的批评。布劳威尔之否定排中律，其依据有二：其一，当在认识论上能断定其"真"或"假"时，排中律不必要；其二，当认识论上不能断定其"真"或"假"时，排中律不可用。罗素之救住排中律亦是依布劳威尔的思路走。罗素认为，一超越直接经验之普遍命题，虽不能知其认识论上的"真"或"假"，但总是表意的，而不是一无意义的声音。既如此，这

---

① L. E. J. Brouwer, "*Intuitionism and Formalism*", in Paul Benacerraf & Hilary Putnam (eds), Philosophy of Mathematics, selected Readings, New jersey: Prentice-Hall, Inc. , 1964, p. 69.

② 潜无穷就是可以构造的、用有限步骤可以完成的潜在无穷。例如对于自然数而言，在直觉主义那里就只是1、2、3、……这样不断地处于被构造的状态，而没有什么自然数的全体这一概念。所以，绝没有康托尔所说的既有的无穷集合论的概念。直觉主义者相信，实无穷的使用是产生悖论的一个重要原因。

样的命题虽不是一认识论上的事实，但吾人对其"真"或"假"方面总知道一点东西，即总能对其表示态度，也就是说可以说它或"真"或"假"。这样，排中律即可以运用其上了。在此基础上，罗素进一步规定了逻辑的"真"与认识论的"真"之不同。逻辑的"真"虽不可证实，但引导我们发现知识的"真"上总有作用，故逻辑的"真"较知识的"真"为广。这样，当一普遍命题不能被经验所证实而不能断定其知识上的"真"时，却可以施以适当的手术而确定其逻辑上的"真"。依罗素，逻辑上的"真"是非常必要的，因为如果"真"只限定在经验上的可证实，则实际上无人采取这样狭窄的学说。因而我们应积极主张有真的命题而不可证实。一个"可证实"的命题是一与某种"经验"有一定相应的命题，一个"真"的命题是一与某种"事实"有一定相应的命题。所以，逻辑使我们逃出了纯粹的经验论，这就是逻辑的价值。① 但在罗素那里，逻辑是施以适当的手术与步骤形构成的，这就是布劳威尔所说的成立于纸面上，即逻辑就是按一定的形式与原则组成的句法系统。但这是逻辑的成立处吗？牟宗三认为，布劳威尔、罗素与杜威一样，皆是孤悬一命题而追求其外在的意义，故布劳威尔云排中律无效，而罗素则云排中律仍可有效，然有效无效皆切就外在之意义说。这样，在牟宗三看来，无论是布劳威尔的无效说，还是罗素的有效说，皆是不合法的，因为这根本不是排中律的成立处。而罗素更进而由构造逻辑句法而救住整个逻辑的有效性，更是入了"魔道"。若逻辑只是命题、句法与符号，则他们之间依据什么成为普遍必然的系统呢？若说是依据约定的形式与原则，则这约定很可能是你的约定、我的约定或部分人的约定，而不足以云普遍必然性。若说这约定实有先验的普遍性，则逻辑不只是构造的。即逻辑于句法系统言固可云构造，而于句法系统外必显示一超越之先验者。此超越之先验者使命题、句法与符号成为普遍必然之系统。因此，牟宗三认为，此超越之先验者方是逻辑之成立处。显然，这依然是康德的思路。

其次来看牟宗三对金岳霖逻辑思想的批判与纠偏和辩证逻辑自性的厘清。金岳霖是我国现代逻辑大家，其代表作《逻辑》一书于 1935 年由清华大学出版部作为内部讲义印发；次年被作为"大学丛书"由商务印书

---

① 以上罗素的思想，尽见罗素《意义与真理的探索》，贾可春译，商务印书馆 2009 年版，第 324—360 页。

馆正式出版。此后至现在此书多次重印，是一部影响深重的逻辑著作。但牟宗三对此书的评价并不高，他认为："这是一部最好的参考书、训练书，但不是一部好的系统书、对的经典书。在此点上，我对此书颇觉失望。"① 牟宗三之所以失望，乃因为这本书只是一本逻辑的技术训练书，而于逻辑哲学方面则并未通透。也就是说，于系统之下透而成文方面尚可，而于系统之上透而见理方面则甚不足。牟宗三对金岳霖的批判，集中在两点：一是什么是逻辑的对象；二是表达逻辑对象的工具即原子。金岳霖在其书的第四部（他自认为属于逻辑哲学方面的内容）有下面一段话：

> 原子是逻辑系统方面的对象，不是逻辑方面的对象。逻辑方面的对象是必然，逻辑系统不过是利用某种原子以为表示必然的工具而已。事实上本书第三部利用"类""关系""命题"为逻辑系统的原子。除此以外，别的原子也可以，例如"论域"，但在此处我们可以不必提出讨论。②

依上所述，在金岳霖的逻辑思想里，一、逻辑的对象是"必然"；二、表达此对象的工具为"类"、"关系"、"命题"乃至"论域"。正是基于此二点的论说，足见金岳霖于逻辑之上透见理方面之不足。牟宗三认为，金岳霖在这二点上是根本弄错了，由此不能定住逻辑的必然性。关于逻辑的对象，牟宗三说：

> 逻辑是自成一个世界的：既不是事实界，无论是心理学的对象或是物理学的对象，也不是元学所讨论的东西。逻辑是言语界的东西。这个言语界可以叫做"论域"，论域是表达思想的，所以最终是思想界的东西。
>
> 所谓逻辑是言语界的东西，不是指言语的文法结构而言，而是指言语的意义或思想所遵守的理则而言。逻辑即把这寓于思想过程中的理则表达出来，并指明其特性。③

---

① 牟宗三：《略评金著〈逻辑〉》，《牟宗三先生全集》第 25 册，第 171 页。

② 金岳霖：《逻辑》，中国人民大学出版社 2005 年版，第 241 页。

③ 牟宗三：《关于逻辑的几个问题》，载《文哲月刊》第一卷第六期，1936 年 3 月 15 日。

　　这就是说，逻辑的研究对象不是套套逻辑中的"必然"，而是思想自身的理则。因为"必然"是切就形式的成文系统自身的推演来看的，而形式的成文系统有多。这样，这种"必然"很可能是约定的"必然"，而不是先天的"必然"。既是约定，则可如此约定亦可如彼约定，是此，则逻辑似乎只在于构造形式必然的句法系统而已。这就走上了罗素的理路，于是，逻辑似乎只是文字游戏，其严肃与正大之义如何得以见耶？由此可见，以"必然"作为逻辑的研究对象是不准确的，亦是不够的，须由这形式系统的必然进一步向上透，透至"理性的发展及其发展中的理则"而后止，此方是逻辑的对象。形式的成文系统只是显示这个"理则"者。因为人类理性发展的理则只能是一而不是二，故理性的"理则"是逻辑的唯一对象，此为唯一的定住逻辑之所以为逻辑者，别的讲法与论说皆不足以见逻辑的自性。因逻辑的对象之认识上的不准确与模糊，致使金岳霖在表达逻辑对象的原子的认识上亦有差谬。因为逻辑是思想的理则，而思想的理则最重要的是不能有矛盾，而矛盾只是落实在命题上说，不能落实在"类"或"关系"上说。命题是我们对于外界所表示的态度。所谓态度即是肯定（"是"）与否定（"不是"）之间选择。"肯定"与"否定"的选择是穷尽无漏的，二者之间不能再有另外的选择，且在二者之间只能而且必须选择一个。这是思想三律得以成立的根本处，是定然而不可移易的。但"类"与"关系"是不能说矛盾的，"类"与"关系"皆是外在的实然的存在，无所谓矛盾，其间只有相同、相似、冲突、差别等特性，并无矛盾。我们肯定其中一个"类"的存在，则另一个"类"尽管与此一个"类"有差别，但我们总不能否定这个"类"的存在。故在"类"中有差别的"类"可以同时存在。例如："人"这个"类"（用 A 表示）与"非人"（用 $\bar{A}$ 表示）这个"类"穷尽了宇宙中的一切存在，即 A + $\bar{A}$ = 1。但"人"可以与"非人"同时存在。但若是命题 A：我是人；命题 B：我是非人。则这两个命题不能同时存在。因为：命题 A 用换质法得：我不是非人。显然，这个命题与命题 B 不能同时存在，但也不能有另外的选择，且必须肯定并只能肯定其中一个命题。不然，就必然会出现矛盾，这在思想上是要禁止的。这是思想自身的理则，与外界无关的。所以，牟宗三认为，命题是表达逻辑对象的唯一原子，外在的"类"与"关系"绝对不是。若以为逻辑的原子可以是"类"与"关系"，则思想三律的必然性即成疑问。辩证逻辑论者即是由此理路来反对思想三律的，他们把思想自身的理则说成了对外在世界存在或发展之样态的解析，即把逻辑问题说成了知识问题。外在世界总是丰富多彩而千变万化的，这成了辩证逻辑论者反对同一律、矛盾律与排中律的口实。辩证逻辑论者认为："形式逻辑看重同一（排斥矛盾），而辩证法却看重矛盾，这是两者不同之处。形式逻辑把宇宙万物看做不变的，看作互相分离的、孤立的。一言蔽之，它只看到静的、陈死的一面。而辩证法却不然。辩证法不在静止的、陈死的状态中观察事物，而在运用、变化中观察事物。宇宙的真相是变化流转的。这只有辩证法才能认识事物的真相，才能握宇宙的真髓。"① 对于辩证逻辑论者的这种理论，牟宗三在《逻辑与辩证逻辑》一文中有详细的讨论。在牟宗三看来，逻辑何曾否认过事物的联系、发展与变化呢？但事物的联系、发展及变化与逻辑有何干系呢？逻辑之同一、矛盾与排中等三律皆是思想自身的理则，与外界事物无关。所以，"辩证逻辑不能成为一个逻辑，它不过是解析事物的一套理论而已"。② 由此可见，若我们把逻辑不看成思想自身的理则，而歧出到外在事物之中，则必以为逻辑之原子不只是命题，亦可是"类"或"关系"等，但由此即不能透显逻辑的先验性与必然性。由于逻辑的原子可以是"类"或"关系"，则逻辑可以是二分、三分乃至多分，相应地则有二值逻辑、三值逻辑乃至多值逻辑。但牟宗三认为，这都是不谛当的。理性自身起用时肯定与否定的对偶性是逻辑中的"二分法"之本义，是超越而必然的。而"思想律亦必随肯定否定底对偶性之为理性底二用，而亦一起收进来而为'理性自己决定'所成之逻辑关系，因而亦易见其超越性与必然性。如是，思想律，不管是同一律，矛盾律，或排中律，都成为不可反驳地必然真的"。③ 理性之二用与思想三律可以外在化而不必外在化于逻辑系统中，若外在化与逻辑系统中，则任何系统皆不能悖此。二值系统固不必说，多值亦然。例如，在有"可能"、"不可能"与"必然"等值的逻辑系统中，我们可以有以下六式：④

---

① 李石岑：《辩证法与形式逻辑》，钟离蒙、杨凤麟主编：《中国现代哲学史资料汇编续集》（第12册），第76页。

② 牟宗三：《逻辑与辩证逻辑》，钟离蒙、杨凤麟主编：《中国现代哲学史资料汇编续集》（第12册），第97页。

③ 牟宗三：《理则学》，第78页。

④ 同上书，第235页。

（1）～◇（p．～p）"真而不真"是不可能的。

（2）～◇（◇p．～◇p）"可能而不可能"是不可能的。

（3）～◇【～◇～p．～（～◇～p）】"必然而又不必然"是不可能的。

（4）p∨～p＝1"真或不真"是必然的。

（5）◇p∨～◇p＝1"可能或不可能"是必然的。

（6）～◇～p∨～（～◇～p）＝1"必然或不必然"是必然的。

以上六式，其中前三式表示矛盾律，后三式表示排中律。这里即透露出思想三律的轨约性与夫超越性。总之，牟宗三认为，辩证逻辑论者常不能斩断"外在的牵连"而就思想自身之理则来论逻辑，故根本不懂逻辑。即便是金岳霖，因不见夫"二分法"之本义①而落于"类"上讲，进而落于形式主义（约定主义）而不自觉，逻辑之先验性与必然性亦由此被刊落而不自知，故金岳霖于逻辑亦理有未透也。

以上通过对杜威、罗素、金岳霖等人的逻辑思想的衡定与批判，使牟宗三在逻辑上超越了形式主义或约定主义，而接上了康德的先验主义或理性主义。依牟宗三的看法，逻辑必须上升至先验主义，其必然性与定然性才得以极成。所以，"从形式主义到先验主义是寻求上或解析上的一步发展，而不可视为对立。若胶着于形式主义，且视为与先验主义为对立，则必于理有所未透"。②杜威、罗素与金岳霖皆未脱离形式主义的窠臼，故致牟宗三之深辟。但这只是牟宗三逻辑思想之"遮"的方面，"遮"的方面并不足以反映牟宗三逻辑思想之特色与正面主张。由此，我们须进入牟宗三逻辑思想之"显"的方面。此一方面，牟宗三发挥了康德的先验主义或理性主义，但不是"照着讲"，而是"接着讲"。这主要体现在两个方面：（一）逻辑系统的必然性来自哪里？或者说，逻辑系统超越而形上之"体"如何确立？（二）因逻辑常项构成了逻辑系统的意义，而逻辑常

----

①　康德说："一切多分都是经验的；二分则是根据先天原理的唯一划分，从而是唯一的原始部分。因为划分的诸支应当是相互对立的，与任何A相对立的支，都无非是～A。"又："多分不能在逻辑学中讲授，因为它属于对象的知识。二分只需要矛盾律，而无须认识人们想要划分——就内涵而言——的概念。多分则或者需要先天直观，像在数学（比如圆锥曲线的划分）中那样，或者需要经验直观，像在博物学中那样。"见康德《逻辑学讲义》，第136—137页，§113之注释1和注释2。由此可见"二分"在逻辑中的意义与作用。

②　牟宗三：《理则学》，第85页。

项与"体"是什么关系？或者说，逻辑常项之起源在哪里？由第一点，则确立了逻辑的形而上的先验性与超越性，由第二点，则确立了逻辑的形而下的规定性与限制性，逻辑系统非可随意约定。此二点足以使逻辑复大位而定大常，康德尚未做到。

先看逻辑系统之"体"之确立。

维特根斯坦在他的名著《逻辑哲学论》中对世界之结构的解析大约如下：

世界→事实→思想→命题

也就是说，在维特根斯坦看来，"世界"，作为可说的东西，全部可以以命题来说之。他以命题来解析可说的世界的思想确实很有启发。牟宗三的逻辑哲学正是从研究命题开始的。命题，依牟宗三的理解，可以分为存在的关系命题和非存在的关系命题两种，依此两种命题，对可说的世界可有全尽的解析。关于存在的关系命题。牟宗三认为，这是一个有"体"的存在系统，之所以有"体"盖因为有特定的对象为首出，而且这对象有特定的内容，不是随意赋予的。因此，这样的一个系统须有主谓与关系两种命题，但这两种命题皆有"意指"，即都论谓此一特定之对象的"实在之性相"，不能有歧出。"所有的律则或规律皆由此而推出，亦皆反而论谓此等概念。"① 关于非存在的关系命题，牟宗三说：

> 非存在的关系命题属于"非存在系统"，此亦可曰纯形式系统。如逻辑，数学、几何，以及空间关系时间关系，等，皆是。此种"非存在系统"纯以关系命题构成。而此中之关系命题，如其所是而观之，不预定主谓命题为其基本形式。因为此种非存在系统是"无体的"。"无体的"一词以以下二义定：一、以"规律"为首出，不以"项"为首出。（非存在的关系命题，其关系者非存在对象，故在此亦不曰对象，而曰"项"。）此中之命题皆是关系命题，而每一关系命题皆直接表现一法则或原则，而此法则或原则皆由根本的法则或规律展转推演而得，或云皆是根本法则或规律之重复变形，是以彻头彻尾皆是一"理"之展现，皆只是此理此法则之呈现。此彻头彻尾唯是一"理"之系统并无所论谓，因而亦无特殊之意指为其内容。

① 牟宗三：《认识心之批判》上，第71页。

而其中之每一命题亦不是论谓一首出之对象，因首出者自始即为规律
故。二、此中之"项"即所谓"关系者"，并非有性有相有用之存在
对象。孤离言之，直无意义，只是一符号。而且若不在一命题式子所
呈现之关系中，则亦无已成的固定项之可言。即在命题式子所呈现之
关系中而只表现一律则之命题亦非论谓此命题中之项者，亦不能说此
项创生如此之关系。依以上二义，说纯形式系统为"无体"的，而
即以此《无体的》规定其为"非存在的"。[①]

　　以上之所以作大段的引述，即在于让我们明白像逻辑这样的纯形式系
统的基本特性。这样的纯形式系统，依牟宗三的理解，在可说的世界事实
中，它是无"体"的。即它没有主谓命题来提挈或笼罩此关系，而一往
只是关系。它只是以符号来表现"理"，别无他说。故逻辑系统皆是展现
此"理"的分析命题。这是基于逻辑这种纯形式系统的"内"的认识。
然而，若我们站在逻辑系统之外，是否也认定其为一无所说呢？或者说，
是否有先验综和命题出现呢？这是值得进一步探究的，这一探究可致逻辑
系统之"体"的确立。当然，这不是逻辑学家所关心的，而是逻辑哲学
家所关心的。
　　牟宗三认为，存在的关系命题因预定有本体，此本体若在现象界，则
为经验的综和命题，以论谓现象界之本体。但所有的存在的关系命题可以
论谓一个形上的超越本体，因此本体不在现象界，故是先验的综和。所
以，所有存在的关系命题可以最终极成一个先验综和命题。但这个先验综
和命题是在所有存在的关系命题之外的，且最终提挈住存在的关系命题，
给它们的可靠性提供形上的超越的说明与保证。也就是说，先验的综和命
题所论谓的本体是存在的关系命题的形上的超越的"体"，必至于此，存
在的关系命题才有形上的、理性的必然性，不然，则只有经验的必然性。
现在，非存在的关系命题，若内在于纯形式系统自身看，自没有本体，亦
不论谓任何本体，只是一"理"的展现，故只有分析命题。但若站在所
有的非存在的关系命题之外，则这所有的非存在的关系命题必亦论谓一形
上的超越本体，故亦可有先验的综和命题。此先验的综和命题所论谓的本
体是非存在的关系的形上的超越的"体"，必至于此，非存在的关系命题

① 牟宗三：《认识心之批判》上，第72页。

才有形上的、理性的必然性，不然，则只有形式的、约定的必然性。依此，牟宗三对逻辑系统的形式主义与约定主义表示不满，认为必须进至先验主义。他说：

> 数理逻辑家认知此非存在的关系命题为重叠地分析的，而不知其为综和的。但其认知其为重叠地分析的，是只限于形式主义之立场。如只限于此立场，则所谓重叠地分析的所显示之必然只是系统内部之形式的必然，人工技巧的必然，而不知其系统外之超越的必然，理性之必然。因此，亦只能见其为技巧造成的分析的，而决不能认知其尚可为综和的，因此必排斥综和的理论。①

牟宗三进一步认为，逻辑系统的形式主义者也有综和，但只视"项"为赤裸裸的单位，而不复知其为实只为符号，而逻辑系统实只是律则之展现。由此，其为综和只是系统内"项"间的综和，实只是主观的心觉之综和，而不能开系统外之先验的综和，即不知于系统外撑开一客观的理的骨干，以为逻辑系统之超越的形上之"体"。故逻辑系统之超越的客观性仍不能建立起来。依牟宗三的理解，必于逻辑的形式系统之分析命题之外，极成一先验综和命题，撑开一客观的理的骨干，逻辑系统之超越的客观性才有可能建立起来。但牟宗三认为，透显理之骨干以建立逻辑系统之客观必然性只是先验综和之第一步。"盖徒进至纯理，以明其为纯理之客观化，其客观化之骨干固建立，然而须知'纯理'仍是一孤离的悬空之概念。若终不能落实而有归宿，则虽有纯理，亦不能使此形式系统之为逻辑构造者复能满足真实可能性之条件。虽可说为有理之必然，而此时之理必然亦只有形式义，而无真实义。是则其超越的必然性仍不得极成也。故徒指出纯理之客观化，先验综和仍不能因此即达极成之地位。是以'纯理'必须使其落实而有归宿。"② 所以，先验综和的第二步就是直觉构造，以求"理"之安立。此直觉构造之所成者即是"超越的逻辑我"或"知性主体"，这是逻辑系统外在之形上之"体"，它为逻辑系统的可靠性与必然性提供了超越的保证。牟宗

---

① 牟宗三：《认识心之批判》上，第86页。

② 同上书，第87页。

三认为，他基于逻辑系统的步步审识与反省，至“知性主体”之安立，于逻辑系统而言，可谓是复大常而识定然。一方面，扭转了逻辑中的经验主义，因为一个表达纯理的形式系统自始至终都是纯理之展现，根本与外界存在与经验无关，故逻辑系统是一自足而独立的体系；另一方面，扭转了逻辑中的约定主义，因为“知性主体”的安立不仅确保了逻辑系统内在的形式的必然性，而且也确保了逻辑系统外的超越的必然性。故对逻辑及其系统之认识，既不能是经验主义，也不能是形式的约定主义，而必至先验主义才能识其自性。这样，逻辑系统既是构造的，也是轨约的。所谓“轨约”即是构造必遵守一超越原则而奠定其先验基础，由此构造既不是随意的，也不是独断的，而是批判的（康德意义上的）。而一般人只知逻辑及其系统只是构造的，不知其亦是轨约的，是此则岂能尽逻辑及其系统之本性。

再看逻辑常项之起源。

逻辑系统之本体是“超越的逻辑我”。这样的“我”，则一方面，它不是心理学意义的“我”，故不能以感触直觉及之；另一方面，它复不是道德天心的绝对“我”，故不能以智的直觉以及之。这个“超越的逻辑我”，其功能是“超越的统觉”，即，此“我”自发地以其先验的知性概念（范畴）去“思”，故只可以“形式的直觉”以及之。这样，逻辑就是“超越的逻辑我”这个先验主体的“思”，逻辑系统就是表现这个“思”的，而知性范畴即形成逻辑系统的常项。基于这种认识，牟宗三认为，逻辑只有一个，而逻辑系统可多但原则上不可无限多。在他看来，逻辑系统不外有四：一、传统逻辑；二、逻辑代数；三、罗素的真值函蕴（“函蕴”现在一般都写成“蕴涵”）系统；四、路易士的严格函蕴系统。何以逻辑系统在原则上不能无限多？因为形成逻辑系统之基本概念是有限有定的。牟宗三依康德的思路，认为“超越的逻辑我”或“知性主体”所自发的范畴不外量、质、关系和程态四类，计有：

量方面的：一切、所有、有些。

质方面的：肯定、否定。

关系方面的：如果……则、或、与（而且）。

程态方面的：真、假、可能、不可能、必然。

这些知性范畴在逻辑系统中称为逻辑常项或逻辑字，是形成逻辑系统的骨干，逻辑系统不外以此而组成。既如此，则对于逻辑系统而言，“此

是一个先验的限制，原则上的限制"。① 这些逻辑常项是理性展现其自己
所依的虚架子。

那么，知性主体如何理性地（先验地）展现其自己呢？牟宗三首先
肯定了"肯定与否定之对偶性"为理性呈用之先验原则。他说：

> 理性不是一个混沌，乃是一个秩序，一个剖判，它根本要展现其
> 自己。肯定否定之两向即是它自己展现之所示。此两向之展现完全是
> 先验的，纯粹无杂的，无任何限制，无任何条件。要说限制，即是此
> 两向本身所成之限制。②

依牟宗三，理性的功能就是"思"，而"思"的基本范型为"肯定—
否定"之二用，此为理性自己之二用，无关于外部世界的事实与存在。
除此两向自身的限制外，无任何限制，此即示此两向相互排斥且穷尽。用
符号式表示即是：
$$（+）+（-）= 1，-（-）=（+）$$
其中，+ 表示肯定，- 表示否定。故前一式表示，"肯定"与"否定"
全尽了理性之用，后一式表示，或为肯定或为否定，且互为反向。这样，
思想三律即同一律、矛盾律与排中律均可依此而开出。

或为肯定或为否定，并无第三者或居间者存在，此即是排中律：
$$（+）V（-）$$
排中律是就两者而言，若就每一向言，则必自肯而不舍自性，即自己
含自己，是为同一律：
$$（+）=（+），（-）=（-）$$
其自己含自己，即表示任一向自身不能"既是其自己又不是其自
己"，此即为矛盾律：
$$（+）·-（+）= 0，（-）·-（-）= 0$$
理性之承体起用，显"肯定"与"否定"之二用，必蕴涵此思想三
律，故思想三律亦为理性上之必然而定然者。此思想三律即逻辑系统之轨
约原则，即逻辑系统所表示者。当然，理性不只是直接的"肯定"与

① 牟宗三：《认识心之批判》上，第155页。
② 同上书，第171页。

"否定"之二用，尚有间接的推理，以此全尽理性之用。由此，理性在思想三律的基础上，可彰显全部的逻辑常项。

（一）"肯定"与"否定"。已如上说。

（二）"如果……则"。推理根本是根据与结论间的过转。要示现这个过转，就必须示现"如果……则"，不管"如果"的是什么，"则"的是什么，亦不管有没有什么。这是理性的尽其在我之事，乃纯形式而无内容。故"如果……则"只由内显，不由外与。

（三）"凡"与"有"。推理是要表现"理"，故不可一个一个地说，若如此，则只有"事"（这里的"事"字只是借用，因为推理无特定内容），而无"理"。故理性在"如果……则"和"肯定"与"否定"所领导的推理表现中，须示现"凡"与"有"这对虚架子。故"凡"与"有"亦只由内显，不由外与。

牟宗三认为，以上三类概念是理性自己之承体起用所示现的概念，可称为第一序之虚概念。但尚可有第二序之概念，即：真、假、可能真、可能假、不可能、必然，此是估量命题之值的程态概念。而所有逻辑上的命题并无知识上的意义，故这六个程态概念皆可超越地以"理性自己之示现"而明之。

（四）"真"与"假"。理性之二用，即肯定与否定两向之单纯地外在化而为命题之值。在推理，命题之真假并没有知识上的意义，而所谓命题的真假只是表示前提是否必然涵着结论。若作肯定的表示，则命题为真；若作否定的表示，则命题为假。故"真"与"假"根本由理性之二用而示现。

（五）"可能"与"不可能"。此两概念皆依矛盾律。凡不矛盾的，自身一致的，便是可能的；反之，若矛盾而自身不一致，便不可能。如：P可能，表示P自身一致。若P不可能，则表示P自身不一致。可见，"可能"与"不可能"是理性依矛盾律而示现。

（六）"必然"。"必然"意味着"假"逻辑地不可思议。若P必然，等于假P自身不一致，故假P不可能，是以P必然。由此，"必然"也是理性依矛盾律而示现。

此外，还有：

（七）"或"与"而且"。这是由理性起用中展示思想律所说的特性而表现。如：~（p. ~P），P而非P是假的，这里非用"而且"不可，此为矛盾律。P∨～P，或 P 或非 P，这里非用"或"不可，此为排中律。

至此，"构造逻辑系统之基本概念（所谓逻辑字）到此已大体展转用尽。如果所构造之成文系统真是逻辑，尤其真是逻辑自己，则总不能外乎此等基本概念以造句法，而且除此等基本概念外，亦不能再有其他，或说亦不能再有其他更可使用或更有作用之基本概念"。[①] 此即是说，若就纯形式的逻辑系统内在地看，似乎这些逻辑常项是约定的，故没有限定。而超越地看，这些逻辑常项皆由理性示现而尽其用，故有限有定。由此，由逻辑常项所构造之逻辑系统亦有限有定，绝非随意散漫之约定也。

明乎逻辑之"体"与"逻辑常项"之理性上的起源，则逻辑不可是多而必是一，而逻辑系统虽可多而不可无限多，迨及逻辑常项用尽，逻辑系统之构造即止。依牟宗三的理解，实只是以上所列的四系统，对于这四个系统，"谓之为不同的系统可，谓之为一个大系统之发展亦无不可，谓之为发展至路易士之严格函蕴系统而尽亦无不可"。[②] 例如，逻辑代数就是由传统逻辑而来的一根的发展，并不是另造系统。传统逻辑以 A、E、I、O 四种命题来表示，但在逻辑代数则作了纯符号化的转换，在这里，这四种命题分别如下：

$$A：a（-b）=0$$
$$E：\qquad ab=0$$
$$I：\qquad ab\neq0$$
$$O：a（-b）\neq0$$

传统逻辑中的 A 命题：凡 S 是 P，即意味着：S 与非 P（-P）的逻辑积为 0，用逻辑代数表示即为：a（-b）= 0。其余的 E、I、O 依此类推。这样，逻辑代数使传统逻辑进一步形式化，把散列的命题变成了项间的演算。再如，逻辑代数发展至真值函蕴则彰显了逻辑是前提到结论的过转这种"如果……则"的形式。其实，传统逻辑和逻辑代数中均有函蕴，"凡 S 是 P"即意味着：S 含在 P 中，以逻辑代数记为：a⊂b。但这里的函蕴是在两项之间，推理之特性不显，到真值系统中，函蕴已为假然命题中两子命题之间的关系，形式为：如 P，则 Q，这就凸显理性的"如果……则"之推理架子。同理，因真值函蕴系统只有 P. ≡. P = 1 和 ～

① 牟宗三：《认识心之批判》上，第 158 页。

② 同上书，第 159 页。

P. ≡. P = 0 两个界限，这是一个只能判定"真"与"假"的二值系统，从而隐匿了"必然"、"可能"、"不可能"与"真"、"假"的分别，而严格函蕴系统正是使这种分别成为可能。所以，至严格函蕴系统的出现——牟宗三认为——"有许多逻辑真理，逻辑意义，可以确定地厘然划清。而更能反身地回归于推理之自己以明逻辑之为'逻辑自己'。"[1]

通过对逻辑及其系统之"体"及"逻辑常项"作了理性上的解析以后，牟宗三认为："逻辑之绝对性与先天性乃至其理性上之必然性与定然性俱得而证明。如是，则逻辑唯是'纯理自己'，而每一成文系统则是表现此'纯理自己'。"[2]这样，逻辑不过是知性主体的理则，此理则依知性主体起用的虚架子（逻辑常项）所成之成文系统而显示出来。故云逻辑为知性主体之机能，逻辑系统为此机能之所成。逻辑为精神历程中客观精神之展示，此为定然而无疑者。知性主体之机能只是"思"，此为内在自足而不必及于外者，乃至世界之存在与否亦与逻辑不相干，此所谓逻辑乃纯形式科学也。

三　理性之步位符与数学

在牟宗三的精神哲学中，知性主体为逻辑的形上主体，其纯理及其发用即为逻辑与其系统。同样，知性主体亦为数学（包括几何）的形上主体，其纯理之步位及其运筹即为数与数学命题。在牟宗三看来，只有把数学基于知性主体之纯理，才能真正做到归数学于逻辑，而不是基于外在的"类"的构造，故牟宗三的此步工作是对罗素的数学哲学之扭转。因此，要了解牟宗三之数学哲学及其意义，必须先了解罗素的数学哲学。而罗素的数学哲学又是对皮亚诺的数学理论的扭转。皮亚诺的数学理论是基于这样的一种观点："所有传统的纯粹数学，包括解析几何，可以全被看作是关于自然数的命题所组成。也就是说，其中的概念可以用自然数来定义，其中的命题可以从自然数的性质推演得出。"[3]而整个自然数的理论，除了加上一些纯逻辑的概念与命题以外，皮亚诺从三个基本概念与五个基本

---

① 牟宗三：《认识心之批判》上，第 158 页。

② 同上书，第 183 页。

③ Bertrand Russell , *Introduction to Mathematical Philosophy* , London：George Allen & Unwin , Ltd. , 1919；2nd ed , 1920, p. 4.

命题就能够演绎出来。三个基本概念是：

　　0，数，后继。

　　五个基本命题是：

　　（1）0 是一个数。

　　（2）任何数的后继是一个数。

　　（3）没有两个数有相同的后继。

　　（4）0 不是任何数的后继。

　　（5）任何性质，如果 0 有此性质；又如果任何一数有此性质，它的后继必定也有此性质；那么所有的数都有此性质。①

　　依据上述的三个概念与五个命题，如果定义得当，如 1 为 0 的后继，2 为 1 的后继，持续下去，确实可以得到自然数序列中的任何一个数。但罗素认为，皮亚诺的理论并没有它看起来的那样有效，它的三个基本概念可以容许无数不同的解释，而所有这些解释都能满足那五个基本命题。例如，令"0"指 100，而"数"指自然数串中 100 以上的数。依这种解释，所有我们的基本命题，即使是第四个，都可以满足。因为 100 以前的 99，在这里已不是数，故 100 不是任何数的后继。② 由此，在皮亚诺的系统中，三个基本概念的这些不同解释是无法加以区别的。基于此，罗素说："'0'、'数'与'后继'不能用皮亚诺的五个公理去定义，而必须被单独地了解，此点非常重要。"因为"我们需要我们的数不仅适合数学公式，并且能在适当的路数中应用于普通的事物。一个——在其中'1'指 100，'2'指 101，如此类推——的系统，可能完全适合于纯粹数学，但不能适合日常生活。我们需要'0''数'与'后继'所具有的意义，能给我们的手指、眼睛，鼻子以适当的定量（allowance）"③。依罗素之意，

---

　　①　*Introduction to Mathematical Philosophy*，pp.5—6. 以上五个公理，罗素在其 1903 年的著作《数学的原则》的陈述中略有不同，并且，三个概念中"数"这个概念他用的是 finite intger，而不是《数理哲学导论》中的 number，这进一步证实了罗素认为皮亚诺的理论只适合于数的有限论。详见 Bertrand Russell, *The Principle of Mathematics*, Cambridge：at the University Press, 1903, p.125.

　　②　罗素对皮亚诺数学理论的批评还包括下列例子：如果使"0"具有通常的意义，而令"数"指我们通常所谓的"偶数"，并且令一数的"后继"指由这数加 2 所得的数。这样，"数"串就成为了：0，2，4，6，8，……再如，令"0"指数 1，所谓"后继"指的就是一个数的"一半"。这样，"数"串就成为了：1，1/2，1/4，1/8，1/16，……显然，上述两种情况，皮亚诺的五个基本命题皆能满足。详见 *Introduction to Mathematical Philosophy*，p.7.

　　③　*Introduction to Mathematical Philosophy*，p.9.

皮亚诺的这种形式主义的逻辑构造，虽然使数具有了某种形式的性质，但却没有确定的意义。这在他看来，就像一个钟表匠，只顾欣赏他所做的钟表之华美，而忘记了钟表乃在于告诉我们以时间。为了扭转皮亚诺数学理论纯形式主义的弊端，而使数学与日常生活相适合，罗素则走上了以"类"的逻辑构造来定义数学的理路。类——在罗素那里——是"不完全的符号"（incomplete symbol）。所谓"不完全符号"就是"仅仅是方便，并不代表称作'类'的对象，而且事实上像摹状词一样是逻辑的虚构"。①类虽是一种逻辑的虚构，但又确乎不是一个概念，它有分子在其中。罗素区分了"类概念"（class-concept）与"类"的概念（the concept of a class）之不同。他认为，man 是一个"类概念"，在其通常的用法中，不意味任何东西。然而，men 是"类"的概念，它意味着所有的"人"组成的类。②但纯粹逻辑可以不必先从"类"入，而是从命题函项入。所谓命题函项就是一个表达式，它包含了一个或多个未定的成分，当我们将一值赋予这些成分时，这个表达式就变成了具有一函值的命题。③所有这些命题函值即可成一序列。但罗素认为，仅有命题函项之值尚不够，因为某个函值可能根本不存在（意即现实中根本没有与其对应者在，即不能与日常生活相适合）。基于此，罗素提出了"还原公理"（axiom of reducibity）。所谓还原公理是指："有一个 a 函项的类型（譬如说 τ），使得给定任何 a 函项，有属于所说类型的某个函项与它形式等价。"④简单地说，一命题函项的任一给定函值，都有一外在的类与其对应。"类"由此即被引入进来，之所以需要有外在之类的假定，罗素以为，"主要是类作为一个技术上的手段可以导致这个结果的一个假定具体化"。⑤实际上，罗素的还原公理就是假定外在的类的存在而避免命题函项无所指陈的可能，以确保数学及其命题与实际生活相符合。还原公理复含无穷公理（axiom of

---

① The Principle of Mathematics，p. 182.

② Ibid，p. 67.

③ 罗素认为，命题与命题函项不同。如，"二加二得四"和"苏格拉底是人"是命题，乃至"无论 a，b 是什么数，$(a + b)^2 = a^2 + 2ab + b^2$"这个语句也是一个命题。但仅仅是这样一个式子："$(a + b)^2 = a^2 + 2ab + b^2$"就不是一个命题，而是一个命题函项。详见 Introduction to Mathematical Philosophy，p. 155.

④ Introduction to Mathematical Philosophy，p. 191.

⑤ Ibid. .

infinity）及乘法公理（multiplicative axiom），这两个公理俱对无穷类所设施，因为若类为有穷类，则命题函项可能亦无所指陈而为空类。无穷公理是指：如 n 为一个归纳基数，则 n+1 存在且 n 不等于 n+1。设若 n 为 9 个个体的有穷类，0~9 为归纳基数，但 9+1 即 10 却是空类，同样 10+1 即 11 亦是空类。如是，10 和它以后所有的归纳基数全相等。可见，若没有无穷公理，则一个数的后继不但可能不存在，而且所有数的后继亦可能全相等，因均为空类。乘法公理是指：对于任一选择子，在一给定类中，均有选择类存在。所谓"选择子"（selector）就是一关系 R 从类 λ 中选取一分子作为该类的代表，则 R 为类 λ 的选择子，故乘法公理亦称选取公理。乘法公理亦是对无穷类而言的，因为对于一给定有穷类，一选择子是否有其选择类存在是可知而易决定的，而对于无穷类则不可知而不易决定，故须有此一公理。有了这三个公理，罗素试图对类施以逻辑构造，进而对皮亚诺的三个基本概念与五个基本命题予以重新定义。

对于"数"："一个数（一般的）是一个集合，在其中任一分子所有的项数即是这个数；或者，更简单地：数就是某一个类的数。"①

这样，对于"0"："0 是以空类为唯一分子的类。"②

对于"后继"："类 a 所有项数的后继就是 a 与任何不属于 a 的项 x 一起所构成的类的项数。"③

罗素以为，由此就把皮亚诺的三个基本概念全归约到逻辑上来，并且这些定义使它们意义确定，不再像皮亚诺的理论那样容许无穷个不同的解释。同时，"数"、"0"和"后继"的这种定义，依然可以满足皮亚诺的五个基本命题，且因为有三个公理的保住亦不会出现皮亚诺系统中的问题。例如：对于皮亚诺的第三个命题："没有两个数有相同的后继。"只有在无穷公理的保证之下才绝对真，不然，就可能假。同样，第五个命题："任何性质，如果 0 有此性质；又如果任何一数有此性质，它的后继必定也有此性质；那么所有的数都有此性质。"也只有在乘法公理的保证之下才恒真，否则即可能假。因是之故，罗素得出结论："所有纯粹数学，既然能从自然数的理论演绎出来，就不过是逻辑的延伸。"④ 依据类

---

① *Introduction to Mathematical Philosophy*，p. 19.

② Ibid，p. 23.

③ Ibid..

④ Ibid，p. 25.

似的逻辑构造,罗素分别定义了正数、负数、分数、实数和复数,同时还定义了序、连续、极限等数学概念。这样,归数学于逻辑最终得以完成。由此,罗素颇为自信地说:"从普遍承认属于逻辑的前提出发,通过演绎达到显然属于数学的结果,我们发现没有一个点可以划出一条明确的界线,使逻辑居左而数学居右。如果还有人不承认逻辑与数学的等同性,我们将向他们发难,请他们指出在《数学原理》的一串定义和推演中哪一点他们认为是逻辑的终点,数学的起点。很明显,任何回答都将是十分武断的。"①

应该说,在罗素的系统中,对数学的逻辑构造是有其必然性的。但关键是,逻辑在罗素那里是施以适当的手术而成的具有普遍形式意义的逻辑句法,这使得数学在他那里也是构造的(例如,他就认为基数与实数是"构造法"最显著的一例)。但既是构造的,则可如此构造亦可如彼构造,其不同至多只是系统的完善性的不同(如,罗素的系统就较皮亚诺的系统完善),没有本质的不同,即数学自身的必然性与定然性不能由此种构造而出。更何况在罗素的系统中,还有三个实为假设的公理。譬如无穷公理,罗素就认为,这个世界中是否有无穷集合,我们不得而知,而且我们也没有一个断然有力的逻辑理由相信这个公理是真的。然而如果我们反对无穷集合,却也没有确实的逻辑根据。因此,我们肯定世界上有无穷集合的假设,在逻辑上并无不合理之处。② 显然,这里的公理就是假设。那么,为什么需要这种假设呢?为构造系统方便故。"依据我们的需要而'公设'的方法有许多方便,就像盗窃的别人的诚实辛劳所得那样便利一样。"③ 这里可以看出,数学在他的系统中的非必然性与假然性。但数学作为一种客观必然的知识,不能依靠假设,更不是方便与否的问题,甚至也不是系统是否完善的问题,而是其先验必然性如何可能的问题。可见,罗素之自信数学已归于逻辑,而由此即可求得数学之精确,实未必其然。牟宗三的批评即由此而开始。他说:

　　自吾观之,其所谓逻辑说不过逻辑之陈述耳。其于类也,无论其

---

① Introduction to Mathematical Philosophy, pp. 194—195.

② Ibid, p. 77.

③ Ibid, p. 71.

所涉及之外面之存在为如何，而所谓逻辑说则不过由逻辑陈述之普遍命题以入耳。即逻辑地论之也。……然称此即为归数学于逻辑，则欺人之谈也。逻辑之陈述非逻辑也。……天下之可以为逻辑陈述者多矣。归于逻辑之逻辑，只能为名词，不能为状词。此名词之逻辑方是数学之基础。如为状词，则数学决不在逻辑，而在其所状者。如吾人言"美的花"，此非是言"美"也，乃言"花"也。如一物之可以归于美，只能归于美之自身，而不能归于美的花。如归于美的花，则虽有美以限之，吾人亦说归于花，而不说归于美。如言数学归于逻辑，则必归于逻辑自身，而不能归于逻辑所状之他物。如归于逻辑自身，则言数学之基础在逻辑。如归于逻辑陈述所表之类，则数学之基础不在逻辑而在"类"。[1]

以上所述，罗素自诩归数学于逻辑，实则是归数学于逻辑地状之之"类"（即他所说的"构造"）。故牟宗三认为，罗素只是归数学于他的逻辑原子论之信仰，因而三公理于其系统为必要。但须知，在罗素那里，公理的选择并无必然的理由。所谓无必然之理由是指：公理选取之条件只在避免一既成系统内部之矛盾，此虽足以决定内部之每一推演之必然，但不能决定全套系统为必然。也就是说，只有系统内部的形式的必然性，而无系统外部的实质的必然性。系统外部的实质的必然性在罗素那里全依赖假设。在牟宗三看来，这是罗素的数学哲学最大的问题。其系统之内部虽环环相扣、灿若星辰，而其系统外部之支撑点却只是假设。假设虽无足够之理由否定之，然亦决无足够之理由肯定之（此亦为罗素自己所承认），故整个数学只为不能得其定然之人工戏法。罗素曾不满于数学之形式主义者希尔伯特只以不矛盾之标准来选择其系统中的公理而不必有"类"的涉及。这样，希尔伯特系统中的公理除了不引致系统自身的矛盾这条限制以外，并无一定的范围足以限制之。而我们之所以对数学公理之限制特别感兴趣，其理由并不在数学系统内部而是在其外。[2] 依罗素之意，他之所以引入"类"，乃希望给整个数学系统以外在的限制，以使数学有实际之用

---

①　牟宗三：《认识心之批判》上，第244—245页。

②　见 Bertrand Russell, *The Principle of Mathematics*, George Allen & Unwin, Ltd., 1903；2nd ed., 1937. 导言。

处。即他引入"类"就是希望给整个数学系统以外在的安立，而不至于使其仅成为一炫人眼目的虚无流。但"类"——如他所言——只是逻辑的虚构，实则如一公理然，可谓之"类"之存在公理。这样，罗素亦并未限制住或安立住整个数学系统。而所谓"限制住"或"安立住"就是找到整个数学系统之支撑点以见出其外在的必然性与定然性。但在罗素的系统中并未做到。因为数学作为一种先验必然的知识，其外在支撑点（实则是其超越之体）不能被人工地构造出，而只能先验批判地揭示出。难怪有人责难罗素等人曰："逻辑派设计的形式化，在任何真正的意义上都显然没有表现数学，它给我们显示外壳而不是内核。"①

尽管如此，牟宗三依然认为罗素对形式主义者之数学论的批评有价值，即形式主义者在在只是系统内部之推演构造，而不去寻找整个系统之安立点。实则整个数学系统确实需要找一个安立点。而罗素欲从"类"上安立，但却未安立住。因为罗素的思路是从数学之"用"上想而不是数学之超越之"体"上想。罗素的安立实际上是看数学是否有现实的用处，而不是奠定其先验必然性。但若从"用"上想，正如有研究者指出的那样，一个宇宙在其中事物只在"三"中被排列是很可思议的，由此则"2"或"两"即无意义。这样当然安立不住数学。在牟宗三看来，数学作为一种先天必然的知识，应用与否并不是其本质属性，即实用于外并不能增加其必然性，不实用于外亦不能减损其必然性。形式主义者不牵涉到数学之"用"而论数学，自使数学干净而自足，其病唯在未顾及其系统之支撑点即"体"而已。故数学的必然性须从其先验之"体"上看而不可从"用"上看。那么，数学之先验之体在哪里呢？这是理解牟宗三的数学哲学之关键所在。

牟宗三认为，数学作为先验必然的知识，是知性主体的机能，故不可定义而只能被展示。因此，"全部数学只是一'展示'"。② 这样，数学的先验之体就是人的知性主体，其体发用之一机能即成数学。在牟宗三看来，知性主体之基本机能乃是纯理之发用而展现纯理自己，而纯理展现自己有其固有之步位相，这就是肯定与否定的对偶性，以符式表示之，

① 莫里斯·克莱因：《古今数学思想》第4册，邓东皋等译，上海科学技术出版社2002年版，第307页。

② 牟宗三：《认识心之批判》上，第191页。

即为：

(1) 1 - : a = a

(2) 1 - : — (a) = —a

"纯理展现其自己既必有对偶性，则顺此对偶性展衍下去，即可无止地展衍下去，因此，而有一无限前进的步位序列。"① 这无限前进的步位序列就是数串系。牟宗三以纯理之对偶性原则无止地展衍下去之步位而形成"数"之观点，可能有类于布劳威尔的二·一原则。在布氏那里，二·一原则中之一元素可被认为是一个新的二·一原则，由此无限地反复下去而产生序数。② 在牟宗三那里，肯定（1 - : a = a）为"一"，否定（1 - : — (a) = —a）为"二"，此形成一个二·一原则。而肯定前一个否定，即为 1 - : —a = —a，再否定，即为：1 - : — (—a) = a，此为一个新的二·一原则。类此以往，其步位无限地申展下去。以是之故，牟宗三得出其数学哲学之原则性命题和先天原理："数是不可符之纯理申展之步位之符号。"③ 此即是说，纯理申展之步位赖"数"以标志之，每一步位对应一"数"。既如此，则示"数"为"有"（步位），此中"有"取纯形式义。依据这个"数"之先天原理，牟宗三得出了以下关于数论的基本命题：④

1. 数：

1.1. "1"是不可符之元始步位之外在而为可符者。

1.2. "2"是不可符之次于元始步位而亦兼摄元始步位于自身之步位之外在化而为可符者。其他"数"依此而定。

2. 基数与序数：

2.1. 基数是步位符之自自相，是自立之综体。

2.2. 序数是步位符之自他相，是依他之单体。⑤

3. 正数与负数：

---

① 牟宗三：《现象与物自身》，第186页。

② L. E. J. Brouwer, "Intuitionism and Formalism", *in Philosophy of Mathematics*, selected Readings, p.69.

③ 牟宗三：《认识心之批判》上，第191页。

④ 以下基本命题俱见《认识心之批判》上，第184—213页。这里只取其荦荦大者。

⑤ "自自"与"自他"相对，所谓"自他"即是在"关系"中，而"自自"则否。综体兼摄前一步位，单体不兼摄前一步位。如，序数2不兼摄序数1之步位于自身。其余依此类推。

3.1. 正数是以"0"为准之前进步位符。

3.2. 负数是以"0"为准之后退步位符。

4. 序与连续:

4.1. 纯理开展之步位序是连续者。序中见连续,连续中亦见序。步位序外在化而为数之序,步位序之连续外在化而为数之连续。

4.2. 数学中之序只是不可符之纯理步位序之外在化。故只是此序。非附着于外物之序,亦不是自外物而见此序或明此序,故不能由外物之关系以定之。

4.3. 连续非物之连续,非时间之连续,非几何线之连续。此等连续皆有所附隶,皆为连续体之连续,是外面者。今言数学中之连续,不由此等附隶于外事之连续明。

以上牟宗三对"序"与"连续"的定义,显然是对罗素之定义的批评。在牟宗三看来,纯理步位之展开而成数串,"序"与"连续"即在数串中见,这是先验而必然的事实,只可直觉而不可构造。但在罗素那里,"序"与"连续"却都是构造的。在罗素看来,"序"不由"类"之"项"而见,而由"项"之间的关系而见,关系有几重则"序"必有几重。依罗素,一关系必须有以下三种性质方可产生"序":非对称的(asymetrical)、传递的(transitive)和连通的(connected)。① 应该说,罗素对"序"之性质的解析是有见地的,但这之可云就既成之"序"施以逻辑的解析,而不可云以"类"构造"序"。以"类"构"序"只在物理知识序列中有意义,在纯粹数学序列中无意义,因数学为纯理步位之先验展开,为定然之事实,非构造而成者。直觉此定然之事实再施以逻辑的解析可,然不可云构造。但以"类"明数学,以构造定"序",则是混知识序列与数学序列而为一,是外而非内,故数学之序的先验性不可得而见。关于"连续",罗素认为,"连续"仅适用于序列,若一序列在任何给定的两项之间总有一项存在,则称此序列为"连续"。任何不是序列,或不是由序列所组成,或是序列而又不具备上述条件的,皆是不连续的。依是,有理数序列是连续的,因为在任何两个有理数之间总有第三个有理数存在,但字母表中的字母却是不连续的。② 因为在 a—c 之间虽有 b,但

---

① *Introduction to Mathematical Philosophy*, pp. 30—31.

② *The Principle of Mathematics*, p. 193.

在 a—b 之间却无项存在。这里不是要去究竟罗素对"连续"的逻辑定义是否正确，而是指出：罗素所言的"连续"是可落实而平铺下来的。若对于不能落实而平铺下来的无穷序列是否在任何两项之间总有一项存在我们是不知道的。但无穷序列在罗素的系统中因为有三公理的保证，不但可以落实而平铺下来，亦可适用于其"连续"。然而，可否落实而平铺下来，正是罗素与牟宗三关于连续之不同理解。在牟宗三看来，"连续"由纯理展开的无底止而显示，此无底止之连续乃放不下者，即不能放下而平铺为一体，非平铺之连续之须自展开之前进历程而见之，此"连续"亦只可直觉不可构造。但罗素之能放下而平铺之"连续"乃连续体之"连续"，自可构造亦可分解。从牟宗三关于"序"与"连续"的定义中可以看出，他试图把纯粹数学从外在的"类"的构造中拉回到纯粹理性的机能中的基本思想。在牟宗三看来，罗素的这些定义皆歧出而滑落到知识世界中去了，这与纯粹数学的先验性是不相容的。

5. "0"与无穷：

5.1.1. "0"是步位之抵消，亦即一步位之肯定又否定之。此是"非有"。

5.1.2. "0"非数，"0"为坐标。

5.1.3. "0"是一极。其他一极为"无穷"。两者皆非数。

5.2.1. 数学中之无穷非是指示世界或其中之物项之"广度无穷"。故无穷非是一放下而平铺之弥漫体。即无穷表示一前程，不表示一综体。

5.2.2. 表示综体之无穷为名词，此无穷为积极意义之无穷，然吾人对之并无清晰之概念，吾人之理性亦不能把握之。数学中并不须此无穷，而数学亦不能过问此无穷。此无穷非是数学中之概念，乃知识上或元学上之概念。

5.2.3. 表示前程之无穷是状词：言此前程是无穷者。此为消极意义之无穷。吾人对之能有清晰之概念，吾人之理性亦能把握之。其故即在此前程是无穷者，而此无穷之前程即为理性展开之无穷。

5.2.4. 此前程之无穷不能完整而平铺之，乃为放不下者。故此为无穷只服从轨约原则，不服从构造原则。吾人亦不能由之而渡至积极意义之无穷。积极意义之无穷，则为服从构造原则者。

关于"无穷"，牟宗三显然认同的是数学中的"潜无穷"而不是"实无穷"。但在罗素那里，他是承认"实无穷"的。罗素认为，我们必须承认有真实的无穷集合，不然，"宇宙"这个词将意味着完全的空无。[1] 但牟宗三认为，知性主体只在有限范围内有效，故这样的"实无穷"知性主体实不能把握之，亦即实不能构造之。所谓"潜无穷"实是指：依一原则或原理而约束变项而成。在牟宗三那里，指纯理步位无底止之伸展成"数"而为无穷。这样的无穷，牟宗三谓对之可有清晰之观念，乃谓对此原则与原理理性可把握之，非谓对原则无底止之伸展历程可施以直觉之构造也。不可构造表示"无穷"不能被完整地引出，故不能放下而平铺。亦表示"无穷"具不可返性。就具体之物理量言，如一尺或一寸，皆可作无穷辟分，然不可谓一尺之无穷辟分大于一寸之无穷辟分，实则只是无穷辟分，无所谓一尺之无穷辟分或一寸之无穷辟分。复次，亦不可谓积此无穷辟分可为一尺，积彼无穷辟分可为一寸，此决非董理之论。故"无穷"具不可返性。此示"无穷"非"量"亦非"数"，只是一无底止之历程，服从轨约原则而不服从构造原则。此种"无穷"在先验数学中有意义，而在知识中无意义。

以上这些纯粹数学中的概念，皆可以在"数是不可符之纯理申展之步位之符号"这一先验原则之下得到展示。牟宗三认为，这是真正的归数学于逻辑。这里的逻辑是指：逻辑所系属之先验主体，非是指就既成的数学施以逻辑的解析，使数学逻辑化。此后者则为罗素的思路，是形式的、约定的，故有公理，见系统之精深与繁富。[2] 前者则为牟宗三的思路，是先验的、批判的，见主体之简易与精纯。在牟宗三那里，全部数学皆系属于知性主体，在纯理展开之不竭渊流中予以展示。借系统以明此展示可，若云系统自身即是数学则大悖。因数学是人类这种理性存在者先天之机能，人类只是如此这般之理性，故亦只是作如此这般之展示，此为定然不可移者。若不知此数学之先验主体，徒以形式系统之构造自身明数

---

① *The Principle of Mathematics*, p. 144.

② 牟宗三即批评罗素以"类"构"数"，是抽象之抽象。如：四本书、四棵树、四个人等由一步抽象而为"四项类"，再由所有四项类进一步抽象而为"四"，但此时"数"之观念已先在。当然，罗素并不承认，他认为，"数就是某一个类的数"，好像字面上是循环论证，其实不然，因为定义一给定类的数并没有用一般意义的"数"，正如"父亲类"必须从定义"父亲"开始一样。见 *Introduction to Mathematical Philosophy*, p. 19. 实际上，罗素的此种辩解显然很牵强，因为"父亲类"固然须从定义"父亲"开始，但"父亲类"所关涉的是"类"，而"父亲"的定义所关涉的是"父亲"，二者并不成循环。但在"数就是某一个类的数"中，主词与宾词所关涉的都是"数"，故成循环。

学，而谓此则可以与现实相符，适不知，此则正使数学成无主之游魂，必然性定不能见。

每一数是一纯理之步位，但此步位须外在化始可成一数，而步位外在化而成一数乃在直觉中始可能。故牟宗三认为，纯理是数学的客观基础，是实位，而直觉则是数学之主观基础，是虚位。所谓直觉就是构造，即切就纯理步位而"印可"之使其成一数。此直觉乃形式直觉，故构造乃先验构造，非借外物（如"类"）而构造之。[①] 依此，牟宗三以为，数学之运算系统（即数学关系式或数学命题）既是分解者，又是综合者。所谓分解，就是指：数之加、减、陈、除等各种运算关系皆为纯理则辗转反复，无有他出。牟宗三说：

> 说数学命题是分解者，当自其为一推演系统自身而言之，而此推演系统中之每步即每一命题，又非有经验内容于其中，故即为综和亦非对外之综和。如此而观其为一客观大流之推演系统，无法说其不是分解者。然如是而观之，则必使数学有一妥当不移之客观基础，而且使之即回向而落实于此客观之基础而后可。即必使数学真归于逻辑或纯理而后可。[②]

在牟宗三看来，言数学命题为分解固可，但必须奠定其客观先验基础后而可言分解，是此则分解不成飘荡之游魂。但言数学为分解者实未到此境地。他们之言分解只不过依矛盾原则，视矛盾原则为一衡量或考验之标准与方法，而整个系统何以能有如此之推演实未接触到，所以，这"只是对于一挂在空处之奇迹（数学）加以讴歌赞叹而已"，逻辑之矛盾律成虚位，"而何以能有如是奇迹之数学之基本原则直未接触到"。[③] 康德即由此而出讲数学之先天直觉综和，实则欲使数学落实而成定然，此即是他所说的数学的知识是因概念的先验构造（直觉）而来的知识，故是必然的知识。康德由此而斥言分解者只得数学知识之表面，实未至其底蕴而成真实之可能。如：$7 + 5 = 12$ 一命题，我们无论怎样分析"7 与 5 之和"的

---

① 牟宗三：《认识心之批判》上，第 196—199 页。
② 同上书，第 248 页。
③ 同上书，第 249 页。

概念亦得不出 12 来，而唯表象于直觉之综和中始可能。但牟宗三认为，康德的直觉综和只是一"用"，他并未透至数学命题得以成立之客观基础处，即康德未得数学之"体"，故在康德那里并没有足以代表"理之必然"一成分，而此一成分在数学中为不可少。在牟宗三看来，数学之先验之"体"既已得，则整个数学系统皆为此一"体"辗转呈现，是此则必有分解，而康德所言之直觉综和只就其中一展现施以直觉之构造，虽必要，但不足以明整个数学。若须明整个数学，综和固必要，而分解亦断乎不可少，且须以分解为"经"，综和只可为"纬"。然这里分解非是数学之分解论者所言之分解，必使逻辑归于"体"上始可言分解。牟宗三说：

> 康德所以至直觉综和说以及其所驳斥之"主分解者"所以不能至数学之底蕴，其关键全在逻辑即纯理之未落实。逻辑未落实，数学之逻辑说即不能成立，数学之为分解，依康德即为表面者，依主分解者即为讴歌赞叹。矛盾原则固可游魂于外以为考验或衡量既成数学命题之标准。然若逻辑已落实，纯理为实位，则思想三律即为纯理开展之自己昭示。①

由是观之，康德排斥分解而代之以直觉综和，于数学固未奠定其客观基础。即雅言分解之分解论者，实未明分解之何所是。分解若无先验之"体"之提挈，则成飘荡不定之游魂，分解而成之命题虽富丽堂皇，但因不能知这些命题之客观基础之所在，则这些无底止的分解只是一美丽的虚无流。故讲分解不能一往是分解，分解亦必须讲综和，整个分解流必是一先验主体的谓词，此分解流与先验主体不再是分解关系而是综和关系。讲分解必至此境方能算究竟而有归宿。但数学之分解论者不能至此，他们之矛盾律只在"用"上讲而不知归宿于"体"，故其归数学于逻辑只是归于状词之"逻辑的"，非名词之"逻辑"自身。由此，数学之必然性与定然性必荡然无存。依牟宗三，数学之成立依两原则：由主体（纯理）之展现言分解原则，由展现之外在化言综和原则。这是定然而不可移的。

牟宗三先验主义的数学论，没有繁富的系统构造，只有展示与说明，因为依照牟宗三的观点，数学是人的一种先验能力，只可展示而不可构

① 牟宗三：《认识心之批判》上，第 254—255 页。

造。他的这种观点有类于西方直觉主义的数学论。因为这一派别把数学作为"人类理智的自然机能"、"思想的自由而又必不可少的活动"，故"数学是人类精神的产物"。[1] 但这一派的数学论没有进行必要的先验批判，他们的这些说法太显浮泛而未归于"体"，易流于心理主义，故数学的必然性即成疑。牟宗三依据康德批判哲学的路数，把数学作为人类的先验主体——知性——之机能，由知性之纯理展现说逻辑原则，由展示之外在化说直觉原则。是此，则逻辑有归宿，直觉有依托，此即使数学见"体"而达"用"，其必然性由此而出。故数学不唯是人类精神的产物，且是客观精神的产物。当然，牟宗三的数学论于向上之"体"处的批判有余，而于向下之"用"处之发越则不足。如：分数、实数、无理数与复数是如何可能的，他都未予以回答，且"0"是否就不是数亦成疑。故他的数学论只是数学哲学，他尚未构造完整的数学系统。但是，以上这些问题并不能否定他在数学之"体"上的批判之功，而依此"体"而构造完整的数学系统，只能期望来者之发扬光大。这正如阿伦特·海廷所认为的——直觉主义因为没有任意的假设和人为的禁令，是构造数学的唯一可能的途径[2]——一样，因为这种"体"定住了数学的必然性，而又没有公理之假设，或许是构造数学的唯一可能之途径。

四　理性的布置相与几何

在 19 世纪以前，几何就意味着欧几里德几何，空间就意味着欧氏空间。康德以先天综和判断说明了欧氏几何的先验必然性，空间（在康德那里，空间就是欧氏空间）是人的先天感性直觉形式。但在罗巴切夫斯基（Lobatchevsky）和波尔约（Bolyai）提出一个与平行公理矛盾的公理而发展出全新的非欧氏几何系统以后，就使人们认识到"Euclid 几何并非必然是物质空间的几何，亦即并无必然的真理性"。[3] 事实上，非欧氏几何的一种形式已经用于相对论，所以欧氏几何是唯一的适合于我们的经验的几何学之主张是不成立的，空间亦非只是欧氏空间。这样，康德所说的

---

① Arend Heyting , "The Intuitionist Foundations of Mathematics", in *Philosophy of Mathematics*, *selected Readings*, edited by P. Benacerraf and H. Putnam, Cambridge University Press , 1983. p. 42.

② Ibid , p. 49.

③ 莫里斯·克莱因：《古今数学思想》第三册，第 297 页。

欧氏空间为人的先天直觉形式的说法亦成剌谬。由此,则几何一般(包括欧氏几何与非欧氏几何)的必然性在哪里呢? 罗素试图在几何的逻辑化中寻找这种必然性。他在其独著的《数学的原理》第六部分"空间"第 44 章中,论述罗巴切夫斯基和波尔约的非欧氏几何系统时认为,这使得在几何学家当中产生了一种新的精神。他说:

> 　　在此,几何成为了纯粹数学的一支(以前是被错误地命名的),也就是说,是这样一个科目,即它断言如此这般的结果是来自如此这般的前提,而不是前提的本质描述了实际存在。这也就是说,如果欧氏几何的公理为 A,P 是为 A 所蕴涵的命题,于是,在先于罗巴切夫斯基的几何中,P 自身将会被断定,因为 A 被断定了。但在如今,几何学家将仅仅断定 A 蕴涵 P,让 A 和 P 自身是可怀疑的,他将有另外的成套公理,A_1,A_2……分别蕴涵 P_1,P_2……; 蕴涵属于几何而不是 A_1 或 P_1 或别的实际公理和命题。因此,几何不再直接注目于实际空间之性质,但从不断的分析和了解源于现代几何的可能性中间接地投注了巨大的目光于我们的实际空间中。①

依罗素的看法,几何的本质并不在其前提描述了实际空间,几何作为纯粹数学的分支,是严格地演绎的,即是前提与结论之间的蕴涵关系,而不是单个命题对于实际空间的真理性属于几何。这样,如同数学一样,几何亦可被逻辑化。罗素通过对不同的几何系统的研究发现,"许多不同甚至不一致的前提得出了被称为几何学的命题,但所有这些前提有一个共同的要素,这个要素可以被概括地表述为: 几何处理多于一维的序列。什么是这样的序列的实际的项这个问题对于几何是无关紧要的,几何仅仅检验项之间因公设而形成的关系之结果"。由此,罗素为几何一般所下的定义为:"几何是研究二维或多维序列的。"② 而二维、三维乃至 n 维在罗素看来都可以被纯逻辑地定义。③ 这样,作为纯粹数学之一支的几何(包括欧氏几何和非欧氏几何)可归为逻辑。因此,几何问题终究是一个逻辑问

---

①　*The Principle of Mathematics*,pp. 373—374.

②　Ibid.,p. 372.

③　二维与三维的定义,见 *The Principle of Mathematics*,pp. 374—375.

题，逻辑的必然性就是几何的必然性。但罗素所说的逻辑始终是一个技术层面的定义，而不是一个先验之体的先验机能之呈现，所以，罗素之归几何于逻辑亦只是归于逻辑之安排，非是逻辑自身。这种逻辑之安排可以见出其系统内的必然性，但系统外之必然性始终没有解决。由此，如何能在这些相异的几何系统外找到一个先验之点来融摄它们，进而定住其必然性，在罗素那里并未得到解决。康德从纯粹直觉形式讲先验综和判断以定住几何的必然性，但先验综和判断只是"用"，且这"用"只证成欧氏几何，故这不能算是真正的必然性。真正要证成几何的必然性，须超越"用"而进至"体"，在此，不但可证成欧氏几何，而且也可以证成非欧氏几何。牟宗三的几何理论正是走的这样一条理路。

在几何中，"点"、"线"、"面"、"体"为最基本的概念，且由"点"之聚合构成"线"，"线"之聚合构成"面"，"面"之聚合构成"体"。但早在欧氏几何那里，人们已经认识到："点是没有部分的那种东西"；"线是没有宽度的长度"；"面是只有长度和宽度的那种东西"。[①] 这样，问题就来了。即，没有部分（就是大小）的"点"如何能构成有长度的"线"，没有宽度的"线"如何能构成有面积（长度与宽度）的"面"呢？罗素虽然也认识到几何中的"点"不能是实际存在的点，而把"点"定义为单一的结聚（a sheaf），没有结聚是一个实际存在的点。他称之为"理想的点"（ideal point）。[②] 应该说，罗素对"点"的定义是符合欧氏几何的意思的，但他在定义"理想的线"时，依然走的是由"点"构"线"的理路，而认为"理想的线"是：结聚的聚合（collection of sheaves）。罗素在此定义下自注曰："基于逻辑的目的，最好定义理想的线为：有关于一束平面的理想的点的类，而不是结聚自身，因为我们希望一条线是——在射影几何中——点的一个类。"[③] 这里的所谓"结聚自身"是指：不是把"理想的线"定义为自身不可分的线结聚，而是单一结聚（即点）集合的结果。这是基于逻辑的基本原子或定义要尽可能少的原则。即，点可被逻辑地定义，但线不必再定义，可由点构。但这里依然有上面所说的问题，即既然罗素不把点看作是一个有实际的量的概念，则点

---

①　莫里斯·克莱因：《古今数学思想》第一册，第67—68页。

②　*The Principle of Mathematics*，p. 401.

③　Ibid，p. 402.

即不能累积，因为只有量方可累积。比如，若我们定义单个的人为理性的动物，则人类社会就不会是单个的理性的动物的量的延伸，因为人类社会作为一个不同于单个的理性的动物的概念，有其自身的质的规定性，这质的规定性是不能单由单个的人的质的规定性的量的延伸而得到的，必须重新规定。n个单个的人的累积只是成多个理性的动物，其概念的质的规定并没有变，故不可能自然变成具有不同质的规定的人类社会。罗素既然把点看成一个"质"概念，而不是一个"量"概念，则这个"质"概念固可成"点"的类，但"点"的类的聚合即成为具不同规定性的"线"适足成疑。我们现在再回过头来看欧氏几何对点、线、面的定义，这是三个具有不同质的规定的概念，这是一种无量的纯粹的定义，现实世界并不存在这样的点、线、面，现实中的点、线、面都是有量的（实际上都是体），但一般在由点构线、由线构面、由面构体的过程中，却不觉由纯粹的定义轻易滑到了现实中有量的点、线、面中，由此即成义理上的差谬。牟宗三从纯理之开展来构造几何系统，企图克服此种差谬。

　　牟宗三以纯理步位之展开明数学，而作为纯粹数学一支之几何，牟宗三以为同样可由纯理明。数是纯理展开之步位之无穷序列，此是纵向序列。但若横切纵向序列之某一步位而观纯理之展布即可明几何。故纯理之展开明数学，纯理之展布明几何。由纯理之展布如何可以成立几何系统呢？这是由知性之承体起用决定的。牟宗三认为，相对于"圆而神"的神智而言，纯理之起用是"方以智"的。"圆而神"示神智的圆用无方，无限制。"方以智"示知性之直而有方，有限制，肯定与否定之二用即为知性之用，若肯定即不能否定，否定即不能肯定，此即是知性之限制。切就纯理之某一步位而言，纯理在此停住而置定自己。纯理置定于此而显其用，此用即显示出一矢向性。若以 A 表示肯定，A 即为其用之向，故 A 亦表示一矢向性。纯理固定于此一矢向性，在积极方面固显示其用，但在消极方面亦可显示其不可他用之限制性。这限制所显示的矢向性可由 ā 表示。之所以如此，乃因为 ā 是 A 自身之固定性限制性亦即函一排拒性而刺出者。"故 ā 向是直接由 A 向之排拒性而逻辑地决定出，并非随意安置者。"[1] 这样，A 向为纯理正面之用，为客观的，ā 虽为 A 之排拒性所刺出，虽是虚位，但亦是可逻辑地必然决定者，故亦有形式的客观性。由

---

① 　牟宗三：《认识心之批判》上，第 275 页。

此，纯理于某一步位中，停住而置定自己即显示一 A 向，又逻辑地决定出一 ā 向。A 和 ā 之综和即是纯理于此步位之展布。若把此二矢向性之综和以图形表示即是：

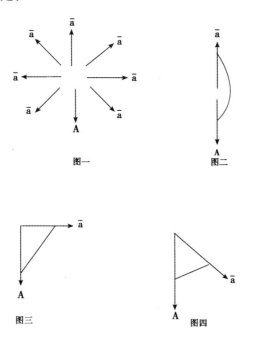

　　以上四个图皆为示意图。其中图一表示：若 A 表示肯定的矢向性，则 A 之排拒性所刺出者就是 ā，即 A 之否定，此是逻辑地必然者。但 ā 向有种种可能。如，若 A 向为↓，则 ā 向可为↑，然亦可为←，或→，或↖，或↗，或↙，或↘等，只要非↓，就是 A 向之否定 ā 向。如图一所示，这实是表示纯理肯定 A 向与可能之否定 ā 向（ā 向无限多，这里只是示意图）之综和所成的"位区"。图二、图三和图四是图一的分拆图，是纯理于某一步位下 A 向与 ā 向之综和所成之位区。这种位区也是无限多（但具体到某一步位，位区只有一种），这里只是示意地列举几种。这样，由纯理所成之位区，即可有几何中的一度、二度与三度之概念。

　　（一）　　一度：一度就是矢向 A 或 ā。

　　（二）　　二度：二度由 A 与 ā 的综和表示，即 A ∨ ā = IΔ，其中 IΔ 表示一两矢向之综和所成之图形，乃二度者。

　　（三）　　三度：三度由 IΔ 与 ~（IΔ）的综和表示，即 IΔ ∨ ~（IΔ）

= IΔ。因为两矢向所成之图形乃有限定之图形，这种限定性表示由 IΔ 的排拒性也可以反向地刺出一图形 ~（IΔ），此两图形之综和即可成为一个新的图形 IΔ，故 IΔ 必为三度者。三度为立体，立体与立体之综和仍为立体，只表示体的扩大，不表示有新的度出现。

至三度，纯理之展布所成之位区才圆满而完成。牟宗三说：

> 故理性的展布而成位区，至立体始穷尽而圆足，亦即至此，始能充分圆满其自己，成就其自己。由矢向型式到立体型式为一发展，过此以往，则为重复，非发展也。故位区至三度而尽。①

这就是说，理性的发用在位区之构造上至三度而止，不可能再有四度乃至 n 度的发展。由位区之一度、二度与三度，即可有线型式、面型式与体型式，同时亦可建立点型式。所谓"型式"就是模型，而不是一量度。模型是出乎量度概念之外的，它无所谓部分，亦无所谓量度。此即示几何型式如点型式、线型式、面型式与体型式皆不可分，亦皆不可积。牟宗三认为，必须视几何的基本概念为模型而剔除去量度概念，不然，几何就会出现上面所提到的困难。"而所以有困难，所以纠缠于量度，是因为粘着于空间。所以现在吾人欲自纯理上先验地建立几何，必须首先不粘着于空间。"② 所以，型式只是模型，既无量度，也不是具体之空间（欧氏或非欧氏空间），是理性发用的矢向或位区，是纯理的。

（一）点型式

要先验地建立点型式，不可如形式主义者那样随意指定现实中的一点而论，必须自纯理上建立。纯理表现肯定与否定之二用，点虽不是肯定与否定自身，但亦可由肯定与否定之置定处而建立点。所谓置定即是"着"，若不就其"着处"言，亦不就其"能着处"言，而客观上就"着本身"以言"着"。此"着本身"即是一个点。"着"是理性置定其自己之方所，故"着"是纯理性的。由"着"至"点"须有一步直

---

① 牟宗三：《认识心之批判》上，第 278 页。

② 同上书，第 282 页。

觉之构造①，以此而成"点型式"，它是一个模型，不是一个具量度的概念，无大小与部分，故不可分。

（二）线型式

理性之肯定与否定之二用所示的矢向，虽不是线，但却有线的意义。所以，本着矢向型式，经由直觉构造，即可外在化而构造出线。线亦为一纯理性型式，不是一个具量度的概念，不是由点所构成，亦不可分，故曰"线型式"。

（三）面型式

正反两矢向型式之综和所成的纯理位区，即为纯理区面，切就此纯理区面直觉地构造之，则成一几何面。几何面亦为一纯理性型式，不是一个具量度的概念，不是由线之聚积而成，亦不可分，故曰"面型式"。

（四）体型式

正反两区面之综和，则成一立体位区。由此施以直觉之构造，即可得几何立体。此亦为纯理性型式，不是实有之量度，非由面聚集而成，亦不可分为无穷数的面，故曰"体型式"。

从以上的论述中可知，在牟宗三的几何理论中，点、线、面、体等基本概念都是独立不依而具特质的概念。任何一个概念有其独特之规定性，不可由点构线、由线构面或由面构体。不像罗素那样，只给点以逻辑规定，再进而依积聚由点→线→面等，罗素此种思想，不知不觉中即离开其纯逻辑之理路，滑到了实有之量度中，这就不是逻辑一线之思路了。在牟宗三看来，点、线、面、体为纯理发用之不同的展布相，即位区相，这是纯理起用的不同方式。这些方式各有其不同的质的规定，其间无所谓量度，自然也不存在由量之积聚而成不同的位区相的问题。

纯理起用显肯定与否定之二用，其基本律则可用排中律表示：P∨～

---

① 牟宗三这里所言的"直觉"与夫康德所言的先验直觉即人的先天感性直观形式不同。在康德那里，主要是指时间与空间。但这里所言的"直觉"不必是时空形式，若如此，则几何型式已为具体之空间矣。显然不符合牟氏所陈之义。此处不妨云其为"形式直觉"。牟宗三曾言知性主体为"形式的我"，是一"形式的有"，亦可被直觉，是被形式地直觉。万不可一言直觉即以为乃康德所云的先天感性直观形式即时空也。

P = 1。这里的"1"——牟宗三认为，切就几何而言——表示必可以直觉构造。这就是说，纯理先验地决定了几何的律则、度数与特性，亦即，一种几何若不能纯理地直觉构造，则任何律则、维度及图形皆不能在几何中出现。同时也意味着，几何不必即是欧氏几何，亦可有别的几何系统，只要能纯理地直觉构造即可。但纯理地直觉构造的线型式（面型式与体型式亦然）只是"线一般"，也就是说，"线一般"并不含其是否为欧氏线或非欧氏线，直线抑或非直线。而我们要获得一实构之线，即能标识出其究为欧氏线或非欧氏线，直线或非直线这样有实际内容之线，则需要有特殊的决定。这特殊的决定就形成了欧氏几何与非欧氏几何的分野。几何学家一般把这种分野建立在外在的空间或对象上。但牟宗三认为，几何是先天必然的知识，其系统之成立不能建立在外在的对象或经验上。所以，与一般的几何学家不同，牟宗三以为这种分野的形成乃依赖于规律。而规律并不是随意安置或依外在的经验而安置者，亦有其必然的理性根据。然而，此理性之必然性如何可能呢？仍切就"线"而言之。一条线要成为实构之线，则"一条线或为直线或为非直线"这一命题乃一必然之命题，即逻辑地必然的。因为一条线既非直线，又非"非直线"乃逻辑地不可思议者，此则不可实构。同样，"直线或为欧氏的或为非欧氏的"；"非直线或为欧氏的或为非欧氏的"；"两点间或只有一条直线（最短的）或非只有一条直线"；"两平行线或永不相交或非永不相交"；"面或为欧氏面或为非欧氏面"；"体或为欧氏体或为非欧氏体"；"三角形的内角和或为180°或为非180°"等命题为逻辑地必然的。即正反两可能的析取式（P∨~P）穷尽了任一几何图形的所有可能，若要实构一几何图形，只能在析取式（P∨~P）中，不可能逸出此正反两可能之外而别有实构。复次，正可能与反可能各自亦有其正反之析取可能（P_1∨~P_1），且此步之正反可能也必可实构。比如，"三角形的内角和或为180°或为非180°"一命题中，反可能"非180°"中只有两种可能，即大于180°和小于180°。再如，对于线段AB与CD，"或AB等于CD，或AB不等于CD"，只此两可能。而在"AB不等于CD"中，复含"或AB大于CD，或AB小于CD"，亦只此两可能。可见，几何命题中无论正可能抑或反可能，依此而往下作皆可穷尽地列举，且皆可实构。同时，每一可能之实构都是在一规律置定下的实构。由此，牟宗三认为："规律虽可分为多组，然皆依照套套逻辑之必然命题而逻辑地引生出，皆有必然之理由，理性之根据，无一而可随意安置者。规律既皆必然，有先验根据，各几何系统亦皆为理性之必然，而有先验根据。或谓一说先验根据，必只是一个系统，此则非谛论。"①依规律而实构成的线、面、体皆为型式，而不是实际存在的线、面、体。牟宗三说：

> 线面体皆是型式，不是实际存在，故其特性能穷尽于规律之运用而为此运用所产生。若是存在，则必有遗漏于规律运用以外者，而此时言规律运用亦不能产生或赋予特性，至多能赋予某义之特性：盖既为存在，即不由规律运用而形成故也。故一为存在，必为无穷之复杂，此时即不能先验地建立起。几何之所以能先验地建立起者，正因其为非存在，为型式。②

这样，几何命题皆既是先验地综和的，又是必然地分析的。"先验地综和的"言此规律之运用所成之种种命题皆可被实构；"必然地分析的"言被构成之型式的种种命题皆统摄于一规律下而定然不可移易。

规律之下的几何型式，即成具体几何系统中的线、面、体型式。规律决定其系统（如欧氏几何或非欧氏几何），直觉给予其型式。牟宗三称之为第一义的几何。这第一义的几何再通过时空之直觉形式（即康德的先验直觉，时空为其先天感性直观形式）而外在化即为现象义之几何。在此，几何可以应用于现象界，至现象界方可涉及量度问题。康德的几何理论就是拉掉了第一义的几何而直接由先验直觉讲现象义的几何，非但不能说明几何系统的分野，亦不能说明几何命题之先验必然性。

康德在《纯粹理性批判》中认为，要理解几何学这门科学，必须对空间概念进行先验的阐明（transcendental exposition），因为几何学是从空间这个概念推导出来的，并且几何学的可能亦依赖于空间这个概念的解释方式。那么，空间是什么呢？在康德那里，空间就是那唯一使我们的外直观成为可能的主观感性条件。而这个形式条件从本源上（in its origin）就是直观。而且这种直观又必须是先天地即先于对一个对象的一切知觉而在我们心里，因而是纯粹而不是经验的直观。对于空间的这种解释，康德颇

---

① 牟宗三：《认识心之批判》上，第288页。
② 同上书，第289页。

为自信，他认为："只有我们的解释才使作为一种先天综合知识的几何学的可能性成为可理解的。任何一种做不到这一点的解释方式，即使表面上也许与它有些类似，但依据这个标志就可以最可靠地与它区别开来。"①但康德哲学专家诺曼·康普·斯密（Norman Kemp Smith）站在现代几何发展（即非欧几何的出现）的立场上对康德的理论提出了批评。斯密认为，康德虽然在前批判时期坚持上帝因可建成不同之引力关系，故可有不同属性与次元的种种空间（即不必是欧氏空间，亦不必是三度），并说："关于空间的这一切可能种类的科学，无疑是会成为有限的知性在几何范围里所能承担的最高事业。"但自1770年，把空间规定为人的先天感性直观形式以后，他就摈弃了空间的一切这样的可能性。空间如其是空间，则必须是欧氏的。空间的一致性是几何学的先验确定性的预先假定。基于此，斯密认为：

> 康德信服，空间在直觉中给与我们，是作为在其性格上，明确而不可变易地属于欧几里德式的。他所含的意思乃是，在我们反思空间时，我们的直觉和我们的思维，都束缚于欧几里德式空间的条件而为之限制。他之和现代几何的学说发生冲突是在于这种正面的假定而不只在于他忽略了其他空间的可能。……康德所含的意思乃是，欧几里德式的空间是给与我们的，其顽强的形式是不折不饶地抗拒一切在思想上改造它之企图的。既然是独立于思想而又被给与为完整无缺的，它就没有未完成期的可塑性为思想所能利用的。……空间这样被看为独立于思想，而还得要认为它以它开始呈现时之不可改变的性质限制着和束缚着思想。②

从斯密的解析中可知康德关于空间或几何之观点有如下几点特别之处：（一）空间为先验的直观形式；（二）此先验的直观形式为欧氏的，即欧氏空间为先验的必然的，亦即欧氏几何乃唯一的；（三）直觉先于概念，并统摄限制概念的运用。这三点使得康德的理论与现代几何构成了严

---

① 康德：《纯粹理性批判》，第31页。
② 斯密：《康德〈纯粹理性批判〉解义》，韦卓民译，华中师范大学出版社2000年版，第154—156页。为了与现代译名一致，对引文个别词略作了改动。

重冲突。但斯密只是发现了问题，并没有解决问题。在牟宗三看来，康德的理论之基点惟是一"直觉"，直觉不但保证了欧氏空间的必然性，亦保证了几何命题的必然性。但直觉只是一"用之流"，这"用之流"只能领纳其如此，不能保证其如此。直觉只是对于一对象之允可。"吾人似只能说：因其是如此，故吾必须直觉地领纳之；而不能说：因其为直觉，故必须如此。"① 意即，直觉不是一事物如此之理由，其理由必在该事物自身中。因此，要理解空间与几何必须不能像康德那样只站在"直觉"这个基点上，而要超越这个基点，下面几点必须辩明：（一）空间与欧氏空间绝非一回事，空间为无色者，乃一般之普遍形式，未特殊化。而欧氏空间为有色者，乃一决定之形式，已特殊化。（二）无色之普遍形式可为直觉，而有色之特殊形式则非直觉所能定。（三）直觉所不能决定之特殊形式即由概念（即上文所言之规律）决定，概念是空间之为有色之理由，亦为该有色空间下之几何命题如此如此之理由。由以上三点可知，几何命题乃有色空间下之几何命题，故必有一"理"（概念）贯注于其间，徒言直觉既不足以明有色空间，亦不足以明几何命题。牟宗三说：

> 　　康德的错误，不在其于几何命题言直觉言综和，而只在其言直觉综和之担负，即在其言直觉综和乃期望其能担负欧氏空间之说明，乃至欧氏几何命题之必然确定性之说明。诚如此，则直觉真成一神秘之怪物。须知直觉与逻辑，对于几何与算数学，无一可废，而逻辑一面尤重。言逻辑而不言直觉无大碍，徒言直觉而忽视逻辑则不可通。

　　概念对于数学与几何之所以较直觉为重，乃因概念是义理之骨架，而直觉乃仅切就此骨架而印可之。可见，概念是经，直觉是纬。由概念，几何命题乃必然之分析者；由直觉，几何命题先验之综和者。康德虽然也言几何命题之分析，然而其分析乃以直觉综和为首出，在直觉综和下之分析，此乃是就直觉综和所成者呈列而明之而已。与此相反，牟宗三乃以概念分析为首出，其直觉综和乃统摄于此之下而如是领纳印可之。概念或规律不同，自能决定直觉综和所成之空间及其系统之不同。这样，既说明了空间之种类问题，也说明了分殊的几何系统何以为分殊之故。

---

① 牟宗三：《认识心之批判》下，第34页。

　　至此，我们可知，在牟宗三那里，由纯理展布之纯理位区，构成几何的基本型式，再依概念或规律形成具体的几何系统，最后由人之先验直观形式时空而关涉物理世界。这样，几何、空间、物理的量度为一连串异质的事。几何是纯理展布所成之形式系统，空间是纯粹直觉，物理量度是在一定几何系统下空间直觉对经验对象的超越决定。在这里，牟宗三依据康德的理论定义空间为先验直观形式，只不过与康德不同的是，他更向前进至知性的概念机能处而不是就直观形式自身论空间与几何，从而先验地解决了空间与几何系统属性分殊的问题，进而与现代几何学一致。但现代几何学有四度空间与四度几何，乃至有 n 度空间与 n 度几何。而牟宗三认为，空间或几何的四度乃至 n 度是不可能的。如，四度空间是三度空间加上时间一度，此虽可说，然究非空间自身之为四度。n 度空间则只具数学而无实构之意义。何以如此？因为空间之度数乃因纯理展布之纯理位区而决定，而知性之纯理展布是方以智的，不是圆而神的，不能作无限的展开。纯理之展布先验而定然地只能有三度，此三度皆可实构，过此以往，则不可实构。故四度乃至 n 度于几何而言皆为不可能者。"此所谓不能，并非时间上的不能，乃原则上不可能也。线型、面型、体型，以外，不能再有增益度数之图形型式，而在线面体之型式中，无论如何曲折，总不能曲折出 n 度几何来。除非离却几何之意义，而全归于数学之意义。数学之数目系列总可无穷地连续增加者。然此必为同质的。……然几何之度数则不能有此方便。线不同于面，面不同于体，非只数目之递加也。故 n 度几何乃为不可能者。此违背几何之自性。"①

　　牟宗三从知性的纯理展布所成之位区论空间与几何，不但确立了空间与几何的先验必然性，而且也解决了康德所不能解决的空间与几何的多样性问题。几何的先验必然性在康德那里是依据先天直观来解决的，而一旦知空间与几何的分殊多样，则进至纯理之概念决定，非徒先天直观所能尽其责。在罗素那里，几何的先验必然性似乎没有成为其注目的问题，他所说的必然性皆为系统内命题之间"蕴涵"的必然性，这是一个纯逻辑的形式必然性，非整个系统的先验必然性。几何的整个系统的必然性，罗素依赖绝对空间的存在，② 他说几何乃纯粹数学之一支，实际上是切就绝对

　　① 牟宗三：《认识心之批判》上，第 294 页。

　　② *The Principle of Mathematics*, p. 461.

空间作逻辑的分析，此时空间已经存在。所以，在罗素那里不须先天直觉，并且从逻辑的观点批驳了康德的先天直觉，因为先天直觉提供了形式逻辑所不容许的推理与推断的方法。① 这样，罗素不是去论证空间与几何系统何以可能，而是使既成之系统逻辑化、形式化。但罗素既然承认绝对空间之存在，又认为点为单一的结聚而非实际存在，复又不接受康德的先验直觉，则必有上面所提到的由点构线乃至面、体之困难。而牟宗三在纯理展布之基础上接受康德的先天直觉，不仅可克服康德的困难，亦可克服罗素之困难。

五　理性的对列之局与政道及治道

政道与治道就是中国传统中所说的外王问题，是传统儒家知识分子萦于心怀而不得其决解的问题。所谓不得其决解意谓：除了"内圣而外王"一道德理想外，未能就切就政道与治道予以客观的安排以开出民主政治的新局。鸦片战争以后，因西学的传入及图存救亡的需要，知识分子开始反省自身的文化，以期开出民主政治的愿望愈加迫切与必要。应该说，此时的知识分子无论是西化派还是保守派，尽管对待传统文化的态度迥异，但在肯定西方的民主政治方面却并无二致。西化派欲废弃传统而走全盘西化的路，保守派则以为中国传统文化本质上并不排斥民主政治，唯在制度之建构上未能尽其实而已矣。故梁任公曰：

> 美林肯之言政治也，标三介词以隐括之曰：of the people，by the people，and for the people，译言政为民政，政以为民，政由民出也。我国学说，于 of，for'之义，盖详哉言之，独于 by 义则概乎未之有闻。申言之，则国为人民公共之国，为人民共同利益故乃有政治。此二义者，我先民见之甚明，信之甚笃。惟一切政治当由人民施行，则我先民非惟未尝研究其方法，抑似并未承认此理论，夫徒言民为邦本，政在养民，而政之所从出，其权力乃在人民以外。此种无参政权的民本主义，为效几何？我国政治论之最大缺点，毋乃在是。②

---

① *The Principle of Mathematics*，pp. 456—457.

② 梁启超：《先秦政治思想史》，东方出版社 1996 年版，第 5 页。

既承认传统中有 of 和 for 之义,则于其根本精神中疏通之、条畅之,必能得其 by 之义,故 by 之义不可误以为为西方文化所独有,知此,则西化派与保守派之别遂泯没。质言之,民主政治乃精神辨证发展中所必有之阶段,无有东西之分,向往之乃是精神觉悟之自然结果,排斥之即是精神闭关而堕退,无所谓西化或保守的问题。牟宗三对于政道与治道的问题,就是把它纳入到精神的辨证开显中来,而在客观精神中予以安排的。他的这一思路,不但可以——如上所说——消解西化派与保守派之间的相互指责,更重要的是,还可以见出民主政治的基本义理模型及其限制与夫向更高理境开显之可能。

(一)精神之外延表现与政治之客观性

政治之客观性是在"理"的精神中,而不是在"事"的精神中。但中国以前的政治理想与现实,常只是"事"的精神。牟宗三说:

> 中国以前政治活动的事实就只是那样自然的演变,而儒者的政治思想,则是就那事实作实际的处理,不作形式的追讨。它没有政权、主权、人权、权利、义务、自由、平等,诸政治上的形式概念;它只有以才、能、德所规定的人格价值之观念,以及顺在人民的实际生活上,达成其"存在的生命个体"之事理所应有者,一起予以承认而尊重护持之。就人格价值之观念言,某人因才、能、德、而有"位",即须在此位上而尽"分"。尽分者,尽其本分而行事也。居君位,即须尽君分;居臣位,即须尽臣分。此之谓君君,臣臣。在这里,没有政权,主权的观念,只有在其分上如理办事的观念。因此,不得不就"主体之能"而重视仁德之精神。①

牟宗三把这种政治上的"事"的精神称为精神的内容表现。此种精神乃由一个仁者照体独立,全幅放开的实际的直觉心灵所抒发。此所抒发者乃是在事理上予生命个体以"各适其性,各遂其生",这是一个实体性的大海,是须直下被肯定的。这里自有财产、信仰、思想、言论、自由等观念,但不须争取与制定,只须在位之仁者尽分以行事即可。仁者尽分以

---

① 牟宗三:《政道与治道》,第 129 页。

行事，即尽己之性，行事达于事理，即尽人之性。这里没有制度与规则，只有各人尽其在我（本分），这是一个全幅放开的主体之能的原则，此原则超越了制度性的政治建构，使制度性在政治上彻底松散，表现出了政治上的庄严性、圆软性与活泼性。若真能各人尽分，则必如孟子所言"王者之民，皞皞如也"。然尽分乃一无限之精神涵养历程，谈何容易?! 故现实上常是霸者操持政治，故民常"驩虞如也"（《孟子·尽心上》）。此即显示全幅放开的主体之能的原则的软罢性，因为仁者常千年难一遇，即有遇，亦未必在位。即便是仁者在位，在下层民众没有政治自觉的前提下，必然会造成在位者的负担过重，形成"人存政举，人亡政息"的局面。"人存政举，人亡政息"完全是现时法，没有给政权与治权以客观的规定。首先，从政权方面看，仁者在位虽符合儒家"与贤"之原则，但仁者的现实生命亦是一发皇之强度量，在其生命之火行将熄灭之时，他虽然可行禅让，但不能保受禅者亦有其德。更何况其间总有霸者窥视神器，时刻准备据为己有。故"人亡政息"，儒家"与贤"之原则极容易被打散或覆灭。从中国历史事实来看，三代以后即是家天下，由此可以看出，即便仁者在位，亦不能确保政权掌握在仁者手里。其次，从治权方面看，仁者在位就是圣君贤相握有治权，在民众没有自觉地参入政治时，必求圣君贤相事必躬亲。然人之精力有限，故圣君贤相事必躬亲几不可能，其躬亲之事实亦相当有限，乃至有时无为而治。而势利之徒伺机而起，社会政治即生乱象。所以，只以"事"的精神而求仁者在位之政治理想，在现实中常成为夷狄与盗贼的竞技场。因为这种政治理想"对于霸与力之'非理性'亦根本无定法以对治，此即言其本身不能经常实现而成为'永久法'。因此，'仁者德治'亦成为一个站不起来的软罢观念，此亦是'理性之内容的表现'之缺处，盖正因其太具体，太实际，太内容之故也"。① 由此，革命与造反终不可免。这样，牟宗三认为，儒家仁者在位之德治理想并非不对，但在实现上常不够。牟宗三说：

> 光从治者个人身上想，不能现实此理想。要现实此理想，根绝循环的革命与造反，必须从"治者个人"身上让开一步，绕一个圈，再自觉地来一次"理性之外延的表现"，由此开出"政治之所以为政

① 牟宗三：《政道与治道》，第137页。

治者",即政治之"自性",就政治的自性言,政治要成为其自己,不能单从"治者个人"一面作一条鞭地想,而须从治者与被治者两面作双边地对待地想,使双方都有责任。依此,政治的自性必然地要落在"对待领域"中,必然地要建立在双方都有责任上,而不能只落在一面的无对中,只建立在仁者的无限担负上。①

依牟宗三,政治之所以为政治之自性,就是具有客观义理构架的政治理念,此种理念只能在知性主体中由概念的心灵表现其精神之外延表现始能出现。而中国文化始终是知性主体不显,故政治的客观性始终不能出现。这进一步表明了中国文化缺乏客观精神这一环节。从上面的论述可知,牟宗三的理路,其意义与价值即在:民主政治不能只外在地呐喊与要求,须先从精神义理上予以哲学的疏通,以观其何所是,此不但易使民主政治生根起效,亦不易使民主政治流入贼道。

(二)民主政治的义理模型

梁漱溟尝云:"请看今天战后世界,哪一国家不厌倦战争,谁个民族不相信民主?"② 民主政治固为任何国家与民族所必须,然不可徒外在地言之,因为果若此,则不但误以为民主政治乃西方的政治建置与举措,且民主政治的义理模型亦不得立。梁漱溟曾说:"民治制度在中国建立不起,是固然了。但并非中国人就没有开会集议徇从多数之事。这些事在中国人生活中,亦是寻常易见,初不稀罕。"③ 中国自古即有开会集议徇从多数之事,何以民主政治终没有建立起来呢? 牟宗三认为,这里牵涉到的问题是政权的民主而不只是治权的民主,这是民主政治的关键所在。若只是治权的民主,则民主政治、封建贵族政治与君主专制政治区别不大。切就治权之民主,则中国实早已有之。钱穆说:

      汉代从昭宣以下的历任宰相,几乎全是读书人,他们的出身,也都是经由地方选举而来。并不是由其血统上和皇帝以及前任大官有什

① 牟宗三:《政道与治道》,第140页。

② 梁漱溟:《中国文化要义》,上海人民出版社2005年版,第35页。

③ 同上书,第225页。

么关系，或者是大军人大富人，才爬上政治舞台。完全是因其是一读书知识分子而获入仕途。这一情形，直从汉代起。我们可说中国历史上此下的政府，既非贵族政府，也非军人政府，又非商人政府，而是一个"崇尚文治的政府"，即士人政府。只许这些人跑上政治舞台，政府即由他们组织，一切政权也都分配在他们手里。①

既治权民主实已有之，何以民主政治终不得出耶？牟宗三认为，这是中国学人不能经由概念思考以撑开之，以洞开一个客观的理性间架，而只经验地就治道自身处想。这个客观的理性间架就是政道，是足以开政权之民主。牟宗三说：

　　政道是一架子，是维持政权与产生治权之宪法轨道，故是一"理性之体"，而治道则是一种运用，故是一"智慧之明"。有政道之治道是治道之客观形态，无政道之治道是治道之主观形态，即圣君贤相之形态。②

依牟宗三之看法，中国以前因无政道，尽管有圣君贤相之治道，故终不能使治权在客观理路上走，即终不能出现民主政治。这是问题的关键所在，民主政治就在于挺立政权的客观义理间架。即由政权之民主以确保治权之民主，否则，治权之民主始终在主观状态，随时可有，但随时亦可无。其有则因圣君贤相，其无则因人心陷溺。但毕竟圣君贤相难遇，故事实上之政治乃君主专制形态，乃其必然者。也可以说，治权之民主只是"事"的精神，若无政权之民主，则终不能使政治客观化而走向"理"的精神。民主政治就是指这种能客观化的具有"理"的精神的政治。牟宗三说中国无政道亦是指没有"理"的精神的政道。但无论如何，中国作为一个国家，必有其政权运行之道，那这是什么道呢？为什么说它不具备"理"的精神？牟宗三认为，在中国规范政权之道有二：一曰革命；二曰宗法之世袭。但此二者皆不是挺立政权之客观义理间架，何以如此？

且先看革命之于政权的意义。革命在我国有甚古之传统，且有其合法

---

① 钱穆：《中国历代政治得失》，生活·读书·新知三联书店 2001 年版，第 16 页。
② 牟宗三：《政道与治道》，第 24 页。

性。《周易》"革卦"有"天地革而四时成。汤武革命，顺乎天而应乎人，革之时大矣哉!"简单地说，革命就是改变帝王"受之于天"而君临天下的政权。所以，革命是变更政权既而获得政权的方式。汤伐桀、武伐纣，皆为以革命的方式取得政权。那么，这有什么合法性可言呢？因为当政者人心陷溺，使得政治腐败、社会黑暗、生灵涂炭，若无人蓄"德"与"力"承接群体之愿望，伸大义于天下，以打破胶固、透露精神，则社会永无转机。汤武即因此而奋起，安抚百姓、重整天下，谓其"顺乎天而应乎人"不亦宜乎?! 即便是善于际会风云的布衣刘邦，其起而抗无道秦，虽是"马上得天下"，然孰斥其为不可?! 可见，革命就是以武力的方式取得政权，所谓"打天下"。这在政权没有一套客观的规范运行时，尽管"打天下"不免荼毒生灵、流血漂橹，然亦是无可奈何的唯一方式。尽管革命有氏族部落（汤武之得天下即此）与个人（刘邦之得天下即此）方式之不同，然终不外是凭足以服众之德，与夫足以驭众之力之打天下，以变更所谓受之于天之命的政权。由此，牟宗三说：

> 是以革命一义即示政权之取得惟在德与力之打，而政权亦即寄托在个人或氏族部落之德与力上。政权是在具体之个人或氏族部落。除此以外，别无所谓政权。政权既寄托在具体之个人或氏族部落上，则即不能有客观合法之规范以产生作为元首之帝王。如其有客观合法之轨道以产生作为元首之帝王，则政权即与具体之个人或氏族部落分开，而在具体之个人或氏族部落以外必别有其所在。①

若政权果不在具体之个人或氏族部落上做接力棒式的传递，则在牟宗三看来，不仅天命、受命、革命等观念尽皆废弃，亦且挺立一重要之义理间架，即接力棒之拥有者所拥有的只是治权，而非政权，政权别有所在。此亦含政权与治权离，政权根本非一物，可以随意地任人夺取。由此，则政权有其道，而政权之规导之下，则治权亦必有其道。然革命——无论革命者之德如何高，力如何大——皆不足以语此。

复次，且看世袭之于政权之意义。所谓世袭就是在宗法血统中维持政权于久远。此即是希望政权远离那接力棒式的动态传递而为一静态的常有

---

① 牟宗三：《政道与治道》，第4页。

（不可变灭者），使政权之"静"与治权之"动"离。但牟宗三看来，在宗法之世袭中，此种希图根本不可能。因为政权"既寄托在具体个人或一家之血统上，与可变灭者凝合为一，则虽有法度以延续之，实不能完成其为一不可变灭者"。① 何以如此？因为其一，一家一姓之血统虽可延续，但最终延续至何处不得而知，且不能保证其不被天然淘汰；其二，一家一姓开始之有政权唯在"打"，其世袭者之政权虽不是依"打"得来，然因政权总是寄宿于一人之身，而此一人又不保其必符合君之"理"，在政权与治权合一之时，政权虽可暂时宿于此一家一姓，然至何时而止，不得而知，但终有止之之时，为必然者。这两点，终使政权成为动态的而不是静态的。是此，或革命或篡逆终不可免，政权依然在作接力棒式的动态传递。革命虽是顺乎天而应乎人，篡逆虽是以权臣欺孤寡，然二者之于政权之意义，其相去亦微矣。是故牟宗三说："宗法世袭制之为政权之道，并不能真成为政权之道也。盖彼不能相应政权之本性而完成之也。"②

所谓政权的本性，就是政权之客观义理间架。那么，它具有怎样的模型呢？一个民族或一个群体有其一定的人口与疆域，更有其固有的生命形态、生活习惯与价值规范等，这些理应得其延续，并可凝合为一定常的、形式的有。这定常的、形式的有就是政权。所以，"一个民族，一个社会，在其组织上说，一个'定常之有'是不可缺少的。政权即充当此任务"。③ 一个民族不应被消灭，亦即示作为一个民族定常之有的政权不应被剿灭或侵夺。也就是说，政权不当断，国体不当断，应为一根本之道义原则。这种思想在孔子那里，就被意识得极其清楚。孔子曰："兴灭国，继绝世。"（《论语·尧曰》）国不应灭，世不应绝，此皆是就政权而言。孔子说此话虽是对封建贵族政治而言，实则无论是君主专制政治，抑或是民主政治，其理莫不如此。但封建贵族政治或君主专制政治之政权寄托于个人或家族，政权与治权合一，则政权由"形式的有"变成"具体的有"（神器），宛如一物，可以取拿。由此，则"王侯将相宁有种乎"？虽云"国之神器，不可予人"，然总不得不被侵夺，故事实上终不免国灭世绝。至此境地，臣子与国君须当赴死以殉国难，则终不免有"臣死君，君死

① 牟宗三：《政道与治道》，第7页。
② 同上书，第4页。
③ 同上书，第6—7页。

社稷"之悲壮。中国每至朝祚将尽之时，皆不免有此等悲壮，乃因政权与治权合一之故。若政权与治权离，则政可不断，国可不灭，此等悲壮亦可不必有。①

牟宗三正是从这里窥见政权之所以为政权的本性。牟宗三认为，所谓政权就是"笼罩一民族集团而总主全集团内公共事务之纲维力"。② 这里必须指出的是，牟宗三所说的纲维力非一人一姓之权力，而为全民族集团所共有，即政权为民族集团所共有，亦即是政权乃集团共同体之一属性。但集团共同体为一类名，政权乃此类名之属性，而非具体的个人的属性，即政权乃类名之谓词，非具体之个人之谓词。政权既非属于具体的个人，就不能在一民族内之成员间作接力棒式的传递，它总是静态地属于该民族全体。这样，才能使政权成为一"形式的实有"、"静态的实有"。牟宗三认为，只有至此，才能真正完成儒家所说的"天下乃天下人之天下"之理想。牟宗三说：

> 所谓"天下乃天下人之天下"，是说：天下为全集团人员所共有，其共有也，是总持地有，共同地有，非个个人员个别地有，或分别地有。依此，天下或国亦非一动态之具体物，亦非一个人之属性，故既不可以取，亦不可以隶属于个人。前人说："天下乃天下人之天下"，其意却转成个别地有或分别地有，即不独属于一家一姓，你可以有，我也可以有。不独属于一家一姓是也，用"天下人之天下"

---

① 当然，民族国家之间常因武力而使一国覆灭，但这不属于一国之内的政权问题，而是高一层次的国际关系问题，此问题的解决则依国与国之间缔约的国际法。但这种国际法——正如黑格尔所言——它不是由被组成为超国家权力的普遍意志来实现，而是由特殊意志来实现的。因此，国际法的那种普遍规定总是停留在应然上，实际情况却是在合乎与取消之间摇摆不定，没有裁判官来调整这种关系。如果特殊意志之间不能达成协议，国际争端只有通过战争来解决。在此过程中，国家是作为特殊物而出现的，它包括激情、利益、目的、才德、暴力、不法和罪恶等偶尔性因素在内的各种表演，在这种表演中，伦理性的整体本身和国家的独立性都被委之于此种偶尔性。但黑格尔又认为，在这种不断的表演中，必然会辩证地产生出一种普遍精神来，这就是世界精神，正是这种精神，作为唯一最高的裁判官行驶其最高权力。见黑格尔《法哲学原理》，第348—351页。黑格尔所说的作为最高裁判官的"世界精神"，实只是一种理念，一种儒家所说的道义原则。这是精神高度自由发展后才能达到的阶段，若精神停留在偶尔性中，则世界精神绝不可能作为一种事实的裁判官而出现在国与国的关系中。

② 牟宗三：《政道与治道》，第19页。

一观念来否定属于一家一姓亦是也，但否定属于某家某姓，而自己却取之据为己有，则仍是属于一家一姓。是则"天下人之天下"徒成为逐鹿中原之口实，转而为个别地有或分别地有，因而遂成为"天下人之天下"一观念之否定。①

牟宗三认为，儒家的"天下乃天下人之天下"之理想说出了政权之本性，但其切义应作如是之理解，才能真正完成此一理想，不然即歧出而成自身之否定，"王侯将相宁有种乎"即是这样否定的结果。从这个意义上说，无论封建贵族政治还是君主专制政治，皆不能说有政道，因其政权专属于氏族或个人，不能尽政权之本性。

对于一民族而言，若政权能尽其本性而成为一静态的形式的实有，即完成其政权之民主。由此——牟宗三认为——复进而可使治权客观化，完成其治权之民主而尽治权之本性。所谓治权，就是措施或处理公共事务之运用力，它是动态的、可变的。但其为"动"不是在武力的抢夺中"动"，而是以政权的"静"而制其"动"，即治权由政权而产生，但治权由政权而产生，并不意味着政权就是治权（这就是政权与治权"离"的意思），因政权是"静"，不能尽夫治权之"动"的本性。所谓治权由政权而产生就是指：行驶或握有治权的政府首脑须经由政权的拥有者——民族全体——选举而产生。于是，政府首脑之握有治权而无政权，整个政府只是一治权机关。牟宗三说：

> 治权处必经由选举，因是而得其真实之客观化，如是亦成就其为真正之"可变"者。此"可变者"不是因以力取而成为可变者，而是因选举而成为可变者。如是，社会上有定常不变者以自持其体，有随时可变者以新其用，而革命，篡窃，割裂之狂流，遂可得而止。②

由政权与治权各尽其本性，则民主政治得以完成其建构。依牟宗三的解析，民主政治包括有政权的民主与治权的民主，但以政权之民主为经而以治权之民主为纬。政权属于民族共同体，在"静"中尽其民主，是

---

① 牟宗三：《政道与治道》，第20页。
② 同上书，第22页。

"体"的民主；治权由选举而产生，在"动"中尽其民主，是"用"的民主。这是由"体"达"用"的政治民主建构，是民主政治的义理模型。牟宗三称之为"以至仁大义立千年之人极"之义理模型。

从牟宗三对民主政治的义理模型之确立中，我们可以解释为什么在我国早已实现了治权的民主，却终不能完成民主政治的根本原因了。这就是，政权若不能民主，则治权之民主终只是停留在主观状态，而不能客观化成为制度。这在中国的历史事实中是随处可见的。本来，在中国古代，皇权代表政权，相权代表治权。在政治上轨道的时候，皇权与相权也具有相对的独立性。汉孝文帝时，张苍免相，文帝本欲相窦皇后之弟广国，然因惧"天下以吾私广国"，遂以申屠嘉为相。一日，文帝之幸臣邓通于朝廷之上傲慢无理，申屠嘉由此而让帝曰："陛下爱幸臣，则富贵之。至于朝廷之礼，不可以不肃！"使得文帝连忙道歉。然申屠嘉尚嫌不足，下檄召邓通至相府，邓通免冠徒跣至相府谢罪，若不是文帝再度求情曰："此吾弄臣，君释之"，则必如邓通所言："丞相几杀臣"（《史记》卷九十六）。这里确实可见丞相的威风及其独立性，但须知，在政权挂搭在家族或个人身上时，这种独立性因无制度的保证而极其脆弱。汉孝武帝时便开始削弱相权。丞相本有客馆，以招揽人才，勘议时政。然武帝时因相权小，使得"丞相府客馆邱虚而已"，乃至荒废为"马厩、车库、奴婢室矣"（《汉书》卷五十八）。有时甚至故意用才能平庸之人为相以削弱相权。车千秋本为高帝庙之卫寝郎，因代卫太子诉冤，武帝感悟，即拜为丞相。致使班固也不免叹曰："千秋无他材能术学，又无伐阅功劳，特以一言寤意，旬月取宰相封侯，世未尝有也。"（《汉书》卷六十六）丞相之任用如此随意，且其权限如此之脆弱，则使得亲近皇帝的人如外戚、宦官等把持朝政也就在所难免了。可见，在政权不民主的情况下，治权的民主很难保证，即便有也是相对脆弱的。所以，民主政治的出现必须待政权之民主出现，以往的儒者只从治权上究其得失利弊，终困厄于民主之道，可谓其来有自也。虽然，有识见之儒者深知从治权上究其得失利弊究不足以开大道。如：明末顾亭林《日知录》卷九引宋李泌《路史·封建后论》曰："天下之枉未足以害理，而矫枉之枉常深；天下之弊未足以害事，而救弊之弊常大。"又宋叶适云："夫兴亡治乱各有常势，欲兴者由兴之涂，将败者趋败之门。此其所以不相待而非出于相矫也。"由此，他批评本朝立国定制"皆一惩创五季，而矫唐末之失策为言"。他认为，"夫以二百余年所立之国，专务以矫失为得，而真所以得之之道独弃置而未讲"（《水心集》卷三《法度总论二》）。从李泌和叶适的论说中，我们可知他们均希望在治道的"事"的精神之外，呼唤"理"的精神，以开兴亡、立国的"得之之道"。这"得之之道"就是牟宗三所说的民主政治的义理模型。民主政治的义理模型既明，则此义理模型是一普遍的理，亦可云为政治之所以为政治的本质。是此，则西化派不可以为民主政治是纯粹西方文化的产物，而保守派以为中国文化从"理"上讲并不反对民主政治，故不必废弃中国文化，亦并非谰言也。

（三）民主政治的现实条件

我们说中国文化从"理"上讲不反对民主政治，牟宗三认为，可以从孔子的大同理想上进一步得到证实。《礼记·礼运》记孔子之言曰："大道之行也，与三代之英，丘未之逮也，而有志焉。大道之行也，天下为公，选贤与能，讲信修睦。"一般称孔子所言者为大同社会。大同社会以"天下为公，选贤与能，讲信修睦"三点表征之。"天下为公"讲政权，"选贤与能"讲治权，"讲信修睦"讲社会风气与人际关系。所谓"天下为公"就是让政权成为静态的实有而隶属于民族共同体，这就是政权的民主。所谓"选贤与能"就是在民主政权之轨道上选举人才以行驶治权。这根本符合民主政治的义理模型。所以牟宗三说：

> 窥孔子之言，以及其盛赞尧舜之禅让与盛德，则其所谓"天下为公，选贤与能"，似不当只限于治权方面，亦必扩及政权方面。惟当时未有此等概念，亦未能详细分疏耳。然自义理而言，则禅让而不家天下，固比家天下为更合理，为更近于大道之行也。然孔子亦只举出禅让之美，而未及如何实现之，后人亦未能继之以思也。是以终于为一普泛之理想耳。①

在牟宗三看来，从孔子的大同理想可以开出民主政治，但因缺乏概念的心灵，故不能使这种理想挺立成客观之义理模型。即孔子依然是在理性的运用表现中定人文理想，而不是在理性的架构表现中开义理模型。然此

---

① 牟宗三：《政道与治道》，第11页。

义理模型之不开，竟两千余年。王船山曰："呜乎，机发于人，而风成于世，气之动志，一动不可止也如此。"（《读通鉴论》卷十九）这对中国现实的社会政治产生了深远的影响。

前人许多对中国现实的社会政治的理解与描述，我们都可以从这里得到解释。黑格尔在其《历史哲学》中说：

中国纯粹建筑在这一种道德的结合上，国家的特性便是客观的"家庭孝敬"。①

梁启超在比较中西不同的社会政治形态时指出：

欧洲国家，积市而成。中国国家，积乡而成。此彼我政治出发点之所由歧，亦彼我不能相学之一大原因也。是故我国百家之政论，未有不致谨于乡治者。②

由此，梁启超认为，中国只有乡民（或部民），并无市民，更无国民（或公民）。这样的结果就是：

群族而居，自成风俗者，谓之部民；有国家思想能自布政治者，谓之国民。天下未有无国民而可以成国家者。③

罗素在20世纪20年代曾应邀来华讲学数月，回国后于1922年写成《中国问题》一书，他认为：

与其把中国视为政治实体（political entity）还不如把它视为文明实体（civilization entity）——唯一从古代存留至今的文明。④

因为中国不像是一个严格意义上的政治实体，故梁漱溟进而在罗素的

①　黑格尔：《历史哲学》，第127页。
②　梁启超：《先秦政治思想史》，第224页。
③　《梁启超全集》第二册，北京出版社1999年版，第663页。
④　罗素：《中国问题》，秦悦译，学林出版社1996年版，第164页。

基础上认为中国是：

> 纳人群于伦理，化阶级为职业，容国家于社会。①

这样，使得中国

> 二千余年来，前进不能，后退不可，皆介于似国家非国家，有政
> 治无政治之间，而演为一种变态畸形——这就是缺乏阶级不像国家之
> 所归落的地步。②

梁启超、罗素及梁漱溟三人的论述，谓中国虽然有悠长的历史，但中国并不是一个严格意义上的国家，只能算一个靠人伦礼乐组织起来的松散的社会。何以会出现这样一种状况？梁漱溟曾以中国文化是理性早熟加以解释。他认为，西方现在的国家组织与制度建构都是从事到理，是在事实中逼出来的，而中国文化由于理性早熟，从开始就以其道德心灵抓住了理，同时就牢牢地站在那里，忽视或低看了其前的阶段。这样，梁漱溟认为，中国文化忽略了其前的阶段，故不能建立民主政治。复由民主政治之不能建立，进而中国文化自身之理想亦不能完成。最后，中国文化也不可能返回来重新走过它所忽略者，因为这样就表示人的生命之退坠。在梁漱溟看来，中国文化将永远在不退不进之盘旋中，"假使没有外力进门，环境不变，他会要长此终古！"③

梁漱溟的解释是在一个宽泛的文化立场上，如果我们在牟宗三所确立的民主政治的立场上，则更能得切实的理解。前面讲过，"天下为公"就是指政权属于一个具体民族总持地有，共同地有，非个个人员个别地有，或分别地有。但在中国，政权一直属于个人或家族，所谓家天下，一般老百姓被排除在政权之外，他们只感受到了来自上层的统治力，而并未感受到来自下层的政治参入力。故中国民众对政治的理想就是政府不要扰民，让民众在乡里自理自治，而并未想到利用政权赋予的权利去参入政治。柳

---

① 梁漱溟：《中国文化要义》，第 248 页。
② 同上书，第 159 页。
③ 同上书，第 249 页。

河东《种树郭橐驼传》就深刻地表现了民众的这种理想。郭橐驼种的树之所以"硕茂、早实以蕃",乃因为他种树时"其莳也若子,其置也若弃,则其天者全而其性得矣"。最后,文章以此喻官理。

> 问者曰:"以子之道,移之官理,可乎?"驼曰:"我知种树而已,理,非吾业也。然吾居乡,见长人者好烦其令,若甚怜焉,而卒以祸。旦暮吏来呼曰:'官命促尔耕,勖尔植,督尔获;蚤缫而绪,蚤织而缕;字而幼孩,遂而鸡豚。'鸣鼓而聚之,击木而召之。吾小人缀饔飧以劳吏者,且不得暇,又何以蕃吾生而安吾性耶?故病且怠。若是,则与吾业者,其亦有类乎?"问者嘻曰:"不亦善夫!吾问养树,得养人术焉。传其事,以为官戒。"(《柳河东集》卷十七)

若既无政治的参入欲望,也没有来自上层的统治力,则整个社会彻底松散,民众也退居为羲皇上人。中国民间的歌谣:"耕田而食,凿井而饮,日出而作,日没而息,帝力于我有何哉?!"正是中国民众生活的真实写照。故陶渊明笔下的那个"乃不知有汉,无论魏晋"的桃花源亦决非完全虚构。这样,中国之民众群居而松散,若没有儒家的礼乐之教,这群居而松散的民众几与野人无异。这就是黑格尔、罗素、梁启超与梁漱溟提出上述论断的原因。可见,在他们的论述中隐含着这样一个前提:真正现代意义上的国家是民主政体的国家。

那么,为什么中国的先贤已透露出民主政治的理想而终未出现民主政治的国家形态呢?牟宗三认为,这固然与中国学人概念的心灵表现不够而未彰显民主政治的义理模型有关(此为本质因缘),也与现实上中国社会始终未出现阶级划分有关(此为现实因缘)。牟宗三依据黑格尔的国家学说而认可了阶级在民主政治中的积极意义(尽管他认为亦有其限度)。黑格尔在《历史哲学》中指出:国家是普遍的精神生命(the universal spiritual life),在那里,个体与之有信赖与习惯之关系,并且只有在国家里面个体才有其存在(existence)与现实性(reality)。这样,对于国家而言,下列问题就显得为一首要之问题,即个体是因习惯而无反省地结合在统一体中,抑或是反省的和主体而独立的存在于统一体中呢?① 依黑格尔的看

---

① 黑格尔:《历史哲学》,第111页。此处是意引,且据英译本有所改动。

法，要实现国家作为普遍的精神生命，其中的个体必须是作为反省的、主体而独立的存在（牟宗三认为，此是讲政治意义上的，非道德意义上的，就道德意义上的主体而言，中国文化已充其极），而不是无反省的依习惯而结合的自然存在。不然，国家作为绝对自在自为的理性东西就只是一种观念，而不是一种活的精神，一种现实性。同时，只有作为政治上主体而独立的存在，个体才能实现其作为国家公民的现实性。所谓政治上主体而独立的存在，就是形成阶级集团以争取相应的权利。所以，阶级的出现对于国家而言具有特别的意义。黑格尔说：

> 因为在一个现实的国家和一个现实的政府成立以前，必须先有阶级区别的发生，必须贫富两阶级成为极端悬殊，一大部分的人民已经不能再用他们原来惯常的方式来满足他们人生的需要。[1]

在阶级出现以前，即便有民族群体或部落也不能称之为国家，"一个民族最初还不是一个国家"。[2] 因为它还缺乏有效的形式使自己成为客观普遍的定在，这样，民族群体或部落的存在仅只是形式的而不是具有主权的。

我们再回到中国的政治土壤中来。中国虽有士、农、工、商的差别，但这只是职业的分途，而不是阶级。这些人在社会上不挂搭在任何组织与集团去争自身的权利，除了依伦理关系挂搭在家族宗法以外。由此，中国的生产方式始终是家庭化的，而未实现社会化。冯友兰说：

> 在生产家庭化底社会里，人可以在他的家之内生产，生活。但在生产社会化底社会里，人即不能在他的家之内生产，生活。他必须在社会内生产，生活。所以有许多事，在生产家庭化底社会里，本可在家中求之者，在生产社会化底社会里，必须于社会中求之。[3]

因为生产的家庭化，使得中国社会始终停留在静态的宗法社会中，而

---

[1]　黑格尔：《历史哲学》，第91页。
[2]　黑格尔：《法哲学原理》，第355页。
[3]　田文军编：《极高明而道中庸——冯友兰新儒学论著辑要》，中国广播电视出版社1995年版，第228页。

不是动态的市民社会中。然而，唯有生产的社会化不但使市民社会出现，同时也会出现不同的等级差别，最后是国家出现。马克思、恩格斯在黑格尔的基础上，进一步发扬了有阶级而形成国家的观点。① 中国当然也有贫富分化，但一方面，贫者富者只是历史机缘、境遇与能力之不同而形成之分化，非生产中因资料的占有使所处的地位不同而使然；另一方面，在宗法社会里，贫者富者始终可以相安而不至于形成尖锐的阶级对立，从而相互限制。所以，贫富悬殊并不能直接形成阶级。亨利希·库诺在论述马克思的阶级观点时，批评了人们误把贫富的差别作为了阶级划分的标准。他说：

> 　　一个自耕农收入没有一个收入较好的工人高，但是他不能因此而变成一个雇佣工人，亦即并不因此构成和资本家的雇佣关系，不会为资本家付出剩余劳动，也生产不出资本利润；一个穷困潦倒的贵族或军官，其收入在一般工人之下，那他也不会成为雇佣工人。②

---

　　① 黑格尔：《精神哲学》，第334页。黑格尔的国家思想被马克思与恩格斯所接受，后来他们读摩尔根的《古代社会》更坚定了这种思想。在《家庭、私有制和国家的起源》中，他们认为雅典、罗马与德意志国家的起源概莫如此。这里仅略述雅典国家的起源：在雅典，古老的部落或氏族是这样向国家过渡的：早在公元前十一二世纪，由于海上贸易的发达，已经产生了明显的财富差别，经济的这种发展状况，打乱了牢固的部落和氏族状态。据说提修斯就将原来属于部族管理的事物宣布为国家的公共事物，并交由中央管理机关管理。同时，将所有部族的民众分为三个等级：贵族、农民和手工业者。由于分工的不同，居民越来越被划分为职业阶级和行业阶级。这样，从前氏族是生活在一定的地方共同体内，而现在他们往往是由其行业而被分开，从而散布在不同的地方共同体中。并且这种分化使得某些新的行政机关变得必要。因此，古老的氏族就这样被职业阶级的划分所摧毁。"因此，氏族、胞族和部落已不适宜于作为政治集团了；大量的雅典公民不属于任何氏族；他们是移民，他们虽然取得了公民权，但是并没有被编入任何旧的血族团体；此外，还有不断增加的仅仅被保护的外来的移民。"这种情况的进一步发展，就带来了公元前594年梭伦的体制改革，成立雅典议事会。议事会由四百人组成，每部落一百人，同时所有公民按土地的多少与谷物的产量分为四个等级，每一等级都被赋予相应的权利与义务。后来克利斯提尼（公元前509年）把氏族完全消灭，把氏族部落变为政治自治区，每一自治区选出50个成员进入拥有五百名成员的雅典议事会。最终，雅典国家得以诞生。这样，由于国家的出现，"血族制度的各种机关便受到排挤而不再过问公事；它们下降为私人性质的团体和宗教会社"。（见《马克思恩格斯选集》第四卷，人民出版社1995年版，第107—118页。）

　　② 亨利希·库诺：《马克思的历史、社会和国家学说——马克思的社会学的基本要点》，袁志英译，上海译文出版社2006年版，第395页。

所以，亨利希·库诺认为，马克思的阶级观点的本质不是指贫富的悬殊，而是指在经济生产活动中人们所处的地位的不同，即生产者之间的雇佣与被雇佣的关系。恰恰是这一点，在中国家庭化的生产方式中不可能出现。在中国家庭化生产的自给自足的自然经济中，固然有自耕农或手工业者的贫穷，但其贫穷并不是因雇佣关系中的被剥削而使然，同样，富裕也不是因雇佣关系中的剥削而使然。其原因虽不一而足，然皆非经济活动中人之不同地位所致则甚明。所以，梁漱溟说中国是伦理本位，职业分途，而没有阶级，可谓昭昭然也。在《家庭、私有制和国家的起源》中，恩格斯认为这样的生产方式永远不会出现阶级对立。

> 所必然产生的结果是生活资料，尽管有时很少，有时很多；但是决不会产生那种无意中产生的社会变革，氏族联系的破裂，或同氏族人和同部落人分裂为相互斗争的对立阶级。生产是在极狭隘的范围内进行的，但生产品完全由生产者支配。这是野蛮时代的生产的巨大优越性，这一优越性随着文明时代的到来便丧失了。[1]

恩格斯所说的文明时代的到来是针对雅典而言的。但在中国，把诸如经济的、政治的、文化的、宗教的一切活动都消融在宗法社会中，宗法社会成了包容一切的大熔炉，在此多以理性相安为务，阶级对立不出现，现代意义的国家亦永不得出现。社会政治终而复始，一治一乱，永远走不出此僵死之局。在此意义上，黑格尔说中国仅仅是空间形态的帝国（Empires belonging to mere space），是非历史的历史，因为它只是重复着那终古相同的庄严的毁灭（majestical ruin），[2] 并非无理由。

综上所述，要实现国家作为普遍的精神生命，不仅需要理性的理想，而且需要现实的力量以实现此理想，不然，徒成为偏枯的理念。如果理性的理想是形式因与目的因，而现实的力量就是质料因与动力因。孔子讲"天下为公，选贤与能"就是形式因与目的因，唯社会上缺乏作为质料因与动力因的阶级对立耳。所以，尽管现代新儒家普遍反对马克思的唯物史观，但在阶级对立以争取政治民主自由的问题上，却肯定了阶级的合理性。牟宗三也不例

---

① 《马克思恩格斯选集》第四卷，第110—111页。

② 黑格尔：《历史哲学》，第112—113页。

外，他认为要实现民主政治，必须先有阶级对立的出现，这是其现实因缘。他说："阶级斗争在西方历史中是事实。并不可因为马克斯（思）讲阶级斗争，而即忽视或躲闪此事实。"之所以不能忽视或躲闪，乃因为：

> 人是一现实的存在，自然需要有物质的生存条件：人总想保持自己的生存，而且想改进其自己的生存。就"现实的存在"言，人要维持并改进其生物的存在，自亦不能无其私利的本能。而这种私利，因以阶级集团的方式去争取，所以，也就是公利：是属于全阶级的，客观的，并不单属于个人的，主观的。可是就是这争取公利就函着争取正义，公道，人权与自由。人间不能有不平，不能有被压迫被奴役的人：压迫，奴役，不平，是人间最大的不公道，不合天理。争取阶级的公利就是争取公道与天理。①

之所以可以由阶级的私利性去争取得公道与天理，乃因为人不仅仅是一现实的存在，更是一道德的存在，正是后者使得人突破了其阶级性的限制而表现其普遍的道德性，进而使理性的理想得以可能。可见，阶级只表现了客观精神，并不能表现绝对精神。在牟宗三看来，在精神的辩证历程中，必定由普遍的道德性把阶级性予以打散，而回归到超阶级中。② 由此

---

① 牟宗三：《政道与治道》，第 145 页。

② 现代新儒家一般能肯定阶级的意义，但多反对马克思的阶级理论。在他们看来，马克思从其唯物史观出发，故其阶级理论多强调私利性，不讲道德性，进而只有私利与斗争。其实这是他们对马克思阶级理论的误解。马克思在《路易·波拿巴的雾月十八日》中对法国小资产阶级的描述时说："然而也不应该狭隘地认为，似乎小资产阶级原则上只是力求实现其自私的阶级利益。相反，它相信，保证它自身获得解放的那些特殊条件，同时也就是唯一能使现代社会得到挽救并使阶级斗争消除的一般条件。"这就是说阶级斗争最后必然后导致阶级的消亡。所以，小资产阶级虽然在主观上只求其阶级的私利，但在客观上必挽救社会而最终使阶级斗争消亡。小资产阶级之所以是小资产阶级，并不是他们只有其阶级的私利性，而是下面这样一种情况："他们的思想不能越出小资产者的生活所越不出的界限，因此他们在理论上得出的任务和解决办法，也就是他们的物质利益和社会地位在实际生活上引导他们得出的任务和解决办法。"（《马克思恩格斯选集》第一卷，人民出版社 1995 年版，第 614 页。）也就是小资产阶级的社会存在决定小资产阶级的社会意识，其私利性虽是其社会意识的反映，但这私利性却是在斗争中突破其私利性的现实条件。这就和牟宗三的论述极为相似了。当然，二者的理论出发点并不同，马克思是从唯物史观出发，而牟宗三是从人的先验道德性出发。若能对二者作深入的比较研究，是一个有价值的论题。

可知，阶级作为一种现实力量，是国家或民主政治的物质条件。就精神之发展历程而言，阶级、国家与民主政治皆为概念的心灵之所成，是客观精神的表现，在精神向绝对精神前进的途程中，此一段客观精神在社会政治上的表现，为不可或缺者，因为此时个体是反省而主体的独立存在于统一体中。它使精神丰富而不偏枯，不然，精神的理想徒成道德的吟唱与虚灵之光景，而现实的政治状况终至不可收拾。然而阶级在西方是在现实的逼仄中自然形成的，人多从政治或经济上实然地看之，而不知阶级实乃精神在社会政治中的表现，乃至认为阶级根本是反理性的。① 而牟宗三在精神历程中论阶级，不但能正面识认阶级在社会政治这种的价值与意义，而且亦能在精神发展历程中检定其在社会政治中的限度与夫其超越之可能，以开社会政治之更高理境。

六　知性主体的限度与其伸进之可能

除上面提到的逻辑、数学、几何（此三者为纯形式科学）、政道与治道以外，知性主体之所成本还有自然科学。但在牟宗三的精神哲学中，自然科学所以可能的讲法与康德的讲法相似，故没有特别提出来论述。当然，其间又略有不同。在康德那里，他虽然把思辨（知识）理性与实践（道德）理性对扬，但实践理性是假设而不能呈现，故道德主体并不存在。依是，思辨理性与道德理性之间没有辩证发展之可能，由此，知识皆是必然而定然的。但在牟宗三的精神哲学中，他凸显出一个道德形而上学的构架，道德主体作为最后的可呈现的实体，而知性主体只不过是道德主体坎陷之结果。道德主体是良知之如如，是"无执"，而知性主体是概念之刚骨，是"执"。所谓"执"就是执持先天知性概念以成就知识。所

---

① 梁漱溟就曾云："无疑地，阶级不是理性之产物，而宁为反乎理性的。它构成于两面之上：一面是以强力施于人；一面是以美利私于己。但它虽不从理性来，理性却要从它来。何以言之？人类虽为理性的动物；然理性之在人类，却必渐次以开发。在个体生命，则有待于身心之发育；在社会生命，则有待于经济之进步。而阶级恰为人类社会前进程中所必经过之事。没有它，社会进步不可能。"（见《中国文化要义》，第126页。）阶级既为反理性，则理性何以要从它来，此自非董理之论。梁氏之视理性仅为道德理性，故有是论。实则理性分为思辨理性与道德理性，阶级乃思辨理性之所成。在牟宗三的道德形上学，思辨理性可通化至道德理性，故阶级不可云反理性，只可云在精神历程中有其成果，亦有其限制耳。

以，在牟宗三那里有两层存有，即"执的存有"和"无执的存有"，对应于人的不同主体，"执的存有"因知性主体而可能，"无执的存有"因道德主体而可能。"执的存有"即康德所说的现象，"无执的存有"即康德所说的物自身。但在康德那里，人因为是有限存在，只具有限心而不具无限心，故只现象对人而言，物自身乃对上帝而言。这样，现象与物自身皆为定然的存在。即在人那里，现象不可转为物自身，物自身对于人亦没有意义。亦即是，人所面对的世界就是一层存有，这就是现象意义的世界，此即是科学知识的世界，此为人的宿命。但依牟宗三所讲的道德形而上学，真实的实体只是道德主体，知性主体仅为道德主体坎陷而成者。故当人以道德主体（无限心）面对存有时，此时存有即为物自身；当人以知性主体面对存有时，此时存有即为现象。所以，人可以面对两种世界，即现象意义的世界与物自身意义的世界。因而，世界对人而言非定有，乃可转化者。就科学知识之世界而言，亦并非人的宿命，它是有而能无，无而能有的。牟宗三说：

> 然则科学知识有无必要？在上帝根本没有，亦不必要。依西方传统，上帝是上帝，人是人，两不相属。就科学知识言，上帝无而不能有，人有而不能无。依中国传统，人可是圣，圣亦是人。就其为人而言，他有科学知识，而科学知识亦必要；就其为圣而言，他越过科学知识而不滞于科学知识，科学知识亦不必要，此即有而能无，无而能有。①

所谓"无而能有"就是道德主体坎陷成知性主体，此时存有由物自身转为现象，即为科学世界。所谓"有而能无"就是知性主体去"执"而上通至道德主体，此时存有由现象转为物自身，万法皆如，即为物自身的世界。所以，牟宗三认为，中国文化传统中的儒道释三家，"于科学知识这一环，虽皆可有，尤其儒家易有，然而因为皆重视上达，故未能正视这一环。吾人今日须开而出之。上达下开，通而为之，方是真实圆满之教"。②

---

① 牟宗三：《现象与物自身》，第 121—122 页。
② 同上书，第 122 页。

从上面的讨论中我们可以看出，牟宗三以其道德形而上学构架，可以积极地讲科学知识，亦可积极地讲物自身，且二者可通而为一。即科学知识不是定有，人亦不会限于科学一层论之中。人随时可"执"而由道德主体坎陷为知性主体，从而开出科学知识；人亦随时可去"执"而由知性主体上升至道德主体，从而消融科学知识所带来的弊端。此可谓科学知识之调适而上遂也。不惟科学知识，就是纯形式科学（逻辑与数学）、政治科学，亦须得在此精神构架内调适而上遂，不然亦横生流弊。此中既有流弊，即见知性主体的限制，而要克服这种限制，依知性主体自身不可能，须由知性主体上达知道德主体，方能开精神之更高之境以克服之。但这些在康德的系统中并不能证成，乃至在整个西方文化传统中俱不能证成，因为西方文化并不是一个以道德主体为价值依归的实践形而上学系统，而是一个以知性主体为价值依归的思辨形而上学系统。这里，且论述西方科学与民主政治的危机，以见知性主体的限制。

（一）科学模式与价值消隐

知性主体是纯形式的主体，尽管可由之以成就科学知识，但因其无"觉"，现实中人们常以未经批判的自然态度来对待它，不知乃知性主体之所成，从而使科学失去了主体性的关照与润泽。尽管如此，西方科学在伽利略以前依然是一种经验劳作，科学世界中的一切是可感性地经验到或直观到的。这样的科学世界——依胡塞尔的看法——"是我们之中与我们的历史生活之中的一种精神结构"。[①] 但自伽利略以后，西方科学的观念化与形式化有了极大的发展。自此以后，"整个无限的自然被当作一个具体的因果世界，并成为一种特殊的应用数学的对象"。[②] 随着科学上取得的成就日益明显，其技术化与观念化之模式逐渐取得统治地位，哲人们亦希望对人类之整个世界——无论是精神世界还是物质世界——进行技术化的处理。"人们以字母和表示连接和关系的记号（＋、×、＝，等等），按照本质上与纸牌或棋类游戏的活动方式没有什么区别的游戏规则来演算。"[③] 而且，"任何一种从数学和自然科学的研究领域之外引导人们作这

---

① 胡塞尔：《欧洲人的危机与哲学》，倪梁康选编：《胡塞尔选集》，上海三联书店1997年版，第944页。

② 同上书，第1014页。

③ 同上书，第1024页。

样的反思的企图，都当作'形而上学'而加以拒斥"。① 这样，科学模式逐渐在哲学研究上取得统治地位，进而使哲学失去了其传统的实践的智慧学的品格，哲学由此沦落为概念之演绎与逻辑之推算。本来，哲学作为实践的智慧学之时，其高贵的品格可使其直通价值领域乃是宗教。所以，后来的基督教常以柏拉图与亚里士多德的哲学作为其理论基础。即便是自笛卡尔以后，西方哲学转向了知识论或认识论，然其标举主体理性之精神，亦未完全刊落价值与宗教，至多只是作了不同领域的划界，最显著者就是康德的哲学。但自伽利略的精神在爱因斯坦的相对论那里进一步得到加强与膨胀以后，哲学亦缘此而产生了分析哲学。这种哲学以其技术化的构造，不但消解了时间、空间、物质等实体，亦消解了道德、价值与宗教。因此，这种哲学可以说既是发现的理论，又是掩盖的理论。牟宗三称此种情形为"上帝的隐退"。"上帝的隐退"是知性沉迷于自身而不能作进一步开显的必然结果。因为知性此时只着眼于平面的现象感觉层之分析。这是彻底的"事法界"的精神，是清一色的物质与自然之平面层。"若是人们的心思，随其精神之只倾注于自然与物质，而只在这个平面层上打旋转，其余全无所觉，亦全不予理会，则但就这个时代言，这当然是上帝死亡，上帝隐退的时代。"② 这种"事法界"之精神背后，实乃以术数之想象与俊逸，构造之美趣与严密为其基底。牟宗三说：

> 爱因士坦时代的基本精神是"事法界"的认识，不是"理法界"的认识。而在"事法界"的认识背后也有一种艺术性的欣趣之美学情调，此可谓"事法界"认识的基本灵魂。而此常为当事人及一般人所不觉。然这却是十分显然的。这是艺术性的欣趣之美学情调便是对行云流水之轻松弛散境之趣味。这既不是诗的，也不是戏剧的，乃是散文的，小品文的散文的，所以它首先不是强度的，乃是广度的，不是内在的，乃是外在的。这是一种平面的苍凉阴淡的趣味，无体的月亮光的境界。③

---

① 胡塞尔：《欧洲人的危机与哲学》，倪梁康选编：《胡塞尔选集》，上海三联书店 1997 年版，第 1035 页。

② 牟宗三：《道德的理想主义》，第 187 页。

③ 同上书，第 189 页。

　　这就是说，这种"事法界"之精神乃是外在的、无体的、松散的、形式的，是经验理智强探力索、约定形构的结果。固然可以博之以成文，但不能约之以成礼，是以高明之道缺焉。亦即是，这种精神始终只停留在平面的成文系统之五光十色之图景中，而不能竖起来为此成文系统予以超越的价值安立，进而洞开一个更高的价值实践领域乃至对"究极本体"之寻求。这样一来，由于对这层图景之迷恋，上帝这种究极本体总在迷雾之中，故其隐退就在所难免了。牟宗三以为，最能代表上帝之隐退精神的是罗素的哲学。

　　众所周知，罗素不信上帝，并且在《为什么我不是基督徒》一文中对上帝的存在从"始因论"、"自然法则论"、"设计论"、"道德上帝论"和"伸张正义论"五个方面提出质疑。他的这些质疑，我们并不能对之作正确或错误的肯断。譬如，他在批判"始因论"时说："没有任何理由可以说世界没有起因就不能产生，同样，也没有任何理由说世界并不总是存在着，没有理由说世界归根到底有个起点。事物肯定有个起点的观点，实实在在是想象力匮乏的结果。"① 这些论争实在是很无谓，因为"始因论"与"无始因论"在事实层面总是无法确证的。但却正暴露了罗素停留于事法界而不追寻终极本体之精神。罗素的这些宗教观点实际上是他的哲学观点的体现与继续。因此，我们不必纠缠于罗素的宗教观点，而直接从罗素的哲学中就可以找到他之所以消隐上帝的精神理路。这较之于罗素的宗教观点是更为探底之论。

　　罗素之对于哲学的认识是基于以下观点：

　　　　哲学之应当学习并不在于它能对于所提出的问题提供任何确定的答案，因为通常不可能知道有什么确定的答案是真确的，而是在于这些问题本身；原因是，这些问题可以扩充我们对于一切可能事物的概念，丰富我们心灵方面的想象力，并且减低教条式的自信，这些都可能禁锢心灵的思考作用。此外，尤其在于通过哲学冥想中的宇宙之大，心灵便会变得伟大起来，因而就能够和那成其为至善的宇宙结合

────────────

① 罗素：《宗教能否解除我们的困惑》，黄思源、卓翔译，北京出版社 2010 年版，第 44 页。

在一起。①

　　这段话虽然是出现在罗素的早期著作《哲学问题》一书中，然而却代表了罗素哲学的基本精神，尽管他在后期一些哲学观点有所变化。罗素以为，正是哲学冥想（philosophic contemplation）的自由与公正使得人们在行动与情感世界中保持某些同样的自由和公正。"冥想中的公正乃是追求真理的一种纯粹欲望，是和心灵的性质相同的，就行为方面来说，它就是公道，就感情方面说，它就是博爱。"② 这样，冥想不但扩大我们思考中的客体，而且也扩大我们行为与情感中的客体，它使我们不只是围城（walled city）中的公民，而且是宇宙公民，正是这种公民身份使我们从狭隘的希望与恐怖的奴役中解放出来。罗素这里也是为哲学开出理想主义的维度，从而企图接上道德、价值与美等精神业绩。但他的这个维度是以实在论为基底，加上"方以智"的分析、知解、构造而来者，而不是"圆而神"的德性实践而朗现者。故罗素哲学之分析与构造虽不失其华美与顺适，足见思辨之俊逸与妙曼，但往往蹈空而不实。这里有文人术士之浪漫与美趣，而无圣人悲情之庄严与践履。这样，罗素哲学之刊落宗教精神而使上帝消隐为必然者？我们现在来看看罗素的哲学何以必会如此？

　　尽管罗素认为哲学不在于提供精确可靠性的答案，但——因倾慕于科学方法的成就——依然以为，哲学中的许多问题，要么是我们的知识手段所永远不能解决的，要么是借助于更具韧性和更为适当的方法，可以消解还原问题之实质而可加以精确地解决。罗素称此种倾向的哲学为"逻辑原子论"。这种哲学代表着类似于伽利略带给物理学的那样一种进步："用零碎的，详细的和可证实的结果去代替仅靠想象引荐的大量未经检验的概括。"③ 罗素这里所说的可证实的结果乃依靠数理逻辑的推理与演绎得来。哲学之所以需要这种方法，乃因为哲学的古典传统和新近的进化论哲学都没有在哲学之精确性问题上取得较大的进步。古典哲学传统，主要以康德与黑格尔为代表，承袭了柏拉图的方法。众所周知，柏拉图二分世界为理念世界与现象世界，理念世界时本体而现象世界是摹本，且理念世

　　① 罗素：《哲学问题》，何兆武译，商务印书馆 2000 年版，第 134 页。
　　② 同上。
　　③ 罗素：《我们关于外间世界的知识》，陈启伟译，上海译文出版社 2006 年版，第 2 页。

界是更真实更有价值的世界。总之，古典的哲学传统还是那种追寻终极本体之精神。但罗素认为，这种哲学传统乃是对哲学的束缚。他说："但是毫无疑问，我们可称为经验世界观的东西已经变成了最有教养的人们的心理习惯的一部分；正是这种经验的世界观而非任何确定的论证已经削弱了古典传统对哲学研究者和一般有教养公众的束缚。"① 这就是说，只需要站在经验世界之内即可质疑乃至是否定传统哲学的精神。新的哲学精神乃站在经验世界之内，以逻辑分析为工具。一方面，可自由设想世界可能是什么；另一方面，又拒绝对世界是什么作出立法的规定。这种由逻辑内部所起的变化把传统哲学中的形而上学实体给扫荡殆尽了。进化论哲学以尼采和柏格森为代表。他们摆脱了机械论的物理学规律，直接面对神秘的生命之流，物质不过是这种生命之流的创造，唯一真实的是不间断的生命之流的冲动与创造。如实而论，柏格森等人的进化论哲学虽然略带神秘主义色彩，而且也不能像儒家那样见体立极，但其开发人生之内在宇宙，企图解决人生之价值与意义问题，其存心亦可谓高远，其超越精神非一般求知识者可比。故他们肯定在零碎的物质世界之外，尚有不可名状的更强大的力量，并且是更为真实的存在，它为我们认识世界提供了更真实的洞见与直觉。人生之价值与意义正来源于此种洞见与直觉。罗素尽管认为这种神秘的存在虽然没有办法否认，但也不能证明。然而在科学态度至上的命令中，未经检验和证明的洞见不足以为真理的保证。"因此很难设想，本能或直觉的那种迅速、粗率、立时可用的方法会在这个领域找到英雄用武之地。"②基于对科学模式的膜拜，罗素对于古典哲学传统与进化论哲学的伦理与意义诉求予以了抨击。他认为，希望证明世界具有这样或那样合乎理想的伦理性质，这在哲学上无论如何是不可能满足的。认为善恶是理解世界的一把钥匙的观点已经从具体科学中驱逐出去了，于是便到哲学中来寻求避难，但如果哲学不想只是成为令人快慰的梦，那就必须把这种观念也予以驱逐。"无论如何，在思想上，那些忘记善恶而只求认识事实的人，比那些通过自己欲望的歪曲媒介来看世界的人更有可能获得善。"③ 在罗素看来，尽管一些心理现象——比如爱与恨——在伦理上是对立的，但它

---

① 罗素：《我们关于外间世界的知识》，第 5 页。

② 同上书，第 19 页。

③ 同上书，第 21 页。

们对于对象的态度是近乎同一的。成为哲学问题的正是那些心理现象的一般形式和结构，而不是心理现象的伦理意谓。"因此常常激励了哲学家们的那些伦理的兴趣必须留在背后，某一种伦理兴趣可能对整个的研究有所激发，但是任何伦理的兴趣都不应搅入具体细节的研究，也不能期望得到所要寻求的特殊的结果。"① 这样，哲学只需停留于物理事件或心理事件自身处，观察与分析，不必推想其背后的动力与原因，更不必介入人生问题。"因此，要成为真正为科学精神所灌注的哲学就必须研究有点枯燥和抽象的东西，而决不要希望找到对人生实际问题的解答。"② 由此，哲学的知识和科学的知识基本没有什么区别，因为没有一种知识之源是只供哲学汲取而不供科学汲取的。哲学之不同于科学在于哲学是批判的。所谓批判的乃是指：哲学可以公道地自认为，它可以减少错误的危险。罗素以为，对于哲学的这种限定，虽然不能使过去曾鼓舞过一些哲学家的那些希望得到满足，但却能满足其他一些更纯粹理智的希望。

基于对哲学的上述认识，罗素始正面提出哲学本该有的方法。在罗素看来，"每一哲学问题，当我们给以必要的分析和提炼时，就会发现，它或者实际上根本不是哲学问题，或者在我们使用逻辑一词的意义上说是逻辑问题"。③ 所谓逻辑就是对感觉材料作形式（罗素以为形式乃是哲学的真正对象）的分析。因为感觉材料才是哲学的生发点，如果把感觉材料看做是虚幻的而予以抛弃，则哲学家可能什么也得不到，哲学的努力都是白费。因为"谁都知道仅仅为了驳斥一个作者而读他的作品，不是理解这个作者的方法；抱着万物都是幻觉这种信念去读自然界这部书，同样不可能达到对自然界的理解"。④ 哲学的态度应该是融入感觉材料中并对之进行整理分析，既而逻辑地推理出所能够得出的结论。依罗素，就是依赖感觉材料和逻辑规律（所谓"硬"材料）构造出世界，这是哲学的全部工作。

在哲学史上，自贝克莱甚至是普罗泰戈拉以来，就存在人之感觉世界与客观物质世界的不可逾越的鸿沟。"物是观念的聚合"即表示：我们对物的认识与把握只限定在我们自身的感觉之内，若问物本身是什么，甚至

① 罗素：《我们关于外间世界的知识》，第20页。
② 同上书，第22页。
③ 同上书，第24页。
④ 同上书，第35页。

存不存在，这是不可能知道的。康德哲学中的现象与物自身的区分同样表述此种意思。因为一持存之物不可能是我们心中的一个直观，这样，我们不得不仅仅在信仰上假定在我们之外的物，这种信仰是基于从外物那里获得了认识本身的全部材料。但如果有人要怀疑外物之存有，则我们没有任何足够的证据能够反驳他。所以，康德认为，不能弥合感觉世界与客观物质世界之间的鸿沟，乃哲学和普遍人类理性的耻辱。[①] 但罗素以为，通过现代逻辑这种工具，哲学的这种耻辱可以被消解。"我们将看到，物理学的世界与感官的世界之间的矛盾是表面的而非实在的，我们将指出，凡是在物理学上有理由相信的东西都可能根据感觉予以说明。"[②] 也就是说，可以依据感觉经验对物理学世界进行逻辑的构造，从而使感觉世界与物理学世界沟通起来，因为"我们具有认识并非感觉所给予然而与先前感觉所给予对象同类的对象之当前存在的手段"。[③] 依罗素，把感觉世界与物理学世界进行沟通需要解决三个问题：

（1）持久"事物"的构造；

（2）单一空间的构造；

（3）单一时间的构造。

这里只说明罗素是如何构造"事物"的。在物理学上，一般认定有刚性的不可毁灭的"事物"之信念，质量守恒定律的成功就是这种信念最好的证明。但罗素认为，并不是质量守恒定律的成功证明了这种信念，而是这种信念带来了这种成功。然而这种信念假设的成分太多，这违背了一般哲学思维的原则：如无必要切勿增加存在物（即尽量不去增加思维的假设性）。于是，这个刚性的不可毁灭的"事物"信念是可以抛弃的。更何况，从物理学上讲，这样的一种信念并不需要，物理学上的"事物"完全可以从感觉材料中构造出来。那么，如何构造呢？罗素认为，每个感觉材料就是事物的一个视景或样相，而事物就是被感知和未被感知的一切视景或样相所构成的系统。

更概括地说，一个"事物"可定义为某一系列的样相，即通常

---

① 康德：《纯粹理性批判》，第 27 页注释一。

② 罗素：《我们关于外间世界的知识》，第 47 页。

③ 同上书，第 59 页。

会被说成属于这个事物的那些样相。说某个样相是某个事物的样相，意思只是说它是那些样相之一，那些样相作为系列来看就是这个事物。这样，一切就都进行得如先前一样：凡是可证实的就是不变的，但是对我们的语言要解释得可以避免关于常驻不变的不必要的形而上学假设。①

这就是说，除了一系列的样相之外，没有所谓的"事物"，当然，样相有被感知到的，有未被感知到的。但是，这些未被感知到的样相都可以成为被感知到的样相的逻辑函项，即全部物理学世界都可以成为感觉世界的逻辑函项，既而因之而被构造出或被计算出。罗素说：

> 一个理想的事物就是一个其状态在一切时候都是理想状态的事物。理想的现象、状态和事物既然是被测算的，因而必然是实际的现象、状态和事物的函项；因此，为了说明物理学的规律，并无必要赋予理想的要素以任何的实在性，只要我们有方法知道如何确定它们在何时变为实际的要素，那么承认其为逻辑的构造也就足够了。②

在这里，罗素虽然也承认客观事物的实在性依然是悬而未决的。"没有根据否定这个信念的真实性，但是我们也没有得来任何积极的根据支持这个信念。"③ 但问题是：对于物理学世界来说，去追究客观事物的实在性完全是多余的，而只限于感觉及其逻辑构造就已经足够了。因为"这个世界是一个可能真实的世界。它与事实相符，没有任何与之相反的经验证据；而且也没有逻辑上的不可能性"。④ 罗素在《物的分析》中进一步说："除了纯粹数学以外，最先进的科学是物理学，因为依据纯粹数理演绎，理论物理学可以使这个逻辑链条成为可能，即从某个假定的前提到遥远的明显的结果。"⑤ 对于哲学所给予事物的这种构造，罗素说：

---

① 罗素：《我们关于外间世界的知识》，第79页。
② 同上书，第84页。
③ 同上书，第71页。
④ 同上书，第70页。
⑤ Bertrand Russell. *The Analysis of Matter*, New York：Dover Pubications, 1954, p. 1.

我们可以一种逻辑上无可指责的方法解释常识和物理科学所给予的世界，并为一切感觉材料，包括硬材料和软材料，找到一个位置。这个假设的构造及其与心理学和物理学之一致，就是我们的讨论所得到的主要成果。①

不但"事物"可被逻辑地构造，而且"心灵"亦可被逻辑地构造。这样一来，"心"与"物"的区分就不是绝对的。罗素说：

> 物理学和心理学并不是通过它们的材料而得以区分的。心灵和物质同样都是逻辑的构造；它们由之构造出来或者说从中推论出来的那些殊相拥有各种不同的关系，其中的一些是物理学所研究的，而另外的一些是心理学所研究的。一般说来，物理学通过殊相的主动的地点把殊相归为一组，而心理学通过殊相的被动的地点把殊相归为一组。②

这也就是罗素所一再表示的：精神现象与物理现象是通过其因果律的性质而非其主题而得到区分的。依罗素，如果一种因果律能够由规则现象所虚构而成的殊相系统得到陈述（所谓"主动的地点"），那么这就是物理现象的定律。而如果其中的殊相是意象，受制于记忆的因果关系而得其系统陈述（所谓"被动的地点"），则此为精神现象的定律。这样，在罗素看来，精神现象与物理现象的差别是非常小的。他说：

> 心理学的终极材料只是感觉、意象以及它们的关系。信念、欲望及意志力等等在我们看来都是复杂的现象，并且是由以各种方式相互关联起来的感觉和意象组成的。因而，似乎明显地最具精神特性并最远离物理学的事件，就如物理对象一样，也是构造和推论出来的，而非理想科学的原始材料库的一部分。③

① 罗素：《我们关于外间世界的知识》，第73页。
② 罗素：《心的分析》，贾可春译，商务印书馆2009年版，第270页。
③ 同上书，第263页。

所以，我们要理解精神科学必须转向唯物论，因为所有精神现象都因果地依赖于物理现象，也就是感官世界中的材料。由此，心灵与物质都不是实在的实际材料，而是同一种基本材料的不同的方便的组合。罗素因之而总结说：

> 我将试图让你相信，物质并不像通常所设想的那样是物质的，心灵也并不像通常所设想的那样是心灵的。当我们说到物质时，我们仿佛倾向于唯心论；而当我们说到心灵时，我们仿佛又倾向于唯物论。二者都不是真理。我们的世界是由美国实在论者所谓的"中立的"实体构成的，而这种实体既不具有物质的硬性与不可摧毁性，也与被假定为代表着心灵的对象没有关系。①

这就是说，除了感官材料以外，物质与心灵都不是实在的，而是一种逻辑构造。这样，感官材料、物质及心灵三者之间皆没有本质的区别，而只有组合方式的不同罢了。物质与心灵的实体性被消解了，世界只有清一色的感官材料，而我们之所以需要依据这些材料去构造物质或精神现象，也只是为了科学地理解人与世界。但无论如何构造有一个不能脱离的基点——感官材料。尽管哲学可以容许冥想而去寻求恬淡与逍遥的生活，但不能只限于自家的虚构而陷入狂热。罗素说：

> 因此，我们就只好零碎地考察世界，也就无法认知和我们的经验迥然不同的宇宙各个部分的性质了。这种结果，尽管使那些因哲学家们所提出的体系而满怀希望的人们大失所望，但是它却和我们当代归纳法的和科学的气质相和谐，而且又被人类知识的全部研究所证实。②

在感官材料那里，物质与精神的差别已经消失，物质既已失去其古老的强度，精神也已失去其本有的灵性。以上论述罗素对物质与心灵的消解，只是为了表明其哲学之基本精神，在此种精神之下，罗素对价值与宗

---

① 罗素：《我们关于外间世界的知识》，第 25 页。
② 罗素：《哲学问题》，第 122 页。

教的消解是必然的，因为价值与宗教的超越精神与感官材料根本是异质的，无论如何不可由此而被建构出来。因为在罗素那里，发现因果律是科学的本质，也是哲学的根本精神。因果律只是感官材料之间的关系，并无价值可言。"科学不讲价值，它不能证实'爱比恨好'，或'仁慈比残忍更值得向往'诸如此类的命题。科学能告诉我们许多实现欲望的方法，但它却不能断定一个欲望比另一个欲望更为可取。"① 实现欲望的方法中并不包括任何伦理判断。"惩罚不能以罪犯是'邪恶的'为理由，而只能以他曾以一种其他人想要杜绝的方式行事为理由，才能证明是正当的。地狱，作为一个惩罚罪人的场所，变得完全没有道理了。"② 也就是说，像"邪恶的"这类价值是没有的。不宁唯是，人格也是没有的。

> 人格实质上是一种有机物。由某种联系组合在一起的某些事素构成一个人。这种组合是通过因果律来实现的（这些因果律同其中包括记忆的习惯形成有关），而这些有关的因果律则依赖于肉体。③

人格既是一种有机物，故人格不朽是不可能的。这就如同，如果板球俱乐部的所有成员都死了，俱乐部也必将不存在。故不朽不是一个精神价值问题，而是肉体死后诸事相间之联系是否依然存在的问题。但除非奇迹，我们很难承认不朽的游魂的存在。④ 至于上帝，罗素虽然谨慎地承认他是一个不可知论者。所谓不可知论就是："没有充分的理由证实或否认上帝的存在。与此同时，作为不可知论者，可以认为上帝的存在虽是可能的，但又很不可能。他甚至可以认为上帝的存在是如此不可能，以至不值得我们去实际地考虑它。……不可知论者或许会认为基督教的上帝和奥林匹斯山上的诸神同样是不可能的。如果是这样，他和无神论者就殊途同归了。"⑤ 实际上，上帝也是不存在的。

---

① 罗素：《宗教与科学》，徐奕春、林国夫译，商务印书馆 2000 年版，第 91 页。

② 同上书，第 127 页。

③ 同上书，第 73 页。

④ 罗素进一步认为，对于永生的信仰不可能取得科学的支持，在科学上倾向于表明，肉体死后人格就消失了。"我们也许为我们灵魂会死这种思想感到遗憾，但想到所有的虐待者、迫害犹太人者、骗子都不会永远存在，却是一种安慰。"《宗教与科学》，第 74 页。

⑤ 罗素：《宗教能否解除我们的困惑》，第 90—91 页。

就这样，在罗素那里，不但伦理价值与人格精神被消解了，而且上帝亦被消解了。人文价值世界彻底被科学世界所取代，这就是上帝隐退。故牟宗三所说的"上帝隐退"不只是一个纯宗教的问题，更是一个人文价值世界的维系问题。这正是科学模式所带来的人类精神的危机。

但是，伦理价值、人格精神与上帝真的能够被这样地消解掉吗？罗素从科学模式的哲学精神中似乎真的做到了。然而，这却是一种冥想的冷光的理智思辨，是一种概念的系统建构与游戏。当罗素被打落到真实的生活中时，他似乎不认为可以如此。尽管罗素认为，除科学方法以外，决不会承认任何获得真理的方法。但他也不得不承认，"在情感的王国，我不否认那些产生宗教的经验的价值"。① 罗素在其《自传》中的两段话充分表现了其情感上的无依与其生命之无寄。

　　人的灵魂的孤独感是无法承受的，除了宗教传道者所宣扬的那种至高无上的强烈的爱之外，没有任何东西能穿透这种孤独感。②
　　多年来，我只关注于精确性和分析，现在我觉得，我自己对美充满了半神秘的感情，对孩子们充满了强烈的兴趣，还有一种像佛祖一样强烈的愿望，想找到一种哲学能使人生变得更堪忍受。③

以上是罗素的存在感受。这是生命提起来后之警觉与其四无依傍之悲叹，这是质感的、真切的，是无关于学问的。阳明先生曰："此时正宜用功。若此时放过，闲时讲学何用？人正要在此等时磨炼。"（《王阳明全集》卷一《语录一》）若罗素真能于此时警觉磨炼，其哲学理境绝不只是如此。惜乎罗素未能如此。故当他回到学问中时，"分析的习惯又重新坚持下来"，而把以上的存在感受弃之不顾。这是"知"与"行"的分离，哲学成了知识的系统建构与概念游戏，丧失了其实践的智慧学品格。尽管罗素的哲学乃以严整之美构，但这只是显示其学人术士之小家相，不能显示其宇宙人生之智慧大道。这里正显示了科学模式之不足与知性主体须作进一步的精神升进之必要。

① 罗素：《宗教与科学》，第99页。
② 罗素：《罗素自传》第一卷，胡作玄、赵慧琪译，商务印书馆2002年版，第203页。
③ 同上书，第204页。

罗素之所以能消解物质与心灵，就在于他始终停驻在"用"的层次，即感官材料的层次。在这个层次上消解物质与心灵并不是没有道理的，而且也并非罗素首创此说。贝克莱的"物是观念的聚合"及休谟对"自我"的消解都表述了此种理论，但他们都没有由此走向消解道德与宗教的路，反而为信仰留下了地盘。即"用"的层次的现象之关系并不能消解"体"的层次的实体之存在。笛卡尔的思想即明确地表现了这种意思。笛卡尔的著名论断是"我思故我在"，他依此来探究"我"是什么？"什么是人？我将说'一个理性动物'吗？不，因为那样我将不得不探讨动物是什么，以及理性是什么，这样的话将会把我引向另外一系列更加困难的问题。……相反我毋宁集中思维关注每当我思考我是什么时，自然而自发地出现在我思维中的东西。"① 显然，笛卡尔是把实体性的"我"消解在功能性的"思"之中了。然而，笛卡尔却发现，"思"是非自足的，它需要某种其他的东西来作为其终极支撑与解释，"思"之外的"在"对于笛卡尔而言成为了课题。课题之所以发生，乃因为"我"何以能"思"一个无限的存在者，比如上帝。"我愈是仔细地思考其特征，似乎它愈不可能单独从我这里产生，……因为我是有限的，除非这种观念起源于某个真正无限的实体。"② 这样，"我"虽然无法达到这种无限实体的实在性，但却在"思"中以某种方式召唤了祂。所以，一个"思"之外的终极支撑者——无限实体，又以现象学的方式呈现在笛卡尔的哲学中了，祂是支撑着"在场者"的"不在场者"。可见，尽管"思"消解了"我"，但总有一个"不在场"的无限实体不能消解，不然，则"思"亦不可能。这个无限实体就相当于一个没有疆域与界限的场，"思"是光源之内的区域。我们一般对"我"的把握多集中于这一光源区域，由于光源区域可随时变化，"我"即流散在此变化中，故无实体可言。但光源区域之变化之所以可能，正是在无限实体的场域中。故无限实体必然被昭示出，不可因为现象层的不可见而予以消解。也就是说，功能化的"心"（"用"的层次的"心"）必然预设实体性的"心"（"体"的层次的"心"）。

儒家哲学传统也在"用"的层次上消解了"心"，但决不在"体"的层次上亦加以消解。明儒黄梨洲亦云："心无本体，工夫所至即是本

---

① Descartes, *Meditation on First Philosophy*, Cambridge University Press, 1986, p. 2.

② Ibid, p. 31.

体。"（《明儒学案·序》）这是在工夫历程中（即"用"的层次上）消解"心"之本体，但"心"并非真无本体，只是不作工夫时"心"体归寂，不见其作用耳。所以，当阳明先生说"有心俱是实，无心俱是幻；无心俱是实，有心俱是幻"时，他的学生王龙溪即刻就明白："有心俱是实，无心俱是幻，是本体上说功夫；无心俱是实，有心俱是幻，是功夫上说本体。"（《王阳明全集》卷三《语录三》）这是工夫与本体的究极合一，是即"体"即"用"，但决非无"体"而只有"用"，而且"体"于逻辑上是在先的。其实，在罗素的理论中都预设了这个逻辑上在先的"心"体。如前面说到过的"惩罚不能以罪犯是'邪恶的'为理由，而只能以他曾以一种其他人想要杜绝的方式行事为理由，才能证明是正当的"。如果仅仅从行为方式而不预设人类普遍的道德心灵，我们为什么要杜绝罪犯的行事方式呢？罗素下面一段话如果要成立，必须也要有先验的预设。

> 事实上，我们的欲望比许多道德学家所想象的更一般，更少纯粹的自私心；如果不是那样的话，任何伦理学的理论都不可能促进道德的完善。事实上，能使人们以一种比现在更加适合于人类普遍幸福的方式来行动的，并不是伦理学理论，而是靠通过智力、幸福和免于恐惧来培养各种大度、豁达的欲望。不管我们给"善"下什么样的定义，不管我们认为它是主观的还是客观的，那些不希望人类幸福的人不会努力去促进人类的幸福，而那些确实希望人类幸福的人却会竭尽全力去实现它。①

如果没有道德的心灵觉悟，任何伦理学的理论当然都不可能促进道德的完善。同样，如果没有道德心灵的愿力，也不会去实现人类的普遍幸福。因此，罗素在这里是不知不觉地预设了人类普遍的道德心灵的。正是这普遍的道德心灵，不但使人文价值世界得以可能，而且成为通往宗教圣域的根基。

罗素之所以消解物质与心灵，乃在于知性主体下落于感官材料，专注于现象之辗转流变，此时当然无所谓物质与心灵，只是关系之牵扯，道德、价值与宗教于此亦根本是虚妄。但吾人若一念提起而回到人自身，即

---

① 罗素：《宗教与科学》，第 129 页。

刻朗现一超越之大主——道德本心。在此，罗素之所说皆可予以承认，但并不由此而消解道德、价值与宗教。人若只停驻于感官材料，自然只见现象之流转，故分析构造之可也。此时即以为道德、价值与宗教皆为主观之联想与愿望，无客观性可言。然分析构造终只是术智的冷光与美趣，不是仁德的悲悯与践履。若吾人仁心震动，必不只限于分析构造之路，必可至于道德践履之路，此时道德、价值与宗教皆有践履之客观必然性。孟子曰："尽其心者，知其性也。知其性，则知天矣。"（《孟子·尽心上》）信不误也。从此处可见知性主体的限度，即人类之精神不可只停驻于此。故牟宗三说："上帝的隐退与否，实决定于人的精神表现之方向。……人的精神，如是向下向外，专倾注于自然与物质，则不但可以忘掉自己，且亦远离于上帝。"① 故牟宗三所说的"道德的形上学"为定然而必然者，道德本心（主体）为唯一的真实本体。知性主体乃道德主体暂时坎陷而成者，此坎陷固有意义，然不可僵死于此而自足，须一念提撕而跃起，开人类精神转进之契机。

（二）民主政治及暴民之出现

知性主体若只停住其自己，则于自然界只以"事"的精神而成就科学，而在人类社会则只以其"事"的精神而成就民主政治。这些都是理性的外延表现。这种外延表现，依牟宗三的理解，此时"理性自始即客观地向外延方面施展，而其客观的落实处即在那些形式概念之建立，故形式概念所成的纲维网一旦造起，理性即归寂而无着处。他自己不能见其自己究在何处，而人们亦可怀疑什么是理性，理性究竟在哪里"②。因理性归寂与远飏，如此一来，切就政治而言，人们只知特定时势之下纲维网为政治，以阶级的名义去争权利、义务与自由，进而签条约、订法律。而这一切不过是在现实的纠结中，利害的争夺中，时势的变异中，故政治自身是不太稳定的。更有甚者，在理性的形式概念之限定中，民主政体虽可形成，形式上的自由与权利上之平等亦可取得，然只是至此，个人主观生命之如何顺适调畅，则并不过问。而此之不过问，正蕴含着政治极大的危

---

① 牟宗三：《道德的理想主义》，第186页。
② 牟宗三：《政道与治道》，第157—158页。

机。"一方外在地极端技巧与文明，一方内在地又极端虚无与野蛮。"① 正因为如此，德国哲学家卡西尔才说："在政治中，我们尚未发现牢固可靠的根据。这里似乎没有任何明白地建立起来的宇宙秩序；我们总是面临着突然再次回到旧的混乱状态的威胁。我们正在建造雄伟壮丽的大厦，但我们尚未能把它们的基础确定下来。"② 在精神的发展中，尽管须要透显知性主体以开民主政治，在阶级的限制中争取自由与权利，但这只是确立了内在于政治系统的形式原则，以便利政治的客观操作，其公正与平等皆是依此而讲，故其公正与平等皆是技术性的而不是精神性的。但若不能确立外在于政治系统的规导原则，则可能整个政治系统流入技术性的贼道亦未可知，尽管政治系统之内部有其公正与平等。如果政治确立了外在的规导原则，则不但给政治系统内部之形式原则以超越的价值安立，使其具有确然的稳定性，而且亦使政治系统具有教化功能，关注个人生命之顺适与调畅，而卡西尔所说的政治系统大厦之基础亦得以夯实与坚固。

牟宗三以为，尽管民主政治是精神开显的必要环节，但不能只是停留在技术性的层面，必须进一步作精神的转进，以找到其价值根源方可。显然，这是一种古典的政治精神，不但契合了儒家之精神，亦契合古希腊柏拉图、亚里士多德之精神。柏拉图尝在《理想国》第六卷中说：

> 只有在某种必然性碰巧迫使当前被称为无用的那些极少数的未腐败的哲学家，出来主管城邦（无论他们出于自愿与否），并使得公民服从他们管理时，或者，只有在正当权的那些人的儿子，国王的儿子或当权者本人，国王本人，受到神的感化，真正爱上了真哲学时——只有这时，无论城市，国家还是个人才能达到完善。③

为什么柏拉图一定要哲学家来主管城邦呢？就是因为哲学家把握了真理。这是把真理作为政治的规导原则而确定下来。所以，哲学家主管城邦，其意并不在寻找一个能力更强的人，而是在更高意义上确立政治的超越原则。因为"只有一个具有这些方面知识的卫护者监督着城邦的政治

---

① 牟宗三：《政道与治道》，第 159 页。
② 卡西尔：《国家的神话》，范进等译，华夏出版社 1990 年版，第 346 页。
③ 柏拉图：《理想国》，郭斌和、张竹明译，商务印书馆 2002 年，第 251 页。

制度，这个国家才能完全地走上轨道"。① 故政治制度必须建立在真理之上，但民主制度并不能尽此责任。柏拉图以为民主政治就像一个掌管着一个强大动物的人一样，只在乎如何去依据这个动物之喜好安抚它以及什么情况下它会发怒，而不会在意这个动物喜好之好坏，这个人只是简单地以使其驯服的为好的，使其发怒的为坏的。民主体制下的民众也是如此，他们目光短浅，常以自己的利益与自由作为根据而不是真理，而他们这样的主张与诉求很容易被曲意迎合的政客们所利用，从而为他们争夺权力创造了条件，而这一切又都似乎披上了合法的外衣，显得正义而庄严。这就是卡西尔所说的政治神话。本来，神话是人类蒙昧时期无意识活动与自由想象的产物，但在这里却是按照计划来编造的，是能工巧匠有计划的人工编造物。卡西尔说：

> 现代的政治家已不得不把两种完全不同甚至是互不相容的功能集于一身。他不得不同时既以巫士又以手艺人的身份去行动。他是一种完全非理性的和神秘的新宗教的牧师。但他在保卫和宣传这种宗教的时候，又进行得有条不紊。他并不寄希望于机遇，每一步都作过很好的准备和谋划。正是这种奇怪的结合成了我们政治神话的一个最为鲜明的特征。②

卡西尔所说的人工编造之政治神话就是柏拉图所说的统治者的诡辩主义的"科学"，这种"科学"说民众想听的，做民众想要的，而民众往往受欲望与利益的驱使，没有理由证明他们忠实于真理，甚至由于没有辨认真知的能力，有时会敌视真理。这样，政治的规导原则就不可能在民主政体中被建立起来。

亚里士多德把政体分为贵族政体、寡头政体与民主政体，其目的分别是德性、财富与自由。但在亚氏看来，财富与自由都不是政治的目的。"世上一切学问（知识）和技术：其终极（目的）各有一善；政治学术本来是一切学术中最重要的学术，其终极（目的）正是为大家所重视的善

---

① 柏拉图：《理想国》，第 262 页。
② 卡西尔：《国家的神话》，第 331 页。

德，也就是人间的至善。"① "所以，要不是徒有虚名，而真正无愧为一'城邦'者，必须以促进善德为目的。不然的话，一个政治团体就无异于一个军事同盟。"② 既如此，政治上的立法应以促进全邦人民都能进于正义和善德为依归。尽管亚氏在一般意义上也支持民主制度，"就多数而论，其中每一个别的人常常是无善可述；但当他们合而为一个集体时，却往往可能超过少数贤良的智能"。③ 但如果一个人对城邦贡献了较多的美善行为，具有较为优越的政治品德，就应该在这个城邦中享受到较大的一份。在此，寡头政体与民主政体所持的所谓政治"正义"观都是一种偏见。亚氏说：

> 假如现在有一个人——或若干人，而其数只是城邦的一部分，不足以组成城邦的全部体系——德行巍然，全邦其他的人于个人品德以及所表现的政治才能而论，谁也比不上他或他们，这样的人或若干人就不能被囿于城邦一隅之内；他或他们的德行才能既超越于其他所有的人，如果使他或他们同其余的人享有同等的权利，这对他或他们就不公平了。这样卓异的人物就好像人群中的神祇。法制只应该范围出身和能力相等的众人。对于这样的人物，就不是律例所能约束的了。他们本身自成其为律例。谁要是企图以法制来笼络这样的人物，可说是愚蠢的。④

对于这样一个人，"惟一的解决方式，而且也是顺乎自然的方式，只有让全邦的人服属于这样的统治者：于是，他便成为城邦的终身君主"。⑤ 这样，在亚氏那里，也与乃师柏拉图一样，应是哲学家成为君主。

古希腊的政治精神，一言以蔽之，就是："在哲学家统治城邦之前城邦不能摆脱邪恶。"⑥ 但哲学家在这里不但是知识性的，更是伦理性的。"一个人如果不是天赋具有良好的记性，敏于理解，豁达大度，温文而

① 亚里士多德：《政治学》，吴寿彭译，商务印书馆 2009 年版，第 151—152 页。
② 同上书，第 141 页。
③ 同上书，第 146 页。
④ 同上书，第 157 页。
⑤ 同上书，第 160 页。
⑥ 柏拉图：《理想国》，第 234 页。

雅，爱好和亲近真理、正义、勇敢和节制，他是不能很好地从事哲学学习
的。"① 这样一来，政治不唯是事务性的，而且有着深刻的伦理维度，故
政治更是教化性的。事务性构成了政治的内在形式原则，教化性构成了外
在的规导原则。一个人如果尽了事务性的形式原则，那么他就是一个
"好公民"，但只有尽了教化性的规导原则，他才可能成为一个"好人"。
由此，不存在单一的"好公民"的标准，但却存在唯一的"好人"的标
准，只有在"好公民"上升为"好人"的时候，最佳的政体才可能出现。
亚里士多德说：

> 严格地说，只有一种政体可称为贵族（最好）政体，参加这种
> 政体的人们不仅是照这些或那些相对的标准看来可算是些"好人"，
> 就是以绝对的标准来衡量，他们也的确具备"最好"的道德品质。
> 只有在这些人们组成的政体中，善人才能绝对地等同于好公民；在所
> 有其他的政体中，善德只是按照那种政体中各自的标准，各称其所善
> 而已。②

如果在现实政治中刊落教化性的规导精神，则最好的政体根本不可能
出现。以自由主义为基本特征的现代西方民主政治正体现了这样的发展趋
势。美国当代实用主义哲学家理查德·罗蒂曾说："我们自由主义者没有
貌似合理的大规模方案"，没有那些类似于"我们的祖先们所拥有的……
改变这个世界"的观念。我们必须把过去误导我们的宏大提案和观念当
作垃圾抛弃掉。③ 弗朗西斯·福山则干脆宣称，历史终结于现代民主政
治。他说：

> 历史的终结必将是极为令人伤感的事情。为了获得社会认可而去
> 奋斗，心甘情愿地为了一个纯粹抽象的目标而去冒生命危险，为了唤
> 起冒险精神、勇气、想象力和理想主义而进行的广泛意识形态斗争，
> 必将被经济的算计、无休无止地解决技术问题、对环境的关注以及对

---

① 柏拉图：《理想国》，第 233 页。

② 亚里士多德：《政治学》，第 200 页。

③ Richard Rorty. *Contingency*, *Irony*, *and Solidarity*. Cambridge：Cambridge University Press.
1989. pp. 181—182。

精细消费需要的满足所取代。在后历史时代，既不会有艺术，也不会有哲学，唯一剩下的仅仅是对人类历史博物馆的精心照料。[①]

　　这样，在政治中，只有事务性的形式原则，教化性的规导精神完全被刊落与废弃，一切以技术性的功利操作为依归，古典的政治学精神完全退隐。其代价是使社会生活处在极端的不稳定与危险之中。美国当代学者贝尔以为这就是这种民主政治精神所形成的大众社会与世俗社会的必然结果。他说：

　　　　交通和通讯革命促成了人与人之间更加密切的交往，以一些新的方式把人们连接了起来；劳动分工使得人们更加相互依赖；某一方面的社会变动将影响到所有其他的方面；尽管这种相互依赖性日益加强，但是个体之间却变得日益疏远起来。家庭和地方社群的古老而原始的团体纽带已经被摧毁；自古以来形成的地方观念的信仰受到了质疑；没有什么统一的价值观念能取代它们的位置。最重要的一点是，一个受过教育的精英再也不能塑造人们的意见和趣味。结果，社会习俗和道德处在不断变动之中，人与人之间的关系不再是有机的，而是全都表面化和细分化了。……在一个由孤独人群所构成的世界里，世人寻求着个体的差异，各种价值不断地被转化为可计算的经济价值。在极端情况下，廉耻和良知奈何不了最恐怖的暴行。[②]

　　这样的混乱现象使得我们依然不得不去追寻政治的定然律则。卡西尔说："当小团体试图将其意愿和幻象的观念强加给伟大的民族或整个政治时，它们或许会得逞一时，甚至会取得很大的成功，但终究只是昙花一现而已。因为正像有一个物理世界的逻辑一样，毕竟也有一个社会世界的逻辑，有某些违背了它就必受惩罚的法则。即使在这个领域，我们也必须听从培根的劝告，在我们要支配社会世界之前，我们必须学会如何服从社会世界的法则。"[③] 这社会世界的法则，就是古典政治学中所说的哲学王的

---

　　① Francis Fukuyama. *Have We Reached the End of History*? Santa Monia, Calif: Rand Corporation. 1989. pp. 22—23.

　　② 贝尔：《意识形态的终结》，张国清译，江苏人民出版社 2001 年版，第4—5 页。

　　③ 卡西尔：《国家的神话》，第346 页。

意义。

牟宗三通过哲学的先验批判，从精神的辩证发展之路开显了知性主体生发概念功能，从而肯定了民主政治的客观意义。就其历史机缘而言，乃是对中国传统文化之开新，但其实质乃是针对人类精神之先验批判。但人类之精神不能止于民主政治，必须作进一步的调适上遂而接上古典政治学之精神，方是圆满，而这一步就直接接上了儒家之精神。因而，牟宗三对儒家精神之阐扬，不可从纯护教的立场来看，在他那里，是一种纯哲学的批判立场。依牟宗三，知性主体生发概念机能而客观化政治，固可使其成为科学，但"这只是在既成政治形态下，把政治现象推出去视为纯客观的存在。这种科学的研究，只是理性的平面的外在的使用，用科学语言把他们弄清楚与确定，也只是理性的外延的使用。这只是方法的自己圈定，在方法上如此圈定，用外延的词语把他们厘清。人们若以为这样便可使政治成为科学的，理性的，使政治科学之为科学获得其稳定性，那只是鸵鸟的政策，掩耳盗铃的想法"。[1] 理性的外延使用以客观化政治，这只是确立政治内在的形式原则，若以为这就能使政治成为科学，这不过是"掩耳盗铃的想法"。依前卡西尔所说，此时政治不但可能不是科学，反而可能是人工编织的神话。而政治要真为科学，就不能只是一条鞭地只从理性的外延使用即知性主体处着手，而须在更高的主体——道德主体处着手。西方文化多只彰显知性的概念使用，多不能得其实，故卡西尔有"我们尚未发现牢固可靠的根据"之感慨，而找不到社会世界之根本律则。即便是柏拉图与亚里士多德，其古典的政治精神所开显的理境已足够高远，但因为只是在"说"理，故亦不能得其实而免于论争。

依牟宗三，社会世界之律则是在道德主体中直觉地肯认的。这是很实际的直觉心灵，不是形式的概念心灵。而这，也是以往儒家圣者的政治形态。在这里，只就事实作实际的处理，不作形式的追讨。"它没有政权、主权、人权、权利、义务、自由、平等，诸政治上的形式概念；只有以才、能、德所规定的人格价值之观念，以及顺在人民的实际生活上，达成其'存在的生命个体'之事理所应有者，一起予以承认而尊重护持之。"[2] 这种精神意味着："人民的'各适其性，各遂其生'，以完成其自己，是

---

① 牟宗三：《政道与治道》，第 107 页。

② 同上书，第 129 页。

天经地义的。凡'适其性','遂其生'上所应有的，所需要的，皆须予以肯定与尊重。这里没有禁忌，没有戒律。这是全幅敞开的承认，不须要列举订定，亦无法检择选取。所以没有权利义务的观念，也无所谓自由平等的争取，更无所谓人权列举的清单。"① 列举就有列举不尽者，争取就有争取不到者。故西方人就是在概念的心灵中列举权利、义务、人权、自由、平等，但人生之整全不必就是这诸般概念所能尽的。而这诸般概念所表示者又只能在现实的阶级限制中争取，能争取到多少亦是不定的。民主政治既然尚在"争"之中，说明生命尚在利欲层中，尚未清净澄澈。所以，阶级虽然在政治的客观化过程中有其意义与作用，但这是政治处在低级形态中的"权"法，是精神处在恶根浊浪中的"权"法。一旦精神从恶根浊浪中跃起而至仁心发露，必超越概念之心灵而至于全幅让开，此时政治亦不必要权利、义务、人权、自由诸观念之夹杂，而是直接还原人民之为一存在之生命个体，政治不过服从此一质实而客观之原则。牟宗三说：

> 全幅让开，如其为一存在的生命个体而还之，此真所谓全幅敞开的社会，而不是封闭的社会，不是强人从己，把人民吊挂起来，使之离其存在的生命之根来服从虚幻的概念、主义，以及玩弄此概念、主义之魔术的领袖、极权独裁者。"存在的生命个体"是首出的概念，是直下须肯定的概念，没有任何外在的条件来限制它，没有任何外在的括弧来圈定它，而它本身却是衡量治天下者之为德为力，为真为假，为王为霸之标准，它本身是圈定治天下者之括弧。②

在一个仁者那里，政治就是切就"存在的生命个体"之生活之"全"而肯定之，不须使用概念的网格，因为这个网格是死板的、僵固的，虽清楚明了而客观，但运用于具体情况时总有疏漏与不近人情处。此必为仁者所不能忍。仁者的政治襟怀是"老者安之，朋友信之，少者怀之"（《论语·公冶长》）。或"民之所好好之，民之所恶恶之"（《大学》）。这只有在"理性的内容表现"中所能达成的社会世界的律则，这是政治牢固可

---

① 牟宗三：《政道与治道》，第130页。
② 同上书，第117—118页。

靠的基础。但这个律则、基础之有效与可能，有赖于全社会的民众都是
"好人"。故政治不应该只是事务性的形式原则，还应该有教化性的规导
原则。这是牟宗三的精神哲学所得出的必然结论，这个结论符合中西古典
的政治精神。子曰："道之以政，齐之以刑，民免而无耻；道之以德，齐
之以礼，有耻且格。"又，或谓孔子曰："子奚不为政？"子曰："书云：
'孝乎惟孝、友于兄弟，施于有政。'是亦为政，奚其为为政？"（《论语·
为政》）这表明在中国传统中政治含有教化之维度。柏拉图的《理想国》
第八卷一再把政治与人的品行联系起来，如"让我们来看看这种人和这
种制度有没有相似的特征"①，"让我们考察一下与这种社会相应的人物性
格"。② 这也表明了希腊传统中的政治教化维度。牟宗三认为，政治应该
是事务性原则与教化性原则的综合，这种综合可以用下面一段话加以很好
的说明："五亩之宅，树之以桑，五十者可以衣帛矣！鸡豚狗彘之畜，无
失其时，七十者可以食肉矣！百亩之田，勿夺其时，数口之家可以无饥
矣！谨庠序之教，申之以孝悌之义，颁白者不负戴于道路矣。七十者衣帛
食肉，黎民不饥不寒，然而不王者，未之有也。"（《孟子·梁惠王上》）
从孟子这段话中可以看出，政治应包括"养"与"教"的向度，前者由
事务性原则处理，后者由教化性原则处理。此二者之顺序当是"先富后
教"，这种思想在《论语》中有明确的体现：子适卫，冉有仆。子曰：
"庶矣哉！"冉有曰："既庶矣。又何加焉？"曰："富之。"曰："既富矣，
又何加焉？"曰："教之。"正是在此意义上，牟宗三认为，在仁者襟怀的
全幅让开之精神中，社会世界之基本律则包括两点：其一，生存第一。
"即以其为一'存在的生命个体'而必须保住之。颠连无告，不得其所，
非仁者所能忍。"其二，教化第二。"然就个体的'生活之全'而言之，
不但生存第一，畅达其物质生活幸福，亦须畅达其价值意义的人生而为一
'人道的存在'。"③ 生存之于政治的意义自不必说，至于教化，"没有经
过'理性之外延表现'，没有政体制度上的形式概念之限定，这是一定要
振动而牵连至的"。④ 但这里的教化是"顺人性人情中所固有之达道而完
成之，而不是以'远乎人'，'外在于人'之概念设计，私意立理，硬压

---

① 柏拉图：《理想国》，第 326 页。
② 同上书，第 333 页。
③ 牟宗三：《政道与治道》，第 126 页。
④ 同上书，第 125 页。

在人民身上而教之。此为'理性之内容表现'上所牵连的政治上的教化意义之大防"。① 这种非外在于人的概念设计之教化就是普遍的人道，也就是孟子所说的"父子有亲，君臣有义，夫妇有别，长幼有序，朋友有信"（《孟子·滕文公上》）。牟宗三认为："人如其为一人，不应有此也。故在内容的表现上，就生活之全而言之，牵连至此种教化的意义，不得谓为妨碍自由也。"② 但牟宗三又认为，政治上的教化，只应限定在这五伦之道，过此以往，则非政治所能问。这表示政治上的教化"只是维持一般的人道生活。此只能对之作外在的维持：既不能内在地深求，亦不能精微地苛求"。③ 中国传统的"政教合一"就是如此，而如果是这个意义上的"政教合一"，也是不能反对的，且必须如此。牟宗三说：

> 须知政教合一，有松说，有紧说。紧说，即为直接与政治纠结于一起，此可曰：内在之合一。此为不可取者。……松说，则为保持相当之距离，视政治为理想之实现、而"保住理想"之教化可以推之于社会，政治与教化保持一外在之关系，一方限制政治，指导政治，一方整个社会上保持一谐和之统一，此亦可谓政教合一。此为"外在之合一"，此为可取者。此种合一，必赖政治格局之充分客观化。……由此可知，此纯为政治形态问题。非关政教合一本身也。若连"外在之合一"亦不承认，则政治亦不必要矣。既肯定政治，谁又愿其与教化永远不谐耶？④

这就是说，客观化之民主政治，其转进一定是政教合一之形态，由此使事务性的形式原则与教化性的规导原则并建。中国文化传统在政治之客观化上表现不足，但以五伦之教来规导政治方面却表现得极其深微与警策。《论语·颜渊》有：季康子问政于孔子。孔子对曰："政者，正也。子帅以正，孰敢不正?"《中庸》亦有："人道敏政，地道敏树。"这种理境在希腊的古典政治学中也有表现。亚里士多德就认为，如果城邦需要大家贡献的只以有助于城邦的存在为限，则只需要财富与自由，但如果还要企求优良的生活，那么

---

① 牟宗三：《政道与治道》，第125—126页。

② 同上书，第126页。

③ 同上书，第127页。

④ 牟宗三：《历史哲学》，第268—269页。

就要求大家都具有文化和善德（主要包括正义与勇毅）。① 亚氏这里所说的虽未必是中国传统的五伦之教，但亦是一般的品德行为之教，其之于政治，亦可说是松散之教。但西方文化以后的发展并没有沿着亚氏的政治理想走。中世纪以来，随着基督教的产生，教廷与世俗政权有激烈的冲突，而欲以宗教来取消政治，此为不合理者。其不合理即在：以外在的信仰来压缩乃至取消世俗生活。宗教改革运动以后，政治与宗教逐渐分离，宗教只是个人精神信仰之事，而政治则交由民主程序去裁决。"凯撒的归凯撒，上帝的归上帝"，就表明了西方文化政教分离的情形，若政教合一，又必然产生中世纪那样的恶果。这使得西方的民主政治很难有向上的转进，而卡西尔之叹乃为必然者。而中国文化传统中之所以政教必合一且亦不会产生流弊，乃因为这里的"教"是仁心的发露，这是没有教廷或外在神灵的宗教，这是此形上道德实体所必然润泽而至者。故民主政治的转进必须接上中国传统的心性学，涵养人之道德实体而至于内圣外王之道，一言以蔽之，"道德的形而上学"的义理架构为必然而定然者。

以上所说的科学与民主政治，都是在牟宗三所说的"理性之架构表现"或"分解的尽理之精神"中所成就者，亦即是黑格尔所说的客观精神中所成就者。这里所谓"架构"乃指主客二分，复以概念作为桥梁连接之。由此，这里所谓"分解"乃含有"抽象"与"偏至"义。因有概念即有抽象，于是具体质实之物即不复存在，进而，有抽象就有舍象，即抽出此一面，舍弃彼一面，此即是偏至。而抽象与偏至的存在，使得科学与民主政治固有其价值，然亦生发其不可避免的流弊。就科学而言，就是纯粹客观的自然界之形成而刊落精神与价值。胡塞尔于此有沉痛的反省与批评，他指出，"我们的周围世界是我们之中与我们的历史生活之中的一种精神结构。"② 这意味着，科学的对象不是纯粹客观的光秃的自然界。就民主政治而言，就是情绪性的而不是理性的个人即俗众之形成，这种人"维护的是'平凡的权利'，既不满又自满，拒绝'一切优秀的、独特的、合格的和精选出来的事物'"。他们痛恨"一切异于自身的东西"而只"关心自己的幸福"。③ 而所有这一切必然造成对民主社会的伤害。我们说

---

① 亚里士多德：《政治学》，第 154 页。

② 胡塞尔：《欧洲人的危机与哲学》，倪梁康选编：《胡塞尔选集》，第 944 页。

③ 克里斯托弗·拉希：《精英的反叛》，李丹莉、刘爽译，中信出版社 2010 年版，第 20 页。

过，科学与民主政治乃理性之必然，而"理性之架构表现"或"分解的尽理之精神"即客观精神亦是精神辩证开显中的必然之一步，何以又会产生了如此之弊端呢？这就是，在这种精神中，其理念乃是"凯撒的归凯撒，上帝的归上帝"，从而把上帝给推出去使其归隐，只留下凯撒来统治人间，似乎很干净明朗，但也由此而光秃而荒芜。暂时的推远上帝而呈现人之智性的干净明朗亦未必不可，但若一往地推远而不知返，则智必光秃而荒芜，故弊端不可免也。要克服此一弊端，必须把"理性之架构表现"或"分解的尽理之精神"作进一步的否定，使其由"理性之架构表现"转变为"理性之运用表现"，"分解的尽理之精神"转变为"综和的尽理之精神"，也就是把推远了的上帝给找回来，成为彻上彻下的合内外之道。此时不可说"凯撒的归凯撒，上帝的归上帝"，而是凯撒与上帝圆融合一，人间就是天国，天国就是人间。以中国文化传统说之，就是"天人合一"。所谓"上下与天地同流"（《孟子·尽心上》）。所谓"抬头举目浑全只是知体著见，启口容声纤悉尽是知体发挥"（《盱坛直诠》卷下）。如此，则是"不毁弃现实，而即在现实之中表现天理；而现实不作现实观，亦全幅是天理之呈现"。① 此时，精神由客观形态发展为绝对形态，这是精神的彻底实现，是精神由自在存在发展为自为存在。但这种绝对精神是在"道德的形上学"之间架中而可能者，其完成形态牟宗三称之为圆教。由此，进入牟宗三精神哲学之第三阶段——绝对精神。

---

① 牟宗三：《历史哲学》，第 168 页。

第六章

尽性与绝对精神

这里所说的"尽性"（亦可云"尽心"）即是指"尽"那人人皆有的"良善之性"（或本心、无限心）之大能。此"尽"不是"分解地"尽而是"综和地"尽，故牟宗三称之为"综和的尽理之精神"。这种精神，就是《中庸》所说的"唯天下至诚，为能尽其性；能尽其性；则能尽人之性；能尽人之性，则能尽物之性；能尽物之性，则可以赞天地之化育；可以赞天地之化育，则可以与天地参矣"，这是精神的最后圆成。

牟宗三最后一部系统的哲学著作是《圆善论》，从历史上看，这是他个人哲学探索之总结，而从哲学理境上看，是他疏解精神辩证发展至终结处，从此精神不再发展，是可谓绝对精神。"因此，德福一致是教之极致之关节，而圆教就是使德福一致真实可能之究极圆满之教。德福一致是圆善，圆教成就圆善。就哲学而言，其系统至此而止。"① 在牟宗三那里，绝对精神之所以可能，乃因"尽了无限心之全体大用"。圆教就是绝对知识，圆善就是绝对精神。虽然牟宗三自己没有如此说，但就其哲学系统看必是如此。我们知道，"圆教"虽来自佛教，属中国文化传统所本有，但"绝对知识"、"绝对精神"却来自黑格尔哲学，"圆善"来自康德哲学。那么，作为绝对知识的圆教与作为绝对精神的圆善，在理境上有什么超过黑格尔哲学与康德哲学的地方呢？更进一步说，它体现了怎样的实践智慧呢？在这里，牟宗三承袭了中国哲学的传统，凸显了心性学与绝对精神之关系。具体地说，黑格尔的绝对精神因只是逻辑地"讲"而盲视了心性之力量，同样，康德的最高善因其理论上的悬设性而未能正视心性之大能，故均有其不可避免的限度与偏至。

---

① 牟宗三：《圆善论》，第 271 页。

一　逻辑性与黑格尔的绝对精神及其限度

在黑格尔那里，真理是一种科学的体系。体系意味着：

> 真理是全体。但全体只是通过自身发展而达于完满的那种本质。关于绝对，我们可以说，它本质上是个结果，它只有到终点才真正成为它之所以为它；而它的本性恰恰就在这里，因为按照它的本性，它是现实、主体或自我形成。①

从黑格尔的这段话中，对于精神我们可以把握以下三点：其一，精神是一个发展过程；其二，精神的发展有一个终点；其三，只有到终点处，精神才回到自身，才是其所是。那么，精神的这个是其所是的终点意味着什么呢？黑格尔进一步说：

> 精神概念的全部发展只不过是展示精神从其一切与概念不相符合的定在形式里的自我解放；这样一种解放的实现是由于这些形式被改造成为一个与精神的概念完全适合的现实。②

这就是说，到"终点"处，精神的概念与其现实完全符合，黑格尔又称之为精神与现实的"和解"。这即是精神的自我解放，亦即是自由。哲学系统的目的就是要把握与展示这个最后的终点。

> 哲学的最后目的和兴趣就在于使思想、概念与现实得到和解。哲学是真正的神正论，不同于艺术和宗教以及两者所唤起的感情，——它是一种精神的和解，并且是这样一种精神的和解，这精神在它的自由里和在它的丰富内容里把握住了自己的现实性。③

---

① 黑格尔：《精神现象学》上卷，第12页。
② 黑格尔：《精神哲学》，第21页。
③ 黑格尔：《哲学史讲演录》第四卷，贺麟、王太庆译，商务印书馆1996年版，第372页。

那么，我们到底如何来理解黑格尔所说的这个终点呢？仅说"自由"与"和解"，显得太空泛，我们必须解析出这个终点的实质是什么，从这里我们可以进一步理解黑格尔的哲学人类学及其限度。由此可以更好地切入牟宗三哲学的终点及其哲学人类学。

我们知道，"否定性的辩证法"是全部黑格尔哲学的关键和秘密。而在黑格尔那里，辩证法、行动与创造、自由、历史性是人的同一意思的不同表述。黑格尔认为，人是一种自在而又自为的存在。

> 个体是自在的又是自为的：它是自为的，这也就是说，它是一个自由的行动；但它也是自在的，这就是说，它自身具有一个原始的特定的存在。……这样，个体自身以内就出现了对立，它既是意识的运动，又是一种显现为现象的固定的现实存在；这个现实存在，在个体那里是直接属于它（个体）的；这个存在，既然是特定的个体的身体，所以是个体的原始性，或者说，是个体的未经制造的东西。但是，由于个体同时又仅只是它自己制造出来的东西，所以它的身体也就是由它自己所产生出来的关于它自身的一种表示，或一种符号，既是一种符号，那就不再是一种直接的事实，而纯粹是个体借以显示其原始本性的东西。①

这段话的意思是：人在现象学上首先表现为一种既定的存在，即所谓自在存在。这个既定存在实同于王充的"用气为性，性成命定"（《论衡·无形篇》），即个体如此这般的存在，就有如此这般的生理的特征与精神的表征，这是个体的根本事实与定在。但个体同时亦是自为的存在，这自为表现在：一方面，此时如此这般的定在是个体自己行动的结果；另一方面，此时之如此这般的定在即将被个体的行动所否定，而在将来呈现别样之定在。在这个意义上说，个体的定在并不是一种永恒不变的事实，而是一种符号，正是借助这种符号，个体显示出其自由与历史性。同时，这种自由与历史性有显示出人之存在的辩证性，而所谓人之存在的辩证性就是不断地行动与创造。黑格尔说：

---

① 黑格尔：《精神现象学》上卷，第204页。

　　真正地说，人的真正的存在是他的行为；在行为里，个体性是现实的，而且那把所意谓的东西就其两个方面而予以扬弃的，也正是人的行为。①

　　那么，从哪两个方面予以扬弃呢？其一是就定在予以扬弃，此时行为在个体性里呈现为否定性的东西；其二是就个体之不可形容性予以否定，因为个体在其历史中有无限规定和可以无限规定的因而是不可形容的东西，但如此这般的行为使得个体有如此这般的定在。此时行为在个体性里呈现为肯定性的东西。基于此，黑格尔说：

　　　　这就毋宁只能肯定行为是他的真正存在；——而形态不是他的真正存在，因为形态所表示的，乃是他以为他的行为所表达的那种东西，或是别人以为他不能不去成为的那种东西。②

　　因为形态是定在，这种定在只不过是行为的结果。但行为既是定在，也是他在，由此正可显示人之存在的辩证性、历史性与自由性。因此，我们说在黑格尔那里，辩证性、行动与创造、自由，历史性是同一意思的不同表述。

　　既如此，我们现在来看黑格尔所说的自由。关于黑格尔意义上的自由，法国哲学家科耶夫曾有精到的解说：

　　　　在黑格尔看来，这种纯粹天赋的所谓"自由"（以及世袭的贵族，一般的"阶级"归属）只不过是一种自然的或动物的特性，它和通过斗争和劳动积极地获得的真正人性的自由毫不相干：一个人只有自己把自己造就为自由的，他才是自由的。……如果人不再否定给定物，不再否定给定的和天生的自己，即不再创造新的东西，不再把自己造就成"新人"，仅仅满足于与自己保持同一，保存他已经在世界中占据的位置；或换句话说，如果他不再根据将来或"计划"生活，完全使自己受过去或"回忆"的支配，——那么他就不再是真

　①　黑格尔：《精神现象学》上卷，第213页。
　②　同上书，第214页。

正的人；他将是一个动物，也许，他是"有学问的"和非常"复杂的"，完全不同于自然的其他存在的动物，但本质上并非"不同于"这些其他存在。因此，他不再是"辩证的"。①

这里的意思是，所谓"辩证的"，所谓"自由"就是通过人的行为与创造主动地自我否定其动物或社会的"天性"之后而改造自我与社会，人作为人才存在。这样，行动与创造是"辩证"与"自由"的真正"显现"，因为这使人既是给定物中的是其所是，又是给定物中的非其所是。"是其所是"展示人当下的存在，"非其所是"展示人过去或将来的存在，总之，人将是一种历史的存在。科耶夫进一步解释说：

> 这就是说，人不仅仅是同一性和否定性，而且也是整体性或综合，他自我扬弃，或者在他的存在中和通过他的存在被"间接化"。然而，断言这一切，——就是断言人是一种本质上历史的存在。……事实上，在作为动物否定自己的同时，进行斗争和劳动的人本质上是一种历史的存在，也只有人是一种历史的存在：自然和动物没有本义上的历史。②

正是在人的行动与创造中，显示了人的历史性，进而揭示了人的有限性。何以如此，这与黑格尔的时间概念有关系。黑格尔认为，精神的变化过程由自由的偶然的事件形式呈现出现。这样，把精神的"纯粹的自我直观为在它外面的时间，把它的存在同样地直观为空间"。③这样看来，黑格尔的意思是如此：如果没有人的存在，自然就是空间，也仅仅是空间。只有有了人的存在，才有了时间。时间不是别的，就是精神的定在。故时间不在人之外存在，时间是人，人是时间。黑格尔说：

> 时间是在那里存在着的并作为空洞的直观而呈现在意识面前的概念自身；所以精神必然地表现在时间中，而且只要它没有把握到它的

---

① 科耶夫：《黑格尔导读》，姜志辉译，译林出版社2005年版，第586页。
② 同上书，第599页。
③ 黑格尔：《精神现象学》下卷，第273页。

纯粹概念，这就是说，没有把时间消灭（扬弃），它就会一直表现在时间中。时间是外在的、被直观的、没有被自我所把握的纯粹的自我，是仅仅被直观的概念；在概念把握住自身时，它就扬弃它的时间形式，就对直观作概念的理解，并且就是被概念所理解了的和进行着的概念式的理解的直观。①

从上面这段话中，我们可以把握以下几点：其一，时间是概念，而概念是外在的可被直观的精神。其二，精神在没有把握其纯粹概念之前，就一直在时间之中。其三，迨及精神把握到其纯粹概念时，时间即终结。此时，对纯粹概念不能作直观，而只能作概念的理解。故纯粹概念就是时间的终点，亦是精神的终点。纯粹概念就是绝对知识，精神的历程就是要达到这绝对知识方才算完成。科耶夫解释说：

绝对知识是普遍的和同质的，仅仅出现在同样也是普遍的和同质的现实中：它必须以国家，即人的世界的普遍性和同质性，以及这个世界和自然世界之间的对立的"取消"为前提。不过，只有当人的欲望完全地和最终地得到满足，这种情况才能发生。在那时，不再有否定的活动：人与给定的世界（在那时，世界是他的完成的努力的结果），与人在这个世界中和通过这个世界之所是一致。然而，欲望和源于欲望的行动是人的或历史的时间，即本义上的时间的表现。与其所是一致的人，不再超越给定的实在事物。他因而不再创造历史，换句话说，他不再是时间。②

依科耶夫的解释，黑格尔所说的这个终点处就是精神与自然之对立的取消，这是一个最后的给定物，是精神的是其所是。此处不能再有否定，尔后就不再有行动与创造，尔后亦不再有时间，只有永恒，而这一永恒已不属于人，因为人已不再行动与创造了。这意味着人的历史的终结。当然，这个终点的到来并不容易，需要等到人的物质与精神的欲望完成满足始可，但一旦到来，人就不再是人。在这之前，才是作为人的历史。故人

① 黑格尔：《精神现象学》下卷，第268页。
② 科耶夫：《黑格尔导读》，第456页。

的历史是有限的，人是一种本质的有限存在。科耶夫以为这是黑格尔辩证的否定所必然蕴含的思想：

> 只有一个有限的实体才可能是辩证的，一切辩证的（或可能辩证的）实体必然在其存在本身中，因而在其现实中和在其"现象的"定在中是有限的。断言人是辩证的，就是不仅仅断言人是个体的、自由的和历史的，而且也肯定人本质上是有限的。①

在黑格尔那里，有限性就意味着人的个体性，亦意味着人的自由。人的本质或个体之所以是如此这般的"天赋"个性乃在于可能性的实现所构成的整体。每个个体，其可能性的实现整体是不同的。这就表示，如果每一个人都实现了所有可能性，则人与人之间就没有任何真正的区别，没有人会表现出一种别异的特殊性，因而就没有本质意义上的个体性。同样，人的自由就是他对于自己的"本性"，即已经由他实现的、规定其不可能性的可能性的实际否定。也就是说，黑格尔的有限性思想意味着："只有当人在其存在中包含存在的所有可能性，但又没有时间实现和表现所有这些可能性的时候，人才可能是个体的和自由的。自由是与以前实现的可能性的整体（因此，它们必然要被否定）不相容（因为已经实现）一种可能性的实现；因此，只有当这个整体不包含所有的一般可能性，在它之外的东西不是绝对的不可能性，才是自由。"② 可见，黑格尔所说的自由就是人之存在的可能性，而在作为终点的绝对知识处，已经没有了否定的可能，即没有了可能性的选择，成了绝对的永恒，这样，人是不自由的。人之所以作为人而存在，就是因为有可能性的选择，没有可能性选择的永恒，不属于人的历史。黑格尔所说的终点就是人的"死亡"，同时就是上帝的开始。这意味着人必然在一个自然世界中存在，这个自然世界没有彼岸，也就是没有上帝的位置。也就是说，在黑格尔的精神哲学历程中，绝对知识以后的世界属于彼岸的上帝，不属于人，故也不属于精神现象学。黑格尔的哲学之所以显示绝对知识，之所以显示终点的到来，就是要凸显于此。所谓人的"死亡"并非是人的生物体的消失，而是精神的

---

① 科耶夫：《黑格尔导读》，第 609—610 页。

② 同上书，第 619 页。

辩证历程的消失，即"本义上的人"的消失。科耶夫以为，黑格尔哲学的终点意味着：

> 因此，人在历史终结时的消失不是一种宇宙的灾难：自然世界仍然永恒地保持其原来状态。所以，它也不是一种生物的灾难：只要动物与自然或存在和谐一致，人仍然继续存在。……事实上，人的时间或历史的终结，即本义上的人或自由和历史的个体的最终消失，仅仅意味着在强意义上的活动的停止。在实际上，这意味着：战争和流血革命的消失。还有哲学的消失；因为人本质上不再改造自己，不再有理由改造作为人对世界和自我的认识的（真正）原则。但是，其余的一切能无限地继续存在下去；艺术，爱情，游戏，等等，等等；总之，能使人幸福的一切东西。①

我们现在来作一番总结：在黑格尔哲学中，"本义上的人"就是行动的人，即精神能自我辩证否定的人。人的历史与自由都须在这个意义上理解。黑格尔在这里强调了人的精神的自我发展与改造，并把人的最终幸福系于这种自我发展与改造，而不寄希望于宗教的祈福与恩赐，重视人的主体性与能动性。这当然是很有意义的人文精神传统。同时，黑格尔把人的最终幸福系于精神与自然的对立消失或和解的绝对知识处，认为此时不再有精神的自我否定，"本义上的人"消失，此后的人不再在精神现象学讨论的范围之内。黑格尔的哲学就是要展示终点之前的人的精神奋斗史，故我们说黑格尔的哲学是一种哲学人类学。我们进一步可以认识到，这个终点既然意味着"本义上的人"的消失，则它就不属于"本义上的人"，即在"本义上的人"那里，精神与自然的对立不可能消失或和解。"本义上的人"之所以是"本义上的人"就是因为精神与自然的对立的永恒存在，尽管随着精神的辩证发展，这种对立愈来愈小，但总不可能完全消失。这也意味着，人的最终幸福即精神与自然的对立的消失或和解对于人而言是不可能的，尽管人在无限地接近这个目标。黑格尔的精神现象学就是展示这样一种"接近"的过程，而且这种接近的过程不知要经过几世几劫才能到来。黑格尔的哲学，正如牟宗三所言，乃是以"辩证的综合"的方

---

① 科耶夫：《黑格尔导读》，第517页注释一。

式而讲出者。而这种方式"是一个无眉目无异质的混沌在那里滚，……若非对于哲学的全部境界及问题有相当的透彻，直接来这一套，实在是个闷葫芦"。[①] 牟宗三的意思是：黑格尔的哲学只是综合地在理境上展示了人类精神发展之过程，而没有分解地讲出这种过程是如何可能的。也就是说，黑格尔没有分解地讲出精神辩证发展的力量维度。就"精神与自然的对立消失或和解"而言，黑格尔并没有讲出是何种力量使得消失或和解成为可能的，只是笼统地讲精神的辩证发展。这样，黑格尔的精神哲学虽然展示了精神的终点，但只是在理境上作知识的讲论，并不能开出一个可切实把捉的实践维度，使得精神有真实的力量促成这个终点成为可能。康德哲学讲最高善，就是分解地讲分际与维度，企图使得这个终点真实地成为可能。

二 悬设性与康德的最高善（绝对精神）及其限度

在黑格尔的精神发展历程中，当达至绝对知识时，不仅意味着精神发展的终结，也意味着哲学系统的完成，同时更意味着精神与自然对立的消失或和解。"精神与自然对立的消失或和解"就是表示：自然的精神化或精神的自然化。自然的精神化，意味着整个自然润泽于道德之中；精神的自然化，意味着道德整个地客观化而被实现出来。总之，精神与自然对立的消失或和解，意味着道德与幸福的一致。这是黑格尔哲学中应有的义理，尽管他没有如此表示之。精神的自然化是德福一致中"福"的一面，自然的精神化是德福一致中"德"的一面。但我们已经说过，黑格尔的哲学只是混沦地展示了德福一致的理境，至于德福一致如何可能，在他那直线地往下滚的辩证否定中并不足以尽此责。

康德哲学亦讲德福一致，他称之为最高善。康德认为，最高的东西有两层意思：一是至上的东西（supremum），即除此之外再无有高于此者；二是最完满的东西（consummatum）。相应地，最高善有至善与圆满的善（牟宗三称之为圆善）。在康德那里，至善就是德行或善良意志本身。"在世界之中，甚至在世界之外，除了善的意志，没有什么能被

---

① 牟宗三：《生命的学问》，第 173 页。

设想为可被称作无条件的善的东西。"① 之所以是无条件的善，是因为只有德行才是我们谋求幸福的至上条件，是自由意志的自我立法，并且只为法则自身。这个"至善"在康德那里是不包括幸福的，只是意志绝对地服从法则。但康德又认为，对于人类这种有限的有欲求能力的理性存在者而言，仅"至善"是不够的，还需要有包括幸福在内的圆善。康德说：

> 因为要成为这样一种善，还需要有幸福，而且这不仅是就使自己成为目的的个人的那些偏颇之见而言，甚至也是就把世上一般个人视为目的本身的某种无偏见的理性的判断而言的。因为需要幸福，也配得上幸福，但却没有分享幸福，这是与一个有理性的同时拥有一切强力的存在者——哪怕我们只是为了试验设想一下这样一个存在者——的完善意愿根本不能共存的。既然德行和幸福一起构成一个人对至善的占有，但与此同时，幸福在完全精确地按照与德性的比例（作为个人的价值及其配享幸福的资格）来分配时，也构成一个可能世界的至善：那么这种至善就意味着整体，意味着完满的善。②

"至善"固然最高，但"圆善"却更圆满，而且也是一个理性存在者的欲求，更是一个可能的至善的世界之所必含。康德以为，哲学作为实践的智慧学，就是对于这个"圆善"的追求。"当智慧学又作为科学时就是古人所理解的这个词的含义上的哲学，在他们那里，哲学曾是对圆善必须由以建立的那个概念及圆善必须借以获得的那个行为的指示。"③ 圆善就是哲学的任务与使命，这在理论上与实践上都有好处。康德说：

> 因为一方面，……足以把爱科学、因而爱一切理性的思辨知识，

---

① 康德：《道德形而上学基础》，孙少伟译，中国社会科学出版社2009年版，第1页。

② 康德：《实践理性批判》，第152页。注：邓晓芒译本多把这个"完满的善"译为"至善"，但笔者以为牟宗三所译的"圆善"更好，故邓译本之"至善"在引用时将根据需要改为"圆善"。

③ 同上书，第148页。

就其既在概念上又在实践的规定根据上有助于理性而言，一同包括在哲学的名义之下，却又不会让惟一能因之而被称为智慧学的那个主要目的逃出自己的视线。另一方面，对于那胆敢以哲学家头衔自命的人，一旦我们通过定义把那个将使他的资格大受贬损的自我评估的尺度摆在他面前，就会吓退他的自大，而这也不坏。①

这就是说，在理论上，一切思辨的知识都统一于圆善，都是达到圆善的桥梁或中间历程；在实践上，一个人只有不仅在学术上而且在行为上促进圆善，才有资格自诩为哲学家。这样，在康德的哲学中，圆善就成为了其哲学的最后目的与动力源泉。

圆善包括有德行与幸福两个成分，二者在圆善中是如何结合的呢？一个概念中的两种成分，要么是分析的关系，要么是综合的关系。前者是按照同一律来看待的，二者是一回事；后者则是按照因果律来看待的，某一原因必然导致某一结果。在德行与幸福的关系问题上，古希腊的斯多亚派与伊壁鸠鲁派乃认为二者是分析的关系。斯多亚派以为，意识到自己的德行，就是幸福；伊壁鸠鲁派以为，意识到自己所导致幸福的准则，就是德行。显然，前者以德行取消了幸福的独立性，后者以幸福取消了德行的独立性。斯多亚派与伊壁鸠鲁派对德行与幸福的关系的解决令康德感到不满，因为即便二者是分析的关系，也不能说他们完全是同一的。因为"凡是在另一个概念中所包含了的东西，虽然与包含者的一个部分是相等的，却并不与那个整体相等，此外，两个整体虽然由同一种材料构成，但如果因为在两者中的那些部分被结合为一个整体的方式是完全不同的，则它们也可以在种类上相互区别开来"。② 实际上——在康德看来——德行与幸福在它们的至上实践原则方面是完全不同性质的，尽管它们同属于圆善，但远非相互一致，甚至在同一个主体中常相互限制或相互拆台。之所以出现这种情况，乃因为德行是对道德原则的绝对服从，这是其最后的也是其唯一的服从，但幸福是"现世中一个有理性的存在者的这种状态，对他来说在他的一生中一切都按照愿望和意志在发生，因而是基于自然与他的全部目的、同样也与他的意志

---

① 康德：《实践理性批判》，第 149 页。

② 同上书，第 154 页。

的本质性的规定根据相一致之上的"。① 既然德行与幸福在性质上是完全不同的，则不能走传统的分析的方式，而是综合的方式，而且不是经验的综合，而是先天的综合。康德说：

> 但由于这种结合被认为是先天的，因而是实践上必然的，从而就被认识到不是由经验推出来的，而圆善的可能性也就不是基于任何经验性的原则，于是这个概念的演绎就必须是先验的。通过意志自由产生出圆善，这是先天地（在道德上）必然的；所以圆善的可能性的条件也必须仅仅建立在先天的知识根据之上。②

德行与幸福乃是一种先天的因果关系，这是什么意思呢？康德以为，这里要作严格的区分。如果以为对幸福的追求产生出德行意向的某种根据，是绝对错误的。但以为德行意向产生出幸福，却不是绝对的错误，只是有条件的错误。因为德行意向固然不必必然在感官世界中产生幸福，但人不只是感官世界中这样一种存在方式，人也可以是智性世界中的本体，此时道德律对于人有一种纯智性的规定根据。这样，德行的意向作为原因，与作为感官世界中的结果的幸福拥有一种即使不是直接、但却是间接的必然关联，这并非是不可能的。所以，人若只是一种感官世界的存在，则德行必然导致幸福只是偶然发生，故认为德行与幸福具有先天的必然关系，是绝对错误的。然而，若人亦是一种智性存在，则德行与幸福具有先天的必然关系，则是可能的。圆善亦最终得以实现。康德一再提醒我们，德行必然有相应的幸福与之匹配即圆善，不是在感官世界就可以实现的——"奇怪的是，古代和近代的哲学家们竟能在此生中（在感官世界

---

① 康德：《实践理性批判》，第171页。康德以为，德行不能称之为幸福，但可称之为自我满足。因为作为一种理性存在者，在其本性中确实存在有非常崇高的东西，是直接被某种纯粹理性法则规定着去行动，但人们时常把意志的这种智性地规定的性质看成了某种感性的东西和某种特殊感官的情感。但实际上，这只是一种消极的愉悦，在其中我们意识到自己一无所求，亦是自由。自由就是以压倒性的意向遵守道德法则的能力的意识，进而独立于爱好。因此，这种满足在其根源上就是对自己人格的满足。人本身以这样一种方式就可以是一种享受，但这种享受不能称之为幸福，因为它不依赖于某种情感的积极参入，严格说来也不能称之为永福。但这种自我满足对于人来说具有重要的意义，它是道德教养的真正目的。见《实践理性批判》之"对实践理性的二律背反的批判的消除"一节。

② 同上书，第155页。

中）就已经感到了与德行有完全相当比例的幸福，或是能说服人去意识到这种幸福"① ——而是在纯智性世界中。所谓纯智性世界，就是由自由意志、灵魂不灭与上帝存在三个悬设组成。② 这三个悬设，依康德，都有其实践上的必然性与真实性，因为"如果承认这个纯粹道德律作为命令（而不是作为明智的规则）毫不松解地约束着每个人，一个正直的人就完全可以说：我愿意有一位上帝，我在这个世界上的存有在自然联结之外也还会是一个纯粹知性世界中的存有，再就是最后，我的延续是无穷的，我坚持这些并且非要自己这样相信不可"。③

我们知道，现象界之万事万物都在因果链之中，没有自由可言。人作为一种现象界的存在，在此界限内也没有自由。但康德基于其现象与物自身的超越区分之观点，亦把人区分为现象界的存在与物自身界的智性存在。因为人如果只是现象界的存在，则他甚至不能够通过内在感觉对自己的认识来推测自己究竟是什么样子，因为他只能经验地而不是先验地得到关于自己的概念。而经验是拼凑而成的，而且还必须假定别的东西作为基础。这样，自我实被诸种现象拉散为一系列现象流，而不是一个客观的有严格规定的概念。康德认为，在系列现象流背后必须预设独立自存的自我以为其基础，而这个自我属于智性世界，尽管我们对于这一世界还没有更多的知识。康德说：

---

① 康德：《实践理性批判》，第 158 页。

② 在康德那里，悬设与假设不同。假设是纯粹理性在思辨中的运用，在假设中，我们从派生的东西出发在根据序列中向上提升到如我所愿的高度，并且需要一个原始根据，不是为了赋予那种派生的东西以客观实在性，而只是为了在派生的东西方面完全满足我们的探索的理性。我们是为了解释而不是为了确信其现实性而着手去进行思辨。这样一来，从一个结果向一个确定的原因所作的这种推论永远是靠不住的和拙劣的，则这样一种预设所能达到的就只不过是对我们人类而言最为合理的意见而已。也就是说，假设不过是一种较为合理的意见。悬设是纯粹理性在实践中的运用，在悬设中，一个纯粹实践理性的需要是建立在某种义务之上的，即有义务使某种东西成为我们的意志的对象，以便尽我的一切力量促进它。于是悬设就只涉及事物的可能性的那些自然的或形而上学的、总之是处于事物本性中的条件，但不是为了一个随意的思辨的意图，而是为了纯粹理性意志的一个实践上必要的目的，这个意志在这里并不选择，而是听从理性的一个毫不松解的命令，这个命令不是建立在爱好之上，而是在事物的形状中客观上有其根据。所以，这是一个在绝对必要的意图中的需要，它表明自己的预设不仅只是作为可以允许的假设是有理由的，而且作为在实践意图中的悬设也是有理由的。见《实践理性批判》之"出于纯粹理性的某种需要的认其为真"一节。

③ 康德：《实践理性批判》，第 196 页。

因为这个原因，一个理性存在者就必须把自己看作是理智（并不是从他的较低级力量的方面），看作是属于智性世界的而不是属于感性世界的。因此，他就从两个观点观察自身，认识自己力量运用的规律，因此也就是认识其所有行为的规律：第一，他属于感性世界而服从自然规律（他律性）；第二，他属于智性世界而服从独立于自然的，不是经验的而仅仅是以理性为基础的规律。①

依康德的意思，当人处在感性世界时，道德律对于他是一"应当"，但当人处在智性世界时，道德律就是自由意志之兴发，所谓"理义之悦我心，犹刍豢之悦我口"（《孟子·告子上》）者是，此是自由意志的"意愿"。故康德说："因此，道德上的应当是他作为智性世界的一个成员的意愿，并且，只有在他认为自己同时是感性世界的一员时，他才把这个意愿看作是一个应当。"② 简言之，只有有限意志才说道德律是"应当"，神圣意志则必说"意愿"。圆善就是只有在道德律不只是成为强制的"应当"，而是自觉的"意愿"时，方成为可能，由此，圆善的可能必然意味着神圣意志即自由意志的悬设。

意志自觉地"意愿"道德律进而与道德完全相适合，就是神圣性，但这种神圣性是任何在感官世界中的有理性存在者在其存有的任何时刻都不能做到的某种完善性，除非我们预设人的道德完善性从低级到高级的无限进程，只有如此，这种神圣性才是可能的。这意味着人超越此生。康德说：

> 但这个无限的进程只有在同一个有理性的存在者的某种无限持续下去的生存和人格（我们将它称之为灵魂不朽）的前提之下才可能。所以圆善在实践上只有以灵魂不朽为前提才有可能，因而灵魂不朽当其与道德律不可分割地结合着时，就是纯粹实践理性的一个悬设。③

康德以为，这个悬设不只是对思辨理性的无能加以弥补，更是着眼于

① 康德：《实践理性批判》，第 97 页。
② 同上书，第 101 页。
③ 同上书，第 168 页。

宗教。如果没有这个悬设，人们要么认为人类根本不配有这种神圣性，怡然自得于当下的道德堕落，要么迷失在神圣意志已完全获得的道德狂热之中，而这两者必然会阻止人的道德完善与修行。

意志自由与灵魂不朽之悬设只是解决圆善中德行这一维度如何可能的问题，而并没有解决另一维度即幸福的问题。要解决这个问题，康德以为必须要有上帝这个悬设，因为只有在上帝这个万能者之下，幸福才与德行有合理的匹配。康德说：

> 一个与道德律完全适合的意向的价值是无限的：因为一切可能的幸福在一个智慧的和万能的幸福分配者作出判分时没有任何别的限制，除了有理性的存在者缺乏与自己的义务的适合性之外。但单独的道德律却不预示任何的幸福；因为幸福按照一般自然秩序的概念是并不与对道德律的遵守结合在一起的。①

这就是说，德行是幸福分配的唯一条件，但德行自身并不必然使得幸福份额的到来，只有悬设一个万能的幸福分配者才使这种匹配成为可能。唯有此时，圆善才真实地可能，且圆善不只是追求幸福的学说，更是如何才值得配享幸福的学说。"只有当宗教达到这一步时，也才会出现有朝一日按照我们曾考虑过的不至于不配享幸福的程度来分配幸福的希望。"②

康德虽然认为悬设与假设不同，不只是一种合理的意见，而是有其客观实在性，但这里的实在性是实践法则使得悬设之概念获得了实在性，即永远只是在与道德律之实行的关系中被赋予的。故这种实在性不是知识的实在性，因为知识的实在性需要有直观（经验直观或先验直观）。这样，康德认为，我们由此"既没有对于我们灵魂的本性，也没有对于理知的世界，更没有对于最高存在者，按照它们自在本身所是的而有所认识，而只是使它们的概念在作为我们意志客体的圆善这一实践的概念中结合起来了，而我们是完全先天地通过纯粹理性、但只是借助于道德律并且也只在与道德律的关系中，就其所要求的客体而言来结合的"。③ 这就是说，意

---

① 康德：《实践理性批判》，第176页。
② 同上书，第177—178页。
③ 同上书，第182页。

志自由、灵魂不朽及上帝存在三个悬设我们都对之没有直观（经验的或
先验的），所以，不具有知识的客观性。而康德这里所说的客观性是指圆
善作为理性的实践对象必然关涉到这三个概念，因这种关涉而来的客观
性。因此，康德一再表示，这三个悬设对于我们的知识没有丝毫的扩展。
既然这三个悬设有与圆善发生关联的客观性，则我们最好不称为悬设，而
称为信仰。康德说：

> 但在与一个毕竟是由道德律提交给我们的客体（圆善）的可理
> 解性发生关系时，因而在与一种实践意图中的需要的可理解性发生关
> 系时，就可以称之为信仰，而且是纯粹的理性信仰，因为只有纯粹理
> 性（既按照其理论运用又按照其实践运用）才是这种信仰产生出来
> 的源泉。①

这就是说，人类精神最后的终点——圆善，亦即德行与幸福的合理匹
配，在康德的哲学里是依赖于意志自由、灵魂不朽及上帝存在之信仰。康
德在《判断力批判》之"上帝存在的道德证明"一节中以为，之所以只
能从道德上证明上帝存在，并不是说这种证明提供上帝存在的一种客观有
效的证明。"它并不想对于怀疑上帝的人去证明说：'兹存有一上帝'；它
但只对之而证明说：如果他想依一'与道德相一致'的样式而思维，则
他即必须采用'存有一上帝'这一命题之假定以为其实践理性之一格
准。"② 而之所以要把这种假定作为一种信仰，因为若一个仁慈的人如斯
宾诺莎遭受了最大的不幸，但他却不情愿对道德法则之尊敬之情被减弱，
则他必假定上帝存在。即一个仁慈的人必从实践上信仰上帝存在。③
　　虽然康德依据这三个概念，把圆善如何可能解决得周洽而严密，但这
只是哲学理境的周洽与严密，而圆善实践上的可能却寄之于信仰，这就把
力量交给了外面，人自身似乎无能为力。所以，康德哲学在圆善问题上超
过黑格尔的地方也只是他以分解的方式缕析了圆善可能之诸要素，至于实
践之力量在哪里，康德哲学依然付之阙如。牟宗三即继之而起，企图找到

---

① 康德：《实践理性批判》，第173页。
② 牟宗三译注：《康德〈判断力之批判〉》，《牟宗三先生全集》第16册，台湾联经出版公司2003年版，第571页。
③ 详见牟宗三译注《康德〈判断力之批判〉》第87节"上帝底存在之道德的证明"。

圆善得以可能的真实力量，既而使哲学上的千福之国威临人间。

三　尽性与圆善（绝对精神）之可能？

　　黑格尔与康德的哲学对于圆善问题，可谓在理境上作了较为全尽的展示与疏解，但就是没有找到真实的力量使得这一理境实践地可能。就其原因，黑格尔只是混沦地说精神之辩证发展，而康德则最后依赖于信仰。因为他们要么是知识系统，要么是信仰系统，而无中国传统的心性学之工夫系统，故不能发现"心"的力量，但牟宗三却依此而解决了圆善如何真实可能的问题。

　　康德依据意志自由、灵魂不朽及上帝存在三个悬设，强探力索获得了圆善问题的理论的解决，但牟宗三认为，根本不需要这三个悬设，只要肯认无限智心的存在即可，且无限智心并不是如康德系统中那样是一个悬设，而是一个真实的呈现。王阳明《咏良知》诗有云："无声无臭独知时，此是乾坤万有基。抛却自家无尽藏，沿门持钵效贫儿。"又云："人人自有定盘针，万化根源总在心。却笑从前颠倒见，枝枝叶叶外头寻。"（《王阳明全集》卷二十）这是说良知不但是超越的形上实体（乾坤万有基），而且是人之内在行为的道德根基。只要涵养工夫到，则必然呈现于人的生命中，此不是悬设，而是实有，为可逆觉体证之者。此处的"证"不是系统的理论证明，而是可直觉或直观者，此称之为智的直觉。所以，这可以说是知识意义上的实在性，而不是信仰意义上的实在性。这是中国文化传统不同于康德的地方。无限智心在中国传统的三教中都有肯认，在儒家称之为良知、心体，在道家称之为道心，在佛教称之为如来藏自性清净心（简称清净心），其称述或意蕴固有不同，但都属于无限智心则一。牟宗三以为，"只此一无限的智心之大本之确立即足以保住'德之纯亦不已'之纯净性与夫'天地万物之存在以及存在之谐和于德'之必然性。此即开德福一致所以可能之机"。[①] 这如何可能呢？牟宗三以为，圆善必须从圆教入。"因为最高善和圆教是相应的。你若要郑重地正视并讨论'圆善'这个概念（康德便能正视他），进而把这个问题具体地呈现出来，

---

　　①　牟宗三：《圆善论》，第 263 页。

使之有意义，那么只有通过'圆教'的概念，才能使它豁然开朗。"①

圆教之所以能解决圆善问题，即在其"教"的方式。在一般哲学家那里，圆善问题之所以不能得到妥善的解决，乃因为都是在分别说的方式中，无论是分析的方式还是综合的方式，都属于分别说的理路。分析的方式就是斯多亚或伊壁鸠鲁的方式，德即是福或福即是德。这样，要么是消融福的独立性而归于德，要么是消融德的独立性而归于福。这当然不是解决圆善问题的方法，因为圆善必须德福双方都有其独立性，不可消融。于是康德期望通过综合的方式保持德与福各自的独立性，最后以三个悬设来保证德福之一致，这不但求之于无限的历程中，且归之于信仰，人自身似乎多无能为力。牟宗三认为，圆善的解决若在分别说的方式中，就只能如此解决，别无他途。但我们可以依据中国文化传统特别是佛教传统而在非分别说的方式中，则圆善问题可以加以圆满的解决。分别说是哲学的初步，是"教"的权说，是指点人进入圆善境界之方便法门。既是方便法门，则可如此指点，亦可如彼指点。故所有分别说的哲学系统皆为或如此或如彼的可更替系统。但这里的可更替只是"说"法上的可更替，而不是理境上的可更替，最终的理境是那圆善境界，此为任何说法之旨归。现在的问题是，作为最终圆满的圆善境界将如何"说"呢？这里的"说"是指如理之实说，不是方便的权说。但这实说并不是在权说之同一平面上复增加一种说法，而是必须比权说高一个层次，即不与分别说同一层面的非分别说。这是统摄融汰诸分别说后所成之精神领悟。"这是生命中的如是如是，此'如是如是'必须用存在主义的'存在之路'来呈现，而不是用理论的方式来思辨。"②因为这是"如是如是"之呈现而非理论之言说，故非分别说是无净法，即不可更替，定然而必然。非分别说就是圆教的独特表达方式。牟宗三说：

> 圆教即是圆满之教。圆者满义，无虚欠谓之满。圆满之教即是如理而实说之教，凡所说者皆无一毫虚欠处。故圆满之教亦曰圆实之教。凡未达此圆满之境者皆是方便之权说，即对机而指点地，对治地，或偏面有局限地姑如此说，非如理之实说。尽管其指点地或对治

①　牟宗三：《中国哲学十九讲》，第350页。

②　同上书，第337页。

地或偏面有局限地所说者亦对，然而其如此说则是方便，实理并不只如此。是故就实理言，其如此说便有不尽，尚未至圆满之境，因而其所说者亦非究竟之了义。有不尽即函着向尽而趋；非究竟者函着向究竟者而趋；非了义者函着向了义者而趋。[①]

圆教是佛教思想发展的顶峰，是最高的智慧，最能体现佛之本怀。那么，圆教以什么方式表示呢？就是以诡谲的"即"的方式。要了解这种表达方式，须从天台知礼大师的《十不二门指要钞》入。该书卷上记载达摩与其三弟子之间的对话：

> 相传云：达摩门下，三人得法，而有浅深。尼总持云："断烦恼，证菩提。"师云："得吾皮。"道育云："迷即烦恼，悟即菩提。"师云："得吾肉。"慧可云："本无烦恼，元是菩提。"师云："得吾髓。"

但知礼大师却对此提出批评，认为即使是"本无烦恼，元是菩提"亦非圆教之义，反使学者迷失天台宗之旨要。故他接下来即指正道：

> 当宗学者，因此语故，迷名失旨；用彼格此，陷坠本宗。良由不穷即字之义故也。应知今家明"即"永异诸师。以非二物相合，及非背面相翻。直须当体全是，方名为即。何者？烦恼生死既是修恶，全体即是性恶法门，故不须断除及翻转也。诸家不明性恶，遂须翻恶为善，断恶证善。故极顿者，仍云"本无恶，元是善"。既不能全恶是恶，故皆"即"义不成。

知礼之所以认为"即"义不成，乃因为烦恼与菩提的关系或是"断烦恼，证菩提"，或是"本无烦恼，元是菩提"。前者有类于斯多亚的理路，直接祛除了烦恼，只证修菩提；后者有类于伊壁鸠鲁的理路，烦恼"即"是菩提。此"即"是分解意义下的"即"（分别说意义下的），这不是诡谲的"即"（非分别说意义的）。牟宗三说：

---

① 牟宗三：《圆善论》，第267页。

分解的"即"如 A 是 A，此是依同一律而说者，固非此即义，即两物关联着说者，而若是"两物相合"，或"背面相转"，亦是分解地说者，故亦非此诡谲的即义。诸宗凡就两物相合或背面翻转以说"即"者皆是用分解的方式说，故但有即名，而无即义，因而皆是权说，非圆说。①

那么，何谓诡谲的"即"呢？知礼进一步说："今既约'即'论断，故无可灭；约'即'论悟，故无可翻。烦恼生死乃九界法。既十界互具方名圆，佛岂坏九转九耶？"（《十不二门指要钞》卷上）此意为：在非分别说中，以诡谲的"即"为断，故无可灭者，亦以诡谲的"即"为悟，故无可翻转者，是以为"圆"。而断灭、翻转皆为分别说之方式下，故不能"圆"。烦恼与菩提，生死与涅槃，总说是无明与法性。牟宗三以为有两种存在方式，一是异体之依而不即，各住自性，此是别教；二是同体之依而复即，纯依他住，并无自住，方为圆教。"无明无住，无明即法性，法性无住，法性即无明，两联交互一观，即可见两者纯依他住，并无自住，此即两者同体也。同体依而复即，此则为圆教。"②荆溪云："说自住是别教意，依他住即圆教意。"（《维摩经略疏》卷八）正印证了牟宗三关于圆教的理解。

那么，何以牟宗三认同这种诡谲之"即"乃为圆教呢？因为这种诡谲的"即"的表达方式保证了万有的圆满具足之存在，而圆善中"幸福"之一面正依赖于万有的圆满具足之存在。牟宗三详尽地对比了华严宗分解的表达方式及天台宗诡谲的表达方式之差别。华严宗分解的表达方式之所以不是圆教，乃因为它对万有的圆满具足之存在没有保障。华严宗把一切法收摄于"如来藏自性清净心"上来，但这只是把一切染净法"依止"于此，非"圆具"于此。一切染净法"依止"于此只是"寄法显示"，虽说具无量无漏功德法，但只是"性起"的凭依义，非"性具"之内在实有义。牟宗三说：

因此，具无量无漏功德法，其直接的意义是具无量无漏丰富的意

①　牟宗三：《圆善论》，第 274 页。
②　同上书，第 275 页。

义，是"意义"而不是法；只因寄法显示，始把法带进来，是通过"意义"而被带进来，因而亦可说摄具了一切法。此一切法，其底子仍是随缘起现的，并不是真性本具的。是则真性与一切法之间仍有间隔，不是即而无间的。既通过"意义"而被带进来，则即说为"称性功德"，或法身之"实德"。此实德是通过把法"外在地带进来"而说的，不是由"法性真心内在地本具"而说的。①

这是说，无量无漏功德法只是原则上均可依持于"如来藏自性清净心"，皆可依此而起现。但现实上并不可一时圆足具现一切法。华严宗在现实上之起现色法却是随缘的，而随缘是敞开的、不决定的、偶然的。"有可随者，则随到而起现；无可随者，则随不到而不起现。这随不随到是偶然的，亦即经验事实上的。究竟这'随到'底范围是如何呢？能不能圆足起来呢？在此，华严宗是敞开的，即不决定的。所谓为一切法之所依止，此中的'一切'是笼统的，即，不圆具的。"②所谓"一切是笼统的"意味着"总说"，非单个地"殊别说"。如，"一切合法候选人皆可以当总统"。这里的"一切"就是笼统地"总说"，事实上并非每个合法候选人皆可当总统。而"圆具"必须单个地"殊别说"，但华严宗并不纠结于此。华严宗既不能单个地圆具一切法，就被天台宗指责为"缘理断九"，即隔断了九法界以成佛。九法界是指"六凡"——天、人、阿修罗、畜生、饿鬼和地狱，以及"三圣"——菩萨、缘觉、声闻，再加上佛，合称十法界。但在华严宗系统里，佛不但超过了"六凡"，而且亦超过了声闻、缘觉乃至菩萨，故华严之说佛之圆满乃就佛之当身说，非切就圆具九法界之存在而说圆满。"圆满只是佛自身底圆满，并未真至无所不照，无所不偏的具体而真实的圆满。此即隔断九界，而唯谈我佛也。"③是以天台知礼大师指责曰："是知'但理'随缘作九，全无明功。既非无作，定能为障。故破此九，方能显理。"（《十不二门指要钞》卷下）此意味着佛只是"理"。若依圆善来看，则佛只有"德行"之一面，并无存在之"幸福"的一面。是以圆善于此不可能，这当然不是圆教。但天台宗

① 牟宗三：《现象与物自身》，第 425 页。

② 同上书，第 416—417 页。

③ 同上书，第 418 页。

诡谲的"即"的方式却不同，可单个而殊别地圆具一切法。天台宗以"同体之依而复即"的圆教方式而立"一念无明法性心"一观念。此"一念无明法性心"乃烦恼心，非唯识系统之阿赖耶识，亦非真心系统之唯真心，乃是开决了诸权教而从"无住本立一切法"，而曰"一念无明法性心即具三千世间法"。何以能"立"？因无明与法性各无自住，依而复即。无明即法性，法性即无明，此是散开各个殊别地圆说，非迷就无明，但亦非孤高法性，无明法性同体相依而殊别也。每一法界皆具其他九法界，是为百法界，复乘之以三十种世间，是为三千世间。此三千世间穷尽界内一切法，为法之存在之存有论的圆满教，牟宗三称为"不纵不横玄妙深绝之不思议境"。①牟宗三复进一步论此种诡谲的"即"说：

> 开决了诸权教而说的"一念心即具三千世间法"不与一切分解说的诸权教为同一层次，因而亦非这同一层次上此一说彼一说之分解地另立一说。它是非分解地，即诡谲地说的圆实教；它不与任何权教为对立，而是开决了亦即消化了一切权教而无说以说者，无立以立者。它固是一系统，然非分解说，故虽是系统，然无系统相，以是故，它亦是无诤法，因而它是绝对的圆实，非主观地各圆其圆者。②

天台圆教以"依而复即"的诡谲方式确立了法性之"德"的一面，也圆具了存在的"福"的一面，则由此即可解决"德福一致"的圆善问题。何能如此？牟宗三说：

> 存有论的圆既经确立，则就"三道即三德"，在"不断断"之圆修下，即可达至佛教式的"德福一致"之圆善。盖般若、解脱、法身之三德，依德福问题言，俱属德边事。但般若之智德是就三千世间法而为智德，解脱之断德是就三千世间法而为断德，涅槃法身德是就三千世间法而为法身德，主观面之德与客观面法之存在根本未曾须臾离。③

---

① 牟宗三：《圆善论》，第276页。
② 同上书，第277页。
③ 同上书，第278页。

依牟宗三之意，在圆修之下，一切法皆即三千世间法而成其德，故皆为佛法，佛法自不只是"德"，亦有"福"，故德福一致也。若非是圆教，则"缘理断九"，存在不能圆具，"福"无挂搭处，故德福一致必不可能。在此情形下，只有三种情况，其一是有德而无福，或德即是福。其二是有福而无德，或福即是德。此两者或为斯多亚，或为伊壁鸠鲁，俱未保全德与福各自独立之意义。其三则是德与福之外在的综合关系，此为康德之形态，依赖于一神通之存在，然此为吾人所不能作主者。牟宗三最后说："圆教下德福一致既是诡谲地必然地一致，故德与福两者之关系就非权教下之综和关系，亦非如斯多亚与伊壁鸠鲁说法中那样的分析关系，此则非康德之依'上帝创造自然'而说者所能至。"①

不过，在牟宗三看来，天台宗只是开出了圆教之义理模型，自身尚不是大中至正的圆教。何以故？因为佛教和道家虽然也对存在有所交代，但按照牟宗三的理解，这是两个纵贯横讲的系统。所谓纵贯横讲的系统乃是在作用层上保住一切法之存在，只是在"无为无执"的玄智、"解心无染"之佛智中成全、润泽、保存一切存在。此是消极意义的保全，非积极意义的创生。此是平面的，非立体的，这是把本属于纵贯者的存在，以横切的方式加以保全，是谓"纵贯横讲"也。但对于存在，不仅需要有横切面的成全保存，更需要有纵贯面的创生，且后者是"经"，前者是"纬"。但纵贯面的创生义，道家与佛教俱不足以语此，因其缺乏道德之创生义故也。因此，虽然儒、道、释三家都讲无限智心，但道、释两家之无限智心只在作用层显其用，唯儒家之道德无限智心方在纵贯层显其用，牟宗三称为"道德的形上学"。"道德的形上学"是一哲学原型，大中至正之圆教必由此开出。儒者践仁尽性之无限智心，主观地说是道德的实践，客观地说，是一形上的道体，这一道体使得一切存在为真实的而有价值的存在。当践仁尽性达至大人之境界时，这是定然而必然者。牟宗三说：

一切存在俱涵润在这大人底生命中由大人底生命持载之，俱覆在这无限的智心理性下而由此无限的智心理性涵盖之，此即所谓天覆地载也。自无限的智心理性而言，则曰天覆；自大人底践仁之实践而

---

① 牟宗三：《圆善论》，第280页。

言，则曰地载。[①]

进一步说，若离开大人之践仁而空谈天道，乃是玩弄光景的歧出之教；若存在隔绝道体而为纯粹感官对象，则落入经验主义的窠臼。故大中至正的圆教必须由有创生义的道德实体入而开出纵贯系统。那么，这种大中至正的圆教何以可能呢？牟宗三认为，到王龙溪在阳明"四有教"的基础上提出"四无教"方始完成。

阳明的"四有教"以下面四句话表示：

> 无善无恶心之体。有善有恶意之动。
> 知善知恶是良知。为善去恶是格物。

牟宗三认为，阳明的"四有教"是在分别说的规模之下就心、意、知、物各自的自体相而说。"心"是一超越善恶的绝对体；"意"乃心之所发，随物而感，故有善有恶。"良知"乃"心"之虚灵明觉之智照，故"意"之善恶自然知之；"物"是"意"之所在，"意"即有善恶，则"物"亦有"正"与"不正"，既而"良知"之天理发用于事事物物之上使不正者归于正，是之谓"格物"。但分别说不能成立圆教，阳明之弟子王龙溪由分别说更进至非分别说，消融"心"、"意"、"知"、"物"的自体相而讲出"四无教"，儒家之圆教始成。在"四无教"之前，学者多以阳明之"四有教"为定本，不可移易。但《明儒学案·王龙溪学案》有以下记载：

> 先生谓之权法，体用显微只是一机，心意知物只是一事，若悟得心是无善无恶之心，则意知物俱是无善无恶。相与质之阳明，阳明曰："吾教法原有此两种，四无之说为上根人立教，四有之说为中根以下人立教。上根者，即本体便是工夫，顿悟之学也。中根以下者，须用为善去恶工夫以渐复其本体也。"自此印正，而先生之论大抵归于四无。……象山之后不能无慈湖，文成之后不能无龙溪，以为学术之盛衰因之。慈湖决象山之澜，而先生疏河导源于文成之学，固多所

---

① 牟宗三：《圆善论》，第309页。

发明也。(《明儒学案》卷十二)

从阳明的回答中可以看出，"四无教"乃"四有教"之自然发展。"四有教"乃下学工夫，"四无教"为圆成境界。故龙溪之开决阳明，乃儒教内开权显实以成圆教之必然。龙溪之开决即由分别说走向非分别说，其义理乃是："体用显微只是一机，心意知物只是一事。"由此，则心、意、知、物俱为无善无恶。这样，"四无教"以下四言表示：

> 无心之心则藏密。无意之意则应圆。
> 无知之知则体寂。无物之物则用神。

此是在工夫中心、意、知、物的浑化如一，这是工夫的极致，亦是存在的圆满。若工夫不足，则心、意、知、物各住自体，存在亦不圆满。浑化如一就是"无"，就是存在之圆满。这是承阳明"无心俱是实，有心俱是幻"(《王阳明全集》卷三)而来者，"实"就是圆满，乃成于浑化如一的"无"中；"幻"就是不圆满，乃成于自体相之"有"中。"无心俱是实，有心俱是幻"乃是以工夫说本体。这样，"无心之心"乃是以作用层的"无"表示存有层的"有"，即作用层与存有层浑化如一。同样，"无意之意"乃是以"无意相"的方式表现"意之动"，即"无动之动"；"无知之知"乃是"无知相"的知，即不在主客对待的方式下通过概念而知；"无物之物"乃是无物相之物。由此，"心"、"意"、"知"、"物"皆消融各自的自体相而浑化如一，皆为道德实体神感神应之创造中圆满之"如相"。故龙溪云："体用显微只是一机，心意知物只是一事。"若分别而讲，"心"、"意"、"知"、"物"自有分别，但因"意"、"知"、"物"不过"心体"之发用，故在圆实的工夫中并无差别。以庄子的语调说之，即是：俄而"心"、"意"、"知"、"物"矣，而未知"心"、"意"、"知"、"物"之果孰为"心"、孰为"意"、孰为"知"、孰为"物"耶？此是消融自体相而浑化。所谓"藏密"、"应圆"、"体寂"与"用神"皆为"无相"如一之意。此诚所谓"迹本"圆融也。"迹"是圆满之迹，然正是在这圆满之"迹"中觉证"本"之实在，不然，"本"即有虚妄处。至此，儒家之圆教始究极完成。牟宗三说：

此时作为迹之意与物是无意之意与无物之物，而作为本之心与知是无心之心与无知之知。此时亦不说"意之所在为物"，而直说"明觉之感应为物"，盖无意之意即是心知明觉之圆应也。亦不说良知知意之善或恶，知物之正或不正，而只说良知明觉之感应为物，而物无不正且亦为无物之物也。明觉之感应为神感神应，就此神感神应既可说无心之心，无知之知，同时亦可说无意之意，无物之物。……圣人冥寂无相而迹本圆融即是地载，而亦即是天覆之即在地载中，地载之即在天覆中，而亦未知天覆地载之果孰为天覆孰为地载也。①

天覆即是地载，本体（德）即是存在（福），这"即"是诡谲的"即"，非斯多亚或伊壁鸠鲁所说的分析的"即"。这是在纵贯系统中完成德福一致，是为大中至正之圆教也。依牟宗三，"心"、"意"、"知"纵贯地创生一切存在，而此创生之存在亦必然地随"心"、"意"、"知"而转，此即是福。"一切存在之状态随心转，事事如意而无所谓不如意，这便是福。这样，德即存在，存在即德，德与福通过这样的诡谲的相即便形成德福浑是一事。"② 本来，若各个殊别地看，存在之幸福与德行之一致是很难的，故斯多亚或伊壁鸠鲁干脆消掉其中之一方，以"德行即是幸福"或"幸福即是德行"视之。前者过于悲壮，后者易流入无品。康德只得求之于上帝之威力，此则易减杀人自身的努力。中国文化传统亦深感德福一致之难。孟子曰："口之于味也，目之于色也，耳之于声也，鼻之于臭也，四肢之于安佚也；性也，有命焉，君子不谓性也。仁之于父子也，义之于君臣也，礼之于宾主也，知之于贤者也，圣人之于天道也；命也，有性焉，君子不谓命也。"（《孟子·尽心下》）"味"、"色"、"声"、"臭"乃至"安佚"乃幸福之事，"仁"、"义"、"礼"、"知"与"天道"乃德行之事。可见，这既未消掉德福中之任何一方，且福亦不求助于上帝，只任凭"命"的裁决。"求之有道，得之有命"（《孟子·尽心上》）正是这种思想的最好表示。正因为如此，才有"君子居易以俟命，小人行险以徼幸"（《中庸》）之说，这在现实的迹用中乃无可奈何的事。但在冥一浑化之圆满之境中，则德福必一致，"命"限亦被超化。牟宗三说：

---

① 牟宗三：《圆善论》，第 323 页。
② 同上书，第 325 页。

纵使一切迹用，自外观之，是天刑，然天刑即是福，盖迹而能冥迹本圆融故。天刑即是福，则无"命"义。一切迹用尽皆是随心转之如如之天定，故迹用即是福。纵或此如如之天定自外部观之仍可说是"命"之事，然迹用既随心转，则事之为事虽或可说固自若，而其意义全不同，故实亦可说为无所谓命也。此即是命被超化。[①]

本来，"命"是修行上气化方面相顺或不相顺的一个"内在限制"的虚意式的概念。所谓虚意式的概念是指它不是一个经验的概念，亦不是一个先验的概念，虽是实践上的一个概念而不是迷信，但却渺茫无可把捉。故"命"虽是一个消极的实有，但却必须予以正视。对于"命"，吾人可"修身以俟"而不回避，既而"顺受其正"而坦然安之。然这里"命"依然未被超化，尽管境界极高，但斯多亚式的悲壮仍不可掩。只有在圆教中，存在即天德，"命"之渺茫不可把捉消失，是以被超化矣。由此，存在之运命与幸福完全掌握在吾人无限智心之下，德福必一致，只看吾人之践履工夫如何了。牟宗三说：

> 至此，教无教相，乃得意而忘教也。只是一真实生命之作其所应作，一无限性之如如流行。此如如流行，此作所应作，吾不知其是属于儒教者，属于佛教者，属于道教者，抑或是属于耶教者。[②]

圆教就是康德所说的哲学原型，亦是黑格尔所说的绝对精神。而所谓哲学原型或绝对精神就是吾人在上达天德的践履中无限智心的全尽朗现。在此，客观的哲学或"教"就是主观之实践，"知"就是"行"。这是真正的知行合一。就学问而言，这是哲学系统的完成；就目的论而言，这是上帝王国的实现；就人的历史而言，这是精神现象学的终结。牟宗三精神哲学的理境亦止于此。

---

① 牟宗三：《圆善论》，第 326 页。

② 牟宗三：《现象与物自身》，第 455 页。牟宗三又说："王龙溪说四无，于阳明学中并非无本。而同时四句教亦可以说是彻上彻下的教法，是实践之常则，因纵使是上根人亦不能无对治，亦不能无世情嗜欲之杂，不过少而易化而已。因此，四无乃是实践对治所至之化境，似不可作一客观之教法。"见《从陆象山到刘蕺山》，第 199 页。此盖教无教相之意也。

四 精神的圆成：真善美的合一

德福一致只是就绝对精神（或云圆教，或云哲学原型）的成素而言，若就绝对精神之境界而言，则是真善美之合一。圆教不只是德福一致的世界，亦当是真、善、美圆成的世界。所谓真、善、美的圆成不是有真、有善、有美，而是即真、即善、即美。依牟宗三的词语说之，这是非分别说下之圆成，不是分别说下之各成分的匹配具足。究极而言，圆教所呈现出来的精神境界，是审美境界、道德境界与宗教境界的会归如一。

我们知道，康德的批判哲学对人的理性能力进行了全面的检视。哲学既是对人的理性能力的检视，尽管人的理性能力各有别异的功能与限度，但总属于人自身的理性能力，故这些能力有可能协调一致。就哲学而言，各异的批判哲学亦有可能组成一个完整的系统，这就是康德所说的哲学原型。在《纯粹理性批判》中，康德即有此种设想，他说：

> 于是，人类理性的立法（即哲学）有两个对象，即自然和自由，所以它一开始就不仅把自然法则、也把道德法则包含在两个特殊的哲学系统中，但最终是包含在一个惟一的哲学系统中。自然哲学针对的是一切存有之物；道德哲学则只针对那应当存有之物。①

这里所说的"包含在一个惟一的哲学系统中"尚只是应该，至于如何可能，康德尚未思考。后来，他在《判断力批判》中进一步发挥了这种思想，并有建设性的思考。他把来自自然概念之原则的哲学，称之为理论界域，把来自自由概念之原则的哲学，称之为实践界域。这两个界域各自独立，它们之间似有不可逾越的鸿沟。但如果实践理性优于思辨理性，同时，如果"一切兴趣最后都是实践的，而且甚至思辨理性的兴趣也只有条件的，惟有在实践的运用中才是完整的"。② 这样，作为实践理性界域的自由应该而且必然要统领或影响作为思辨理性界域的自然。亦即，"自由概念之界域却意想去影响自然概念之界域，那就是说，自由之概念

---

① 康德：《纯粹理性批判》，第 634—635 页。
② 康德：《实践理性批判》，第 167 页。

意想把其法则所推荐的'目的'实现于感觉界"，这样，"自然至少与'诸目的之可依照自由之法则而被实现于自然中'之可能性相谐和"。① 尽管康德以为，并无两者相谐和之根据概念自身的特殊界域，但依然可使依照此一界域之原则而成的思维模式过转到依照另一界域之原则而成的思维模式成为可能。那么，这种过转如何呢？康德以为就是判断力，他说：

> 现在，快乐之情立于知识之机能与欲望之机能之间，恰如判断力居于知识与理性之间。因此，我们至少暂时可以假定：判断力同样含有其自己之一先验原则，并可假定：由于快或不快是必然地与欲望机能结合在一起，是故判断力将完成一种过转，即从纯粹知识之机能，即是说，从自然概念之界域，过转到自由概念之界域，这样一种过转，恰如其在逻辑的使用中，它使"从知性过转到理性"为可能。②

康德此处所表示者，乃第三批判的基本思路，是为"纯粹判断力之批判"。再加上第一批判"纯粹知性之批判"、第二批判"纯粹实践理性之批判"。由此，理性的全部领域得以检视，哲学原型亦得以形构。第一批判讨论"真"的问题，第二批判讨论"善"的问题，第三批判讨论"美"的问题，而由"美"来沟通"真"与"善"，使得哲学成为一个全尽真、善、美的完整模型，是为哲学原型。

但康德的这种思路，无论是对美的探讨还是对哲学原型的形构，都不能使牟宗三满意。牟宗三认为，康德对真与善的探讨都非常如理真切，但对美的探讨却尽显其思想之隔离与混漫。何以如此，乃在康德以判断力之"合目的性原则"来沟通"真"与"善"，同时"合目的性原则"亦是美之所以为美的先验原则。牟宗三以为，这正是康德思想隔离与混漫之开始。牟宗三说：

> 读者当知依据"合目的性之原则"来反省自然，觉得自然是如此之美好，如此之有条有理而可赞叹，心中自然可感到一种快乐。但这种快乐之情正是"上帝存在之物理神学的证明"之所宣示者，因

---

① 牟宗三译注：《康德〈判断力之批判〉》，《牟宗三先生全集》第16册，第105页。
② 同上书，第110页。

此，那合目的性之原则正切合于"上帝存在之物理神学的证明"，亦切合于"目的论的判断"，而在这原则下所观的自然正是牧师传道之所赞美者，而这所赞美的世界之美好不必是"审美判断"所品题之"美"，而快乐之情亦不必是审美判断中之"愉悦"。这正是《第三批判》关于审美判断之超越原则之最大的疑窦。①

我们知道，康德依据其批判哲学的原则，分别从质、量、关系、程态等四个方面为美确立了无功利、无目的、无概念之原则。牟宗三认为，康德的这种理路显得学究气太浓，这种技术性的"外离"之方法构造，不但不能显美之所以为美，反而冲淡了审美。这样，除了无功利性原则切合于美自身外，其余如合目的性原则，尽管是形式的主观的合目的性，但这与审美究竟有多少相干性呢？牟宗三质问道：

> 吾不知"反省中的对象之表象"与主体中的"判断力之经验使用一般中的合法则性"（此合法则性即是想像与知性之统一）相谐和一致，这与审美品味之直接感到此花（反省中的对象之表象）为美有何关系？这太穿凿了！②

牟宗三甚至发出了"你究竟意谓什么？"③之叹。牟宗三认为，康德之所以在审美问题上苛察缴绕、迂回曲折就是欲把美与道德关联起来，而视美是道德的象征，从而使其整个批判哲学成为一个完整的体系，最后遥契那最高的理性。但在牟宗三看来，美可以与道德有关联，甚至必须有关联；批判哲学亦可成为一个完整的体系，甚至必须成为完整的体系而遥契那最高的理性，但不能只如康德那样，作一种技术性的形构，须是实理之平铺。如果整个哲学系统的形上实体找不到，只作技术性的形构，皆不免混漫与虚妄。系统虽貌似整严，然实理并不如此。康德的那种希望整个哲学系统去遥契或印证最高理性的思想都是极其难能可贵的，也是必需的，但因为在康德那里，最高理性在上帝处，人那里是没有的，遂形成了其诸

---

① 牟宗三译注：《康德〈判断力之批判〉》，《牟宗三先生全集》第16册，第13页。

② 同上书，第21页。

③ 同上书，第17页。

多差谬。牟宗三之解决这些差谬，这是个中关键。

这样，在牟宗三看来，不但康德之美学须重述，就是其批判哲学的整合与融通（即真、善、美的整合与融通）亦必须重述。牟宗三重述就是以那最高理性——道德本心——为基点，这不但是哲学之所以为哲学的原型，而且是真、善、美之所以为真、善、美的依持处。道德本心放下而停于一处，固然有独立之真、善、美之可言，但道德本心亦可提起而超化，由此独立之真、善、美随之而被超化，进而遂成非真非善非美、亦是即真即善即美之化境，此方是哲学的整全、理性的极功。前面说过，道德本心作为最后的形上实体，其存养后之化境即是王龙溪所说的"四无教"，其基本原则乃"体用显微只是一机，心意知物只是一事"。既"心、意、知、物"只是一事，则独立而有自相的真、善、美只是道德本心暂时停留于知、意、物处之显象。牟宗三依陆象山之语称之为"土堆"。这些土堆就是分别说中的"真"、分别说中的"善"与分别说中的"美"。"真"是由人的感性、知性，以及知解的理性所起的"现象界之知识"之土堆；"善"是由人的纯粹意志依定然命令而行的"道德行为"的土堆。这些土堆各依于自相而独立成为一个领域。那么，"美"的土堆呢？独立而有自相的"美"是如何被挑起的呢？

> 分别说的美由人之妙慧之直感那"在认知与道德以外而与认知与道德无关"的气化之光彩而凸起。这一凸起遂显美之为美相以及"愉悦于美"之愉悦相。这一愉悦相既无任何利害关心，亦无混于"义理悦心"，且亦远离于激情与妩媚，自是一纯美之愉悦，妙慧静观中直感于气化之光彩之自在闲适之愉悦。①

这是牟宗三对于独立之美的认知的中心观点。如实地说，牟宗三此处显示出感悟的意义重，洒脱而利落，不像康德那样显得如此之学究气，曲折而繁复。牟宗三乃沉潜于美中去感受，故其语简易警策，此是鉴赏家言；康德则外离于美客观而分析之，故其语繁难而支离，此是学问家言。牟宗三显然是承接了中国文化传统，因为美是需要人沉潜于其中去感受的，对美之分析太多，反而支离而不得其实。故司空图引戴叔伦之语曰：

---

① 牟宗三译注：《康德〈判断力之批判〉》，《牟宗三先生全集》第 16 册，第 78 页。

"诗家之境，如蓝田日暖，良玉生烟，可望而不可置于眉睫之前也。"何以如此？乃因为美是"象外之象"、"境外之境"，以牟宗三之语言之，就是"气化之多余的光彩"，①"岂可容易谈哉？"（《司空表圣文集》卷三《与极浦书》）正因为这样，康德从质、量、关系、程度四个方面来论述美之特性、确立美之原则，反而使人堕入迷雾之中，非有哲学慧识与洞见者，常不得要领。但反过来说，牟宗三对美之论述却因太过简单而含混，与康德相较，其系统之严整性相差甚远。如"妙慧之直感"、"气化之多余的光彩"到底何意，即不明确。"妙慧之直感"是否即是康德所说的"想象力与知性的自由谐和"呢？"气化之多余的光彩"是否就是康德所说的"审美对象的形式表象"呢？这些从学问系统看都值得进一步被追问，且从美作为一种学问看，牟宗三之语汇显然不及康德之语汇清楚明白。若道德本心停驻于"美"之自相中，则康德的诸多说法并非不切合，尽管亦有支离之感。② 所以，牟宗三的美学处处显示鉴赏家的感悟语，而不是理论家的构造语。若人之心灵有此警觉而开悟，则自然觉得亲切而入理，否则，必然倍感混沌而模糊。正是从心之警觉感悟处，牟宗三把"真"看做是生命之"呼吸原则"、把"善"看做是生命之"精进不已之原则"，而把"美"看做是生命之"闲适原则"。这是生命之生息，人在此始得自由之翱翔与无向之排荡。生命是一奋斗，故常需要暂时停驻于"美"之自相中得以休养沉潜。但须知，此处之停驻是道德本心暂时之安歇，若安歇于此而不知奋发，则生命无由开向上之机。这是牟宗三所说的分别说之"美"的限度。牟宗三说：

---

① 牟宗三译注：《康德〈判断力之批判〉》，《牟宗三先生全集》第 16 册，第 86 页。

② 这支离之感即表现在：康德把美看作是"审美表象契合了审美主体想象力与知性的自由谐和"。这是从发生机制上来论说美，即从主体的愉悦来论说美。但这主体之愉悦与一物之为美是否是一回事呢？康德认为美是主体的一种情感，不是客体之属性。这似乎太过主观化了。牟宗三问："吾不知'反省中的对象之表象'与主体中的'判断力之经验使用一般中的合法则性'（此合法则性即是想像与知性之统一）相谐和一致，这与审美品味之直接感到此花（反省中的对象之表象）为美有何关系？"这亦是在质问：主体之愉悦与一物之为美是一回事吗？故以主体之愉悦来论述美，这是从"果"而推"因"，但"果"（主体之愉悦）毕竟不是"因"（一物之美），只是"因"的结果。这样，"美"似乎并不能纯粹主观化，应有客观的因素在。但"美"又确乎不同于广延、颜色等物理属性，"美"之客观性表现在何处，值得进一步研究。当然，这些问题超越了康德与牟宗三的问题。在此不能作深入的研究，唯期待有心者思考焉。

但此是妙慧静观之闲适，必显一"住"相。若一住住到底，而无"提得起"者以警之，则它很可以堕退而至于放纵恣肆。①

这样，在牟宗三看来，停驻于自相中之"美"只是道德本心之暂时安歇于"气化之多余的光彩"中，然道德本心本是精进不已的，若安歇沉醉于此而不知超化这"美"之自相，必是价值上的虚无主义。上焉者则成文人之浪漫，下焉者则成生命之放纵。牟宗三之所以批评李太白之流的浪漫与阮嗣宗之辈的风流，就是因为这些人只停留在"美"之自相中而不知超化，最后堕退为感性的激情之感，而丧失妙慧义。故牟宗三讲"非妙慧者不能言感"。② 妙慧之直感停驻于"美"之自相而放下平铺于此固可，然因道德本心是精进不已的，故亦必能提起超化之，而至于"无物之物"，此时"美"之自体相消失而至于无相。所以，牟宗三一举扫除了康德系统中以"合目的性"作为美之超越原则的思想，而以"无相原则"作为美的超越原则。他说：

> 妙慧审美本是一闲适的静观之"静态的自得"，它本无"提得起放得下"之动态劲力，……但当道心之精进不已与圆顿之通化到"提得起放得下"而化一切相时即显一轻松之自在相，此即暗合于作为审美之超越原则的"无相原则"，亦即道心之藏有妙慧心。③

妙慧心若平铺于对象而直感之，则得美之自体相，此时之美乃分别说之美。但妙慧心只是道德本心（道心）之暂时陷落，其必可精进通化至道心自身，而道心又是"无心之心"，其对应之物亦是"无物之物"，因而审美之超越原则为"无相原则"。"无相原则"到底是何意呢？牟宗三此处还是承接了康德的那种把审美统属到最高理性上的思路。妙慧心直感美之自体相，但妙慧心必超化至最高理性实体道心处，而道心所对者乃物自身，物自身乃是如相、无相，故"无相原则"表示不但妙慧心已超化至道心，分别说的美之自体相亦被超化至合一说之美。此合一说之美固可

---

① 牟宗三译注：《康德〈判断力之批判〉》，《牟宗三先生全集》第 16 册，第 80 页。

② 同上。

③ 同上书，第 79 页。

说是美，但亦可说是善，亦可说是"真"，因"心意知物只是一事"故也。所以，康德说"美是道德的象征"，其实不是象征不象征的问题，美即是善，亦即是真。哲学原型亦不需要艺术性的构造，乃道德本心自如之呈现。但道德本心亦可停驻于某处，则分别说之真、善、美之自体相即示现。牟宗三称之为"垂象"而非"象征"。他说：

> 于"真"方面之垂象即是气化之遭遇于吾人之感性与知性而成的"现象之存在"；于"善"方面之垂象则是气化底子中人类这一理性的存有之经由其纯粹而自由的意志决定其为一"道德的存有"；于"美"方面之垂象，则是气化底子中人类这一"既有动物性又有理性性"的存有经由其特有的妙慧而与那气化之多余的光彩相遇而成的"审美之品味"。①

但垂象只是圣人立教之权法，必至化掉垂象而为即真即善即美或非真非善非美，唯有至此乃为圆教，亦是康德所说的哲学原型，复是黑格尔所说的绝对精神。即真即善即美乃是一化境，是此方是精神的圆成。德福一致是内容地说，是圆善；无相之化是境界地说，是圆教。至此圆成之教，则圆善既无奢华之富贵相，亦无庄严之道德相，只有那消融真善美之化境之如如。此化境用庄子之语调论之即是：俄而真善美矣，而未知真善美之果孰为真孰为善孰为美耶？这是真善美圆成之合一，非真善美之自体独立也。孟子曰："充实之谓美，充实而有光辉之谓大，大而化之之谓圣，圣而不可知之之谓神。"（《孟子·尽心下》）惟化掉真善美之自体相，方可谓"圣德"，方可谓"神功"。此是真正的"备于天地之美，称神明之容"（《庄子·天下》）。精神之理境至此而全尽，精神哲学至此而终结。

---

① 牟宗三译注：《康德〈判断力之批判〉》，《牟宗三先生全集》第 16 册，第 87 页。

第七章

启示与申论：心性学与精神之圆成

一 批判与检讨

精神的圆成牟宗三称为圆善，所谓圆善就是幸福随着德行的圆满而自然灵现。德行是自家的心性修养工夫，这是"求在我者"，这是可以自己把握的，但幸福是"求在外者"，那么，这个"求在外者"的幸福如何随着"求在我者"而自然灵现呢？这是牟宗三圆善论所要解决的问题。我们知道，牟宗三圆善问题的解决不在现象界，而是在物自身界。用牟宗三哲学的话语说之，乃在"无执的存有论"界而不是在"执的存有论"界。在"执的存有论"界，即现实的人间世界，牟宗三承袭了儒家的传统，是承认有"命"的，这个"命"对于每个人是一个莫大的限制，"命者即是你气化方面所无可奈何者"。① 幸福虽是人人之所欲求，但得与不得，不单是看你主观上的努力，还要看你有没有这个"命"。儒家在此有清醒的意识。故孟子曰："求之有道，得之有命，是求无益于得也，求在外者也。"（《孟子·尽心上》）幸福属于"在外者"，这个地方求之虽"有道"，但得之却"有命"。这是无可奈何的，吾人只能安之若命，所谓"君子居易以俟命"（《中庸》）也。这里面似有造化的安排与奥秘，亦足有令人喟叹与惋惜处。这种状况，使得司马迁感叹曰：

> 或曰：天道无亲，常与善人。若伯夷叔齐，可谓善人者非也？积仁洁行如此而饿死！且七十子之徒，仲尼独荐颜渊为好学。然回也屡空，糟糠不厌，而卒早夭。天之报施善人，其何如哉？盗跖日杀不

---

① 牟宗三：《圆善论》，第 155 页。

辜,肝人之肉,暴戾恣睢,聚党数千人,横行天下,竟以寿终,是尊
何德?此其尤大彰明较著者也。若至近世,操行不轨,事犯忌讳,而
终身逸乐,富厚累世不绝;或择地而蹈之,时然后出言,行不由径,
非公正不发愤,而遇灾祸者,不可胜数也。予甚惑焉,倘所谓天道,
是耶非耶?(《史记·老子伯夷列传》)

　　这里揭示现实世界德行与幸福的严重冲突与不一致,这种冲突与不一
致致使史迁竟怀疑起天道的公正性来。这也使牟宗三认识到,现实世界的
德福一致问题,似乎永远无法解决,要解决,也只能是康德哲学的思路。
此处牟宗三虽然没有明确表示,但我们是可以从他的思想中分析出来的。
然而,何以牟宗三一反康德的思路而独辟蹊径,从"无执的存有论"来
解决圆善问题呢?他的这种思路真的解决了圆善问题了吗?这在学界有很
大的争论。杨泽波多次撰文对牟宗三的《圆善论》进行批评,尽管他亦
不否认《圆善论》的意义与贡献。① 他的总体思路是:牟宗三解决圆善论
的思路并不契合康德的思路,而是依据传统儒学的思路走,由此并没有解
决康德的问题。他说:

　　　　牟宗三为解决德福关系提供了一种新的思路,这种新的思路虽然
　　没有真正解决康德意义的圆善问题,但论说合理,超越了康德,所以
　　也可以算是一种"圆满而真实的解决"。按照这种解释,牟宗三关于
　　《圆善论》的自我评价并不是直接针对康德意义的圆善,而只是针对
　　儒家圆教而言。依据儒家圆教系统,可以为德福关系问题提供一种解
　　决的办法,虽然这种办法并不能真正解决康德的圆善问题,但可以自
　　成系统。从这个意义上看,牟宗三自信通过他的努力圆善问题已经得
　　到了"圆满而真实的解决",这自然也不能算错。②

　　杨泽波认为,牟宗三在解决圆善问题时,与康德之思路相较,存在着
根本的概念滑转。康德所说的幸福是指物质幸福,即现实生活中所实际得
到的物质享受。而牟宗三所说的幸福却是道德幸福,即成德后内心生成的

----

① 详见杨泽波《牟宗三圆善思想的意义与缺陷》,《云南大学学报》2010 年第 2 期。
② 杨泽波:《牟宗三解决了康德的圆善问题了吗?》,《哲学研究》2010 年第 11 期。

一种满足和愉悦。康德所说的幸福确实是人实质上的物质幸福，但牟宗三所说的幸福是否是道德幸福却有待商榷，因为牟宗三《圆善论》中的幸福是"无执的存有论"界的幸福。然无论如何，牟宗三所说的幸福与康德所说的幸福迥异，却是真实而确然的。也就是说，《圆善论》中的幸福不是有限的人的物质幸福。康德正是为了解决有限的人的物质幸福，才不能不摆出"灵魂不朽"与"上帝存在"两个悬设，这实际上是把人的幸福不但寄托于无限的时间中，而且交由外在的力量来裁决。康德在论述幸福问题时，并没有过多关注物质生产力提高这一维度，可能康德认为，生产力的提高固然有助于社会整体物质水平的丰裕，但这并不能确保每个人都得到与其德行相匹配的幸福，唯有在"灵魂不朽"与"上帝存在"的预设中方为可能。实际上，康德所说的幸福固然是物质幸福，但他所说的圆善是指与一个人德行匹配的物质幸福，这里的物质幸福未必一定要到丰饶的程度，与德行之匹配等量才是最重要的。但学界在此点的理解上依然有混转，圆善中的幸福就意味着物质的极大丰裕，而物质的问题需要物质的力量来解决，发展生产力为解决圆善问题的一种必要力量，因而圆善的解决必须走历史唯物主义的路线而不是儒家心性学之路线。故学者尤西林指出："涵摄了存在论的牟氏价值心体论，只是在精神领域内实现德福一致的圆善。"尤西林认为牟宗三的理论之不足在于："存在现状一切不变，只要心意态度（观法）转变，客观事物对于人的'意义'便立刻改变，乃至天堂地狱之变，只在一念之差、转手间的事。心体诚然决定事物对于主体的价值性意义，但事物自身的客观存在状态性质及其对于主体客观存在状态的幸福论意义，却具有……客观独立于心体的地位。"从历史唯物主义的立场，尤西林认为："人的自然生命价值有其非德性可涵括的硬核。"① 这样，"幸福的价值源始于对消极受动性谋生的改善，它以人的自然生命需要为基点，指向健康、舒适、丰富的生活与劳动条件。须要强调的是，这些条件是物质性的"。② 最后，尤西林得出结论说：

　　圆善之必需历史过程，亦并非牟氏批评之"虚幻"，而恰恰为其实践的时间性所决定。作为价值论统一目标的圆善，由于纳入了自然

① 尤西林：《智的直觉与审美境界》，《陕西师范大学学报》2008年第3期。
② 同上。

人心（任性欲望）及其社会关系的改造，德行实践已从精神性德性置身于物质活动中。①

这清楚地表明了"圆善"上的历史唯物主义路线。依据这种路线，圆善必须基于生产劳动这个必然王国之上。这也是马克思的经典思想：

> 但是不管怎样，这个领域始终是一个必然王国。在这个必然王国的彼岸，作为目的本身的人类能力的发展，真正的自由王国就开始了。但是，这个自由王国只有建立在必然王国的基础上，才能繁荣起来。②

马克思上面所说的是"自由王国"，但康德所说的"圆善王国"，依历史唯物主义者的路线，亦必须建基在必然王国之上，这是势所必然、理所必至的。诚然，康德所说的幸福是物质幸福，物质幸福就需要物质的力量来解决，这似乎是切实的理路。但若无无限智心的警觉性与超越性，仅就物质幸福自身而言，尚有两个问题必须解决：其一，吾人都承认，人的物质欲望是无限的，既如此，那么会不会有那么一天，人因物质之丰裕而对自己的物质幸福感到满意呢？从欲望的无限性来看，这似乎是很难实现的。这个问题不须详论即可为吾人所肯认。其二，即便人们果真感到了现世的物质幸福，那么，吾人真可达至牟宗三所说的"真善美"合一的圆善境界吗？这个问题却值得详细讨论。这里将依据海德格尔的"存在论"来探讨人之在世的幸福是可能的吗？这里希望对人的幸福进行奠基。这就是说，不管人的物质状况丰裕到何种程度，在未对幸福进行奠基以前，都是无效的，至少是没有根基的，因为它们根本盲视了人之"在世"之生存论结构。这样，对人之"在世"之生存论结构的探究，于幸福问题具有奠基性的意义。从而凸显出牟宗三以无限智心来解决幸福问题之价值与意义，幸福问题的解决预示着精神圆成得以实现。

---

① 尤西林：《智的直觉与审美境界》，《陕西师范大学学报》2008 年第 3 期。
② 马克思：《资本论》第 3 卷，人民出版社 2004 年版，第 929 页。

二　人之生存论结构与精神圆成之不可能

任何一种思想——依海德格尔的看法——无论其正确和有效与否，只要不是根基于人之"在世"的存在论追问，都是无效的。即便有效，亦是暂时的、偶尔的，无根基的。海氏认为，这样的思想是一种技术性的思。他说："作为思的基本成分的存在，在思的这个技术的定义中被牺牲了"，由这种思而得出的思想，"无异于按照鱼能够在岸上干地生活多久来评价鱼的本质与能力。思登在干地上已经很久了，太久了"。① 海氏所说的"思登在干地上"就是思想对人之"在世"的存在论的盲视，而只作一种技术性的建构。我们说"不管人的物质状况丰裕到何种程度，在未对幸福进行奠基以前，都是无效的"，正是基于海氏的这种观点。因为这里同样遗忘了人之"在世"的存在论追问。人之"在世"一般被领会为"人在世界之中"，其模式为"X在……中"，其中"X"指人，"……"指世界。对于这种模式，海氏认为，它"称谓这样一种存在者的存在方式——这种存在者在另一个存在者'之中'，有如水在杯子'之中'，衣服在柜子'之中'。……这些存在者一个在另一个'之中'。它们作为摆在世界'之内'的物，都具有现成存在的存在方式。在某个现成东西'之中'现成存在，在某种确定的处所关系的意义上同某种具有相同存在方式的东西共同现成存在"。② 这样，"X在……中"就被领会为现成存在者之间外在的空间关系，即现成的东西在空间上一个在另一个之中。若如此，一个具体的东西当然可以脱离这种外在的空间关系而从另一个东西中抽离出来。就人来说，因工作或物质贫困与他处在外在的关系中，他似乎可以从外在的工作及贫困中抽离出来而走向自由与幸福。但问题是，人之这样"在世"是人真实的存在状态吗？海氏认为，"绝没有一个叫做'此在'的存在者同另一个叫做'世界'的存在者'比肩并列'那样一回事"。③ 在海氏看来，"在之中"不是一种外在的空间关系，而是

---

① 孙周兴选编：《海德格尔选集》，第 360 页。

② 海德格尔：《存在与时间》，陈嘉映等译，生活·读书·新知三联书店 1987 年版，第 66—67 页。

③ 同上书，第 68 页。在海氏的哲学中，多把人这种存在者称为"此在"，本书为了行文方便，有时称"人"，有时称"此在"，但都是表述人这种存在者。

人的一种存在机制，它是一种生存论性质。这种生存论性质意味着：

> 某个"在世界之内的"存在者在世界之中，或说这个存在者在
> 世，就是说：它能够领会到自己在它的"天命"中已经同那些在它
> 自己的世界之内同它照面的存在者的存在缚在一起了。①

人之所以一般地被看成现成的东西，就是因为没有看到"在之中"的生存论结构。人绝不是一般意义的现成的东西，他只有特有的"现成性"，这种特有的现成性只有在此在的生存论结构中才是可以被通达的。所以，"在之中"是人的天命，海氏说：

> "在之中"不是此在时可有时可无的属性，好像此在没有这种属
> 性也能同有这种属性一样存在得好好的。并非人"存在"而且此外
> 还有一种对"世界"的存在关系，仿佛这个"世界"是人碰巧附加
> 给自己的。此在决非"首先"是一个仿佛无需乎"在之中"的存在
> 者，仿佛它有时心血来潮才接受某种对世界的"关系"。只因为此在
> 如其所在地就在世界之中，所以它才能接受对世界的"关系"。②

此在的"在之中"的天命，表明此在向来就是有因缘的。但有因缘是指"存在者的存在之存在论规定，而不是关于存在者的某种存在者状态上的规定"。③ 这就是说，因缘使存在者如其所是的样子呈现出来。在这里，因缘在逻辑上"早于"单个的存在者，或者说，单个的存在者乃是在因缘中得到显现的。实则是：存在先于存在者，并没有单个的存在者，存在者只是"在之中"的"此"。这样，海氏就消解了西方哲学中非常重要的"实体"概念。一般而言，所谓"实体"就是这样被领会着的存在者，它无须其他存在者即能存在。但海氏"在之中"的天命的思想根本否定了这样的实体存在。"无世界的单纯主体并不首先'存在'，也从不曾给定。同样，无他人的绝缘的自我归根到底也并不首先存在。"④

---

① 海德格尔：《存在与时间》，第69页。
② 同上书，第71页。
③ 同上书，第103页。
④ 同上书，第143页。

基于此，"人的'实体'也不是作为灵肉综合的精神，而是生存"。① 此在乃"在之中"的"此"，故此在本质上是共在。"我实际上不是独自现成地存在，而是还有我这样的他人摆在那里。"② "我"与摆在那里的"他者"不是现成存在者之间的关系，而是"他者""拱出"了"我"。"我"在在都是被"拱出"的存在者。

以上详细论述了海氏"在之中"的生存论。"在之中"并不只是现成存在者的谓词，而是本体论，即此在即是"在之中"的"此"。这便是人"在世"之天命。这种"在世"之天命即是人的被抛，海氏进一步把这种被抛称为"烦"。"此在的一般存在即被规定为烦。"③ 但"烦"不是人的心理情绪，而是此在的生存。"烦"就是在烦忙寻视中将世内存在者带到近处，此在正是在近处的"那里"领会自己的"这里"，但"这里"不是指一个现成的东西在何处，而是指"去远"着依存于……的"何所依"。依存于……的"何所依"即揭示了此在向着……烦忙存在。④ 依存于……的"何所依"就是此在的"此"，故此在本质上是共在，共在在生存论规定着此在。"此在之独在也是在世界中共在。他人只能在一种共在中而且只能为一种共在而不在。独在是共在的一种残缺的样式，独在的可能性就是共在的证明。"⑤ 这样，"其他人存在也属于此在的存在，属于此在恰恰为之存在的那一存在。因而此在作为共在在本质上是为他人之故而'存在'。这一点必须作为生存论的本质命题来领会"。⑥ 他人并不是作为独立不依的主体摆在"我"的旁边，而是进入了"我"的"在"，我并不能抽离而逃脱之。这样的"我"使得此在是失去独立个性的人，海氏称之为"常人"。

人本身属于他人之列并且巩固着他人的权力。人之所以使用

① 海德格尔：《存在与时间》，第 144 页。
② 同上书，第 148 页。
③ 同上书，第 149 页。
④ 同上书，第 133 页。"去远"在海氏那里意味着"寻视着使之近，就是带到近处去"。相去之远近主要不是被把握为距离，而是看是否触目。海氏举例说，眼睛就在鼻梁上，但相对于墙上的一幅画来说，于人的距离却相去甚远。见《存在与时间》，第 131—133 页。
⑤ 同上书，第 148 页。
⑥ 同上书，第 151 页。

"他人"这个称呼，为的是要掩盖自己本质上从属于他人之列的情形，而这样的"他人"就是那些在日常的杂然共在中首先和通常"在此"的人们。这个谁不是这个人，不是那个人，不是人本身，不是一些人，不是一切人的总数。这个"谁"是个中性的东西：常人。①

这个"常人"，就是日常此在是谁这一问题的答案。每一个人都是"我"，但没有一个人是"我"本身。"常人"一直"曾是"担保人，但又可以说"从无其人"，而一切此在在相杂共在中又总是听任这个无此人摆布，大多数的事情都是由这个无此人造成的。这个常人"展开了他的真正独裁。常人怎样享乐，我们就怎样享乐；……常人对什么东西愤怒，我们就对什么东西'愤怒'。……这个常人指定着日常生活的此在方式"。② 所以，常人是一种生存论并作为源始现象而属于此在的，这意味着："我首先是从常人方面而且是作为常人而'被给与'我'自己'的。此在首先是常人而且通常一直是常人。"③ 由此，"此在首先和通常混迹在'常人'之中，为常人所宰制"。④ 在海氏那里，"烦"、"被抛"或"常人"是意义相同或相近的此在生存论表述，表述此在的因缘性与"拱出性"。正是"烦"、"被抛"或"常人"规定了人对"在世"之领会与筹划。故领会与筹划皆是生存意义上说的。所谓领会，不是去理解外在于此在的思想，而是把握此在的"此"之"何所是"；同样，筹划也不是依据一个课题性的计划来安排自己的此在，而是把此在之"此"之可能性带到眼前。所以，领会与筹划总是建构着此在，实际上是"拱出"此在的"此"，这意味着领会与筹划并不比此在的"此"更多，也不比此在的"此"更少。"只因为此之在通过领会及其筹划性质获得它的建构，只因为此之在就是它所成为的或所不成为的东西，所以它才能够领会地对自己说：'成为你的所是的！'"⑤ 从来没有一种领会与筹划溢出此在的"此"之外，被摆到一个自在"世界"的自由王国之前，以便能看到由此而来

---

① 海德格尔：《存在与时间》，第 155 页。
② 同上书，第 156 页。
③ 同上书，第 159 页。
④ 同上书，第 203 页。
⑤ 同上书，第 178 页。

照面的东西。此在的"此"规定着人"看"什么，怎样"看"。这"看"什么、怎样"看"复又暴露了人的"此"。这种暴露的基本表现为闲谈、好奇与两可。

闲谈乃对存在的封锁。之所以如此——依海氏的看法——乃因为语言一般总包含一种平均的可领悟性。这种平均的可领悟性可达乎远方而为人领会，但听者却不见得进入了源始领会着言谈之所及的此在。人们于此在不甚了了，听闻的只是言谈之所云本身。这种言谈本身之所云从不断定，也不要求断定源始创造。所以，闲谈乃是一种无根基状态，这种无根基性并不妨碍对它的喜爱，并且人们为它大开方便之门。谁都可以振振闲谈，因为闲谈已经保护人们不致遭受在据事情为己有的活动中失败的危险。"作为在世的存在，滞留于闲谈中的此在被切除下来——从对世界、对共同此在、对'在之中'本身的首要而源始真实的存在联系处切除下来。它滞留在漂浮中，但在这种方式中它却始终依乎'世界'、同乎他人、向乎自身而存在着。……除根不构成此在的不存在，它倒构成了此在的最日常最顽固的'实在'。"①

此在烦忙寻视着让来到手头的东西保持在揭示状态中。但好奇是一种自由的寻视，希望由此而摆脱自身，摆脱在世，摆脱对日常切近来到手头的东西的依存。所以，好奇并不是为了领会所见的东西，而仅止于"看"。这种"看"贪新鹜奇，从这一新奇跳到那一新奇，不是为了把握存在，而是为了能放纵自己于世界。"好奇因不肯逗留而烦忙于不断涣散的可能性。……不逗留在烦忙所及的周围世界之中和涣散在新的可能性之中，这是对好奇具有组建作用的两个环节；……好奇到处都在而无一处在。这种在世模式暴露出日常此在的一种新的存在样式。此在在这种样式中不断地被连根拔起。"②

此在既在杂然共在中，则总是两可的。所谓两可，就是最响亮的闲谈与最机敏的好奇"推动"着事情发展，日常地万事俱在，其实本无一事；自以为过着真实而生动的幸福生活，其实是一种好奇的寻求，仿佛在闲谈中万事俱已决断好了。所以，"捕踪捉迹是两可借以伴充此在之可能性的

①　海德格尔：《存在与时间》，第206页。
②　同上书，第210页。

最迷惑人的方式"。①

　　这样，闲谈虽然为此在开展出它的世界，但却是一种无根基的漂浮无据的样式；好奇虽然事无巨细地开展一切来，但此在却到处都在而又无一处在；两可虽然在领会中对此在不隐藏什么，但却是为了在无限的"到处而又无一处"之中压制在世。由此三者，揭示了此在十足的沉沦。但沉沦之于此在绝不是任何消极的评价，因为当此在"混迹于……"时，就已经从此在本真的状态中脱落而沉沦于"世界"，此在的非本真状态通过闲谈、好奇与两可得到了全尽的规定。然而，海氏说：

> 　　但非本真或不是本真绝不意味着"真正不是"，仿佛此在随着这种存在样式就根本失落了它的存在似的。非本真状态殊不是指像不再在世这一类情况，倒恰恰是指构成一种别具一格的在世，这种在世的存在完全被"世界"以及被他人在常人中的共在所攫获。这种"不是它自己存在"是作为本质上烦忙混迹在一个世界之中的那种存在者的积极的可能性而起作用的。这种不存在必须被理解为此在之最切近的存在方式，此在通常就保持在这一存在方式之中。②

　　以上详细论述了海氏的人之"在世"，"在世"即散落、漂浮、寄居于常人中，这意味着"被抛"、"烦"与"沉沦"。人活着即人的"被抛"、"烦"与"沉沦"，脱离"被抛"、"烦"与"沉沦"的所谓"自由"即意味着人不复存在，故"自由"并不是逃离"被抛"、"烦"与"沉沦"（实不可能），而是"自行揭示为让存在者存在"。③所以，人并不"占有"自由，而恰恰相反，是"自由"即让存在者存在原始地占有着人。只有这种"原始占有"解明以后才解放人，且为人提供选择的可能性。一切真理，无论是伦理的、美学的和宗教的皆生发于此，否则便是彼岸的，人也不是这个世界的。如果承认我们是这个世界的人，则我们总在"被抛"、"烦"与"沉沦"中。"此在之沉沦也不可被看作是从一种较纯粹较高级的'原始状态''沦落'。我们不仅在存在者状态上没有任

---

① 海德格尔：《存在与时间》，第211页。
② 同上书，第213页。
③ 孙周兴选编：《海德格尔选集》，第222页。

何这样的经验，而且在存在论上也没有进行这种阐释的任何可能性与线索。"① 一句话，"被抛"、"烦"与"沉沦"乃人"在世"之天命。

我们用"天命"一词表示人永远不可能从"在之中"的结构中抽身出来而获得所谓"自由"，复不可能从"被抛"、"烦"与"沉沦"中逃离出来而获得所谓"幸福"。即便是人的物质状况再优裕，亦逃避不了人在世之"被抛"与"沉沦"的命运。这种"自由"与"幸福"，依海氏的理解，我们不仅没有任何这样的经验，而且也没有进行这种阐释的任何可能性与线索。我们日常所说的"自由"与"幸福"多是海氏所说的"闲谈"、"好奇"与"两可"，但这恰恰暴露了人之"被抛"、"烦"与"沉沦"。尽管海氏也美言人诗意的栖居，但这只是要人深入"在"的深渊中，以诗意去召唤"在"的澄明，从而为诸神的降临准备好居所。当然，即使准备好了居所，诸神能不能降临也是不得而知的，但在未准备好居所以前，诸神肯定不会降临。所以，"在"的澄明只是诸神降临的必要条件而不是充分条件。海氏的存在论就是为这个必要条件即"在"的澄明奠基的。在"在"的澄明以前，人是作为对象性的存在者，相关于这样的存在者，人们构建了伦理的、美学的"保护"，但这恰恰没有保护甚至是伤害了人。"用无论多么好的补救方法来进行的任何拯救，对于本质上遭受危害的人，从其命运的长远处看来，都是一种不耐久的假象。拯救必须从终有一死的人的本质攸关之处而来。"② 总之，"在"的澄明即暴露人的"被抛"、"烦"与"沉沦"，是拯救人乃至使人诗意地栖居的必要条件。海氏于此煞费苦心、强探力索，其哲学有功于世，不在小也。这是此处花大量篇幅来探讨人之"在世"的原因所在。这种用心是如此：如果幸福是希望解放人而使人得到自由、意义或价值的"保护"，那么在"在"的澄明以前，而强行地去贯彻有意图的思想，则人很可能是未被保护的，因而是无效的。也就是说，在开出幸福的历史唯物主义维度之前，这种"在"的澄明的哲学批判是必须先行的。

---

① 海德格尔：《存在与时间》，第 213 页。

② 孙周兴选编：《海德格尔选集》，第 436 页。

三 "在世"之生存论结构之逃离与精神圆成之灵现：海德格尔存在论批判与心性学维度的开启

那么，在"在"的澄明以后，人是否能得到自由、幸福或者说诗意的栖居呢？前面说过，"在"的澄明只是为诸神的降临准备好居所，但诸神是否降临不得而知，海氏于此似乎不抱太多指望。海氏从康德的——"我能知道什么？"、"我应该做什么？"和"我可希望什么？"——三个问题中发现了人的有限性。而人的有限性所开启的存在领悟彻头彻尾地支配着人的生存。所以，"在"的澄明即使为神准备好了居所，也只有消极的意义，因为诸神降不降临人自身不能把握。人在存在的澄明中看护存在的真理。"至于存在者是否现象以及如何现象，上帝与诸神、历史与自然是否进入存在的澄明中以及如何进入存在的澄明中，是否在场与不在场以及如何在场与不在场，这些都不是人决定的了。"①

若上帝最终不出现，则人诗意地栖居即不可能，即使人之"在"被完全澄明了。因为哲学至多只能起一种"座架"的作用，"人被座落在此，被一股力量安排着、要求着，这股力量是在技术的本质中显示出来的而又是人自己所不能控制的力量。就是要帮助达到此种见地：再多的事思想也不要求了。哲学到此结束"。② "在世"即是人所不能控制的力量，"在世"意味着此在在其"世界"中，然此"世界"恰恰展露了人的无家可归之处境。"无家可归状态变成了世界命运。"③

> 此在当下和通常失落于它的"世界"。领会作为向着存在的可能性的筹划，改道而向"世界"方面去了。……向着存在者的存在未被拔除，然而却断了根。……因为此在从本质上沉沦着，所以，依照此在的存在机制，此在在"不真"中。"不真"这个名称正如"沉沦"这个词一样，在这里是就其存在论意义来用的。……就其完整的生存论存在论意义来说，"此在在真理中"这一命题同样原始地也

---

① 孙周兴选编：《海德格尔选集》，第 374 页。
② 同上书，第 1307 页。
③ 同上书，第 383 页。

是说："此在在不真中。"①

然而，我们真的能甘于此种命运吗？即甘于幸福之于人类乃是一种不可企及的奢侈品吗？这奢侈品是人类永远不可企及还是在海氏的存在论中而成为不可企及的呢？这需要对海氏的存在论作一番批判的考究。海氏存在论哲学的一个根本特征就是：由存在切入而把存在者的实体性给消解了，飘散在"被抛"、"烦"与"沉沦"中。这样，实体性的存在者让位于非实体性的存在了，认识不是对实体性的"自在"存在者的观看，而是在存在的烦忙中有其自己的认识。海氏称之为当下上手状态。就人而言，其一般定义——人是理性的动物，就是典型的从实体性的存在者上来把握人的，这是一种理论的态度而不是实践的态度，在这种态度中，人的本来面目都藏而不露。只要是人，他就"被抛"于其世界中，则他总在烦忙中，故"自在"的人不但没有，而且人的本来面目总是在烦忙中来照面的。海氏的存在论把人的实存全盘道出，是胡塞尔现象学方法的继续与发展。强调了对人的动态的实践把握而不是静态的理论把握，确有其价值，海氏并且认为这是人道主义的实义。但这样一来，人就彻底成了无"主"的存在者，也就是说，人是没有本质的。

> 但人的本质在于，人比单纯的被设想为理性的生物的人更多一些。"更多一些"在此不能这样用加法来了解，仿佛流传下来的人的定义依然是基本规定，然后只消再加上生存的内容体会一下此种扩充就行了。这个"更多一些"的意思是：更原始些因而在本质上更本质性些。……这意思是说：人作为存在之生存着的反抛，那就比理性的生物更多一些；而作为存在之生存着的反抛的人与从主观性来理解自身的人相比，又恰恰更少一些。……在这种"更少一些"中人并无亏损，而是有所获，因为人在此"更少一些"中时进到存在的真理中去了。②

人不但在本质上是无"体"的，而且在道德或价值上是不决定的。

---

① 海德格尔：《存在与时间》，第 267 页。
② 孙周兴选编：《海德格尔选集》，第 385 页。

　　生存论存在论的阐释也不是关于"人性之堕落"的任何存在者状态上的命题。这并不是因为缺少必需的证明手段，而是因为它对问题的提法发生于任何关于堕落与纯洁的命题之前。……从存在者状态上无法决定：人是否"沉溺于罪恶"，是否在堕落状态之中；人是否在纯洁状态中转变着抑或是现身在一种中间状态之中。[①]

　　既然人是否有罪、堕落或纯洁在本质上都是不决定的，那么，人在本质上是否有神性更是不决定的。"这种思不能是有神论的，正像不能是无神论的一样。"[②] 总之，在海氏那里，人就是这样地被打落在"在世"的天命中，一刻也不能逃离，人在此是无"体"、无"理"而又无"力"的。无"体"表示人没有实体性，无"理"表示人没有价值的祈向，而这两点正昭示了人的无"力"性。而在海氏看来，人要逃离"在世"之天命，是需要"体"与"理"的，所以，他说"只还有一个上帝能救渡我们"。因为上帝是终极的"体"与"理"，或者说最高的本质，唯有在此，才有力量逃离"在世"之天命。但人连实体都没有，更遑论这种最高本质了，故只有"瞻望着不出现的上帝而没落"了。

　　但人的实体性真的能像海氏那样被彻底消解掉吗？应该说，西方哲学史上消解人的实体性的哲人并不只是海氏一人，笛卡尔与休谟即是海氏的先声。笛卡尔以"思"来消解人的实体性，休谟以一系列的"感觉流"来消解人的实体性。在本书前面分析笛卡尔的"我思故我在"时，总体上表达了这种思想："所以，一个'思'之外的终极支撑者——无限实体，又以现象学的方式呈现在笛卡尔的哲学中了，祂是支撑着'在场者'的'不在场者'。可见，尽管'思'消解了'我'，但总有一个'不在场'的无限实体不能消解，不然，则'思'亦不可能。这个无限实体就相当于一个没有疆域与界限的场，'思'是光源之内的区域。我们一般对'我'的把握多集中于这一光源区域，由于光源区域可随时变化，'我'即流散在此变化中，故无实体可言。"[③] 但这个无限实体即没有疆域与界限的场是否属于人呢？如果属于人，则祂是怎样的一个"我"？这里将依据费尔巴哈在《基督教的本质》中对"人的本质"的概说加以判定。费

① 海德格尔：《存在与时间》，第218页。
② 孙周兴选编：《海德格尔选集》，第394页。
③ 见本书第289页。

氏对本质的认识是："你的本质达到多远，你的无限的自感也就达到多远，你也就成了这样远的范围内的上帝。"① 依据费氏的意思，人决不能越出自己真正的本质，人对于一个更高个体的描述、规定与信念，实际上都是从自己的本质中汲取出来的规定，是自己本质的透露，或者说，这个更高的个体只是自身本质的对象化而已。比如，"我相信上帝存在"这种信念，这里的主词是"我"，宾词是"上帝存在"，但主词却是由宾词来确定的。"宾词是主词之真实性；主词只是人格化了的，实存着的宾词。主词同宾词的区别，只相当于实存同本质的区别。"② 这样，属神的东西与属人的东西的对立就是一种虚幻的对立，它只不过是人的本质与人的个体之间的对立。从费氏的概说中我们可知，属神的东西即无限的实体是人的本质，这种本质与实存的个体的人不同，是一种超越的"在"。实存的个体的人可以在现象学层面被消解，但这种超越的"在"不能被消解，并且正是袘规定与引导着个体的人的生活世界。这是真正的"不在场"的"在场者"，而且属于人。但这种属于是"超越地属于"而不是"现实地属于"，这即是说，个体的人可能在现实上完全不表现这个"在场者"，但他总在可能性上受到袘的牵引与召唤。总结笛卡尔与费氏的理论可知，人除了现象界的实存以外，还有一个超越此实存之上的无限实体，笛卡尔、休谟与海氏所消解的都是现象界的实存，而不是那个无限实体。无限实体之于人来说，不但有，而且必须有。我们对于这种实体的肯定并不是像海氏所说的那样"按照鱼能够在岸上干地生活多久来评价鱼的本质与能力"，而是通过哲学的先验批判得出的，是不容否定的。若实存的个体的人是"小我"，则此超越的无限实体即是"大我"，也就是牟宗三所说的无限智心。那么，这个"大我"除了无限性与实体性以外，还具有怎样的规定性呢？费氏进一步说：

　　　宗教特别郑重地要求人把作为上帝的善当作对象来看；但是，这样一来，不就正是把善表达成为人的基本规定了吗？如果我绝对地、出自本性、出自本质就是恶的、不圣的，那我怎么能够把神圣的、善的东西当作对象来看呢？……如果我的灵魂在审美方面低劣不堪，那

---

① 费尔巴哈：《基督教的本质》，荣震华译，商务印书馆1997年版，第37页。
② 同上书，第50页。

我怎么能够欣赏一张绝美的绘画呢？……不管善的东西对于人是不是存在，然而，在这里面，总是向人启示了人的本质之神圣和优秀。完全跟我的本性相违背的，完全不能跟我通共的东西，对我来说，就也是不可思议的、不可感觉的。①

依费氏的理解，"大我"是道德的善的，亦即是孟子所说的"性善论"。如果人除了实存的"小我"以外，尚有一个无限的绝对善的"大我"作主，是为"大主"。若此"大主"在人的生命中显露而圆满，则人一定不只是限定在"在世"的"被抛"、"烦"与"沉沦"中，亦可有别样的"在世"，这种别样的"在世"可称为幸福。乔治·麦克林说：

> 自由并非是在我们世界的客体之间所做的选择，也不是指导我们生活的普遍原则的内在选择，它更多是一种通过我们完善自我和完全实现自我的方向或目的而实现的一种自我肯定。这意味着在不够完善时的探寻和在达到完善时的一种欢欣。②

乔治·麦克林的这段话虽然不是说幸福，但最高的幸福必须依此而可能。可以说，这个"大我"或"大主"为幸福之所以可能进行了奠基。但在西方文化中，"大我"之于人的生命，虽有先验的必然性，但却是由哲学的批判而达到的，尚只是一个概念形态的有。"大我"真的能在生命中呈现吗？这一问，即刻就接上了中国传统的心性学，因为中国传统的心性学全在表现这"大我"的作用以及如何呈现的问题。

四　心性学与精神圆成之奠基

心性学是一种实体主义的实践哲学。笔者曾撰文指出，实体主义的实践哲学与经验主义、形式主义的实践哲学殊异，后二者或依赖于经验认知，或依赖于原则执守，因为二者皆不承认人的生命中有一个绝对向善的

---

① 费尔巴哈：《基督教的本质》，第61页。
② 乔治·麦克林：《传统与超越》，第98—99页。

道德主体，故均属于非实体主义形态。而实体主义的实践哲学就是认为"在人的生命中有一个完全可以自我作主的实体，'实践'就是通过除欲去执的工夫使这个实体完全呈现作主以图改进生命的精神气质，提高生命的精神境界"。① 这样的实体在儒家称为"良知"，在道家称为"道心"，在佛教称为"如来藏自性清净心"。此种实体一旦作主，"我"即成为上文所说的"大我"，在中国文化传统中则常被称为"大人"。"夫大人者，与天地合其德，与日月合其明，与四时合其序，与鬼神合其吉凶。"（《易·乾文言》）"养其小者为小人，养其大者为大人。"（《孟子·告子上》）那么，何以有"大人"与"小人"之别呢？孟子与其门人公都子尝有一段对话：

> 公都子问曰："钧是人也，或为大人，或为小人，何也？"孟子曰："从其大体为大人，从其小体为小人。"曰："钧是人也，或从其大体，或从其小体，何也？"曰："耳目之官不思，而蔽于物。物交物，则引之而已矣。心之官则思；思则得之，不思则不得也。此天之所与我者，先立乎其大者，则其小者不能夺也。此为大人而已矣。"（《孟子·告子上》）

孟子这里所说的"小人"就是物交物而蔽于物的"小我"，亦即海氏所说的人之"在世"的"我"。其实，这里面实很难说有个亲体独立的"我"，因为它已消解飘散在其世界之中了。故孟子曰："物交物，则引之而已矣。"在这里，中国文化传统与海氏并无区别，海氏所说的"被抛"、"烦"与"沉沦"都可以被承认。老子曰："五色令人目盲；五音令人耳聋；五味令人口爽；驰骋畋猎，令人心发狂；难得之货，令人行妨。"（《老子》第12章）而庄子则对人之"被抛"、"烦"与"沉沦"感受得更为真切。

> 一受其成形，不亡以待尽，与物相刃相靡，其行如驰，而莫之能止。不亦悲乎？终身役役，而不见其成功。苶然疲役，而不知其所归。可不哀耶？人谓之不死奚益？其形化，其心与之然，可不谓大哀

---

① 张晚林：《论中国诗学的实践性》，《孔孟学报》第82期，第303—304页。

乎？人之生也，固若是芒乎？其我独芒，而人亦有不芒者乎？（《庄子·齐物论》）

人之"在世"，即免不了如是之"芒"，"芒"即是海氏所说的"被抛"、"烦"与"沉沦"。但中国文化传统与海氏的区别是：海氏认为人就只有这样一个"在世"的"小我"，而中国文化传统则以为除此之外还有一个"大我"，此"大我"一旦呈现，人即超离了"小我"的限制，"被抛"、"烦"与"沉沦"对于"大我"来说皆不存在。

舜之居深山之中，与木石居，与鹿豕游，其所以异于深山之野人者几希。及其闻一善言，见一善行，若决江河，沛然莫之能御也。（《孟子·尽心上》）

"与木石居，与鹿豕游"的舜乃是作为"小我"的舜，此时沉沦于其"在世"之中，故与深山之野人无以异，但一旦有所感触（闻一善言，见一善行），则其"大我"即呈现亲临，此乃"沛然莫之能御"者。人之"大我"一旦亲临即可超越人之"小我""在世"之天命。王阳明曰："人一日间，古今世界都经过一番，只是人不见耳。夜气清明时，无视无听，无思无作，澹然平怀，就是羲皇世界。……学者信得良知过，不为气所乱，便常做个羲皇已上人。"（《王阳明全集》卷三）这就是说，人之"大我"不但是一种实体性的超越的"在"，而且根本不受经验世界之"在世"的束缚。因此，人有两种"在"，一种是作为"小我"的"在世"，这种存在方式已经被海氏解析得通透明晰而无以复加了；另一种是作为超越的实体的"大我"之"在"，这是人的最真实最具价值的"在"。孟子曰"人之所以异于禽兽者几希"（《孟子·离娄下》），就是要凸显出人的这种"在"来。但这个不在场的"在者"，海氏始终未曾见及。那么，这个"大我"是不是海氏所说的"思登在干地上"的一种虚幻呢？非也。孟子曰："仁义礼智，非由外铄我也，我固有之也，弗思耳矣。故曰：求则得之，舍则失之。或相倍蓰而无算者，不能尽其才者也。"（《孟子·告子上》）"仁义礼智"非外铄于人的原则规范，乃"大我"之德，所谓"是乃根于天命之性，而自然灵昭不昧者"，而"大我"则在工夫修养中得之，是即孟子之所谓"求"也。不然即无"大我"，然无"大我"乃因人不能尽"大我"之德（即孟子所云"不能尽其才"之意）也，非谓其根本无"大我"。故"大我"固为人所固有，然此乃就其可能性而言，就其现实的呈现发用言，则在在都在工夫历程中，无工夫历程不可言"大我"。海氏屡屡言"畏"言"良知之呼唤"，但始终未能妥实地言工夫，故于"大我"茫然而不见，不亦宜乎?!

"大我"一旦于人之生命中呈露发用，即呈现这种生活境界："莫春者，春服既成。冠者五六人，童子六七人，浴乎沂，风乎舞雩，咏而归。"（《论语·先进》）这种生活境界由曾点说出，孔子尝有"吾与点也"之慨叹。孔子何以有此慨叹呢？朱子尝释之曰：

> 曾点之学，盖有以见夫人欲尽处，天理流行，随处充满，无少欠缺。故其动静之际，从容如此。而其言志，则又不过即其所居之位，乐其日用之常，初无舍己为人之意。而其胸次悠然，直与天地万物上下同流，各得其所之妙，隐然自见于言外。视三子之规规于事为之末者，其气象不侔矣，故夫子叹息而深许之。（《四书章句集注》论语卷六）

依朱子的理解，孔子之所以有此慨叹，乃因为其余之弟子子路、冉有、公西华所说出的生活理想不过"规规于事为之末"，这并非人生之理想，所以孔子释其慨叹之故时曰："赤也为之小，孰能为之大?"可见，孔子乃是把曾点之所说视为人生之大者。本书则把曾点所说之生活境界，亦即孔子所云之大者称之为幸福，其境界即是牟宗三所说的"真善美的合一"。这里所说的幸福是"大我"作主呈露以后所呈现的生命形态与生活境界，与物质幸福之界定迥乎不同，其所究竟者完全在"大我"能否作主呈露，一旦如此，即在其"所居之位"，"日用之常"中，亦不碍其幸福也。在这里，就不像海氏那样，动辄斥"所居之位"、"日用之常"为"被抛"、"烦"与"沉沦"。海氏不知人之生命中之"大我"，遂陷于其存在论之"在世"中不能自拔，此诚所谓"抛却自家无尽藏，沿门持钵效贫儿"（《王阳明全集》卷二十）也，不亦悲乎?!故程子曰："人于天地间，并无窒碍处，大小大快活。"（《二程遗书》卷十五）通过以上的讨论，我们可以得出这样的结论，作为人之最真实最具价值的实体——"大我"，为幸福之可能进行了奠基。中国文化传统中的幸福正是奠基于

"大我"之上的。唯有主宰定常才可真至于幸福，且必可至于幸福。《中庸》曰："君子素其位而行，不愿乎其外。素富贵，行乎富贵；素贫贱，行乎贫贱；素夷狄，行乎夷狄；素患难，行乎患难。君子无入而不自得焉。"人一旦作为主宰之"大我"亲临，即与外物和处境无关，而自身则"无入而不自得焉"，此即幸福也。人果能至此，则虽身处尘世，亦得解脱而自在与幸福，则所谓——"饭疏食，饮水，曲肱而枕之，乐亦在其中矣"（《论语·述而》）、"一箪食，一瓢饮，在陋巷。人不堪其忧，回也不改其乐"（《论语·雍也》）——"孔颜乐处"；所谓"适来，夫子时也；适去，夫子顺也。安时而处顺，哀乐不能入也，古者谓是帝之县解"（《庄子·养生主》）。良非虚言也。至此，于幸福我们可以得出以下三点总括性的结论：

其一，如果人只作为"小我"而"在世"，则只是沉沦，幸福不可能。这不是一种伦理学上的选择，而是存在论上的必然。

其二，作为主宰与人之最真实的形上实体——"大我"（无限智心），对幸福进行了奠基。

其三，幸福就是"大我"亲临人之"在世"，无关于人之物质幸福，至少不是必要条件。

五　精神圆成与工夫

这样，依据海德格尔的存在论与中国传统的心性学而对牟宗三以圆教解决圆善问题进行了捍卫。其实，牟宗三以圆教解决圆善问题之基本用心常被误解，这正如他的"良知坎陷"而开出民主与科学的学说一样。须知，"良知坎陷"说是"教"而不是实质的操作程序，吾人不能由此即可等待民主与科学的到来。故学者指责"良知坎陷"不能担当其民主与科学的责任，此无异于指责清谈误国一样可笑。牟宗三之以圆教解决圆善亦当作如是观。这里的"解决"并不是说吾人可以坐享其成去等待圆善的到来，而是"教"。何谓"教"？"凡足以启发人之理性并指导人通过实践以纯洁化人之生命而至其极者为教。哲学若非只纯技术而且有别于科学，则哲学亦是教。"[①] 因此，牟宗三所说的以圆教来解决圆善的理论乃"教"

---

① 牟宗三：《圆善论》，第 ii 页。

的意味重。这里只是给吾人一个入口，能不能达到圆善，须看各人自家的努力，此处有无限的存养工夫在。此亦即是说，若吾人不以此入口而进，即便有再优厚的物质幸福，圆善之境界亦不会出现。若吾人工夫笃实，定能体会到人生之圆满。牟宗三说：

> 儒家的精神是孔子所说的"兴于诗，立于礼，成于乐"。经过了严整的道德意识之支柱（立于礼），最后亦是"乐"的境界，谐和艺术的境界（成于乐）。……践仁尽性到化的境界、"成于乐"的境界，道德意志之有向的目的性之凸出便自然融化到"自然"上来而不见其"有向性"，而亦成为无向之目的，无目之目的，而"自然"，已不复是那知识系统所展开的自然，而是全部融化于道德意义中的"自然"，为道德性体心体所通澈了的"自然"：此就是真善美之真实的合一。①

应该说，圆教以成就圆善，其境界超过了康德所说的圆善，因为这是真善美的合一，但康德却只说德行与幸福的匹配。这是人生的最后圆满，即真即善即美。牟宗三说：

> 人之渺然一身，混然中处于天地之间，其所能尽者不过是通彻于真、善、美之道以立己而立人并开物成务以顺适人之生命而已。②

这里的真、善、美俱不是独立之领域，亦不是一种机械的聚合，而是笃实之存养工夫所必至的化境。康德因不见那形上的无限智心，复无工夫以朗现之，故其系统中之真、善、美，或各个独立，或机械聚合，故其境界有所不及也。这"真善美合一"之化境正是精神的最后归宿。有学者指出：

> 难道从柏拉图作为艺术原型的"美本身"、庄子不言之"大美"、

① 牟宗三：《心体与性体》上，第152页。
② 牟宗三译注：《康德〈判断力之批判〉》，《牟宗三先生全集》第16册，第88页。

老子无形之"大象"、孟子"充实之谓美"，到耶教非偶像化之"上帝形象"、马克思"美的劳动"、海德格尔那拒绝成为在场一物而作为在于"隐蔽"张力中"显现"存在之光的"美"，人类关于"美"最深刻的思想不都正指向牟宗三所谓"非分别"的美的源始本体吗？①

这"真善美合一"之化境（亦可称之为哲学原型）因朗现在存养工夫中，故是"教"，亦可"学"。牟宗三说：

> 如果哲学原型可由圣人底生命而朗现，而吾人亦依圣人底朗现而规定此原型，则此原型是具体而存在的。如果它是具体地存在的，则它亦是可学的。……在此，学必须是"觉悟"义。"学者觉也"。觉者以自家真诚心与圣人底生命，以及与依圣人底朗现而规定的哲学原型，存在地相呼应相感通之谓也。②

从上面的分析中，吾人可以看出，牟宗三之以圆教解决圆善的思路固然之于康德原有的德福一致之思想中滑转了出来，无非是欲向人们指示一入路以成"教"。在此，亦有三义可说：

其一，无限智心人人具有，但是否真实呈现而作主，则看各人"尽"心"全"性之涵养工夫如何。但从原则上讲，人人具有逃离"沉沦"而获得"圆善"的形上根基。

其二，逃离"沉沦"而得"圆善"关涉人的实践智慧，这意味着人的自我教化与救赎。

其三，"沉沦"的世界是"尘世之城"，"圆善"的世界是在人间实现"上帝之城"。

此三义乃由牟宗三之圆善思想所必然开出，在人类文化日益科技化、平面化与数量化的今天；在真善美日益被"经济的算计、无休无止地解决技术问题、对环境的关注以及对精细消费需要的满足所取代"③ 的当

---

① 尤西林：《智的直觉与审美境界》，《陕西师范大学学报》2008 年第 3 期。
② 牟宗三：《现象与物自身》，第 466 页。
③ Francis Fukuyama. *Have We Reached the End of History?* pp. 22—23.

代，当有特别重要的教化意义。在此，此种思想的教化价值重于圆善的事实上的解决（尽管圆善的解决亦只能如此）。唯如此，才不负牟宗三之用心与夫其构造也。①

---

① 杨泽波在《牟宗三圆善思想的意义与缺陷》一文中从四个方面总结了牟宗三理论的意义，但多空泛而论，而此最重要的一点，惜乎杨氏未能见及。

主要参考文献

诸多中国古代经、史、子、集等文化典籍，皆随文附带标出，在此不再列举。这里所列举者，皆为近现代学者之著作。

一　牟宗三之著作

1.《牟宗三先生全集》第 16、25、26、27 册，台湾联经出版事业公司 2003 年版。

2.《心体与性体》上中下，上海古籍出版社 1999 年版。

3.《现象与物自身》，台湾学生书局 1984 年版。

4.《康德的道德哲学》，台湾学生书局 1982 年版。

5.《中西哲学会通十四讲》，上海古籍出版社 1997 年版。

6.《智的直觉与中国哲学》，台湾商务印书馆 2000 年版。

7.《五十自述》，台湾鹅湖出版社 1993 年版。

8.《理则学》，台湾中正书局 1997 年版。

9.《佛性与般若》上下，台湾学生书局 1984 年版。

10.《圆善论》，台湾学生书局 1985 年版。

11.《才性与玄理》，台湾学生书局 1985 年版。

12.《中国哲学的特质》，上海古籍出版社 1997 年版。

13.《寂寞中的独体》，新星出版社 2005 年版。

14.《周易的自然哲学与道德函义》，文津出版社 1988 年版。

15.《道德的理想主义》，台湾学生书局 1982 年版。

16.《认识心之批判》上下，香港友联出版社 1956 年版。

17.《四因说演讲录》，上海古籍出版社 1998 年版。

18.《历史哲学》，台湾学生书局 1984 年版。

19.《政道与治道》，台湾学生书局 1980 年版。

20.《时代与感受》，台湾鹅湖出版社 1984 年版。

21.《从陆象山到刘蕺山》，上海古籍出版社 2001 年版。

22.《中国哲学十九讲》，上海古籍出版社 1997 年版。

23.《生命的学问》，三民书局 1997 年版

24. 蔡仁厚辑录：《人文讲习录》，广西师范大学出版社 2005 年版。

25. 郑家栋编：《道德理想主义的重建——牟宗三新儒学论著辑要》，中国广播电视出版社 1992 年版。

二　学者研究牟宗三之著作

1. 蔡仁厚、杨祖汉主编：《牟宗三先生纪念集》，东方人文学术研究基金会 1996 年印行。

2.《牟宗三先生的哲学与著作》（七十寿庆论文集），台湾学生书局 1978 年版。

3. 蔡仁厚：《牟宗三先生学思年谱》，台湾学生书局 1996 年版。

4. 李明辉主编：《牟宗三先生与中国哲学之重建》，文津出版社 1996 年版。

5. 谢大宁：《儒家圆教底再诠释》，台湾学生书局 1996 年版。

6. 林安梧：《儒学革命论——后新儒家哲学的问题向度》，台湾学生书局 1998 年版。

7. 王兴国：《牟宗三哲学思想研究——从逻辑思辨到哲学架构》，人民出版社 2007 年版。

8. 王兴国：《契接中西哲学之主流——牟宗三哲学思想源流探要》，光明日报出版社 2006 年版。

三　学者研究牟宗三之论文

1. 杨泽波：《牟宗三关于康德物自身概念诠释质疑——以物自身概念是不是一个事实概念为中心》，第 15 届世界中国哲学大会会议论文，2007 年 6 月 25—28 日，武汉大学。

2. 杨泽波：《牟宗三圆善思想的意义与缺陷》，《云南大学学报》2010 年第 2 期。

3. 杨泽波：《牟宗三解决了康德的圆善问题了吗?》，《哲学研究》2010 年第 11 期。

4. 邓晓芒：《牟宗三对康德之误读举要——关于"物自身"》，《学习与探索》2006 年第 6 期。

5. 倪梁康：《牟宗三与现象学》，《哲学研究》2002 年第 10 期。

6. 陈立胜：《牟宗三的道德形上学与海德格尔的基础存在论互参》，《中山大学学报》2000 年第 2 期。

7. 尤西林：《智的直觉与审美境界——牟宗三心体论的拱心石》，《陕西师范大学学报》2008 年第 3 期。

8. 蒋国保：《近三十年中国哲学研究之我见》，蒋国保主编：《多元价值审视下的中国哲学》，安徽人民出版社 2013 年版。

9. 景海峰：《简论牟宗三圆善论的理性主义困境》，《深圳大学学报》1999 年第 1 期。

四　与本书相关的学人著作

1. 《梁启超全集》第二册，北京出版社 1999 年版。

2. 梁启超：《先秦政治思想史》，东方出版社 1996 年版。

3. 钱穆：《国史大纲》上下，商务印书馆 1996 年版。

4. 钱穆：《中国历代政治得失》，生活·读书·新知三联书店 2001 年版。

5. 梁漱溟：《中国文化要义》，上海人民出版社 2005 年版。

6. 田文军编：《极高明而道中庸——冯友兰新儒学论著辑要》，中国广播电视出版社 1995 年版。

7. 汤用彤：《魏晋玄学论稿》，上海古籍出版社 2005 年版。

8. 金岳霖：《逻辑》，中国人民大学出版社 2005 年版。

9. 徐复观：《两汉思想史》1—3 卷，华东师范大学出版社 2001 年版。

10. 李维武编：《徐复观文集》1—5 卷，湖北人民出版社 2002 年版。

11. 《徐复观文录》（二），台北环宇出版社 1971 年版。

12. 唐君毅：《人文精神之重建》，广西师范大学出版社 2005 年版。

13. 张祥浩编：《文化意识宇宙的探索——唐君毅新儒学论著辑要》，中国广播电视大学出版社 1992 年版。

14. 高亨：《周易古经今注》，清华大学出版社 2010 年版。

15. 余敦康：《魏晋玄学史》，北京大学出版社 2004 年版。

16. 韦政通：《孔子成德之学及其前景》，《中国思想传统的创造转化——韦政通自选集》，云南人民出版社 2002 年版。

17. 蒋庆：《政治儒学》，生活·读书·新知三联书店 2003 年版。

18. 王路：《逻辑的观念》，商务印书馆 2000 年版。

五　其他与本书相关的论文

1. 《是哲学，还是思想——王元化谈与德里达对话》，《中国图书商报》2001 年 12 月 13 日。

2. 陈波：《"逻辑可修正性"再思考》，《哲学研究》2008 年第 8 期。

3. 任晓明、曹青春：《逻辑是可修正的吗?》，《哲学研究》2008 年第 3 期。

4. 钟离蒙、杨凤麟主编：《中国现代哲学史资料汇编续集》（第十二册），辽宁大学出版社 1984 年版。

六　与本书相关的译著

1. ［古希腊］柏拉图：《理想国》，郭斌和、张竹明译，商务印书馆 2002 年版。

2. ［古希腊］亚里士多德：《政治学》，吴寿彭译，商务印书馆 2009 年版。

3. ［英］休谟：《人性论》，关文运译，商务印书馆 1980 年版。

4. ［德］康德：《纯粹理性批判》，邓晓芒译，人民出版社 2004 年版。

5. ［德］康德：《实践理性批判》，邓晓芒译，人民出版社 2004 年版。

6. ［德］康德：《道德形而上学基础》，孙少伟译，中国社会科学出版社 2009 年版。

7. ［德］康德：《逻辑学讲义》，许景行译，商务印书馆 1991 年版。

8. ［德］康德：《未来形而上学导论》，庞景仁译，商务印书馆 1997 年版。

9. 李秋零编译：《康德书信选》，经济日报出版社 2001 年版。

10. ［德］黑格尔：《美学》1—3 卷，朱光潜译，商务印书馆 1996 年版。

11. ［德］黑格尔：《精神现象学》上下，贺麟、王玖兴译，商务印书馆 1997 年版。

12. ［德］黑格尔：《哲学史讲演录》1—4 卷，贺麟、王太庆译，商务印书馆 1996 年版。

13. ［德］黑格尔：《历史哲学》，王造时译，商务印书馆 1999 年版。

14. ［德］黑格尔：《法哲学原理》，范扬、张企泰译，商务印书馆 2007 年版。

15. ［德］黑格尔：《精神哲学》，杨祖陶译，人民出版社 2006 年版。

16. ［德］费尔巴哈：《基督教的本质》，荣震华译，商务印书馆 1997 年版。

17. 《马克思恩格斯选集》第 1—4 卷，人民出版社 1995 年版。

18. ［德］马克思：《资本论》第 3 卷，人民出版社 2004 年版。

19. 倪梁康选编：《胡塞尔选集》，上海三联书店 1997 年版。

20. ［英］罗素：《我的哲学的发展》，温锡增译，商务印书馆 1995 年版。

21. ［英］罗素：《中国问题》，秦悦译，学林出版社 1996 年版。

22. ［英］罗素：《宗教能否解除我们的困惑》，黄思源、卓翔译，北京出版社 2010 年版。

23. ［英］罗素：《哲学问题》，何兆武译，商务印书馆 2000 年版。

24. ［英］罗素：《我们关于外间世界的知识》，陈启伟译，上海译文出版社 2006 年版。

25. ［英］罗素：《心的分析》，贾可春译，商务印书馆 2009 年版。

26. ［英］罗素：《宗教与科学》，徐奕春、林国夫译，商务印书馆 2000 年版。

27. ［英］罗素：《罗素自传》第一卷，胡作玄、赵慧琪译，商务印书馆 2002 年版。

28. ［德］海德格尔：《存在与时间》，陈嘉映等译，生活·读书·新知三联书店 1987 年版。

29. 孙周兴选编：《海德格尔选集》，上海三联书店 1996 年版。

30. ［德］加达默尔：《真理与方法》上下，洪汉鼎译，上海译文出版社 1999 年版。

31. ［德］卡尔·雅斯贝斯：《生存哲学》，王玖兴译，上海译文出版社 2005 年版。

32. 李瑜青、凡人主编：《萨特哲学论文集》，潘培庆等译，安徽文艺出版社 1998 年版。

33. ［美］丹尼尔、卡西尔：《国家的神话》，范进等译，华夏出版社 1990 年版。

34. ［美］丹尼尔、贝尔：《意识形态的终结》，张国清译，江苏人民出版社 2001 年版。

35. ［美］克里斯托弗·拉希：《精英的反叛》，李丹莉、刘爽译，中信出版社 2010 年版。

36. ［法］科耶夫：《黑格尔导读》，姜志辉译，译林出版社 2005 年版。

37. ［美］威廉·巴雷特：《非理性的人》，杨照明、艾平译，商务印书馆 2004 年版。

38. ［日］小野泽精一等编：《气的思想——中国自然观与人的观念的发展》，李庆译，上海人民出版社 2007 年版。

39. ［美］马克·爱德蒙森：《文学对抗哲学》，王柏华等译，中央编译出版社 2000 年版。

40. ［美］乔治·麦克林：《传统与超越》，干春松、杨风岗译，华夏出版社 2000 年版。

41. ［美］莫里斯·克莱因：《古今数学思想》第 1—4 册，邓东皋等译，上海科学技术出版社 2002 年版。

42. ［英］斯密：《康德〈纯粹理性批判〉解义》，韦卓民译，华中师范大学出版社 2000 年版。

43. ［德］亨利希·库诺：《马克思的历史、社会和国家学说——马克思的社会学的基本要点》，袁志英译，上海译文出版社 2006 年版。

七　西文原著

1. Immanuel Kant, translate by Norman Kemp Smith. *Critique of Pure Reason. China Social Sciences Publishing House.* 1999.

2. L. E. J. Brouwer, "Intuitionism and Formalism", in Paul Benacerraf & Hilary Putnam (eds), *Philosophy of Mathematics*, selected Readings, New jersey: Prentice—Hall, Inc., 1964.

3. Francis Fukuyama. *Have We Reached the End of History?* Santa Monia, Calif: Rand Corporation. 1989.

4. Bertrand Russell, *Introduction to Mathematical Philosophy*, London: George Allen & Unwin, Ltd., 1919; 2nd ed, 1920.

5. Bertrand Russell, *The Principle of Mathematics*, Cambridge: at the University Press, 1903.

6. Arend Heyting, "The Intuitionist Foundations of Mathematics", in *Philosophy of Mathematics*, selected Readings, edited by P. Benacerraf and H. Putnam, Cambridge University Press, 1983.

7. Bertrand Russell. *The Analysis of Matter*, New York: Dover Pubications, 1954.

8. Descartes, *Meditation on First Philosophy*, Cambridge University Press, 1986.

9. Richard Rorty. *Contingency, Irony, and Solidarity.* Cambridge: Cambridge University Press. 1989.